职业技能培训教材
职业活动导向一体化项目教材

汽车电气检修（第二版）

中国劳动社会保障出版社

图书在版编目(CIP)数据

汽车电气检修/王勇主编. —2版. —北京：中国劳动社会保障出版社，2014
职业技能培训教材　职业活动导向一体化教材
ISBN 978-7-5167-1045-6

Ⅰ. ①汽…　Ⅱ. ①王…　Ⅲ. ①汽车-电气设备-车辆修理-技术培训-教材
Ⅳ. ①U472.41

中国版本图书馆CIP数据核字(2014)第130670号

中国劳动社会保障出版社出版发行
(北京市惠新东街1号　邮政编码：100029)
*
中国标准出版社秦皇岛印刷厂印刷装订　　新华书店经销
787毫米×1092毫米　16开本　16.5印张　379千字
2014年6月第2版　2021年7月第8次印刷
定价：32.00元

读者服务部电话：(010) 64929211/84209101/64921644
营销中心电话：(010) 64962347
出版社网址：http://www.class.com.cn

汽车维修专业一体化教材顾问委员会

主　任：谢可滔　李孟强

副主任：乔本新　杨春英

组　员：吕福智　赵顺灵

汽车维修专业一体化教材编写委员会

主　任：王长建

副主任：郑志中

委　员：陈守青　陈金海　陈志明　何永新　黄　利　黄建文
江剑波　江衍泉　李建德　李　祥　梁其续　梁剑波
龙纪文　卢德健　卢宜朗　欧阳亚平　时　代
谈　诚　田井贵　王会明　王文彪　王　勇　徐家顺
张家钦　张运花　郑喜昭　郑松青　朱德乾　朱耀良
祝志勇　钟　原

本书主编：王　勇

本书参编：王长建　朱德乾　黄　利

本书主审：郑志中

简　介

本书是在经过对企业调研和组织实践专家进行工作任务分析的基础上编写的，共八个项目，内容包括：蓄电池技术状况检测与维护、充电系统检修、起动系统检修、照明系统检修、转向与危险警告信号系统检修、仪表系统检修、雨刮系统检修、整车电路检修。每个项目分为若干个子任务。

根据活动导向的教学特点，对本书的体系结构做了精心的设计，按照任务目标—任务描述—任务内容—任务准备—任务实施—任务总结—知识拓展的教学思路进行课程设计。通过对本书的学习，学员应能独立排除汽车电气各系统常见故障。

本书适于职业技能培训使用，也可供各类职业院校、培训机构使用。

前　言

为了更好地满足现代汽车产业发展的需求，适应职业教育汽车类专业的特点，突出“项目引领、任务导向”教学模式的优越性，广州市白云工商技师学院汽车维修专业相关骨干教师，在充分进行企业调研及代表性工作任务分析提取的基础上，对第一版汽车专业职业活动导向一体化教材进行了改版。改版主要基于以下几个因素：

（1）尽管第一版教材采用了“项目引领、任务导向”的先进职教理念，实现了理论与实践的一体化，且教材内容翔实、实用，突出生产实践技能，受到了广大读者的喜爱。

但是，近年来，汽车技术发展日新月异。原有的教材无论是在内容的选取，知识技能的搭配，训练任务的安排，相关的配图以及部分汽车技术都有些落伍，因此，有必要对第一版的教材进行补充、修改和完善。

（2）新的形势要求教材建设必须适应新的教学理念要求，职业教育教材应针对学员自身特点，按照技能人才培养模式和培养目标，以职业岗位需求为中心，以素质教育、创新教育为基础，以学员能力培养、技能实训为本位，使职业资格认证培训和教材内容有机衔接，而第一版教材并不能很好地做到这一点，修改和完善也就成为必然。

（3）人力资源和社会保障部于2013年下发了《国家技能人才培养标准编制指南（试行）》和《一体化课程规范开发技术规程（试行）》的通知，为了更好地执行该部颁标准，教材的大纲、体例、编写标准、编写要求等都需要进行不同程度的改变。

第二版教材以工作过程为导向，以提高教学质量为目的，以培养学员的职业核心能力为出发点，采取“工、学、评”一体的模式进行编写。精心选取典型的汽车维修实例作为任务载体，按照“任务目标→任务描述→任务内容→任务准备→任务实施→任务总结→知识拓展”7个环节（流程）进行组织。力求从生产一线对该专业人才知识、能力的需求出发，注重理论知识和实践技能的有机结合，在结构和内容安排上体现以下几个特点：

（1）编写体例较先进，做到图文并茂、重点突出、体例新颖。编写人员分析了国内外先进职业教育的培训模式、教学方法和教材特色，消化吸收优秀的经验和成果，将基本技能培养和主流技术相结合，课程设置中重点突出。

（2）训练项目基于工作过程，针对性较强。本书完全依据汽车4S店及汽车综合维修厂真实的岗位工作过程，侧重培养学员的实践操作能力，教、学、做相结合，通过项目任务实践，增强学员的综合职业能力。

（3）精选项目任务，内容覆盖面广。每个项目中的工作任务均取自企业的典型工作案例，做到知行合一。部分训练项目资源源自各车系的维修手册（自学手册），针对性较强。内容选取以够用为度，同时满足了覆盖面广的要求。

（4）遵循学员成长规律，突出“教、学、做”结合。充分参考企业技术人员工作经验，紧密结合汽车技术服务过程，将职业能力进行整合，以活动为导向，按实际工作过程组织教材内容，突出操作技能性、主流针对性及知识先进性。

（5）丰富了学员对学习成果的自我检验手段，将传统单一的知识点检验模式改为“技能检验＋职业素质检验＋知识点检验”三合一检验模式。注重从实践的角度引导学员进行全面的自我检验，检验标准与企业对员工的要求相一致。

限于编者经历及水平，教材内容很难覆盖全面，希望广大读者及时提出意见和建议，以便再版修订时改正。

编者

目　录

绪 论

汽车电气设备是汽车的重要组成部分，随着汽车技术的进步，汽车电气设备的结构与性能也在不断地进步，特别是电子技术在汽车上的广泛应用，在提高汽车的可靠性、舒适性、经济性和解决汽车节能降耗、行车安全、减少排放污染等方面起着越来越重要的作用。

例如：为使汽车发动机获得最高的经济性，需靠点火系统能在最适当的时间点火；为使发动机可靠起动，需采用电动起动机；为保证汽车工作可靠、行驶安全，则有赖于各种指示仪表、信号和照明装置等电器的正常工作。

一、汽车电气设备的组成

现代汽车上所装用的电器与电子设备的数量很多，但按其用途可大致归纳并划分为下列五部分。

1. 电源部分

汽车电源包括蓄电池、发电机及其调节器。两者并联工作，发电机是主要电源，蓄电池是辅助电源。发电机配有调节器，其主要作用是在发电机转速增高时，自动调节发电机的输出电压使之保持稳定。

2. 用电设备

（1）起动系统：包括起动机及控制电路，由起动机将电能转变为机械能带动发动机转动。完成起动任务后，起动机停止工作。

（2）点火系统：包括点火线圈、点火器、分电器总成、火花塞等。点火系统是汽油机不可缺少的部分，其功能是按发动机工作顺序产生高压电并通过火花塞跳火，保证适时、准确地点燃气缸内的可燃混合气。有传统点火系统及电子点火系统之分。目前国产汽车广泛使用的是电子点火系统。

（3）照明系统：包括车内外各种照明灯以提供夜间安全行车所必要的灯光，其中以前照灯最为重要。

（4）信号系统：包括电喇叭、闪光器、蜂鸣器及各种信号灯，主要用来提供安全行车所必要的信号。

（5）辅助系统：包括电动雨刮器、风窗洗涤器、空调器、低温起动预热装置、收音机、点烟器、防盗装置、玻璃升降器、座椅调节器等。辅助电器有日益增多的趋势，主要向舒适、娱乐、保障安全方面发展。

3. 电子控制装置

电子控制装置主要指由微机控制的装置，如电子控制点火装置、电子控制汽油喷射装置，电子控制防抱死制动装置、电子控制自动变速器等，用来提高汽车的动力性、经济性、安全性，实现排气净化和操纵自动化。

4. 检测装置

检测装置包括各种监测仪表如电流表、电压表、机油压力表、冷却液温度表、燃油表、车速里程表、发动机转速表和各种警告灯。用来监视发动机和其他装置的工作情况。

5. 配电装置

配电装置包括中央接线盒、电路开关、熔丝装置、插接件和导线。

二、汽车电气设备的特点

1. 两个电源

汽车上的两个电源指交流发电机和蓄电池两个供电电源。蓄电池是辅助电源，在汽车未运转时向有关电气设备供电；交流发电机是主电源，当发动机运转到一定转速后，交流发电机转速达到规定的发电转速，开始向有关电气设备供电，同时对蓄电池进行充电。两者互补可以有效地使用电设备在不同的情况下都能正常的工作，同时延长了蓄电池的供电时间。

2. 低压直流

汽车电气设备的额定电压有 12 V、24 V 两种，目前汽油车普遍采用 12 V 电压，而中、重型柴油车则多采用 24 V 电压。汽车正常运行中的电压，一般 12 V 系统的为 14 V，24 V 系统的为 28 V。汽车采用直流系统的原因是汽车发动机要靠电力起动机起动，它是直流串激电动机，必须由蓄电池供电，而向蓄电池充电必须用直流电，所以汽车电气设备为一直流系统。这主要是从蓄电池充电角度来考虑的。

3. 负极搭铁

采用单线制时，蓄电池的一个电极须接至车架上，俗称“搭铁”，将蓄电池的负极接车架就称为“负极搭铁”；反之，则称为“正极搭铁”，汽车电气系统已统一定为负极搭铁。

4. 并联单线

汽车上的电源和所有的电气设备均采用并联，即它们正常工作时的电压相同。同时采用并联时，个别电气设备故障不能正常工作不影响其他电气设备，每个用电设备都由各自串联在其支路中的专用开关控制，互不产生干扰；单线制是指从电源到用电设备只用一根导线连接，而用汽车底盘、发动机等金属机体作为另一公用导线。由于单线制节省导线、线路清晰、安装和检修方便，且电器也不需与车体绝缘。因此现代汽车均采用单线制，但在一些不能形成可靠的电气回路或需要精确电子信号的回路中采用双线。

5. 车载网络控制

由于汽车智能化的要求，多数用电设备的工作电流控制已不是由单一的开关信号控制，而大多是由具有一定逻辑关系的多个信号来控制的。这些控制构成一个网络，称为车载网络控制，即用电设备是否工作是由网络控制的。实现网络控制主要是引入了计算机（芯片）。每个计算机（芯片）是一个电控单元（ECU），它连接着特定部位的传感器，每个传感器提供一路信号。在各种用电设备的工作电流控制中有些信号是共用的，所以汽车上各个计算机（芯片）也要靠网络技术来连接。随着汽车电气技术的发展，拟人思维的功能控制需要的信号越来越多，满足的关系越来越复杂，网络结构也在不断发展。目前汽车车载网络结构在向 CAN 总线制过渡。

项目一　蓄电池技术状况检测与维护

任务1　蓄电池技术状况检测

任务目标

1. 能根据任务需要收集蓄电池技术状况检测相关资料。
2. 能描述普通铅酸蓄电池的工作原理。
3. 能确定蓄电池技术状况检测项目。
4. 会分析蓄电池常见故障的产生原因。
5. 能正确地使用工量具和设备；根据“维修手册”指引，安全规范地对蓄电池电解液液面高度、蓄电池端电压、蓄电池电解液密度等技术状况进行检测，并能对检测结果进行分析。

任务描述

蓄电池是一种可逆直流电源。它是汽车上的两个电源之一，蓄电池的性能好坏直接影响到汽车的起动性能，那么可以通过什么方法来检测出蓄电池的性能好坏呢？

任务内容

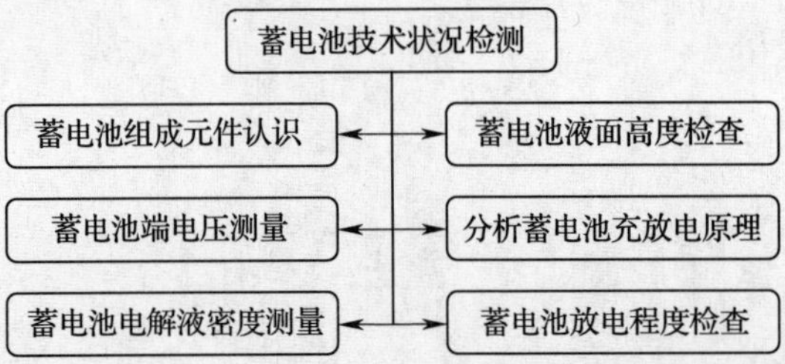

任务准备

一、蓄电池的结构

构成普通铅酸蓄电池的7件基础元件有正极板、负极板、隔板、外壳、联条、电解液、电极桩。壳体一般分隔为3个或6个单格，每个单格均盛装有电解液，插入正负极板组便成为单体电池。每个单体电池的标称电压为2 V，将3个或6个单体电池串联后便成为一只6 V或12 V蓄电池总成。国产普通铅酸蓄电池的构造如图1—1—1所示。

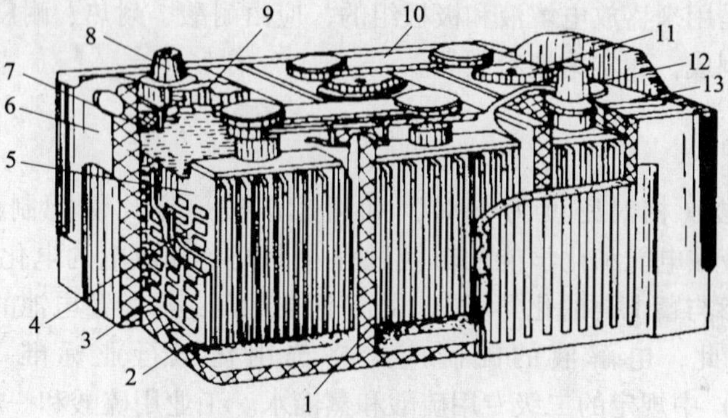

图1—1—1　国产普通铅酸蓄电池的构造

1—隔壁　2—凸肋　3—负极板　4—隔板　5—正极板　6—外壳　7—防护板　8—负电极桩　9—通气孔　10—联条　11—加液孔　12—正电极桩　13—单格电池盖

1. 极板

极板是蓄电池的核心构件，分正极板和负极板，均由栅架和填充在其上的活性物质构成，如图1—1—2所示。蓄电池充、放电过程中，电能和化学能的相互转换就是依靠极板上活性物质和电解液中硫酸的化学反应实现的。正极板上的活性物质是二氧化铅（PbO_2），呈棕色；负极板上的活性物质是海绵状的纯铅（Pb），呈青灰色。国产负极板的厚度为1.8 mm、正极板为2.2 mm。国外大多采用薄型极板，厚度为1.1～1.5 mm。薄型极板对提高蓄电池的比容量（极板单位尺寸所提供的容量）和改善起动性能都十分有利。一般负极板组的极板比正极板组的极板多一片，正极板夹在两负极板间，可以减少正极板活性物质脱落。

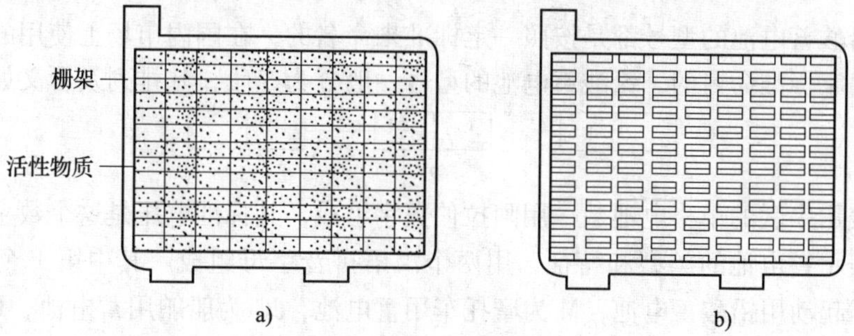

图1—1—2　极板和栅架

a）极板　b）栅架

2. 隔板

为了减少蓄电池内阻和尺寸，蓄电池内部正负极板应尽量靠近，但又不能相互接触而造成短路，故正负极板之间必须加绝缘隔板隔开。隔板的材料有木质、微孔橡胶、微孔塑料、玻璃纤维和纸板等。安装时，隔板上带沟槽的一面应面向正极板，这是因为正极板在充、放电过程中化学反应激烈，沟槽能使电解液较顺利地上下流通。同时，正极板上脱落的活性物质能顺利地沿沟槽下沉。

3. 外壳

蓄电池的外壳是用来盛放电解液和极板组的，应由耐酸、耐热、耐震、绝缘性能好并且有一定强度的材料制成，通常为塑料制品。

4. 电解液

电解液由纯硫酸（相对密度为 1.84）和蒸馏水按一定比例配制而成，相对密度为 1.24 ~ 1.28。电解液在电能和化学能的转换过程（即充电和放电的电化学反应）中起离子间的导电作用，并参与蓄电池的化学反应。电解液的纯度是影响蓄电池的电气性能和使用寿命的重要因素。因此，电解液的配制应严格选用化工行业标准《蓄电池用硫酸》（HG/T 2692—2007）中规定的二级专用硫酸和蒸馏水。工业用硫酸和一般的水中因含有铁、铜等杂质，会增加自放电，并损坏极板，故不能用于蓄电池。

5. 联条

联条是用来连接蓄电池单格内部极板组。

6. 电极桩

电极桩是蓄电池对外输出电压用的两个端子，分别是正极桩和负极桩，通常会标注“+”和“-”符号。

二、蓄电池的规格

汽车用铅酸蓄电池的型号都是按照一定标准来命名的，在国内市场上使用的蓄电池型号主要是按照国家标准命名的。铅酸蓄电池的型号一般分为 3 段，其排列及含义如下：

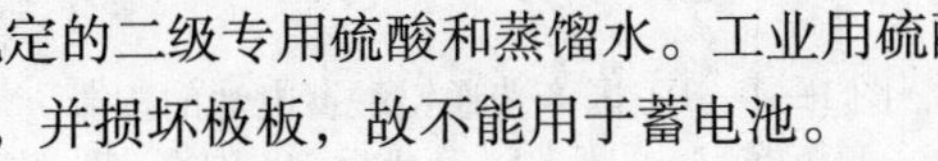

第 1 段表示串联的单格电池数，用阿拉伯数字组成，其标准电压是这个数字的两倍。

第 2 段表示蓄电池的类型和特征，用两个汉语拼音字母组成。其中第 1 个字母表示类型：Q 为汽车起动用铅酸蓄电池，M 为摩托车用蓄电池，JC 为船舶用蓄电池，HK 为航空用蓄电池，D 表示电动车用蓄电池，F 表示阀控型蓄电池。第 2 个字母为蓄电池特征的代号：A——干荷电、W——免维护式、H——湿荷式、S——少维护式、M——密闭式、J——胶质电解液、I——激活式。

第 3 段表示蓄电池的额定容量，是指 20 h 放电率时的额定容量，用阿拉伯数字表示，单位是 A·h。有时在额定容量后面用一个字母表示特殊性能，G 表示高起动率，S 表示塑料外壳，D 表示低温起动性能好，HD 表示高抗振型，DF 表示低温反装。角标 a 表示对原产品的第 1 次改进，名称后加角标 b 表示第 2 次改进，依此类推。

以型号为 6—QA—60a 的蓄电池为例，说明如下：

① 6 表示由 6 个单格电池组成，每个单格电池电压为 2 V，即额定电压为 12 V。

② Q 表示为汽车起动用蓄电池。

③ A 表示干荷型蓄电池。

④ 60 表示蓄电池的额定容量为 60 A·h。

⑤ 角标 a 表示对原产品的第一次改进。

三、蓄电池的工作原理

蓄电池由浸渍在电解液中的正极板（二氧化铅 PbO_2）和负极板（海绵状纯铅 Pb）组成，电解液是硫酸（H_2SO_4）溶液。蓄电池在充放电过程中发生的化学反应是可逆的。

1. 电动势的建立

当极板浸入电解液时，在负极板处金属铅受到两方面作用，一方面它有溶解于电解液的倾向，因而有少量铅进入溶液，生成 Pb^{2+}，在极板上留下电子 2e，使极板带负电；另一方面由于正负电荷吸引，Pb^{2+} 有沉附于极板表面的倾向。当两者达到平衡时溶解便停止，此时极板具有负电位，约为 −0.1 V。在正极板处，少量 PbO_2 溶入电解液，与水生成 $Pb(OH)_4$，再分离成四价铅离子和氢氧根离子，即：

$$PbO_2 + 2H_2O \rightarrow Pb(OH)_4$$

$$Pb(OH)_4 \rightarrow Pb^{4+} + 4OH^-$$

Pb^{4+} 沉附于极板的倾向大于溶解的倾向，因而沉附在正极板上，使极板呈正电位。当达到平衡时，约为 +2.0 V。

因此，当外电路未接通，反应达到相对平衡状态时，蓄电池的静止电动势 E_0 约为：

$$E_0 = 2.0 - (-0.1) = 2.1\ \text{V}$$

2. 铅酸蓄电池的放电

蓄电池接上负载，在电动势的作用下，电流 I_f 从正极经过负载流往负极（即电子从负极到正极），使正极电位降低，负极电位升高，破坏了原有的平衡。放电时的化学反应过程如图 1—1—3 所示。

在正极板处，Pb^{4+} 和电子结合，变成二价铅离子 Pb^{2+}，Pb^{2+} 与电解液中的 SO_4^{2-} 结合生成 $PbSO_4$ 沉附于极板上，即：

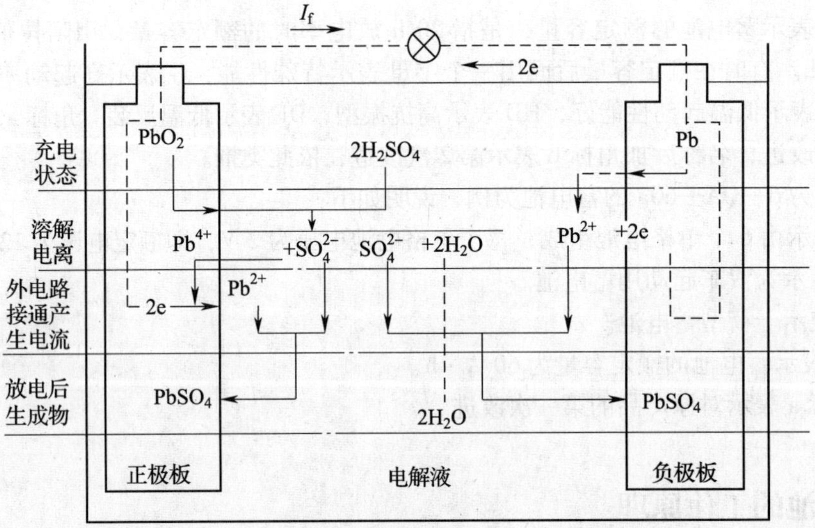

图 1—1—3　蓄电池放电时化学反应过程图解

$$Pb^{4+} + 2e \rightarrow Pb^{2+}$$
$$Pb^{2+} + SO_4^{2-} \rightarrow PbSO_4$$

3. 铅酸蓄电池的充电

充电时，应将蓄电池接直流电源。当电源电压高于蓄电池电动势时，在电场力的作用下，电流从蓄电池正极流入，负极流出（即驱使电子从正极经外电路流入负极）。这时正负极板发生的反应正好与放电过程相反，其化学反应过程如图 1—1—4 所示。

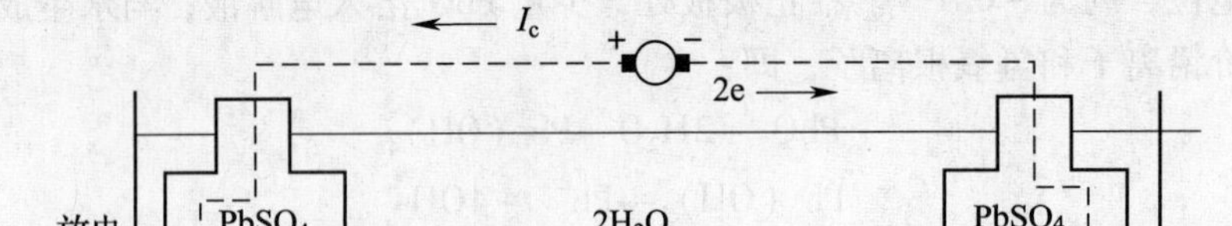

图 1—1—4　蓄电池充电时化学反应过程图解

在负极板处有少量的 $PbSO_4$ 进入电解液中，离解为 Pb^{2+} 和 SO_4^{2-}，即：

$$PbSO_4 \rightarrow Pb^{2+} + SO_4^{2-}$$

Pb^{2+} 在电源的作用下获得两个电子变为金属 Pb，沉附在极板上。而 SO_4^{2-} 则与电解液中的 H^+ 结合，生成硫酸，即：

$$Pb^{2+} + 2e \rightarrow Pb$$
$$SO_4^{2-} + 2H^+ \rightarrow H_2SO_4$$

负极板上的总反应为：

$$PbSO_4 + 2e + 2H^+ \rightarrow Pb + H_2SO_4$$

正极板处也有少量 $PbSO_4$ 进入电解液中，离解为 Pb^{2+} 和 SO_4^{2-}，Pb^{2+} 在电源作用下失去两个电子变为 Pb^{4+}，它又和电解液中水离解出来的 OH^- 结合，生成 $Pb(OH)_4$，$Pb(OH)_4$ 又分解为 PbO_2 和 H_2O，而 SO_4^{2-} 又与电解液中的 H^+ 结合生成硫酸，其反应式如下：

$$PbSO_4 \rightarrow Pb^{2+} + SO_4^{2-}$$
$$Pb^{2+} - 2e \rightarrow Pb^{4+}$$
$$4H_2O \rightarrow 4H^+ + 4OH^-$$
$$Pb^{4+} + 4OH^- \rightarrow Pb(OH)_4$$
$$Pb(OH)_4 \rightarrow PbO_2 + 2H_2O$$
$$2SO_4^{2-} + 4H^+ \rightarrow 2H_2SO_4$$

正极板上的总反应为：

$$PbSO_4 - 2e + 2H_2O + SO_4^{2-} \rightarrow PbO_2 + 2H_2SO_4$$

可见，在充电过程中，正、负极板上的 $PbSO_4$，将逐渐恢复为 PbO_2 和 Pb，电解液中硫酸成分逐渐增多，水逐渐减少。

综上所述，蓄电池充放电过程中的化学反应是可逆的。总的反应式如下：

$$PbO_2 + Pb + 2H_2SO_4 \underset{\text{充电}}{\overset{\text{放电}}{\rightleftharpoons}} 2PbSO_4 + 2H_2O$$

四、蓄电池技术状况的检测

案例链接：

一辆丰田花冠车主反映，汽车在每天第一次起动时，感觉起动机运转无力。

汽车在起动时起动机运转无力，可能原因之一会与蓄电池的技术状况有关，按汽车 4S 店的维修规范作业要求，具体分析该类型故障的诊断流程及诊断方法。具体如下：

1. 对待修车辆进行维修接待

可参考接车问诊表，对待修车辆进行维修接待。接车问诊表见表 1—1—1。

表 1—1—1　　　　　　　　　　　　　　接车问诊表

接车问诊表

车牌号：__________　　车架号：__________　　行驶里程：__________（km）

用户名：__________　　电话：__________　　来店时间：______／______

用户陈述及故障发生时的状况：

故障发生状况提示：行驶速度、发动机状态、发生频度、发生时间、部位、天气、路面状况、声音描述

接车员检测确认建议：

车间检测确认结果及主要故障零部件：

车间检查确认者：__________

外观确认：

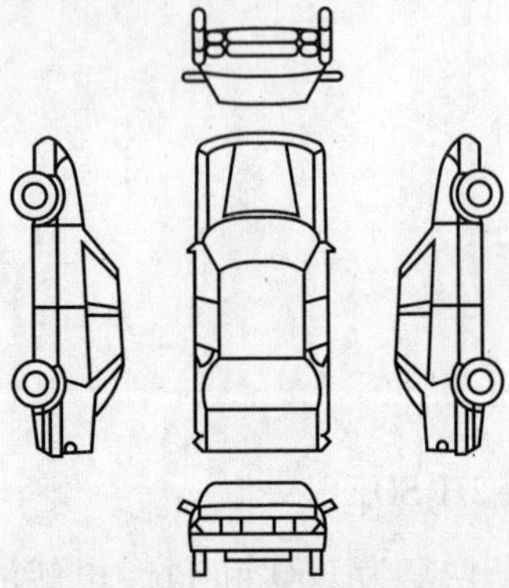

请在有缺陷部位作标志

功能确认：（工作正常√　不正常×）

□音响系统　□门锁（防盗器）　□全车灯光

□工具　□后视镜　□天窗　□座椅

□点烟器　□玻璃升降器　□玻璃

物品确认：（有√　无×）

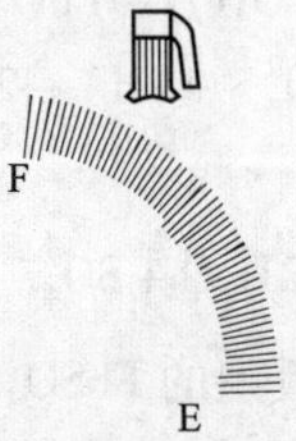

□贵重物品提示

□工具　□备胎　□灭火器

□其他（　　）

旧件是否交还用户　□是　□否

用户是否需要洗车　□是　□否

·检测费说明：本次检测的故障如用户在本店维修，检测费包含在修理费用内；如用户不在本店维修，请您支付检测费。本次检测费：¥　　　　元。

·贵重物品：在将车辆交给我店检查修理前，已提示将车内贵重物品自行收起并保存好，如有遗失恕不负责。

接车员：__________　　用户确认：__________

维修工单填写

填写维修工单的目的是陈述顾客的要求并确认顾客的授权，以便技师能在承诺时间内完成工作。

维修工单是重要的法律文件，是顾客与修理厂之间的合约，顾客通过维修工单授权修理厂根据要求完成维修工作。

维修工单将提供维修的重要信息及工作详细内容：（1）顾客留言或主要要求；（2）服务顾问和主修工意见；（3）技师对完成工作的评价；（4）估算维修、保养、润滑剂和零件费用；（5）记录环车检查车身状况结果；（6）维修工作预计的完成时间。所有维修内容必须取得客户同意，并签字确认。

2. 厘清故障诊断程序

要将故障尽快诊断出来，首先应厘清思路，即明确故障诊断的一般方法及流程，这是解决问题的关键。汽车维修企业（4S 店）一般采用如图 1—1—5 所示的诊断流程对车辆故障进行诊断。

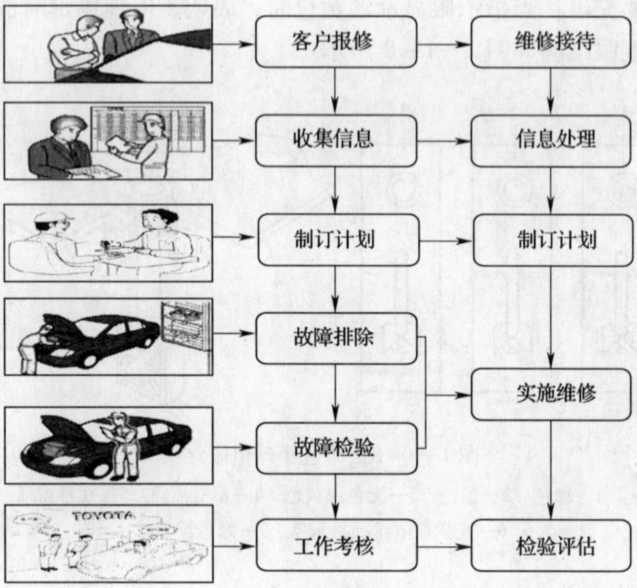

图 1—1—5　故障诊断的一般流程

3. 做好诊断前的准备工作（信息收集与处理）

（1）电解液液面高度的检查。液面高度用玻璃管测量，如图 1—1—6 所示。电解液应高出极板 10 ~ 15 mm，或在两条刻度线之间。电解液不足时应补充蒸馏水。

（2）用密度计测量电解液相对密度。电解液的相对密度用吸式密度计测定，如图 1—1—7所示，先吸入电解液，使密度计浮子浮起，电解液液面所在的刻度即为相对密度值。

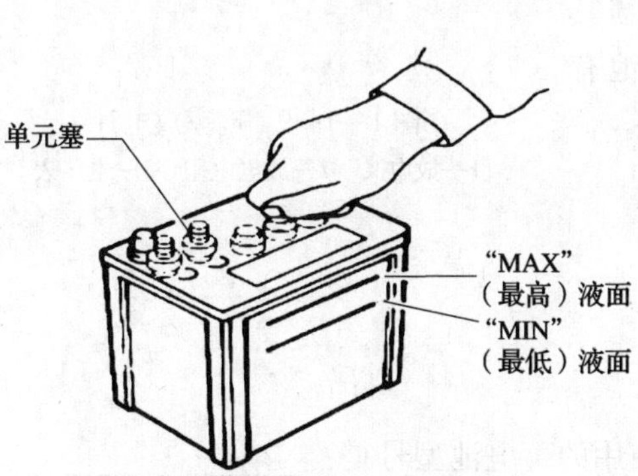

图 1—1—6　电解液液面高度检查

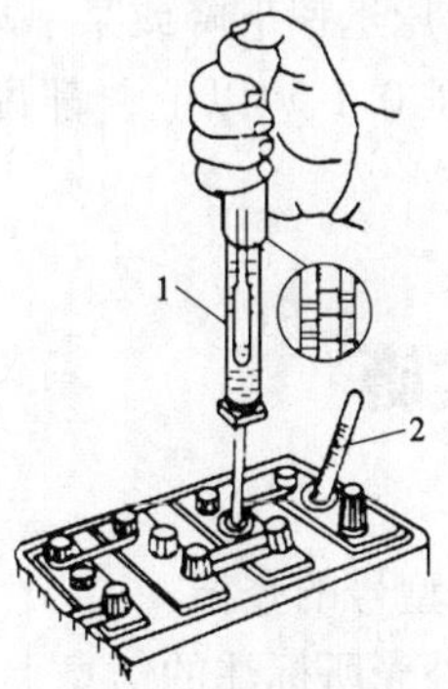

图 1—1—7　用密度计测量电解液相对密度

1—密度计　2—温度计

注意在测量密度时，应同时测量电解液温度，并将测得的电解液相对密度值转换到25℃时的相对密度值。一般密度每下降0.01 g/cm^3，相当于蓄电池放电6%。

一些普通铅酸蓄电池和免维护蓄电池在盖上设有一个孔形液体（温度补偿型）比重计，它会根据电解液比重的变化而改变颜色，可以指示蓄电池的存放电状态和电解液液位的高度。当比重计的指示眼呈绿色时，表明充电已足，蓄电池正常；当指示眼绿点很少或为黑色时，表明蓄电池需要充电；当指示眼显示淡黄色时，表明蓄电池内部有故障，需要修理或进行更换。单色小球电眼结构如图1—1—8所示。

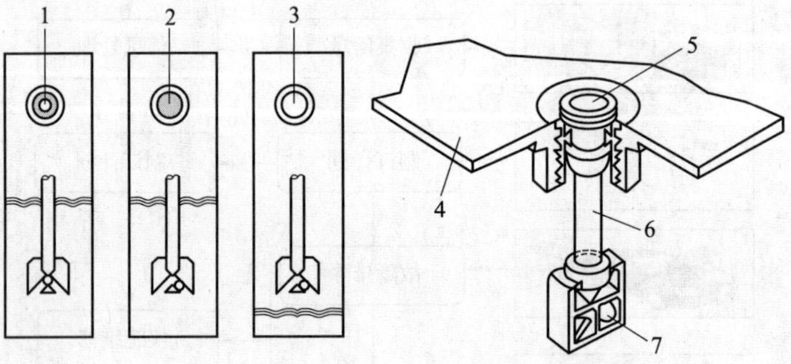

图1—1—8　单色小球电眼结构

1—绿色　2—黑色　3—无色或黄色　4—蓄电池盖　5—观察窗

6—光学荷电状况指示器　7—绿色浮子球

（3）用高率放电计测量放电电压。高率放电计是模拟接入起动机负荷，测量蓄电池在大电流（接近起动机起动电流）放电时的端电压。高率放电计如图1—1—9所示，用以判断蓄电池的放电程度和起动能力。测量时，将放电计紧压在单格电池的极桩上，时间不超过5 s。单格电池的电压在1.5 V以上，并在5 s内保持稳定，说明此单格电池良好。如果在5 s内电压迅速下降或某一单格的电压低于其他单格电池电压0.1 V以上，都说明此单格电池有故障。

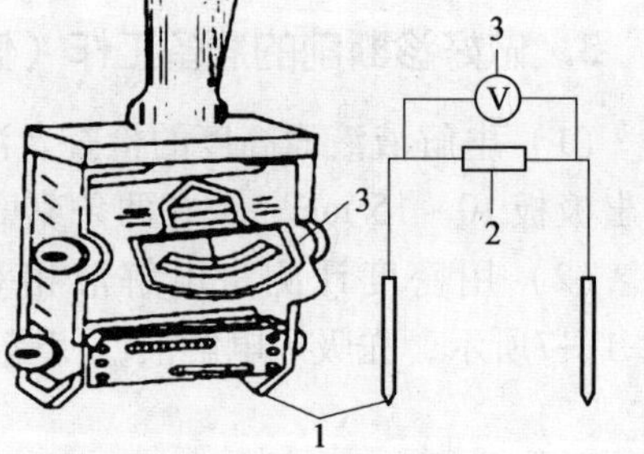

图1—1—9　高率放电计

1—放电叉　2—放电电阻　3—电压表

任务实施

1. 蓄电池型号的登记

从蓄电池外壳所标注的信息上找出该车所使用的蓄电池型号是：________________。

2. 查看蓄电池上的电量观察窗颜色，将结果记录在表1—1—2。

表 1—1—2　　蓄电池电量观察窗颜色记录表

颜色	性能分析
绿色	
无色或黄色	
黑色	

3. 电解液液面高度检查，在图 1—1—10 做上标记。

图 1—1—10　电解液液面高度检查

4. 测量电解液密度，将结果记录在表 1—1—3。

表 1—1—3　　电解液密度测量记录表

次数＼单格	1	2	3	4	5	6
第一次测量值						
第二次测量值						
结论：						

5. 用高率放电计测量放电电压，在图 1—1—11 做上标记。

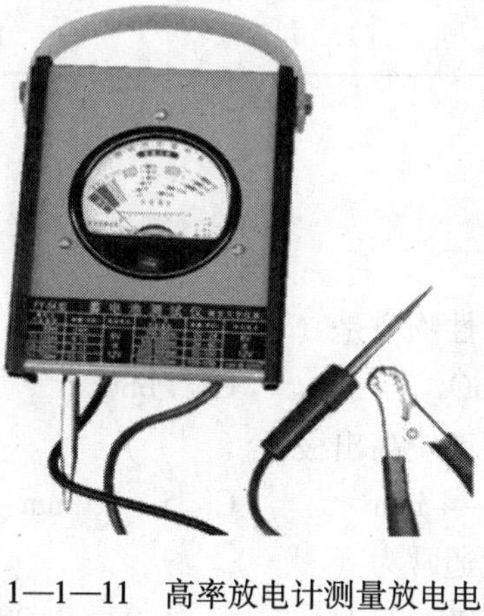

图 1—1—11　高率放电计测量放电电压

任务总结

一、任务评价

对本学习任务进行评价，见表1—1—4。

表1—1—4　评　分　表

考核项目	评分标准	分数	学生自评	小组互评	教师评价	小计
团队合作	是否和谐	5				
活动参与	是否积极主动	5				
安全生产	有无安全隐患	15				
现场5S	是否做到	5				
任务方案	是否正确、合理	15				
操作过程	1. 电解液液面高度检查 2. 电解液密度测量 3. 用高率放电计测量放电电压	30				
任务完成情况	是否圆满完成	5				
工具和设备使用	是否规范、标准	10				
劳动纪律	是否能严格遵守	5				
工单填写	是否完整、规范	5				
总分		100				
教师签名:			年　月　日		得分	

二、理论知识检验

1. 蓄电池的正极板上的活性物质是（　　）。

A. Pb　　B. PbO_2　　C. $PbSO_4$　　D. Pb^{4+}

2. 蓄电池电解液的液面高度应高出极板（　　）。

A. 1 ~ 2 mm　　B. 3 ~ 4 mm　　C. 5 ~ 10 mm　　D. 10 ~ 15 mm

3. 蓄电池电解液相对密度通常为（　　）。

A. 1. 15 ~ 1. 20　　B. 1. 20 ~ 1. 24　　C. 1. 24 ~ 1. 28　　D. 1. 28 ~ 1. 32

4. 蓄电池正极板比负极板数（　　）。

A. 多一片　　B. 少一片　　C. 多两片　　D. 少两片

5. 蓄电池的单格理论电压为（　　）V。

A. 1.5　　B. 2.0　　C. 2.1　　D. 2.5

知识拓展

免维护蓄电池

免维护蓄电池如图 1—1—12 所示，免维护蓄电池是目前汽车中使用较广泛的蓄电池，采用全密封结构及现代化生产工艺，使其具有高性能、长寿命、无污染、免维护、安全可靠的卓越性能。

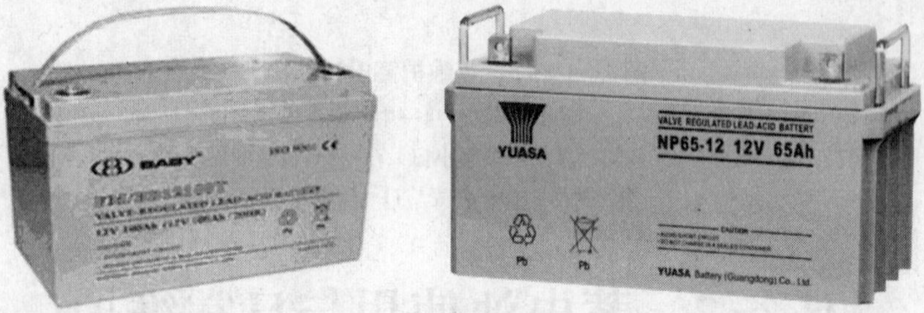

图 1—1—12　免维护蓄电池

免维护蓄电池由于自身结构上的优势，电解液的消耗量非常小，在使用寿命内基本不需要补充蒸馏水。它还具有耐震、耐高温、体积小、自放电小的特点。使用寿命一般为普通蓄电池的两倍。市场上的免维护蓄电池也有两种：第一种在购买时一次性加电解液，以后使用中不需要维护（添加补充液）；另一种是电池本身出厂时就已经加好电解液并封死，用户根本就不能加补充液。

由于免维护蓄电池采用铅钙合金栅架，如图 1—1—13 所示，充电时产生的水分解量少，水分蒸发量低，加上外壳采用密封结构，释放出来的硫酸气体也很少，所以它与传统蓄电池相比，具有不需添加任何液体，对接线桩头、电线腐蚀少，抗过充电能力强，起动电流大，电量储存时间长等优点。

免维护蓄电池因其在正常充电电压下，电解液仅产生少量的气体，极板有很强的抗过充电能力，而且具有内阻小、低温起动性能好、比常规蓄电池使用寿命长等特点，因而在整个使用期间不需添加蒸馏水，在充电系统正常情况下，不需拆下进行补充充电。但在保养时应对其电解液的比重进行检查。

免维护蓄电池也可以进行补充充电，充电方式与普通蓄电池的充电方法基本一样。充电时每单格电压应限制在 2.3 ~ 2.4 V。注意使用常规充电方法充电会消耗较多的水，充电时充电电流应稍小些（5 A 以下）。不能进行快速充电，否则，蓄电池可能会发生爆炸，导致伤人。当免维护蓄电池的比重计，显示为淡黄色或红色时，说明该蓄电池已接近报废，即使再充电，使用寿命也不长。此时的充电只能作为救急用。

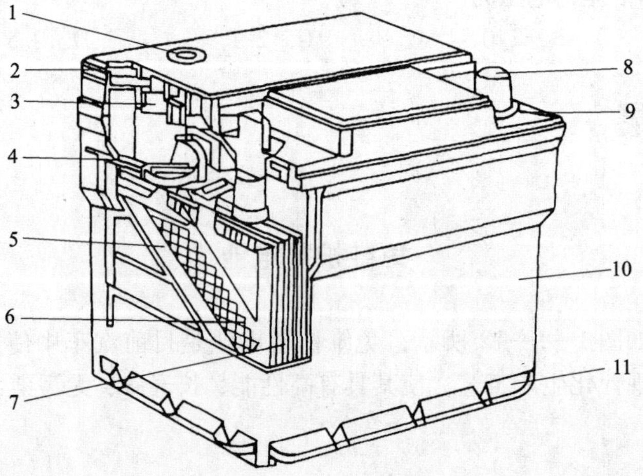

图 1—1—13　免维护蓄电池结构

1—内装密度计　2—排烟孔　3—液气隔板　4—中心极板连接夹板和单体电池连接器　5—高密度活性物质　6—铅钙栅架上锻制小窗　7—密封极板的隔板封皮　8—极桩　9—模压代号　10—外壳　11—安装下滑面

任务 2　蓄电池使用与日常维护

任务目标

1. 能根据任务需要收集蓄电池使用与日常维护相关资料。
2. 能正确使用蓄电池。
2. 能对蓄电池进行日常维护工作。
3. 会对蓄电池进行补充充电。
4. 能正确地使用工量具和设备；根据“维修手册”指引，安全规范地对蓄电池进行表面清洁、蓄电池补充充电和排除蓄电池常见故障。

任务描述

为了使蓄电池经常处于完好状态，延长其使用寿命，需要对使用中的蓄电池进行日常维护。那么日常维护需要做哪些工作，又应该怎样实施？

任务内容

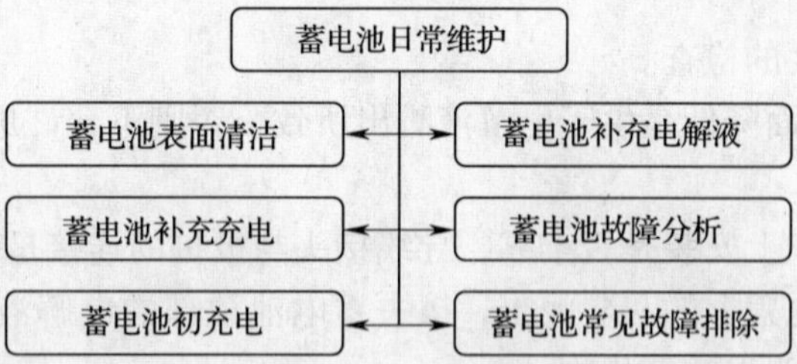

任务准备

一、蓄电池的使用

1. 注意

（1）如果有必要使用辅助蓄电池和跨接电缆起动发动机，应使用 12 V 的辅助蓄电池。

（2）连接蓄电池电缆后，必须确认电缆已夹紧到蓄电池极桩上，并接触良好。

（3）不要往孔内加注蒸馏水来测定电解液的密度。

2. 防止蓄电池过度放电的方法

应十分重视以下事项，以防止蓄电池过度放电。

（1）应始终保持蓄电池表面（尤其是顶部）的清洁和干燥，如图 1—2—1 所示。

（2）极桩的连接部分应清洁并拧紧。

（3）在每次常规保养时，都应该检查电解液的液面。这同样适用于那些标明是“低维护”及“免维护”的蓄电池。

（4）如果汽车长时间不使用，应该断开蓄电池负极桩接线，如图 1—2—2 所示（如果汽车带有一个外伸的存储开关，应将其关闭）。

（5）检查蓄电池的充电状况。

图 1—2—1　保持表面清洁和干燥

图 1—2—2　断开蓄电池负极桩接线

二、蓄电池的日常维护

1. 电解液液面高度的检查。

注意：除非确知液面降低是由于电解液溅出所致，否则不允许加入电解液，只能加蒸馏水补充。

2. 检查蓄电池在车上安装是否牢靠，导线接头与极桩的连接是否紧固。

3. 经常清除蓄电池盖上的灰尘泥土，擦去蓄电池顶部的电解液，清理好加液孔盖上的气孔，清除极桩和导线头上的氧化物。

4. 经常检查蓄电池放电程度，超过规定时立即充电。

（1）用密度计测量电解液相对密度。

（2）用高率放电计测量放电电压。

三、蓄电池充电

放电后的蓄电池必须通过充电才能重新投入使用，新蓄电池和修复后的蓄电池在首次使用前必须进行初充电，蓄电池在正常使用过程中为了保持一定容量，延长其使用寿命，还要进行一些必要的补充充电、均衡充电等维护性充电作业。

1. 蓄电池的充电方法

蓄电池的充电必须根据不同情况选择合适的方法，并且正确地使用充电设备，才能提高工作效率，延长蓄电池及充电设备的使用寿命。蓄电池充电有以下几种方法。

（1）定电压法。在充电过程中，电源电压保持恒定不变的方法。

定电压充电的优点是充电时间短，充电过程无须调节电压，适合于补充充电。缺点是不容易将蓄电池完全充足，并且初期充电电流过大。

（2）定电流法。在充电过程中，充电电流保持恒定不变的方法。

采用定电流充电，无论是6 V还是12 V蓄电池均可串联在一起充电。串联充电的蓄电池容量最好相同。否则，应以容量最小的蓄电池选择充电电流，并且在小容量的蓄电池充足后，随即摘除，其余未充足的蓄电池则继续充电。

定电流充电具有较大的适应性，容易将蓄电池完全充足，有利于延长蓄电池的寿命。其缺点是因充电过程蓄电池电动势逐渐升高而需经常调节充电电压，以保持充电电流不变。

（3）脉冲快速充电法。先用0.8倍或1倍额定电池容量大的电流进行定流充电，当电池单格电压升到2.4 V时，由控制电路控制，开始进行脉冲充电。

2. 充电设备

由于蓄电池是直流电源，充电时必须用直流电充电。直流充电设备种类很多，常用的有电动机—发电机组和各种整流电源（整流器）。

电动机—发电机组由一台三相交流电动机驱动一台直流发电机发出直流电。这种充电电源具有功率大、充电电压和电流适应范围广、易于调整等优点，但机体笨重，必须固定安装且不便于移动。因此，电动机—发电机组适用于拥有大量蓄电池需成批集中充电的大型充电场所。

整流充电设备是利用整流元器件，将三相或单相交流电转变为直流电。最常用的是硅整流充电机和可控硅充电机，如图 1—2—3 所示，其结构简单，操作和使用维修方便，整流效率高，使用寿命长，工作稳定可靠。因此，整流充电设备在汽车运输业已得到广泛应用。

图 1—2—3　充电机

3. 充电种类

蓄电池的充电种类可分为初充电、补充充电和维护性充电。

（1）初充电。新蓄电池或修复后的蓄电池在使用之前的首次充电称为初充电。方法如下：

1）首先按蓄电池制造厂的规定，加注一定量相对密度的电解液（一般为 1. 24 ~ 1. 28）。

2）电解液加入蓄电池之前，其温度不得超过 30℃；注入电解液后，应静置 3 ~ 6 h，待温度低于 35℃才能充电。

3）将蓄电池的正、负极桩分别与充电机的正、负极相接，并按表 1—2—1 蓄电池充电电流规范中初充电电流进行充电。

表 1—2—1　　蓄电池充电电流规范

蓄电池型号	初充电				补充充电			
	第一阶段		第二阶段		第一阶段		第二阶段	
	电流（A）	时间（h）	电流（A）	时间（h）	电流（A）	时间（h）	电流（A）	时间（h）
3—Q—75	5		3		7. 5		4	
3—Q—90	6		3		9		5	
3—Q—105	7		4		10. 5		5	
3—Q—120	8		4		12. 0		6	
3—Q—135	9		5		13. 5		7	
3—Q—150	10	25 ~ 35	5	20 ~ 30	15	10 ~ 11	7	3 ~ 5
3—Q—195	13		7		19. 5		10	
6—Q—60	4		2		6		3	
6—Q—75	5		3		7. 5		4	
6—Q—90	6		3		9		4	
6—Q—105	7		4		10. 5		5	
6—Q—120	8		4		12. 0		6	

4）充电过程通常分两个阶段：第一阶段的充电电流约为额定容量的1/15，充电至电解液中放出气泡，单格电压达2.4 V。第二阶段的充电电流约为额定容量的1/30，充电至单格电压达2.7 V。

（2）补充充电。蓄电池在使用中，常有充电不足的现象，应根据需要进行补充充电，一般每月至少一次。如发现下列现象，必须随时进行充电。方法参照初充电。

1）当电解液相对密度降到1.15以下时。

2）冬季放电超过25%，夏季超过50%时。

3）灯光比平时暗，表示电力不足时。

4. 注意事项

充电过程中应注意以下几点：

（1）充电过程中必须拧开电池盖。

（2）充电场所必须保持通风。

（3）充电过程中若电解液温度上升到40℃，应将充电电流减半，如上升到45℃，应立即停止充电。

（4）充电室严禁用明火取暖。

（5）充电时应先接好电线，再开电源开关；停止充电时则应先关断充电电源。

（6）导线的连接务必可靠，以防突然断开产生火花而造成事故。

（7）充电设备不要与被充电蓄电池放置在同一工作间。

四、蓄电池常见故障排除

蓄电池在使用中出现的故障，很多情况是由于维护和使用不当造成的，常见故障有极板硫化、自行放电、内部断路、短路等。

1. 蓄电池极板硫化

故障现象：电池容量、相对密度下降。放电时电压下降快，充电时电压上升快。充电时电解液温度上升快，充电初期出现大量气泡。

原因分析：

（1）充电不足，放电后未及时充电。

（2）电解液液面低，极板露出液面。

（3）电解液相对密度高、温度高。

（4）电解液杂质多。

排除方法：以小电流及较稀的电解液进行充电，更换不纯的电解液。

2. 蓄电池自行放电

故障现象：在未使用的情况下，电压及电解液相对密度迅速下降。

原因分析：

（1）电解液有杂质，电解液所用蒸馏水或硫酸不合格。

（2）蓄电池表面不清洁。

排除方法：

（1）倒出电解液，用蒸馏水清洗蓄电池，然后加入新电解液。

（2）擦净蓄电池表面。

3. 断路

故障现象：个别电池或电池组无电压，但其余电池有电压。

原因分析：

（1）个别电池上的极桩由于短路或放电电流超过最大限度而熔化。

（2）极桩或接线片因氧化或腐蚀而接触不良。

排除方法：

（1）焊接已损坏的极桩，不能修复的则要更换电池。

（2）清洁极桩和接线片，极桩连接应可靠。

4. 短路

故障现象：充电时电解液相对密度上升幅度小，电解液温度上升快。充电时端电压低，放电时电压下降快。完全充电后容量迅速降低。

原因分析：

（1）隔板损坏。

（2）蓄电池底部沉淀物过多。

（3）负极板边缘及板身处产生树枝状铅。

（4）电解液中有导电性物质。

（5）充电电流过大损坏极板。

排除方法：

（1）更换隔板。

（2）除去沉淀物、导电性物质和树枝状铅。

（3）正确选择充电电流。

（4）修理或更换电池槽。

任务实施

1. 蓄电池的维护

结合实训场室所配备的蓄电池，对蓄电池进行维护作业，在维护过程中做了哪些项目？

（1）____。

（2）____。

（3）____。

（4）____。

2. 在维护过程中对异常情况的处理，请详细做好记录。

（1）电解液不足时：

（2）各单格电解液密度不均匀时：

（3）蓄电池极桩脏污氧化时：

（4）电解液不纯时：

（5）电解液渗漏到电池顶部时：

3. 蓄电池补充充电训练，将操作步骤填入表1—2—2。

表1—2—2 蓄电池补充充电步骤

序号	步骤	说明
1		
2		
3		
4		
5		
6		
7		

任务总结

一、任务评价

对本学习任务进行评价，评分表见表1—2—3。

表 1—2—3　　　　评　分　表

考核项目	评分标准	分数	学生自评	小组互评	教师评价	小计
团队合作	是否和谐	5				
活动参与	是否积极主动	5				
安全生产	有无安全隐患	20				
现场 5S	是否做到	10				
任务方案	是否正确、合理	15				
操作过程	1. 蓄电池日常维护作业 2. 蓄电池维护过程中对异常情况的处理 3. 蓄电池补充充电	20				
任务完成情况	是否圆满完成	5				
工具和设备使用	是否规范、标准	10				
劳动纪律	是否能严格遵守	5				
工单填写	是否完整、规范	5				
总分		100				
教师签名：			年　月　日		得分	

二、理论知识检验

1. 当蓄电池电解液相对密度降到（　　）以下时，需进行补充充电。

A. 1.15　　B. 1.20　　C. 1.25　　D. 1.30

2. 蓄电池充电过程中若电解液温度上升到（　　）℃时，应将充电电流减半。

A. 20　　B. 30　　C. 40　　D. 50

3. 蓄电池在进行补充充电时，第一阶段的充电电流约为蓄电池额定容量的（　　）。

A. 1/10　　B. 1/15　　C. 1/20　　D. 1/25

4. 蓄电池充满电后，单格电压达（　　）V。

A. 2　　B. 2.5　　C. 2.7　　D. 3

5. 蓄电池在进行初充电时注入电解液后，应静置（　　）h，待温度低于 35℃才能充电。

A. 1 ~ 2　　B. 2 ~ 3　　C. 4 ~ 5　　D. 3 ~ 6

项目二　充电系统检修

任务1　发电机不发电故障检修

任务目标

1. 能根据任务需要收集发电机不发电故障案例。
2. 能描述发电机的结构和发电工作原理。
3. 能正确检测发电机零部件。
4. 会分析发电机不发电的故障原因。
5. 能正确地使用工量具和设备；根据“维修手册”指引，安全规范地对发电机进行拆装、零件检测，并能对检测结果进行分析。

任务描述

发电机是汽车的主要电源，由汽车发动机驱动。发电机在正常工作时，向除起动机以外的所有用电设备供电，还向蓄电池充电以补充蓄电池在使用中所消耗的电能，即将发动机的部分机械能变成电能。当发电机不发电时汽车的电能将会很快耗尽，发电机出现该故障应该怎样对其进行检修？

任务内容

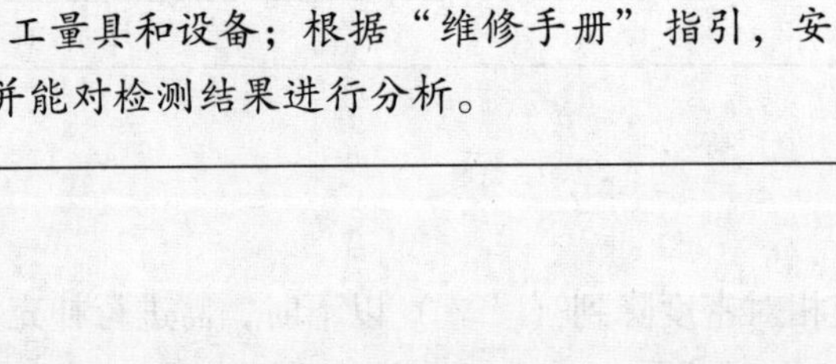

任务准备

一、汽车交流发电机的构造

目前国内外生产的汽车交流发电机其结构基本相同，多是由三相同步交流发电机和6个硅二极管构成的三相桥式全波整流器所组成。汽车所用的JF132型汽车交流发电机组件如图2—1—1所示。

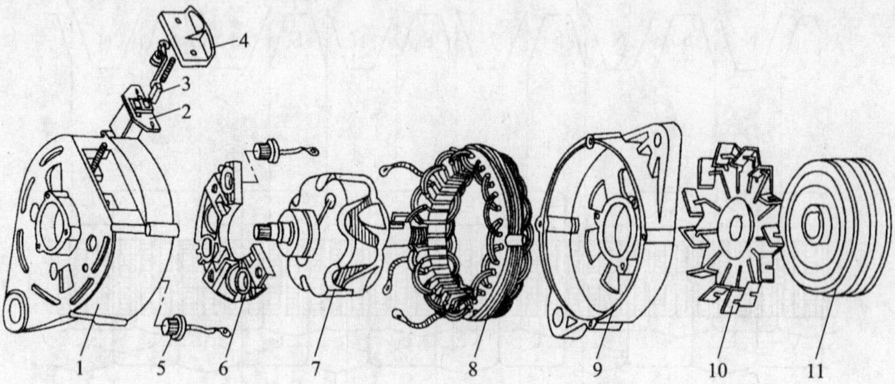

图2—1—1　JF132型交流发电机组件

1—后端盖　2—电刷架　3—电刷　4—电刷弹簧压盖　5—硅二极管
6—散热板　7—转子　8—定子总成　9—前端盖　10—风扇　11—带轮

1. 转子

转子的结构如图2—1—2所示。转子的作用是通电产生磁场和转动时在定子内切割磁力线，励磁绕组的两根引出线分别焊在与轴绝缘的两个滑环上，滑环与装在后端盖上的两个电刷相接触。两个电刷通过引线分别接在两个接线端子上，这两个接线端子即为发电机的F（磁场）端子和E（搭铁）端子。当两电刷与直流电源相接时，励磁绕组中便有励磁电流通过，产生轴向磁通，使得一块爪极被磁化为N极，另一块爪极被磁化为S极，从而形成了6对相互交错的磁极。

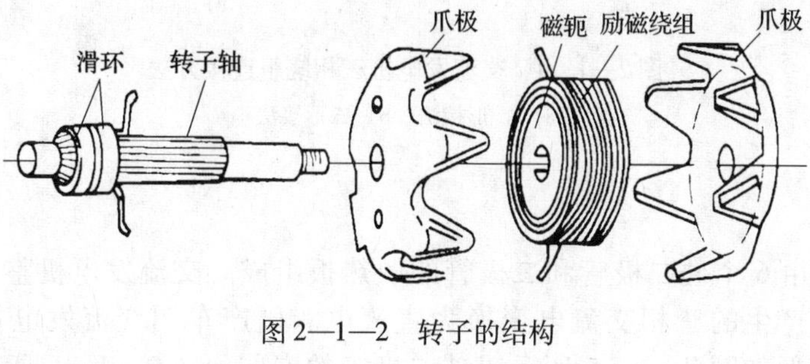

图2—1—2　转子的结构

2. 定子

定子的作用是产生感应电动势，它由定子铁芯和三相定子绕组组成。定子铁芯一般由相互绝缘且内圆带嵌线槽的环状硅钢片叠成，三相定子绕组对称安放在定子铁芯槽内，JF132系列交流发电机定子绕组展开图如图2—1—3所示。三相绕组的连接方法有星形接法（简称Y形接法）和三角形接法（简称△形接法）两种，如图2—1—4所示。其中汽车用交流发电机采用星形接法较多。星型连接即每相绕组的首端分别与整流器的硅二极管相接，每相绕组的尾端接在一起，形成了中性点N。

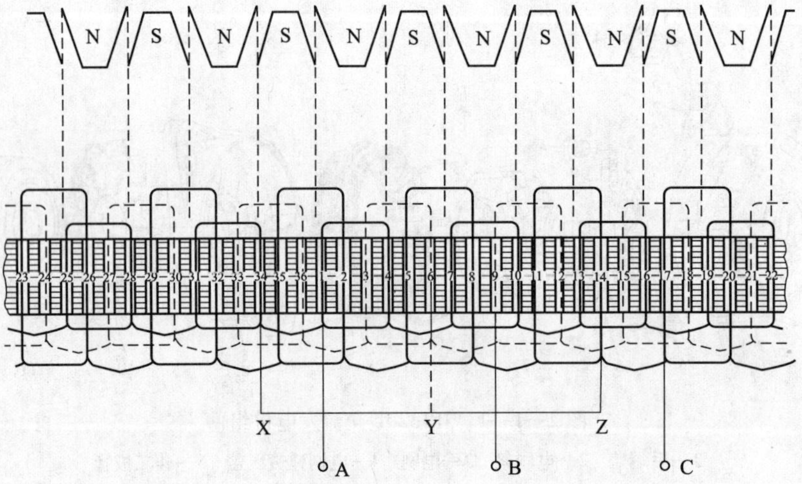

图2—1—3　JF132系列交流发电机定子绕组展开图

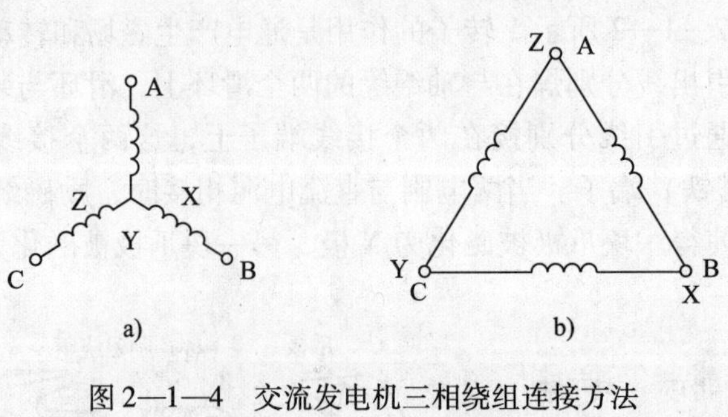

图2—1—4　交流发电机三相绕组连接方法

a）Y形接法　b）△形接法

3. 整流器

整流器一般由6个硅二极管和二极管的散热板组成。交流发电机整流器的作用是将发电机定子绕组产生的三相交流电变换为直流电。国产车用交流发电机专用硅整流二极管的散热板外形如图2—1—5所示，硅二极管的安装如图2—1—6所示。

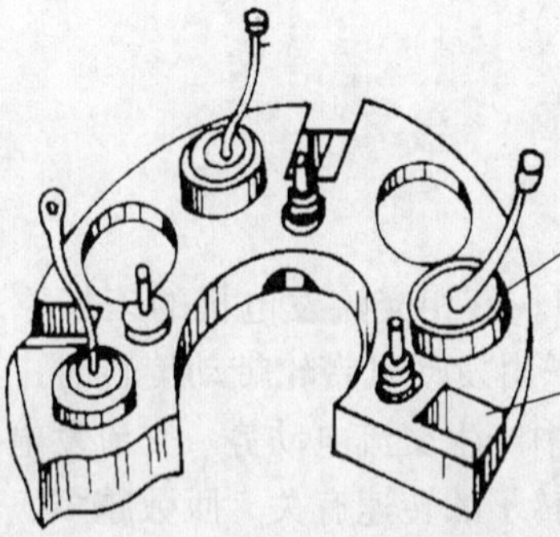

图 2—1—5　散热板外形

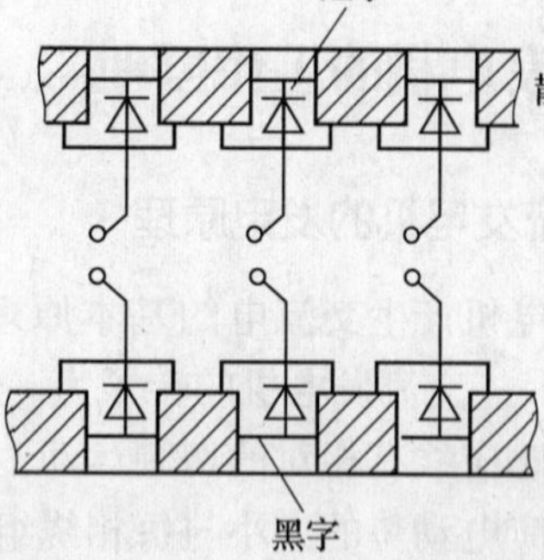

图 2—1—6　硅二极管的安装

硅二极管一般压装在散热板或发电机后端盖上。其中，压装在发电机后端盖上的 3 个硅二极管引线为负极，外壳为正极，俗称“负极管子”或“反烧管”，管壳底部用黑字标记；压装在散热板（元件板）上的 3 个硅二极管，其引线为正极，外壳为负极，则俗称“正极管子”或“正烧管”，管壳底部用红字标记。这样，发电机后端盖和散热板便组成了发电机整流器总成。散热板通常由铝合金制成，以利散热，它与后端盖用尼龙或其他绝缘材料制成的垫片隔开，并用螺栓通至后端盖外部，作为发电机的输出接线端子，用“B”（“+”“A”或“电枢”）表示。

4. 端盖和电刷总成

交流发电机的前后端盖均由铝合金压铸或用砂模铸造而成，这是因为铝合金为非导磁性材料，可减少漏磁，并具有轻便、散热性能良好等优点。电刷总成由两只电刷、电刷弹簧和电刷架组成。两只电刷装在电刷架孔内，借电刷弹簧的压力与滑环保持接触，向发电机转子磁场绕组提供磁场电流。

目前，国产交流发电机的电刷架有两种结构，一种是外装式，即电刷架直接可从发电机外部拆装；另一种为内装式，即电刷架不可以直接从发电机外部拆装，如图 2—1—7 所示。

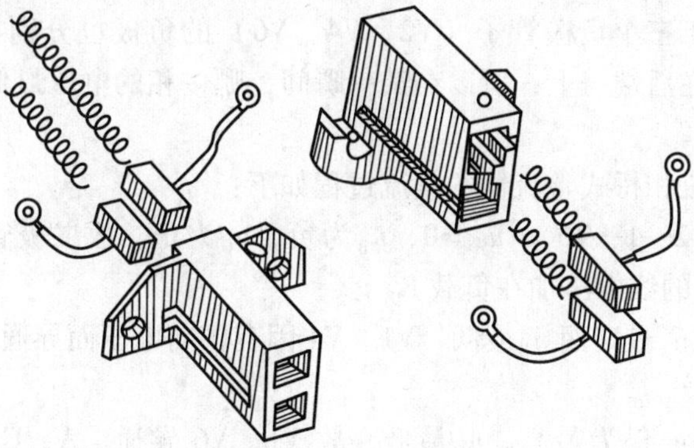

a)　　b)

图 2—1—7　电刷与电刷架

a）外装式　b）内装式

二、交流发电机的工作原理

1. 交流发电机的发电原理

交流发电机产生交流电的基本原理是电磁感应原理。三相交流发电机的工作原理如图2—1—8 所示。交流发电机的转子为一旋转磁场，当转子由发动机带轮带动旋转时，由于定子绕组与磁感应线有相对的切割运动，所以在三相绕组中产生交流电动势。交流发电机定子绕组内的感应电动势的大小与每相绕组串联的匝数以及转子的转速有关，匝数越多、转速越高，感应电动势越高。

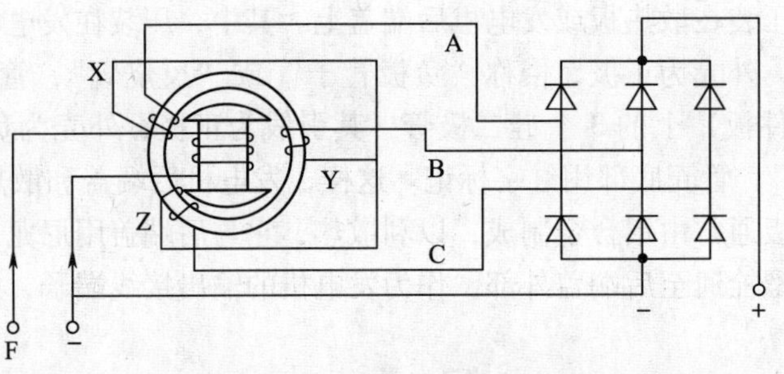

图 2—1—8　三相交流发电机的工作原理

2. 交流发电机的整流原理

在交流发电机中，6 个二极管组成的全波整流电路如图 2—1—9a 所示，其整流原理如下：

由于3 个正极管子（V1、V3、V5）的正极分别接在发电机三相绕组的首端（A、B、C)，而它们的负极同接在元件板上，所以在某一瞬间，哪一相的电压最高，哪一相就获得正向电压而导通。由于三个负极管子（V2、V4、V6）的负极也分别接在三相绕组的首端，而它们的正极同时接在后端盖上，所以在某一瞬间，哪一相的电压最低，哪一相的负极管子就导通。

根据以上原则，三相桥式整流器的整流过程如下：

在 $t=0$ 时（见图 2—1—9b)，$u_A=0$，u_B为负，u_C为正，故二极管 V5、V4 因有正向电压而导通。B、C 之间的线电压加在负载 R_L上。

在 $t_1\sim t_2$时间内，u_A最高而 u_B最低，V1、V4 因有正向电压而导通。A、B 之间的线电压加在负载上。

在 $t_2\sim t_3$时间内，u_A仍为最高，u_C最低，故 V1、V6 导通。A、C 之间的线电压加在负载上。

以此类推，任意时刻，两组二极管中各有 1 个导通，即在负载上得到一个比较平缓的直流脉动电压，其波形如图 2—1—9c 所示。

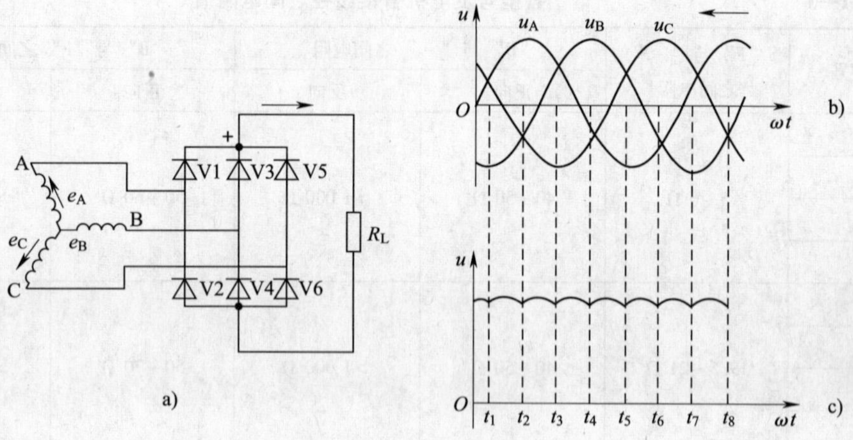

图 2—1—9　三相桥式整流

a）电路　b）三相交流电压波形　c）整流器输出电压波形

三、发电机不发电故障检修

案例链接：

一辆配备 JF132 型发电机的汽车，发动机起动后发电机 B 端子输出电压只有 12.3 V，正常情况下发电机 B 端子输出电压应在 13 ~14.5 V。经检查确定为发电机的故障。

发电机不发电故障的形成原因很多，下面以“案例链接”所提及的故障作为诊断样本，按汽车 4S 店的维修规范作业要求，具体分析该类型故障的诊断流程及诊断方法。具体如下：

1. 对待修车辆进行维修接待

可参考表 1—1—1 所示的接车问诊表，对待修车辆进行维修接待。

2. 厘清故障诊断程序

要将故障尽快诊断出来，首先应厘清思路，即明确故障诊断的一般方法及流程，这是解决问题的关键。汽车维修企业（4S 店）一般采用如图 1—1—5 所示的诊断程序对车辆故障进行诊断。

3. 做好诊断前的准备工作（信息收集与处理）

（1）解体前检测

用万用表（$R\times1$ 挡）测量发电机各接线柱之间电阻值，正常时其电阻值应符合表 2—1—1的规定。

（2）发电机解体

1）对发电机外部进行清洁，并在前后端盖上做好装配标记。

2）拧开前后端盖连接螺栓。

表 2—1—1　　各型号发电机各接线柱之间电阻值

发电机型号	“F”与“－”之间电阻	“B”与“－”之间电阻		“B”与“F”之间电阻	
		正向	反向	正向	反向
JF11 JF13 JF15 JF21	5 ~ 6 Ω	40 ~ 50 Ω	>1 000 Ω	50 ~ 60 Ω	>1 000 Ω
JF12 JF22 JF23 JF25	19.5 ~ 21 Ω	40 ~ 50 Ω	>1 000 Ω	50 ~ 70 Ω	>1 000 Ω

3）拆下转子总成。

4）拧开后端盖整流板螺母。

5）拆下定子、整流器、碳刷架。

（3）发电机零部件检测方法

1）励磁绕组的检查。用万用表 $R\times1$ 挡按如图 2—1—10a 所示方法检测。若电阻符合规定值 3 ~ 5 Ω，则说明励磁绕组良好；若电阻小于规定值，说明励磁绕组有短路；若电阻无穷大，则说明励磁绕组已经断路。然后用万用表 $R\times10$ k 挡按如图 2—1—10b 所示方法检测，其阻值应为无穷大。如电阻值为 0 或有一定的电阻，表明有搭铁。若励磁绕组出现故障，需更换整个转子或重绕励磁绕组。

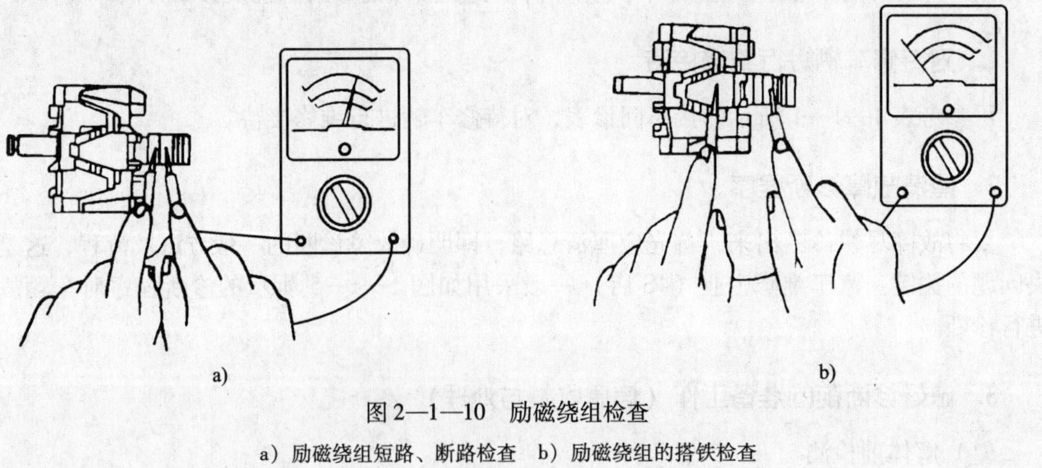

图 2—1—10　励磁绕组检查

a）励磁绕组短路、断路检查　b）励磁绕组的搭铁检查

2）定子绕组的检查。用万用表 $R\times1$ 挡按图 2—1—11a 所示的方法检查。若电阻符合规定值 0.1 ~ 0.2 Ω，则说明定子绕组良好；若电阻小于规定值，说明定子绕组有短路；若电阻无穷大，则说明定子绕组已经断路。然后用万用表 $R\times10$ k 挡按如图 2—1—11b 所示的方法进行测量，其阻值应为无穷大，如阻值为 0 或有一定的电阻，表明有搭铁。定子绕组出现故障，需更换或重绕定子绕组。

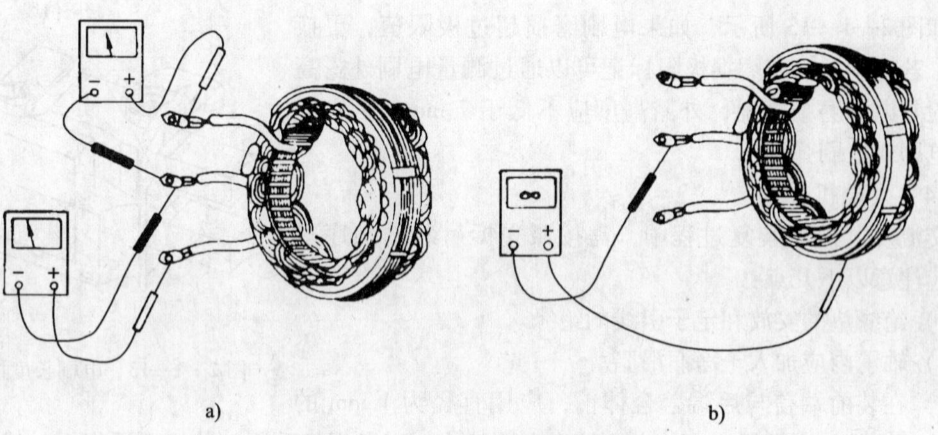

图 2—1—11 定子绕组检查

a）定子绕组短路、断路检查 b）定子绕组的搭铁检查

3）硅二极管的检查。拆开定子绕组与硅二极管的连接线后，用万用表 $R\times1$ 挡逐个检查硅二极管的性能。其检查方法和要求如图 2—1—12 所示。

测量压装在后端盖上的二极管时，将万用表的负极表笔（－，黑色）接端盖，正极表笔（+，红色）接二极管的引线（见图 2—1—12a），电阻值应为 8～10 Ω。然后将表笔交换，用 $R\times100$ 挡进行测量，电阻值应在 10 kΩ 以上。

压在散热板上的 3 个二极管是“正极管子”（见图 2—1—12b），测试结果也应相反。若正、反向测试时，电阻值均为零，则二极管短路；若电阻值均为无限大，则二极管断路。短路和断路的二极管均应予以更换。

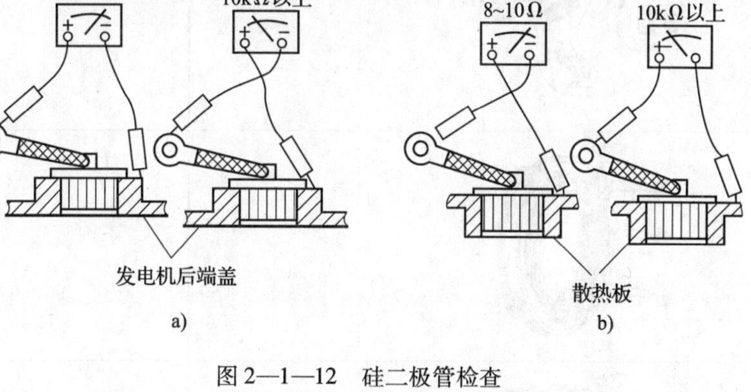

图 2—1—12 硅二极管检查

a）测负极管 b）测正极管

在更换二极管时，必须识别二极管的正负极性。在负极搭铁的交流发电机中，压在后端盖上的二极管为负极管子；压在散热板上的二极管为正极管子。如果装错，同样会将二极管烧坏。当管壳上无任何标志时，可用万用表判断二极管的极性。

4）电刷检测。检查电刷能否平滑运动。若不流畅，检查电刷支架并进行清洁。检查电刷磨损情况。若电刷上有磨损极限标记可通过观察标记判断，如图 2—1—13 所示，如果电刷磨损超过极限值，更换电刷。若电刷上没有磨损极限标记可以通过测量电刷外露高度来检查电刷磨损情况，外露高度应不低于 7 mm，否则应更换电刷或电刷弹簧。

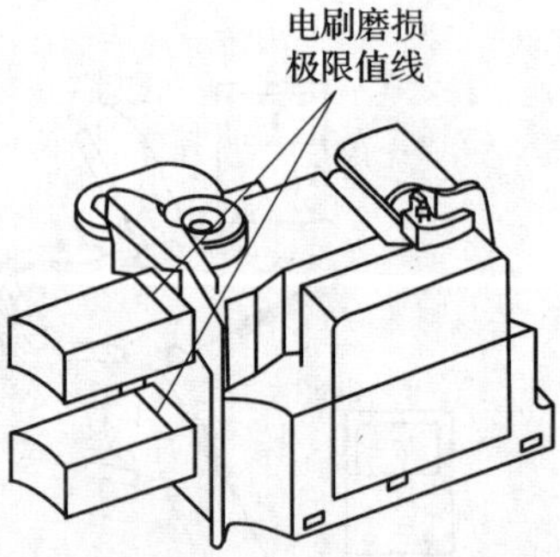

图 2—1—13　电刷长度检查

（4）发电机装复

交流发电机在装复过程中，需按照先拆后装的顺序安装，应注意以下几点：

1）绝缘垫的安放和定子引线的绝缘。

2）轴承内应加入干净润滑脂。

3）在装前端盖与后端盖合体前，应用直径为 1 mm 的钢丝从后端盖的通孔插入，使电刷缩入电刷架内，以免损坏碳刷，装好后再将钢丝拔出。

4）装好发电机后，转子转动应平稳灵活，无明显的前后窜动，无异响。否则要重装。

任务实施

1. 认识发电机结构

参照实物和表 2—1—2 中的图示，在表 2—1—2 中写出发电机零件名称和作用。

表 2—1—2　　发电机零件名称和作用

序号	图　示	零件名称	作　用
1	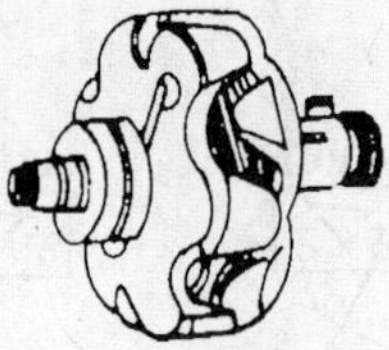		
2	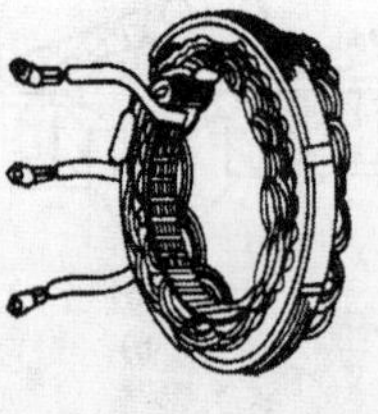		
3	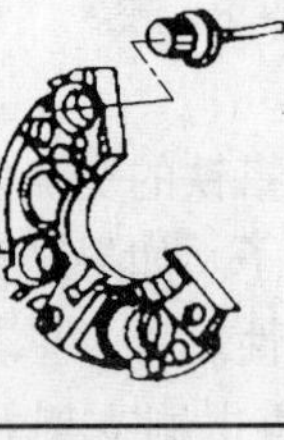		

续表

序号	图　示	零件名称	作用
4			
5	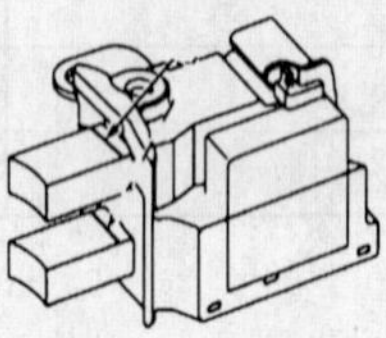		

2. 发电机就车拆卸

结合实训车型和相关维修手册，描述发电机就车拆卸的步骤，将步骤填入表2—1—3。

表2—1—3　　发电机就车拆卸步骤

序号	步　骤	注意事项
1		
2		
3		
4		
5		
6		
7		
8		
9		

3. 发电机解体

（1）解体前检测：用万用表检测各端子的电阻值，将结果填入表2—1—4。

（2）发电机解体步骤

1）将发电机放置在工作台上。

2）识别出所拆的发电机所属型号。

3）观察外观，检查所有螺母螺栓是否齐全，并转动带轮检查转动是否平滑。

4）将实训的发电机解体步骤填入表2—1—5。

表 2—1—4　　　　发电机各端子的电阻值

项目	端子		电阻值		结果分析
			标准值	测量值	
不解体检测	F－E				
	B－E	正向			
		反向			
	B－N	正向			
		反向			
	N－E	正向			
		反向			

表 2—1—5　　　　发电机解体步骤

序号	步　骤	注意事项
1		
2		
3		
4		
5		
6		
7		
8		
9		

4. 发电机零件检测

检测表 2—1—6 所列项目并将结果填入表中。

表 2—1—6　　　　发电机零件检测

零件名称	检测项目	检测方法	检测数据	技术状况
转子总成	励磁绕组断路、短路检测			
	励磁绕组搭铁检测			
	转子轴承检查			
定子总成	定子绕组断路、短路检测			
	定子绕组搭铁检测			
整流器	二极管好坏检测			
电刷	电刷长度检测			

5. 发电机装复

（1）在安装转子总成时碳刷应怎样处理：________________。

（2）转子轴两端轴承应添加：________________。

任务总结

一、任务评价

对本学习任务进行评价，评分表见表 2—1—7。

表 2—1—7　　　　**评　分　表**

考核项目	评分标准	分数	学生自评	小组互评	教师评价	小计
团队合作	是否和谐	5				
活动参与	是否积极主动	5				
安全生产	有无安全隐患	5				
现场 5S	是否做到	10				
任务方案	是否正确、合理	15				
操作过程	1. 发电机就车拆卸 2. 发电机解体 3. 发电机零件检测 4. 发电机装复	35				
任务完成情况	是否圆满完成	5				
工具和设备使用	是否规范、标准	10				
劳动纪律	能否严格遵守	5				
工单填写	是否完整、规范	5				
总分		100				
教师签名：			年　月　日		得分	

二、理论知识检验

1. 发电机产生三相交流电的零件是（　　）。

A. 转子　　B. 定子　　C. 整流器　　D. 电刷

2. “F”是发电机（　　）接线柱代号。

A. 电枢　　B. 磁场　　C. 中性点　　D. 搭铁

3. “N”是发电机（　　）接线柱代号。

A. 电枢　　B. 磁场　　C. 中性点　　D. 搭铁

4. 发电机励磁绕组线圈电阻为（　　）Ω。

A. 1 ~ 2　　B. 2 ~ 3　　C. 3 ~ 5　　D. 10 ~ 12

5. 发电机正常发电时，B 端子的输出电压在（　　）V。

A. 10 ~ 12　　B. 12 ~ 13　　C. 13 ~ 14.5　　D. 15 ~ 16

知识拓展

一、爪极式无刷交流发电机

爪极式无刷交流发电机的结构与普通交流发电机大致相同。如图 2—1—14 所示为国产 JFW14X 型无刷交流发电机外形图及其分解图，其励磁绕组是静止不动的，因此，励磁绕组的两端引出线可以直接引出，省去了电刷和滑环，爪极在励磁绕组的外围旋转。

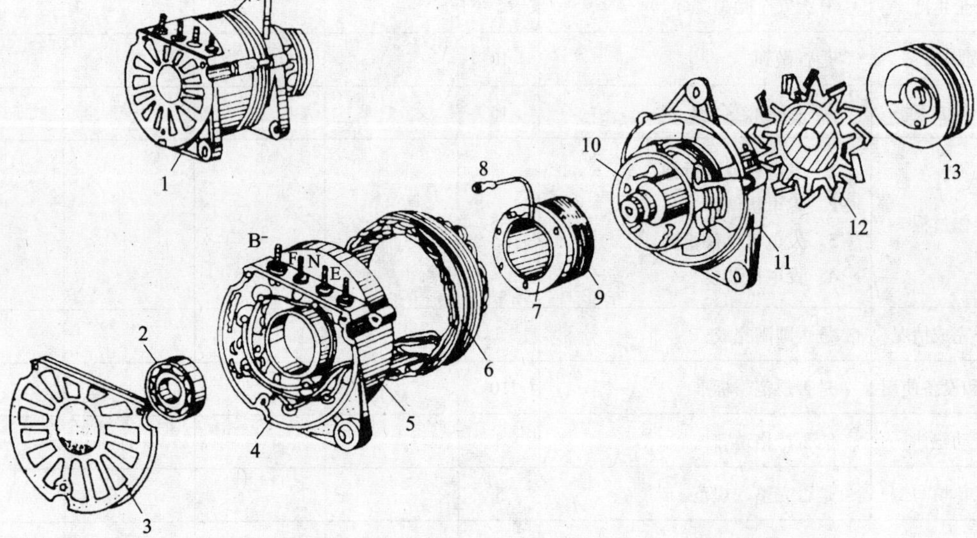

图 2—1—14　国产 JFW14X 型无刷交流发电机外形图及其分解图

1—外形　2—后轴承　3—防护罩　4—元件板和硅二极管组　5—励磁绕组支架及后轴承支架　6—定子总成　7—磁轭　8—励磁绕组接头　9—励磁绕组　10—爪极及转子轴总成　11—前端盖　12—风扇叶　13—带轮

一种爪极式无刷交流发电机的结构如图 2—1—15 所示。其结构特点是励磁绕组通过一个磁轭托架固定在后端盖上，两个爪极只有一个直接固定在转子轴上，另一爪极则通过非导磁连接环固定在前一爪极上。转子转动时，一个爪极就带动另一爪极一起转动。当固定不动的磁场绕组通入直流电后，产生的磁场使爪极磁化，一边爪极为 N 极，另一边为 S 极，并经气隙和定子铁芯形成闭合磁路（见图 2—1—15）。转子转动时，定子内形成交变的磁场，三相电枢绕组便产生三相交流电动势，再经三相整流电路整流后输出直流电。

爪极式无刷交流发电机的主要缺点是磁轭托架与爪极和转子磁轭之间有附加间隙存在，漏磁较多，因此在输出功率相同的情况下，必须增大励磁绕组的励磁电流。

二、感应式无刷交流发电机

感应式无刷交流发电机的定子铁芯内圆上开有 4 个大槽和 12 个小槽，4 个大槽将 12 个小槽平分为四个部分，每部分为 3 个小槽。在 4 个大槽中，绕放 4 个励磁绕组，在小槽中绕放电枢绕组。感应式无刷交流发电机原理如图 2—1—16 所示。转子由凸齿状冲片铆成。

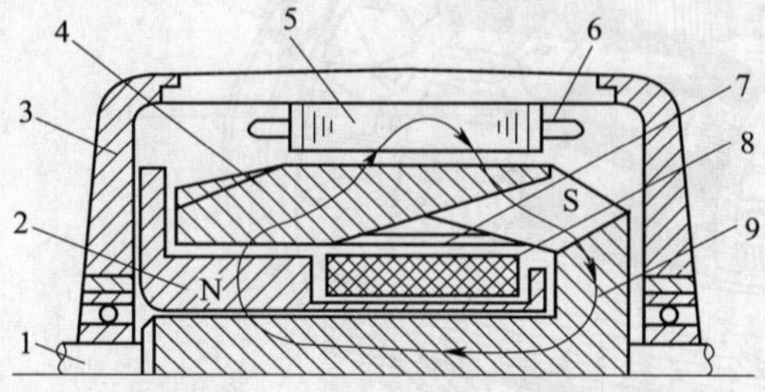

图 2—1—15 爪极式无刷交流发电机结构

1—转子轴 2—磁轭托架 3—后端盖 4—爪极 5—定子铁芯 6—电枢绕组 7—非导磁连接环 8—励磁绕组 9—转子磁轭

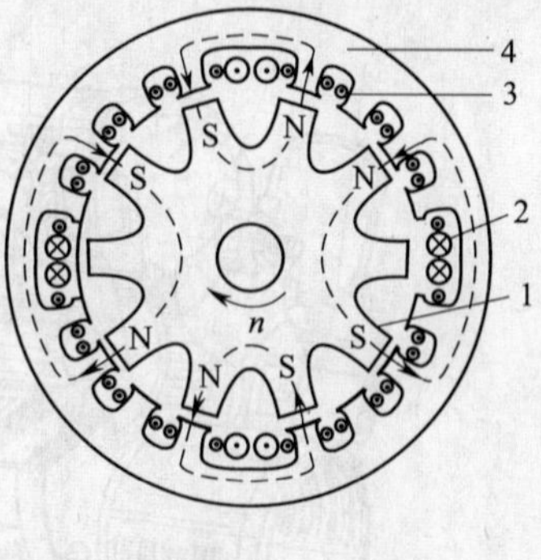

图 2—1—16 感应式无刷交流发电机原理图

1—转子 2—励磁绕组 3—电枢绕组 4—定子

当励磁绕组中有直流电流通过时，其周围产生磁场，转子被磁化。由于转子凸齿在旋转时和定子铁芯相对位置不断变化，使得定子上的电枢绕组产生大小和方向不断变化的感应电动势。将各电枢绕组产生的电动势按相加原则串联起来，再经整流器整流后便得到直流电。由于发电机工作时在电枢绕组中产生的是单相交流电，所以其整流器是由两个硅二极管组成的单相全波整流器。

三、励磁机式无刷交流发电机

德国博世公司生产的 T4 型励磁机式无刷交流发电机如图 2—1—17 所示，由无刷的普通交流发电机加一个专为其励磁用的发电机所组成。励磁发电机简称励磁机，其磁极为定子，电枢为转子。当发电机转动时，励磁机电枢转动，其三相绕组产生电动势，通过内部整流电路整流后，直接供给发电机转子 14 内的励磁绕组 15 励磁发电。

四、永磁式无刷交流发电机

永磁式无刷交流发电机以永久磁铁为转子磁极而产生旋转磁场，常用的永磁材料有铁氧体、铬镍钴、稀土钴、钕铁硼等。钕铁硼永磁转子的结构如图 2—1—18 所示。具有较高剩磁和矫顽力的钕铁硼永磁体采用瓦片式结构，并用环氧树脂黏在导磁轭上。

永磁式交流发电机的磁场强度是固定不变的，因此不可能像其他类型的交流发电机那样通过调节励磁绕组励磁电流的方法来达到稳定电压的目的。永磁式交流发电机电压调节的电路原理图如图 2—1—19 所示。3 个二极管 VD1、VD2、VD3 与 3 个晶闸管 VT1、VT2、VT3 组成的三相半控桥式整流电路向外输出直流电，而 VD1 ~ VD6 组成的三相桥式整流电路则向晶闸管控制极提供触发电压，其电路中串联着电压调节器的触点 K。电压调节器的 K 为常闭触点，调节器电磁线圈并接于发电机的输出端。

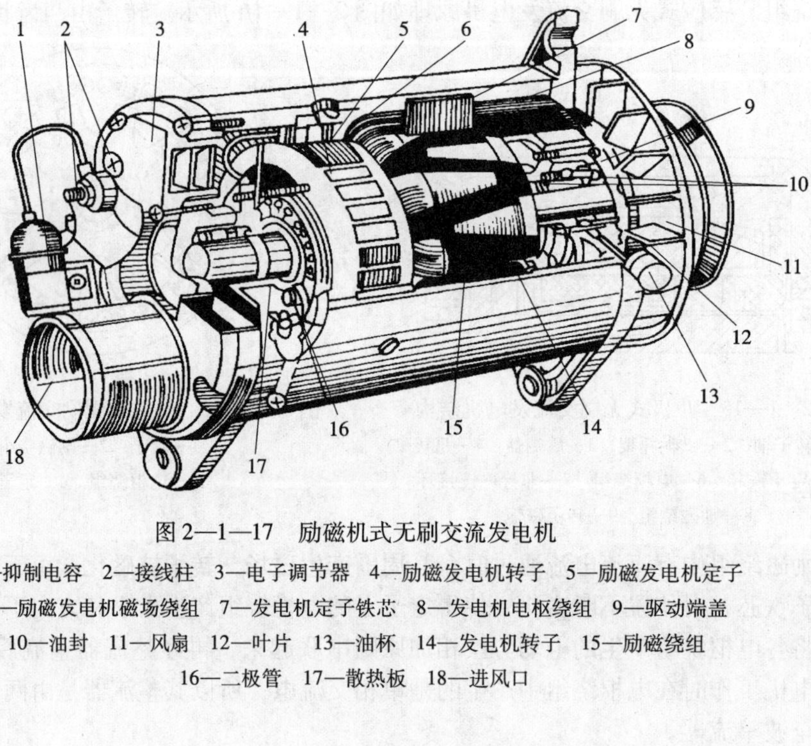

图 2—1—17　励磁机式无刷交流发电机

1—抑制电容　2—接线柱　3—电子调节器　4—励磁发电机转子　5—励磁发电机定子
6—励磁发电机磁场绕组　7—发电机定子铁芯　8—发电机电枢绕组　9—驱动端盖
10—油封　11—风扇　12—叶片　13—油杯　14—发电机转子　15—励磁绕组
16—二极管　17—散热板　18—进风口

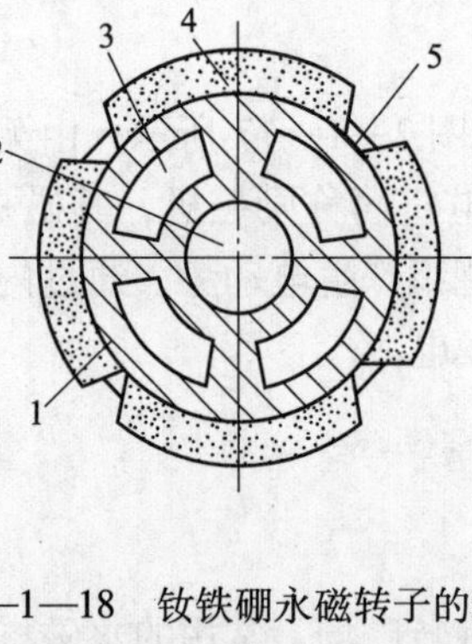

图 2—1—18　钕铁硼永磁转子的结构

1—导磁轭　2—转轴　3—通风口
4—永磁铁　5—环氧树脂胶

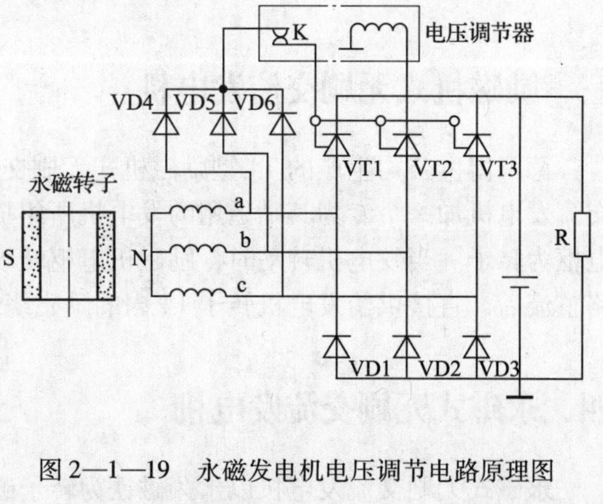

图 2—1—19　永磁发电机电压调节电路原理图

电压调节原理如下：电压调节器触点 K 闭合时，晶闸管控制极获得正向触发电压而导通，整流桥向外输出三相全波整流电压。当发电机随转速的升高，其整流电压上升至设定的上限值时，电压调节器线圈产生的磁力使触点 K 断开，晶闸管因控制极失去正向触发电压而截止，发电机的电压随之迅速下降。当发电机电压下降至下限值时，电压调节器触点因其线圈产生的磁力减弱而重新闭合，晶闸管又获得正向触发电压而导通，发电机端电压迅速上升。如此反复，使发电机的输出电压在一定的范围内波动。

永磁式无刷交流发电机具有体积小、质量轻、维护方便、功率大、低速充电性能好等优点，若永磁材料的性能有更进一步的提高，永磁式无刷交流发电机也将会有快速的发展。

五、日产颐达汽车发电机

日产颐达汽车发电机分解图如图 2—1—20 所示。

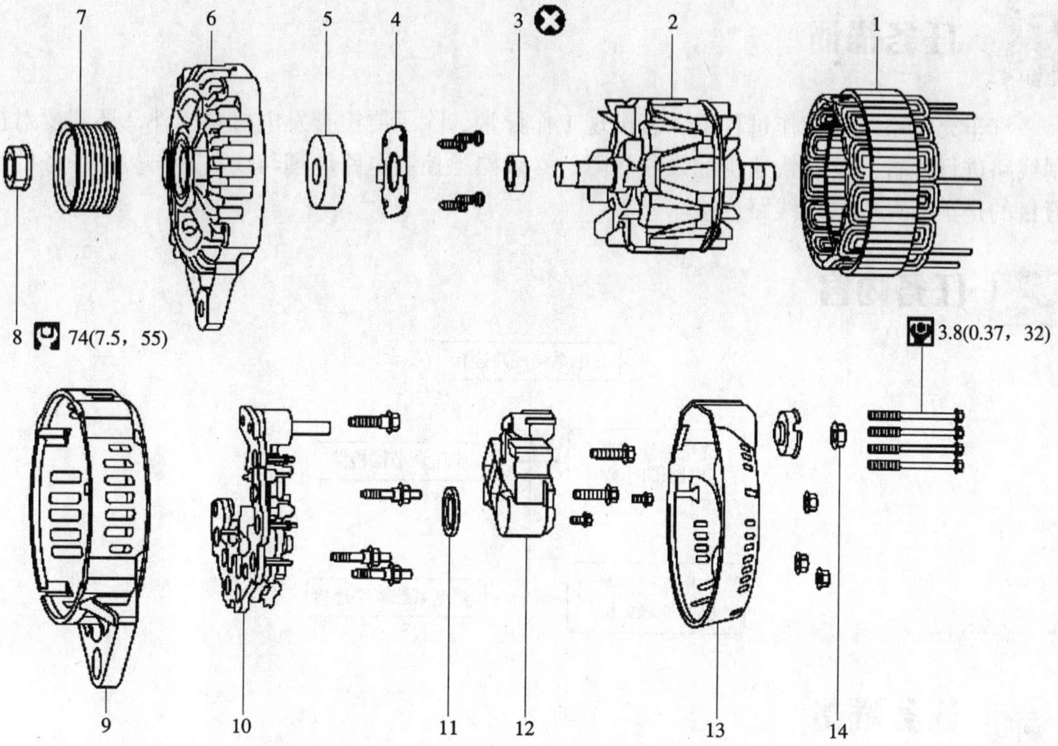

图 2—1—20　日产颐达汽车发电机分解图

1—定子总成　2—转子总成　3—转子定位片　4—保持架　5—前轴承　6—前支架总成
7—带轮　8—带轮螺母　9—后支架总成　10—二极管总成　11—双曲径密封
12—IC 电压调节器总成　13—后盖　14—B 端口螺母

任务 2　充电系统线路连接

任务目标

1. 能根据任务需要收集汽车充电系统相关电路图。
2. 能阅读充电系统电路图。
3. 能描述充电系统控制电路工作原理。
4. 能正确检测电压调节器。
5. 能正确地使用工量具和设备；根据“维修手册”指引，安全规范地对充电系统线路进行连接。

任务描述

汽车充电系统在工作过程中，若出现工作异常，除了要检查发电机总成外，还需要对控制线路进行检查。要想快速排除线路故障，必须熟悉控制电路原理与线路走向。本任务的学习目的是学会充电系统线路连接。

任务内容

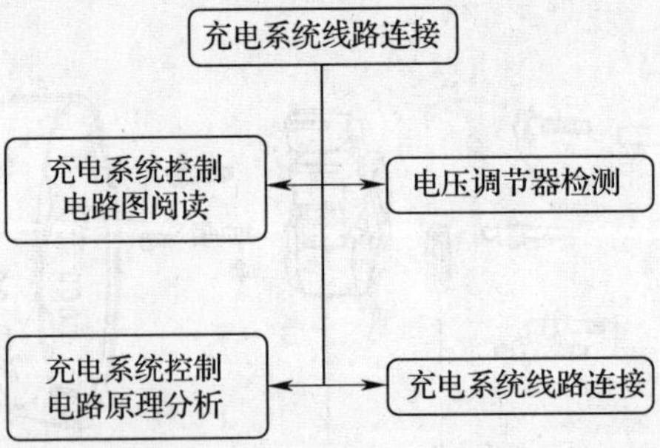

任务准备

一、充电系统控制电路

由于交流发电机是由发动机曲轴按固定传动比驱动旋转，其转速随着发动机转速的变化而变化。根据发电机的发电原理可知，发电机输出电压也会随着发电机转速的升高而升高。但是汽车上的用电设备要求供给恒定电压，因此交流发电机还需配备电压调节器，使输出电压恒定。

目前汽车基本上使用的都是电子式调节器。电子调节器是以三极管代替触点，工作频率高，而且不会产生火花，调节效果好，具有体积小、使用寿命长、可靠性高等优点。由于汽车交流发电机有内搭铁与外搭铁之分，因此，与之匹配使用的电子调节器也有内搭铁式和外搭铁式两类。

1. 内搭铁式晶体管调节器充电系统控制电路

如图 2—2—1 所示为内搭铁式晶体管调节器充电系统控制电路原理图。VT1 为小功率开关管，VT2 为大功率管，VD 为稳压二极管。

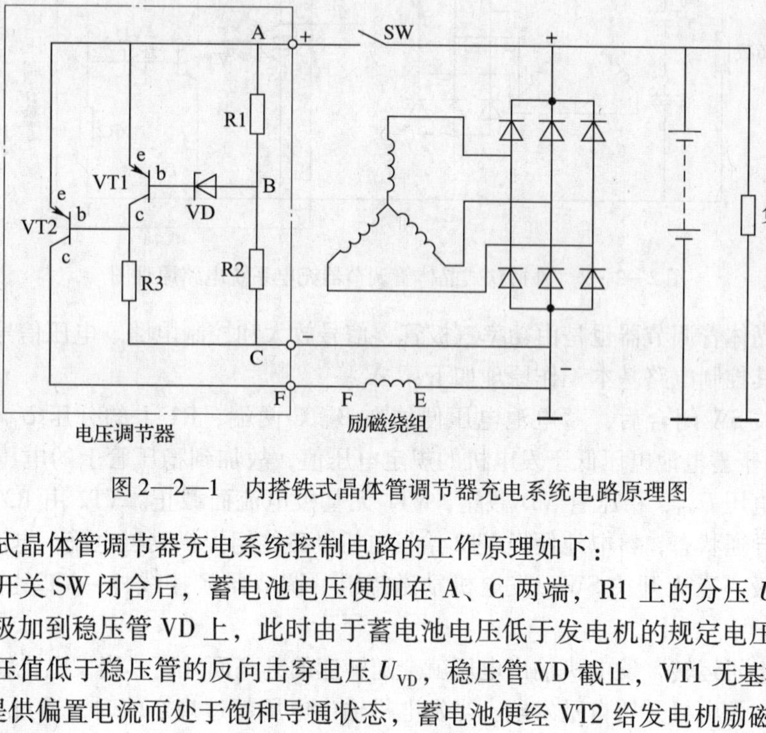

图 2—2—1 内搭铁式晶体管调节器充电系统电路原理图

内搭铁式晶体管调节器充电系统控制电路的工作原理如下：

当点火开关 SW 闭合后，蓄电池电压便加在 A、C 两端，R1 上的分压 U_{AB} 通过晶体管 VT1 的发射极加到稳压管 VD 上，此时由于蓄电池电压低于发电机的规定电压值，故加到稳压管上的电压值低于稳压管的反向击穿电压 U_{VD}，稳压管 VD 截止，VT1 无基极电流而截止。VT2 由 R3 提供偏置电流而处于饱和导通状态，蓄电池便经 VT2 给发电机励磁绕组提供励磁电流，电流通路如下：

蓄电池正极→点火开关 SW→调节器正接线柱→VT2（e，c）→调节器 F 接线柱→发电机 F 接线柱→发电机励磁绕组→搭铁→蓄电池负极。

若此时发电机运转，发电机输出电压就会随转速的升高而升高。当发电机输出电压升到蓄电池电压时，发电机开始自励发电。当发电机输出电压超过规定值时，通过 R1 的分压加到稳压管 VD 上的电压超过稳压管 VD 的反向击穿电压，稳压管导通，VT1 获得基极电流而导通。VT1 导通后，VT2 的发射极被短路，因而 VT2 截止，从而断开发电机的励磁电流，使得发电机输出电压迅速下降。

当发电机输出电压降到低于规定值时，加到稳压管 VD 上的电压又低于其反向击穿电压，稳压管重新截止，使 VT1 也截止，VT2 重新导通，接通发电机的励磁电路而使发电机输出电压又升高。如此反复，发电机的输出电压便稳定在规定的调节范围内。

2. 外搭铁式晶体管调节器充电系统控制电路

外搭铁式晶体管调节器充电系统控制电路如图 2—2—2 所示。其特点是功率三极管串联在发电机励磁绕组的搭铁端，即发电机励磁电路是通过调节器的功率三极管来搭铁的，因此，必须与外搭铁的交流发电机配套使用。另外，其功率三极管以 NPN 型为主。

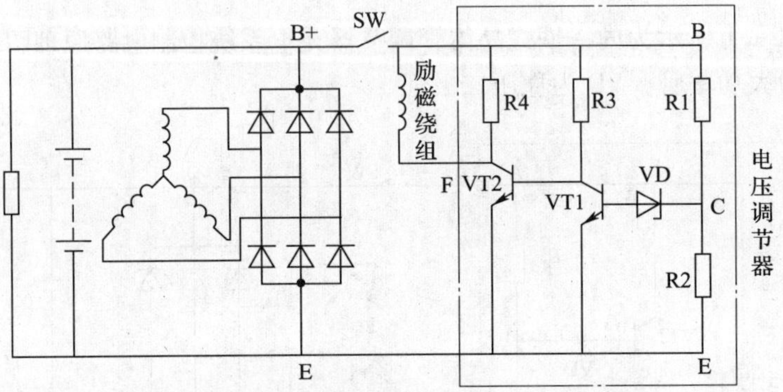

图 2—2—2　外搭铁式晶体管调节器充电系统电路原理图

外搭铁式晶体管调节器也是由功率三极管、信号放大和控制电路、电压信号的检测电路三部分组成，其控制电路基本工作原理如下：

当点火开关 SW 闭合后，蓄电池电压便加在 B、C 两端，R1 上的分压 U_{BC} 加到稳压管 VD 上，此时由于蓄电池电压低于发电机的规定电压值，故加到稳压管上的电压值低于稳压管的反向击穿电压 U_{VD}，稳压管 VD 截止，VT1 无基极电流而截止。VT2 由 R3 提供偏置电流而处于饱和导通状态，蓄电池便经 VT2 给发电机励磁绕组提供励磁电流，电流通路如下：

蓄电池正极→点火开关 SW→发电机励磁绕组→调节器 F 接线柱→VT2 搭铁→蓄电池负极。

若此时发电机运转，发电机输出电压就会随转速的升高而升高。当发电机输出电压升到蓄电池电压时，发电机开始自励发电。当发电机输出电压超过规定值时，通过 R1 的分压加到稳压管 VD 上的电压超过稳压管 VD 的反向击穿电压，稳压管导通，VT1 获得基极电流而导通。VT1 导通后，VT2 的基极被短路，因而 VT2 截止，从而断开发电机的励磁电路，使得发电机输出电压迅速下降。

当发电机输出电压降到低于规定值时，加到稳压管 VD 上的电压又低于其反向击穿电压，稳压管重新截止，使 VT1 也截止，VT2 重新导通，接通发电机的励磁电路而使发电机输出电压又升高。如此反复，发电机的输出电压便稳定在规定的调节范围内。

3. 利用 3 个磁场二极管控制充电指示灯充电电路

九管交流发电机的特点是发电机中除了一般常用的 6 个二极管外，又增加了 3 个功率较小的二极管，专门用来给磁场提供电流，所以又称为磁场二极管。采用磁场二极管后，可以省去继电器，而仅利用简单的充电指示灯即可表示发电机工作情况的好坏。九管交流发电机充电指示灯控制电路如图 2—2—3 所示。

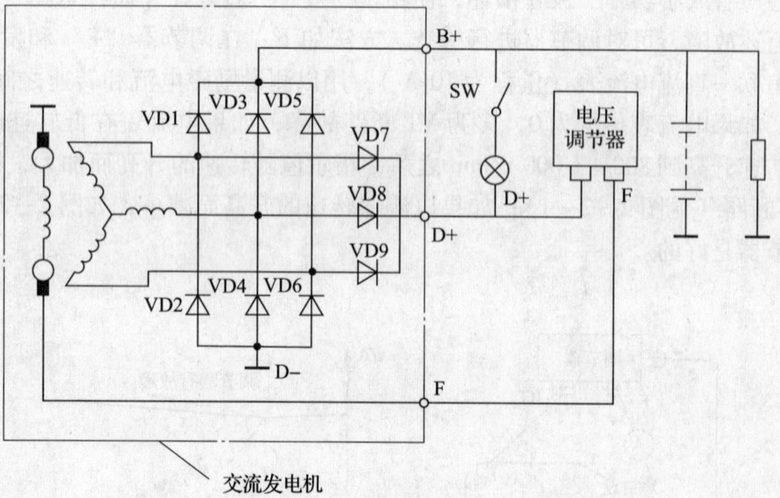

图 2—2—3　九管交流发电机充电指示灯控制电路

在发电机中 VD7、VD8、VD9 为磁场二极管。发电机工作时，在发电机定子的三相绕组中产生的三相交流电动势，经 VD1 ~ VD6 组成的三相全波桥式整流电路整流后，输出直流电压 U_{B+} 向蓄电池充电和向用电设备供电。发电机的励磁电流则由 3 个磁场二极管 VD7、VD8、VD9 和 3 个负极二极管 VD2、VD4、VD6 组成的三相全波桥式整流电路整流后的直流电压 U_{D+} 供给。

点火开关 SW 接通时，蓄电池电流经充电指示灯→调节器接线柱 D + →晶体管调节器中的大功率管→调节器接线柱 F→发电机励磁绕组→搭铁，构成回路。此时充电指示灯亮，指示发电机励磁绕组被励磁。

当发电机工作时，充电指示灯是由蓄电池电压与磁场二极管的输出端“D +”电压的差值所控制的。随着发电机转速的升高，发电机“D +”电压增高，故充电指示灯的亮度减弱。当发电机输出电压达到蓄电池充电电压时，发电机开始自励，此时充电指示灯因两端的电位相等而熄灭，则表示发电机已经正常工作。

当发电机转速降低或发电机有故障时，则发电机“D +”电压降低，由于指示灯两端的电位差增大，指示灯又亮。这样利用该充电指示灯不仅可在停车后发亮，警告驾驶员及时关掉电源开关，又可指示发电机的工作情况，同时还省去了结构复杂的继电器。

二、电压调节器检测

1. 晶体管调节器常见故障与检测

晶体管调节器由于使用不当或质量不佳，可能出现以下故障：

(1) 发电机不发电。原因为大功率三极管断路，稳压管或小功率三极管损坏，使功率三极管一直处在截止状态。

(2) 发电机电压过高，充电电流过大，蓄电池电解液沸腾，消耗快。原因是大功率三极管短路，稳压管或小功率三极管损坏，使功率三极管一直处在导通状态。

若出现上述故障，可对调节器进行检查。方法如下：在调节器“F”和发电机“F”接线柱之间，串联一直流电流表（量程为10 A），用以测量励磁电流和转速之间的变化关系。起动发动机，如果电流表指示为0，多为VT断路故障；如果电流表在低转速时有较稳定的指示，而在转速升高到800～1 000 r/min之后，指示值随转速的升高而加大，则为VT2短路或VD、VT1断路（见图2—2—1）；如果电流随转速的升高而减小，如图2—2—4中虚线所示，表明调节器是好的。

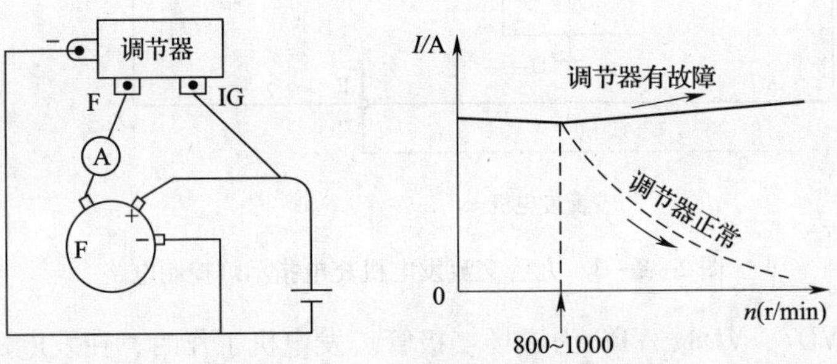

图2—2—4　晶体管调节器的检查

2. 晶体管调节器的试验与调整

首先应判断调节器的搭铁形式，方法是用一个12 V蓄电池和一只12 V、2 W的小灯泡按图2—2—5接线。知道搭铁形式后，便可按图2—2—6接线进行试验。

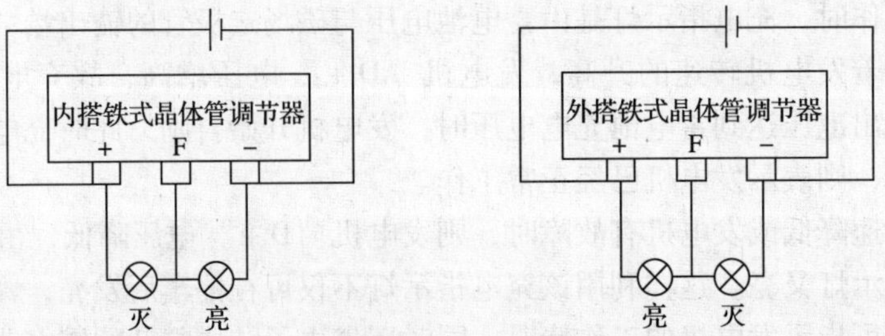

图2—2—5　晶体管调节器的搭铁形式判断

试验方法是将发电机转速控制在3 000 r/min，调节可变电阻，使发电机处于半载时，记下调节器所维持的电压值，该值应符合生产厂的规定。若不符合规定，应加以调整。当调节器中有调整电阻的电位器时，可利用电位器将调节电压调到符合规定。大多数调节器调节电压不符合规定则只能报废。

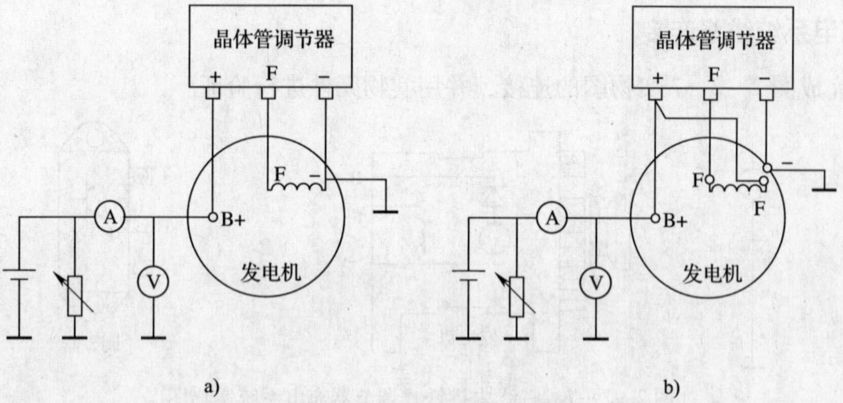

图 2—2—6　晶体管调节器试验

a）内搭铁式调节器试验　b）外搭铁式调节器试验

任务实施

1. 电压调节器性能检测

根据所提供的实训设备，写出电压调节器的型号、检测方法，并画出检测示意图。

（1）电压调节器型号：

（2）性能检测方法：

（3）性能检测示意图：

2. 充电系统线路连接

(1) 完成图 2—2—7 实物图的连接，并用实物元件进行验证。

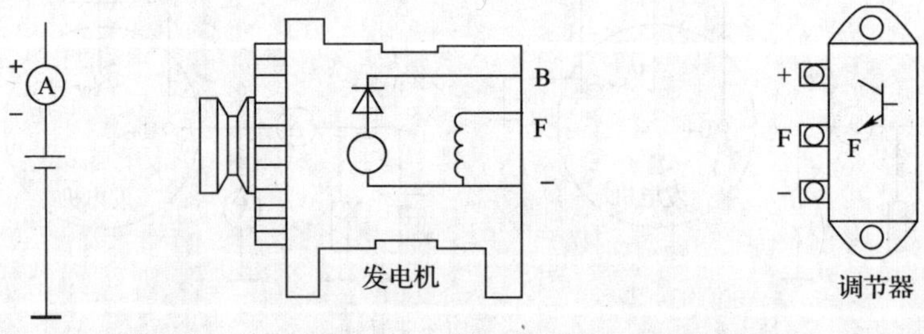

图 2—2—7　三线内搭铁式调节器充电系统实物图

(2) 完成图 2—2—8 实物图的连接，并用实物元件进行验证。

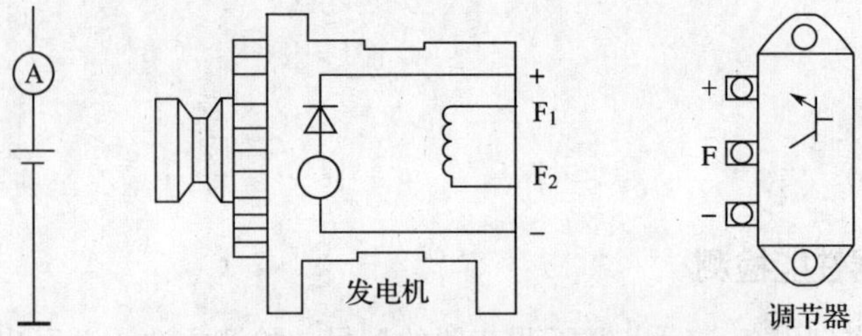

图 2—2—8　三线外搭铁式调节器充电系统实物图

(3) 完成图 2—2—9 实物图的连接，并用实物元件进行验证。

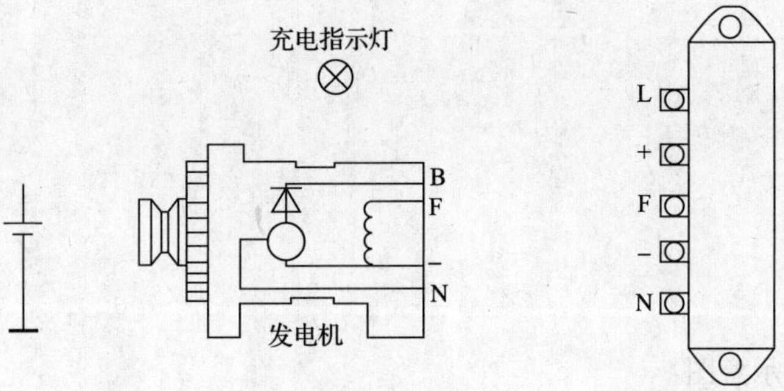

图 2—2—9　五线内搭铁式调节器充电系统实物图

3. 当完成该项目后，进行以下检查

(1) 当点火开关拧到 ON 挡时，检查发电机带轮处是否有磁场，________。

(2) 当点火开关拧到 ON 挡时，充电指示灯应________，发电机转动后充电指示灯应________。

(3) 发电机转动后，检查发电机 B 端子的电压是________V。

(4) 发电机转动后，检查发电机 N 端子的电压是________V。

任务总结

一、任务评价

对本学习任务进行评价，评分表见表2—2—1。

表2—2—1 评 分 表

考核项目	评分标准	分数	学生自评	小组互评	教师评价	小计
团队合作	是否和谐	5				
活动参与	是否积极主动	5				
安全生产	有无安全隐患	10				
现场5S	是否做到	10				
任务方案	是否正确、合理	10				
操作过程	1. 电压调节器性能检测 2. 充电系统线路连接	35				
任务完成情况	是否圆满完成	5				
工具和设备使用	是否规范、标准	10				
劳动纪律	能否严格遵守	5				
工单填写	是否完整、规范	5				
	总分	100				
教师签名：			年 月 日		得分	

二、理论知识检验

1. 内搭铁式晶体管调节器内的大功率管，接在调节器（　　）两个接线柱之间。

A. “+”与“-”　　B. “F”与“-”

C. “+”与“F”　　D. 不能确定

2. 外搭铁式晶体管调节器内的大功率管，接在调节器（　　）两个接线柱之间。

A. “+”与“-”　　B. “F”与“-”

C. “+”与“F”　　D. 不能确定

3. 电压调节器损坏对充电系统的影响是（　　）。

A. 系统不充电　　B. 没影响　　C. 充电电流小　　D. 充电电流大

4. 点火开关在ON挡位置，发电机励磁绕组应产生（　　）。

A．电流　　B．电压　　C．磁场　　D．交流电

5．充电系统电路正常时，发动机工作后充电指示灯应（　　）。

A．点亮　　B．熄灭　　C．亮度变暗　　D．亮度变亮

知识拓展

一、集成电路调节器

集成电路调节器是装在发电机内部的，可直接在发电机上检测发电机的输出电压，也可通过连接导线检测蓄电池的端电压变化，来调节发电机的输出电压。因而根据其电压检测点的不同，集成电路调节器可分为发电机电压检测法和蓄电池电压检测法两种。

1．发电机电压检测法

发电机电压检测法基本线路如图 2—2—10 所示。加在分压器 R1 和 R2 上的电压是磁场二极管 VDL 输出端 L 的电压 U_L，U_L和发电机 B 端的电压 U_B相等，检测点 P 的电压为：

$$U_P = U_L R_2 / (R_1 + R_2) = U_B R_2 / (R_1 + R_2)$$

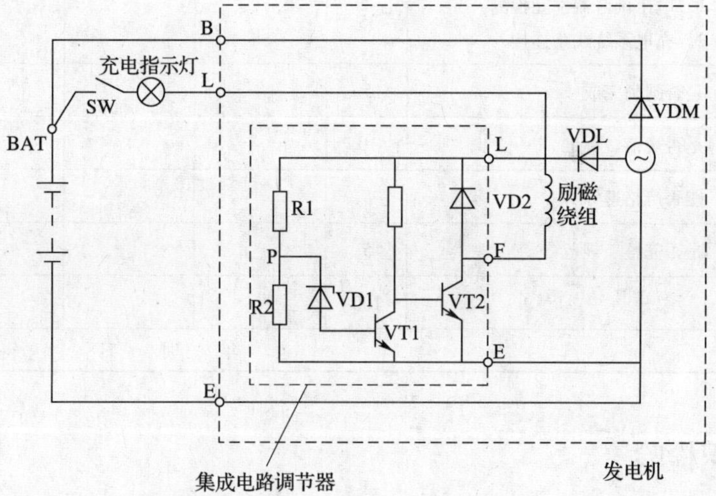

图 2—2—10　发电机电压检测法

由于检测点 P 加到稳压管 VD1 两端的反向电压与发电机的端电压 U_B成正比，所以该线路称为发电机电压检测法。

2．蓄电池电压检测法

蓄电池电压检测法基本线路如图 2—2—11 所示。加到分压器 R1 和 R2 的电压为蓄电池端电压，由于通过检测点 P 加到稳压管 VD1 上的反向电压与蓄电池端电压成正比，所以该线路称为蓄电池电压检测法。

上述两种基本线路中，采用发电机电压检测法时，发电机的引线可以少一根，但缺点是

在 B 到 BAT 接线柱之间的电压降较大时，蓄电池的充电电压将会偏低，使蓄电池充电不足。因此，一般大功率发电机应采用蓄电池电压检测法。

但采用蓄电池电压检测法时，如“B”—“BAT”之间或“S”—“BAT”之间断线时，由于不能检验出发电机的端电压，发电机电压将会失控。为了克服这一缺点，调节器内部采取一定的保护措施。

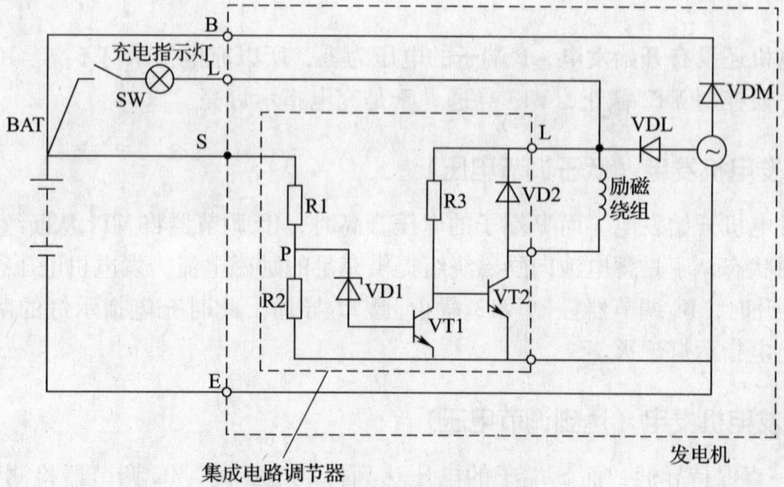

图 2—2—11　蓄电池电压检测法

二、丰田汽车充电系统控制电路

丰田汽车充电系统控制电路如图 2—2—12 所示，其具体工作过程如下：

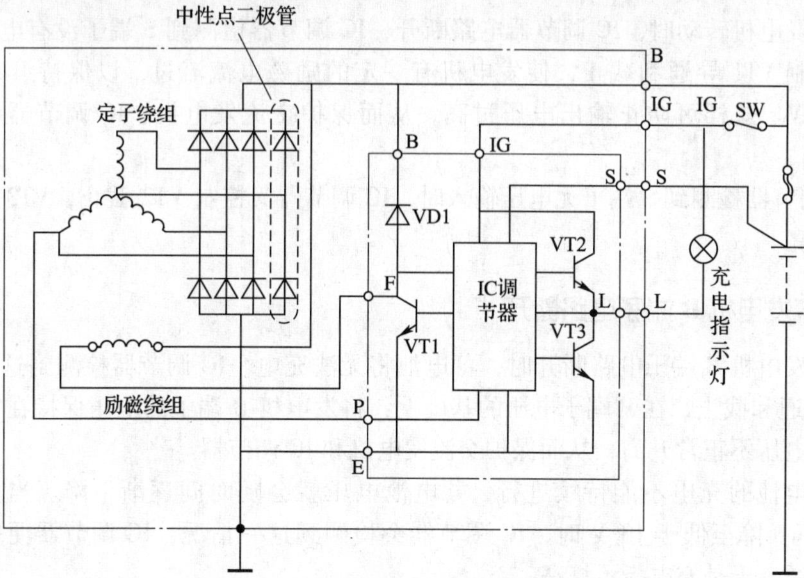

图 2—2—12　丰田汽车充电系统控制电路

1. 发动机停止工作

如果点火开关接通，蓄电池电压便施加在 IC 调节器的 IG 端子上。IC 调节器检测到蓄电池电压，于是使 VT1 导通，使初始励磁电流经蓄电池和发电机 B 端子流至励磁绕组。为了减少蓄电池放电，在点火开关接通时 IC 调节器断续导通和截止 VT1，将励磁电流保持在 0.2 A 左右。

由于发电机还没有开始发电，P 端子的电压为零，所以充电指示灯不亮。IC 调节器检测到这一情况，便控制 VT2 截止，VT3 导通，于是充电指示灯亮。

2. 交流发电机发电（低于调节电压）

当交流发电机开始发电，而 P 端子的电压升高时，IC 调节器将 VT1 从断续导通和截止，转为持续导通状态，于是蓄电池向励磁绕组提供充足的励磁电流，发电机电压很快增加。当 P 端的电压上升时，IC 调节器控制 VT3 截止，VT2 导通。此时充电指示灯的两端因没有电势差，所以充电指示灯熄灭。

3. 交流发电机发电（达到调节电压）

当 VT1 一直保持导通，而 S 端子的电压达到标准电压时，IC 调节器检测到这一状态，便控制 VT1 截止，将发电机励磁电流切断，使发电机输出电压下降。当 S 端子的电压降至低于调节范围时，IC 调节器检测到这一电压降时，又使 VT1 导通，将发电机励磁电流接通。通过重复这一过程，S 端子的电压始终保持为标准电压。此过程中，由于 P 端子的电压高，IC 调节器一直控制 VT3 截止，VT2 导通，因此充电指示灯不亮。

4. IC 调节器 S 端子电路断开

当交流发电机转动时，IC 调节器电路断开，IC 调节器检测到 S 端子没有电压输入，IC 调节器便控制 VT1 导通和截止，使发电机有一定的励磁电流流过，以保持 B 端子电压在 13.3 ~16.3 V。这样可防止输出电压过高，从而保护交流发电机、IC 调节器和其他电子元件。

当 IC 调节器检测到 S 端子无电压输入时，IC 调节器又控制 VT2 截止，VT3 导通，于是充电指示灯亮。

5. 交流发电机 B 端子电路断开

当交流发电机 B 端子电路断开时，蓄电池将无法充电。IC 调节器检测到这一状态，便控制 VT1 导通和截止，在 P 端子电压的基础上，将发电机 B 端子的电压保持在 20 V。这就防止了输出电压不正常升高，从而保护交流发电机和 IC 调节器。

如果蓄电池的充电不能持续进行，蓄电池电压就会随时间逐渐下降。当 S 端子电压（蓄电池电压）降至低于 13 V 时，IC 调节器会检测到这一情况，IC 调节器便控制 VT2 截止，VT3 导通，于是充电指示灯亮。

6. 励磁绕组电路断路

如果励磁绕组电路断路，发电机就会停止发电，而且 P 端子输出电压变为零。当发电机停止发电并且 P 端子电压为零时，IC 调节器检测到这一状态，IC 调节器控制 VT2 截止，VT3 导通，于是充电指示灯亮。

三、日产颐达轿车充电系统控制电路

日产颐达轿车充电系统控制电路如图 2—2—13 所示，其具体工作过程如下：

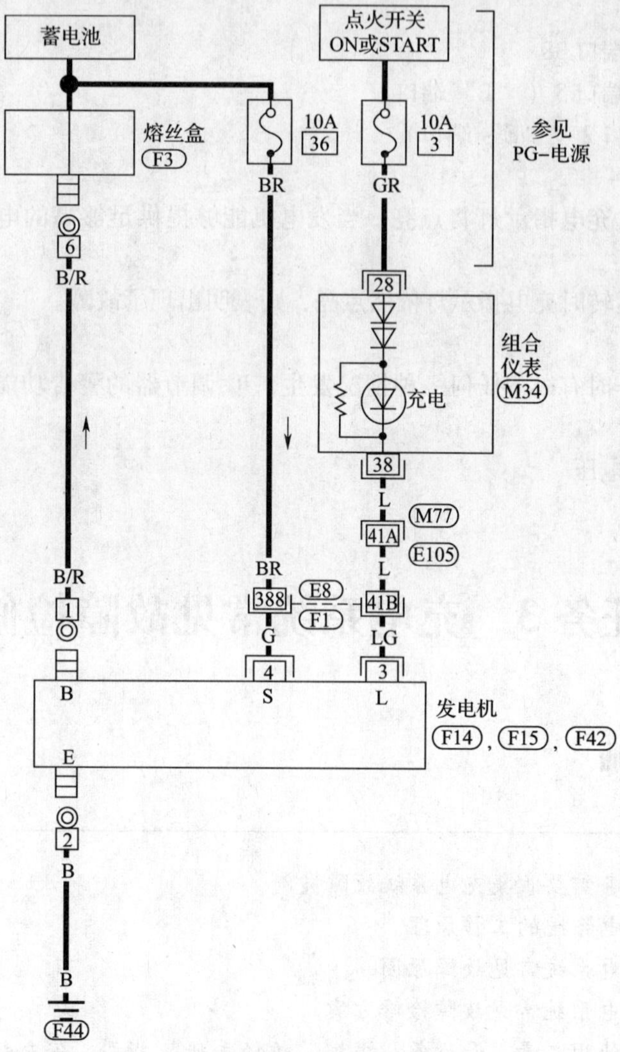

图 2—2—13　日产颐达轿车充电系统控制电路

发电机的输出电压给汽车电气系统供电并保持蓄电池的充电状态。电压的输出大小由 IC 调节器来控制。

一直供电电路：

- 10 A 熔丝（36 号，位于熔丝和熔断线盒）
- 至发电机端口 4（“S”端口）

端口“B”给汽车电子系统供电，并给蓄电池提供充电电源。IC 调节器在端口 4（“S”端口）检查输入电压，并由此控制输出电压。

发电机连接至发动机体并接地。

当点火开关在 ON 或 START 位置时，供电

- 通过 10 A 熔丝［3 号，位于熔丝盒（J/B）］
- 至组合仪表充电指示灯端口 28

接地：

- 至组合仪表端口 38
- 通过发电机端口 3（“L”端口）
- 至发电机端口 2（“E”端口）
- 通过接地 F44

供电并接地后，充电指示灯将点亮。当发电机能够提供足够高的电压时，接地线路断开，充电指示灯熄灭。

如果在发动机运转时充电指示灯依然点亮，则表明出现了故障。

充电指示灯：

如在发电机工作时有以下任何一种情况发生，IC 调节器的警告功能将启动，并点亮充电指示灯。

- 产生过高的电压
- 无电压产生

任务 3　充电系统常见故障检修

任务目标

1. 能根据任务需要收集充电系统故障案例。

2. 能描述充电系统的工作原理。

3. 会分析充电系统常见故障原因。

4. 会制定充电系统常见故障检修方案。

5. 能正确地使用工量具和设备；根据“维修手册”指引，安全规范地对充电系统不充电、充电电压过高、充电电压不稳定、充电电压过低等故障进行检修与排除。

任务描述

充电系统在工作过程中，通常会出现不充电、充电电压过低、充电电压过高、充电电压不稳定等故障。作为一名汽车修理工，应该怎样去诊断与排除这些常见故障？

任务内容

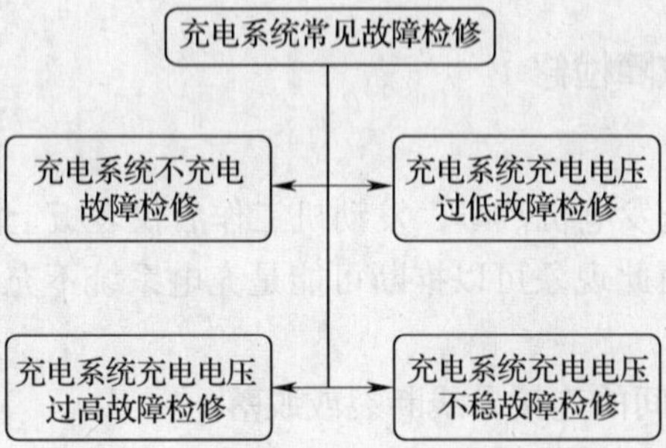

任务准备

一、充电系统常见故障检修方法

1. 充电指示灯诊断

在装有充电指示灯的汽车上，可利用充电指示灯来诊断充电系统是否有故障，方法如下：

（1）首先预热发动机，起动发动机后，使其怠速或将发电机转速控制在 1 200 r/min 左右运转 10 min，然后关闭点火开关，使发动机停止运转。

（2）再接通点火开关（将点火开关转到 ON 位，并不起动发动机），观察充电指示灯是否发亮。此时，充电指示灯应当发亮，如果不亮，说明充电指示灯线路或充电指示灯控制器有故障。

（3）再次起动发动机，并逐渐升高发动机转速（即逐渐加大节气门开度），当发动机转速升高到 600 ~ 800 r/min（即发电机转速升高到 1 200 ~ 2 000 r/min）时，充电指示灯自动熄灭，说明充电指示灯线路正常，发电机能够发电。此时，调节器工作是否正常，还需用电压表或万用表进行检测诊断。

2. 用电压表诊断

（1）用万用表直流电压挡，将万用表的红表笔接发电机输出端子 B，黑表笔搭铁。

（2）记下此时电压表指示的电压，该电压即为蓄电池的空载电压，正常值为 12 ~ 12.6 V。

（3）起动发动机，并逐渐升高发动机转速。当发动机转速升到高于怠速转速（600 ~

800 r/min)，电压表指示的电压应高于蓄电池的空载电压，并随转速升高而稳定在某一调节电压值不变。

若电压表指示的电压高于调节器的调节电压，且随发电机转速升高而升高，则说明发电机能发电，调节器或其线路有故障；若电压表指示的电压随发电机转速升高而保持蓄电池空载电压值不变或低于蓄电池空载电压值，则说明发电机或调节器有故障。

二、充电系统常见故障诊断

1. 充电系统不充电故障检修

案例链接：

一辆配备 JF132 型交流发电机汽车，发动机工作后仪表板上的充电指示灯不能熄灭，正常情况下是应该熄灭的，由此现象可以推断可能是充电系统不充电故障。

（1）故障原因

1）蓄电池与发电机之间的连接导线断裂或脱落。

2）发电机传动带松动或打滑。

3）发电机不发电。可能是硅二极管短路、断路，定子绕组或励磁绕组有短路、断路或搭铁故障，电刷在电刷架内卡住或励磁 F 接线柱绝缘损坏搭铁。

4）调节器故障。如调节不当使电压过低。

（2）故障排除思路。故障排除思路如图 2—3—1 所示。

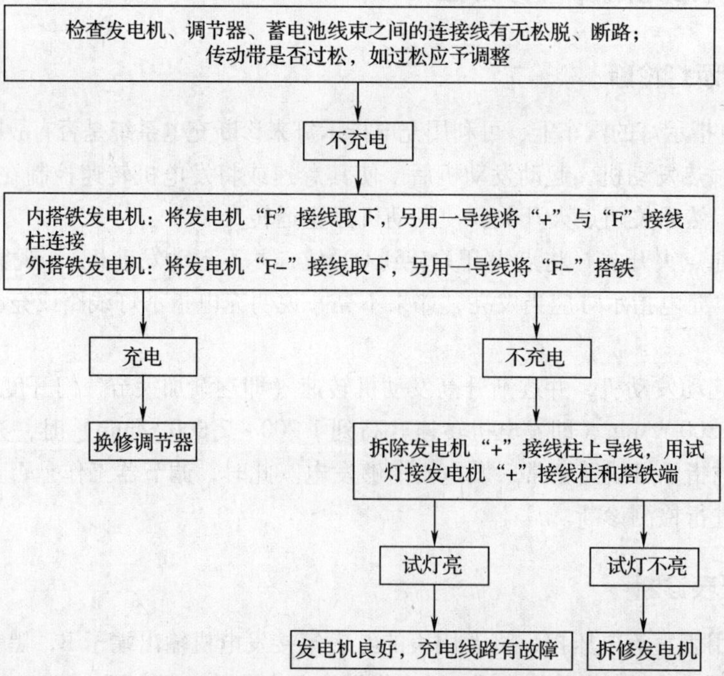

图 2—3—1　不充电故障排除思路

2. 充电电压过低故障检修

案例链接：

一辆配备 JF132 型交流发电机汽车，发动机工作后用万用表测得发电机 B 端子电压只有 12. 6 V 电压，正常情况下电压是应该有 13. 3 V 左右，由此现象可以推断可能是充电系统充电电流过小故障。

（1）故障原因

1）发电机传动带松动或打滑。

2）属于发电机的故障有：个别二极管断路，定子绕组有一相连接不良或断路，电刷磨损过度以及滑环油污使电刷与滑环接触不良。

3）调节器与发电机之间的连接导线接触不良。

4）属于调节器的故障有：内部大功率晶体管损坏，使电压调节过低。

（2）故障排除思路。故障排除思路如图 2—3—2 所示。

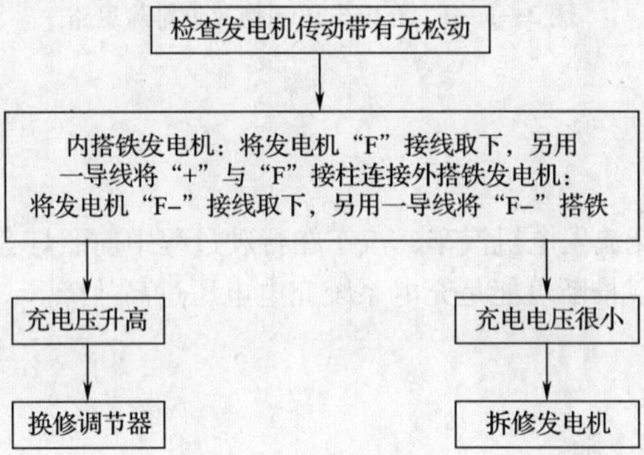

图 2—3—2　充电电压过低故障排除思路

3. 充电电压不稳故障检修

案例链接：

一辆配备 JF132 型交流发电机汽车，发动机工作后打开前照灯，随发动机转速升高前照灯亮度明显增强，正常情况下前照灯亮度是比较稳定的，由此现象可以推断可能是充电系统充电电压不稳定故障。

（1）故障原因

1）发电机传动带过松或打滑。

2）充电线路中接头松动，接触不良。

3）发电机内部接触不良，如电刷弹簧弹力过小、绕组接头松动、滑环积污过多、电刷磨损过度等。

4）调节器有故障，如晶体管调节器中元件虚焊、元件稳定性差等。

（2）故障排除思路。故障排除思路如图 2—3—3 所示。

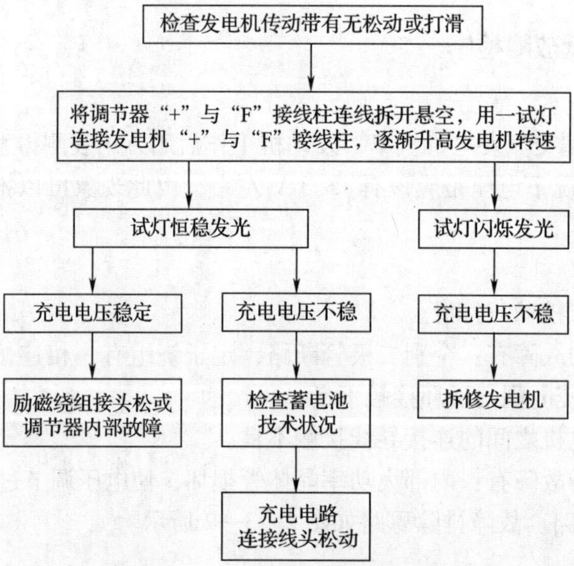

图 2—3—3　充电电压不稳故障排除思路

4. 充电电压过高

案例链接：

一辆配备 JF132 型交流发电机汽车，汽车在行驶过程中前照灯容易烧坏，蓄电池电解液消耗较快，由此现象可以推断可能是充电系统充电电压过高故障。

（1）故障原因

1）电压调节器失效。

2）蓄电池技术性能下降。

3）充电线路中接头松动，接触不良。

（2）故障排除思路。充电电压过高，多是由于调节器有故障引起的，若晶体管调节器或集成电路调节器存在故障，应更换新品。

任务实施

充电系统不充电的故障检修

1. 充电系统不充电故障验证方法：

2. 发电机转动后，若发电机 B 端子无电压输出，请进行以下检查：

第 1 步：检查畜电池电压（________V）和正负极线连接是否良好。

第 2 步：

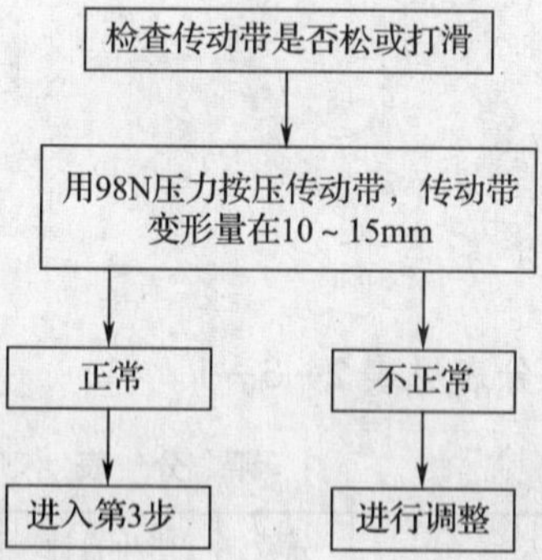

第 3 步：

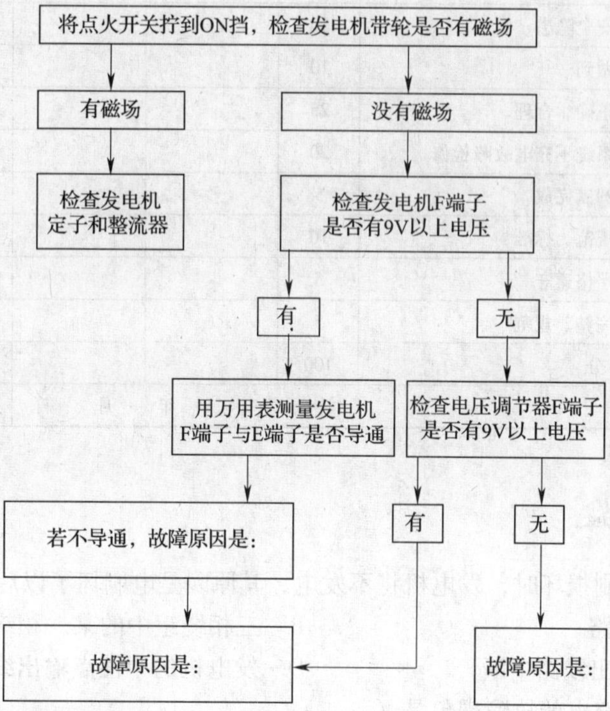

3．传动带的具体调整方法：

任务总结

一、任务评价

对本学习任务进行评价，评分表见表2—3—1。

表2—3—1　　评　分　表

考核项目	评分标准	分数	学生自评	小组互评	教师评价	小计
团队合作	是否和谐	5				
活动参与	是否积极主动	5				
安全生产	有无安全隐患	10				
现场5S	是否做到	10				
任务方案	是否正确、合理	25				
操作过程	充电系统不充电故障检修	20				
任务完成情况	是否圆满完成	5				
工具和设备使用	是否规范、标准	10				
劳动纪律	能否严格遵守	5				
工单填写	是否完整、规范	5				
总分		100				
教师签名：			年　月　日		得分	

二、理论知识检验

1. 当发电机电刷损坏时，发电机将不发电，其原因是电刷坏了以后，将使（　　）。

A. 励磁电路断路　　B. 三相绕组中的某一相绕组断路

C. 发电机的输出线路中断　　D. 发电机的中性点输出线路中断

2. 充电系统不充电的故障现象是（　　）。

A. 充电指示灯亮　　B. 充电指示灯熄灭

C. 充电指示灯闪烁　　D. 不能确定

3. 充电系统充电电压过高的主要原因是（　　）。

A. 发电机损坏　　B. 电压调节器失效

C. 线路短路　　D. 线路断路

4. 发电机N端子的输出电压是（　　）V。

A. 10 ~ 12　　B. 12 ~ 14　　C. 6 ~ 7　　D. 15 ~ 20

5. 电压调节器内部大功率晶体管短路将会导致充电系统（　　）。

A. 不充电　　B. 充电电压过高

C. 充电电压过低　　D. 充电电压不稳

知识拓展

案例　捷达轿车充电指示灯不能完全熄灭故障

1. 故障现象

一辆捷达轿车，起动发动机后，充电指示灯不能完全熄灭（稍微发亮）。

2. 故障诊断与排除

捷达轿车采用的是整体式硅整流发电机，电压调节器采用的是内装式 IC 调节器，并用充电指示灯指示蓄电池的充、放电状态：发电机正常工作时，指示灯熄灭。

行车时，充电指示灯常亮不灭，表明充电系统有故障。其常见原因：个别励磁二极管断路损坏，“D +”端电压下降，在发电机的“B +”端与“D +”端形成电位差；内装 IC 调节器性能不良，励磁电流减小，发电机输出电压下降；励磁绕组局部短路或励磁回路接触电阻增大，磁场强度下降；发电机驱动带过松或打滑，发电机转速下降。

检查时，在“B +”与“D +”接线柱间连接一只电流表，测得静态励磁电流为2.6 A，较正常值略低。

取下电流表，起动发电机，测量发电机“B +”端及“D +”端电压，其电压值为12.7 V，提高发动机转速，查看电压表，结果“B +”端及“D +”端电压同时升高，表明故障在发电机内部。

从车上拆下发电机进行解体检查，发现有一个电刷的连线断开，更换新电刷，故障排除。

项目三　起动系统检修

任务1　起动机不转故障检修

任务目标

1. 能根据任务需要收集起动机不转故障案例。
2. 能描述起动机的结构和工作原理。
3. 能正确检测起动机零部件。
4. 会分析起动机不转的故障原因。
5. 能正确地使用工量具和设备；根据“维修手册”指引，安全规范地对起动机进行拆装、零件检测，并能对检测结果进行分析。

任务描述

汽车发动机在起动时是需靠外力起动的，起动机它是将蓄电池的电能转化为机械能，驱动发动机飞轮旋转实现发动机的起动。目前汽车基本采用电力起动方式，如果在起动时起动机不转，那么发动机也将不能正常起动，对于该故障，应怎样检修？

任务内容

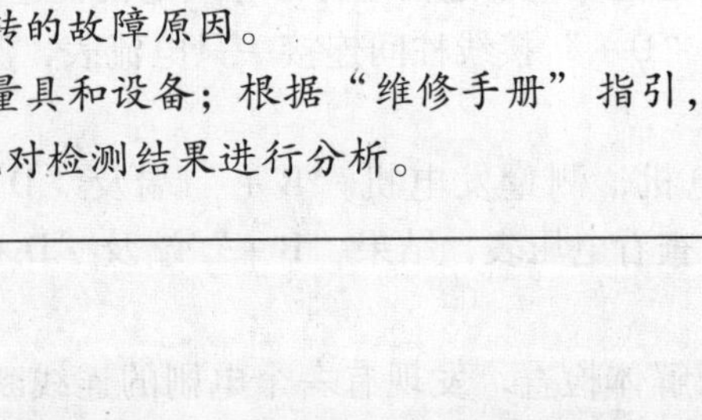

任务准备

一、汽车起动机的构造

1. 汽车起动机的组成

汽车起动机一般由直流串励式电动机、传动机构（或称啮合机构）、控制装置（即电磁开关）三部分组成（见图 3—1—1）。

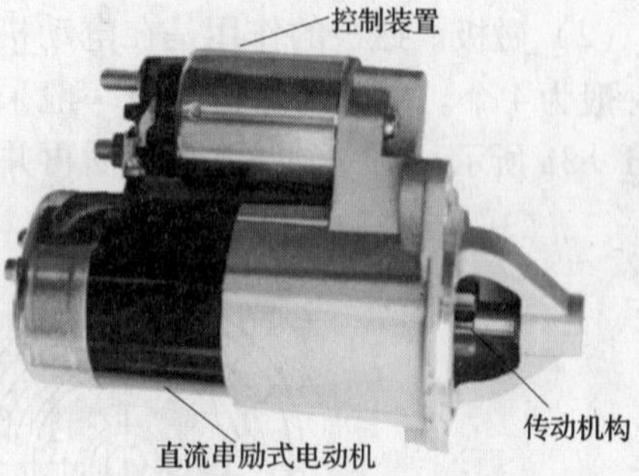

图 3—1—1 起动机实物图

直流串激式电动机的作用是产生转矩。传动机构的作用是在发动机起动时，使起动机驱动齿轮啮入飞轮齿环，将起动机转矩传给发动机曲轴；而在发动机起动后，使驱动齿轮打滑与飞轮齿环自动脱开。控制装置用来接通和切断电动机与蓄电池之间的电路。

2. 汽车起动机的构造

如图 3—1—2 所示为一个典型起动机的结构，它主要由直流电动机（包括机壳、磁极、电枢、换向器、电刷等）、传动机构（包括单向离合器、驱动齿轮、拨叉等）、控制装置（包括保持线圈、吸引线圈、触点、接线柱、接触盘等）构成。

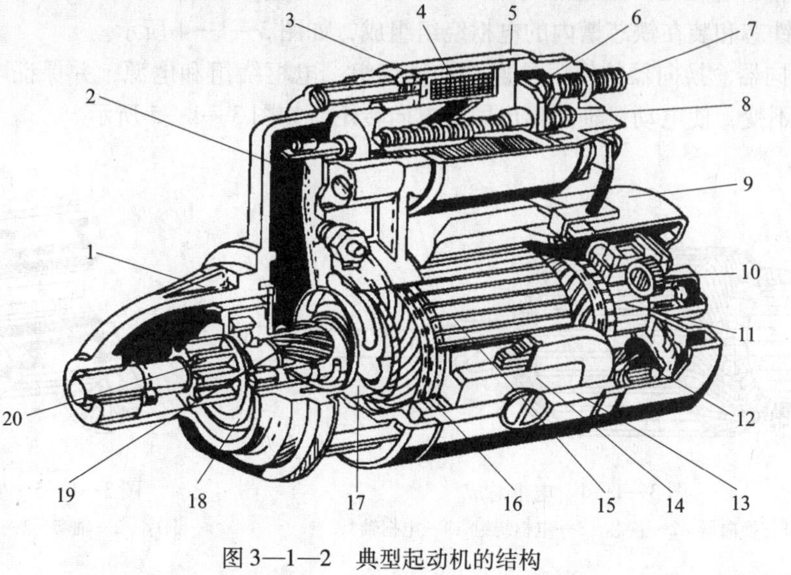

图 3—1—2 典型起动机的结构

1—后端盖 2—拨叉 3—保持线圈 4—吸引线圈 5—电磁开关 6—触点 7—接线柱 8—接触盘 9—前端盖 10—电刷弹簧 11—换向器 12—电刷 13—机壳 14—磁极 15—电枢 16—励磁绕组 17—移动齿轮 18—单向离合器 19—电枢轴 20—驱动齿轮

3. 直流电动机的组成

（1）机壳。机壳是用钢材制成的，一端开有窗口，作为观察电刷与换向器之用，平时用防尘箍盖住。

（2）磁极。磁极的作用是在电动机中产生磁场。它由铁芯和励磁绕组组成，磁极的数量一般为 4 个。磁极的磁场绕组一般采用两种连接方式，一种是 4 个磁极相互串联，如图 3—1—3a 所示；另一种是先串联后再并联，如图 3—1—3b 所示。

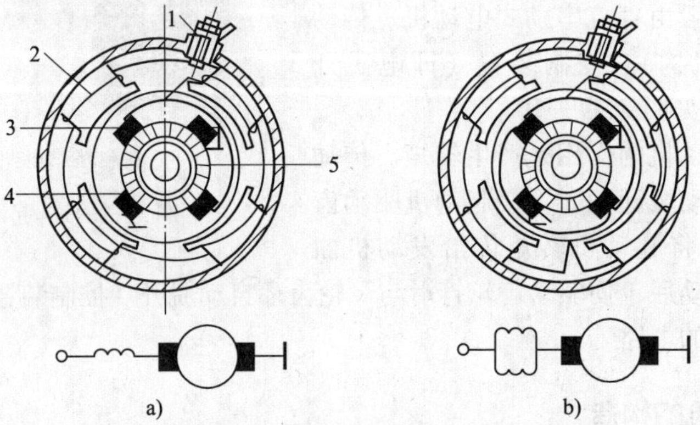

图 3—1—3　磁场绕组的连接方式

a）4 个绕组相互串联　b）两串两并

1—接线柱　2—励磁绕组　3—绝缘电刷　4—搭铁电刷　5—换向器

（3）电枢。电枢是产生电磁转矩的核心部件，是直流电动机的转子，由外圆带槽的硅钢片叠成的铁芯和装在铁芯槽内的电枢绕组组成，如图 3—1—4 所示。

（4）换向器。换向器的作用是连接励磁绕组、电枢绕组和电源，并保证电枢产生的电磁力矩方向不变，使电动机轴能输出固定方向转矩，如图 3—1—5 所示。

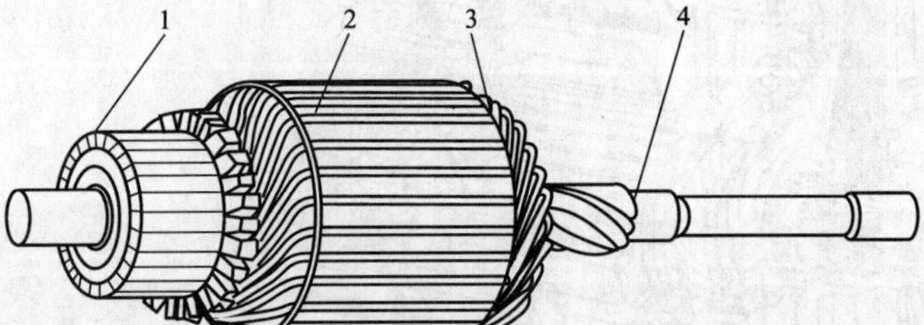

图 3—1—4　电枢总成

1—换向器　2—铁芯　3—电枢绕组　4—电枢轴

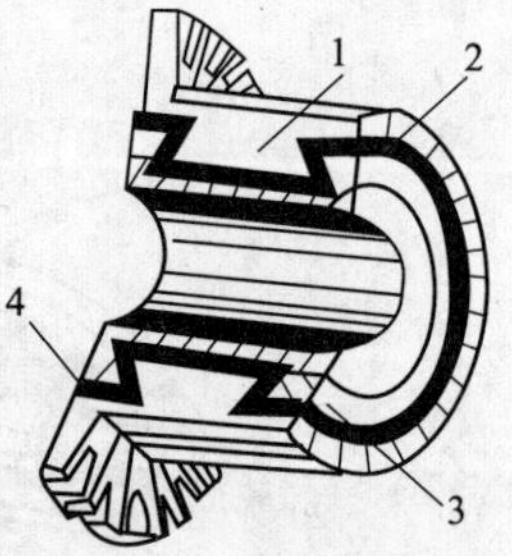

图 3—1—5　换向器

1—铜片　2—轴套　3—压环　4—云母

（5）电刷与电刷架。电刷与电刷架的作用是将电流引入电动机。一般有 4 个电刷架固定在前端盖上，其中两个碳刷架与端盖绝缘称为绝缘碳刷架。另外两个碳刷架与端盖直接铆合而搭铁，称为搭铁碳刷架。电刷装在电刷架中，电刷借弹簧压力压在换向器上。

（6）端盖。端盖有前后两个，分别装在机壳的两端，靠两颗长螺栓与起动机机壳紧固在一起。两端盖内都装有青铜石墨轴承套或铁基含油轴承套，以支撑电枢轴。

4. 直流电动机的工作原理

直流电动机是将电能转变为机械能的设备，它是根据带电导体在磁场中要受到电磁力作用而运动的原理制成的。其工作原理如图 3—1—6 所示。

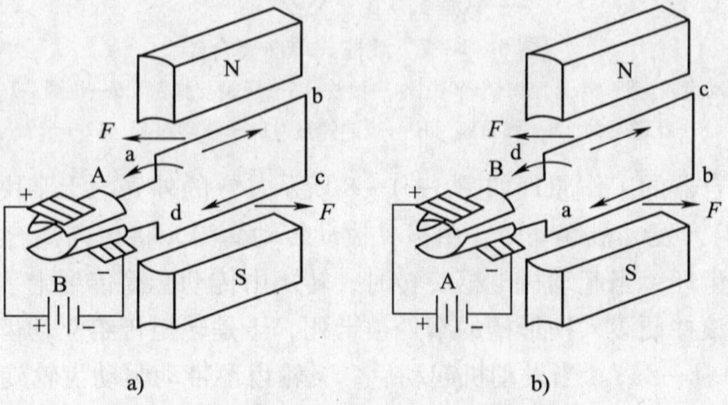

图 3—1—6　直流电动机工作原理

电动机的电刷与直流电源相接，电流由正电刷和换向片 A 流入，从换向片 B 和负电刷流出（见图 3—1—6a）。此时绕组中的电流方向为 a→d，按左手定则可确定导线 a→b 受到向左的电磁力 F，导线 c→d 受到向右的电磁力 F，于是整个线圈受到逆时针方向的转矩而转动。当电枢转过半周时（见图 3—1—6b），换向片 B 与正电刷相接触，换向片 A 与负电刷相接触，线圈中电流的方向改变为由 d→a，因而在 N 极和 S 极下面导体中的电流方向保持不变，电磁转矩的方向也就不变，使电枢仍按原来的逆时针方向继续转动。

由于一个线圈所产生的转矩太小，且转速不稳定，因此实际上，电动机的电枢上绕有很多线圈，换向片数也随线圈的增多而相应增加。

5. 起动机的传动机构

起动机的传动机构实际上是一个单向离合器。单向离合器的作用是单方向传递转矩，即起动发动机时将起动机的转矩传给发动机曲轴，而当发动机起动后，它又能自动打滑，不使飞轮齿环带动起动机电枢旋转，以免损坏起动机。因为飞轮齿环与起动机驱动齿轮的传动比为 1∶10～1∶15，发动机起动后，如果不及时将起动机与发动机分离，则起动机的电枢就会被发动机曲轴带动，以 1 000～1 500 r/min 的转速高速旋转，导致电枢线圈从电枢槽中甩出，造成“飞散”事故，从而使电枢损坏。

目前国内外汽车起动机使用最多的是滚柱式单向离合器，其结构如图 3—1—7 所示。

起动机驱动小齿轮与外壳连成一体，外壳内装有十字块和四套滚柱、压帽和弹簧，十字块与花键套筒一体，护盖与外壳相互扣合密封。传动套筒的外面套有缓冲弹簧与移动衬套，并由卡环锁住。整个离合器总成利用花键套筒装在起动机的花键部位，能够轴向移动，也可以随轴转动。

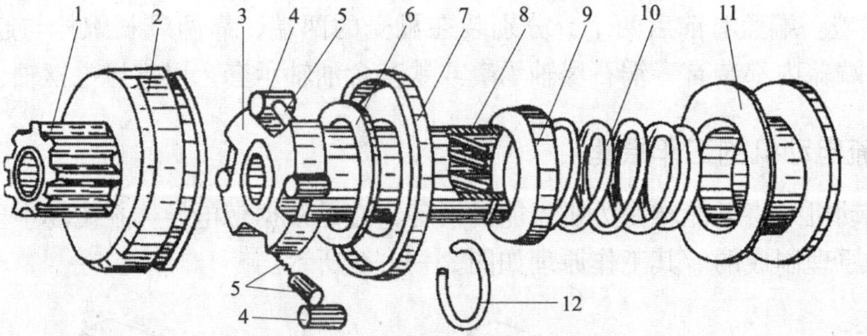

图 3—1—7　滚柱式单向离合器

1—驱动齿轮　2—外壳　3—十字块　4—滚柱　5—压帽与弹簧　6—垫圈　7—护盖
8—花键套筒　9—弹簧座　10—缓冲弹簧　11—移动衬套　12—卡簧

滚柱式单向离合器的工作原理如图 3—1—8 所示。它的外壳与十字块之间的间隙是宽窄不等的（呈楔形槽）。发动机起动时，由拨叉拨动传动套筒，将单向离合器沿花键推出，使驱动齿轮啮入飞轮齿环。当起动机电枢旋转时，转矩由传动套筒传到十字块，十字块则随电枢一同旋转，这时滚柱便滚入楔形槽的窄处被卡死，于是转矩传给驱动齿轮，带动飞轮使发动机起动（见图 3—1—8a）。当发动机起动后，飞轮齿环带动驱动齿轮旋转，速度大于十字块时，滚柱滚入楔形槽的宽处而打滑（见图 3—1—8b）。这样转矩就不能从驱动齿轮传给起动机电枢，从而避免了电枢超速飞散的危险。

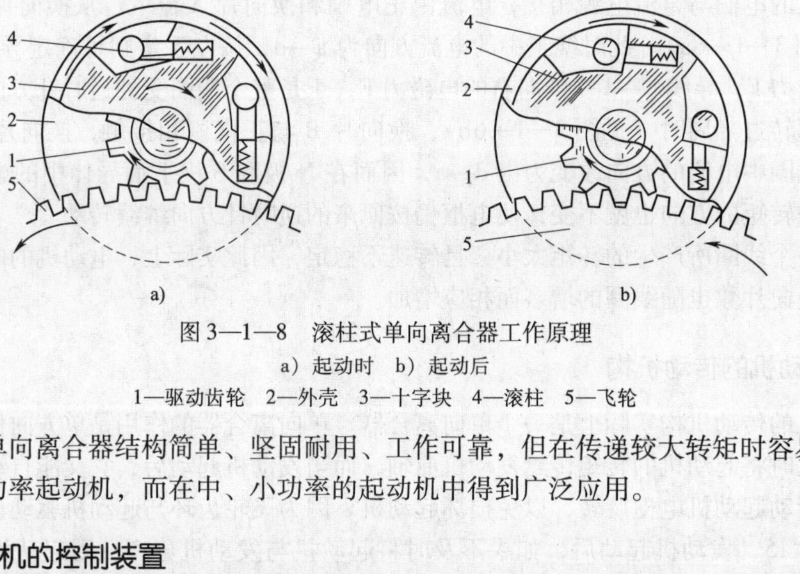

图 3—1—8　滚柱式单向离合器工作原理

a）起动时　b）起动后

1—驱动齿轮　2—外壳　3—十字块　4—滚柱　5—飞轮

滚柱式单向离合器结构简单、坚固耐用、工作可靠，但在传递较大转矩时容易卡住，故不能用于大功率起动机，而在中、小功率的起动机中得到广泛应用。

6. 起动机的控制装置

起动机的控制装置用来控制直流电动机的主电路通断，由吸引线圈、保持线圈、铁芯、接触盘等组成。ST 614 型起动机电磁开关的结构原理如图 3—1—9 所示。当合上起动总开关，按下起动按钮时，吸引线圈和保持线圈的电路接通，其电路如下：

蓄电池正极→接线柱 14→电流表 16→熔丝 10→起动总开关 9→起动按钮 8→接线柱7——

- →保持线圈5→搭铁→蓄电池负极。
- →吸引线圈 6→接线柱 15→起动机励磁绕组→电枢绕组→搭铁→蓄电池负极。

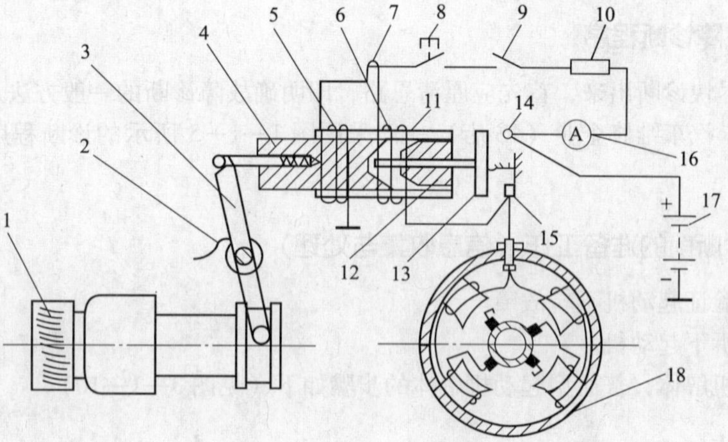

图 3—1—9　ST 614 型起动机电磁开关的结构原理

1—驱动齿轮　2—复位弹簧　3—拨叉　4—活动铁芯　5—保持线圈　6—吸引线圈　7—接线柱　8—起动按钮　9—起动总开关　10—熔丝　11—黄铜套　12—搭铁　13—接触盘　14，15—接线柱　16—电流表　17—蓄电池　18—直流电动机

此时活动铁芯在两个线圈电磁吸力的共同作用下，克服复位弹簧的弹力而向右移动，带动拨叉便将小齿轮推出与飞轮齿环逐渐啮合。这时由于吸引线圈的电流流经励磁绕组和电枢绕组，产生一定的电磁转矩，所以小齿轮是在缓慢旋转的过程中啮合的。当齿轮啮合好后，接触盘将接线柱刚好接通，于是蓄电池的大电流流经起动机的电枢和励磁绕组，产生正常的转矩，带动发动机旋转，起动发动机。与此同时，吸引线圈被短路，齿轮的啮合位置由保持线圈的吸力来保持。

当发动机起动后，松开起动按钮瞬间，保持线圈中的电流只能经吸引线圈构成回路，由于此时两线圈所产生的磁通方向相反，磁力相互抵消，于是活动铁芯在复位弹簧的作用下回至原位，小齿轮退出啮合，接触盘脱离接触，切断起动电路，起动机停止运转。

按磁场绕组与电枢绕组连接方式的不同，直流电动机可分为串励式、并励式和复励式三种。汽车用的起动机大多为串励式直流电动机。

二、起动机不转故障检修

案例链接：

一辆配备普通型起动机汽车，当点火开关拧到起动挡时起动机不转，经检查确定控制电路正常，故障出在起动机。

起动机不转故障的形成原因很多，下面以“案例链接”所提及的故障作为诊断样本，按汽车 4S 店的维修规范作业要求，具体分析该类型故障的诊断流程及诊断方法。具体如下：

1. 对待修车辆进行维修接待

可参考表 1—1—1 所示的接车问诊表，对待修车辆进行维修接待。

2. 厘清故障诊断程序

要将故障尽快诊断出来，首先应厘清思路，即明确故障诊断的一般方法及流程，这是解决问题的关键。汽车维修企业（4S 店）一般采用图 1—1—5 所示的诊断程序对车辆故障进行诊断。

3. 做好诊断前的准备工作（信息收集与处理）

（1）就车验证起动机不转故障。

（2）就车拆下起动机。

（3）起动机解体，普通型起动机解体的步骤如下（见图 3—1—10）。

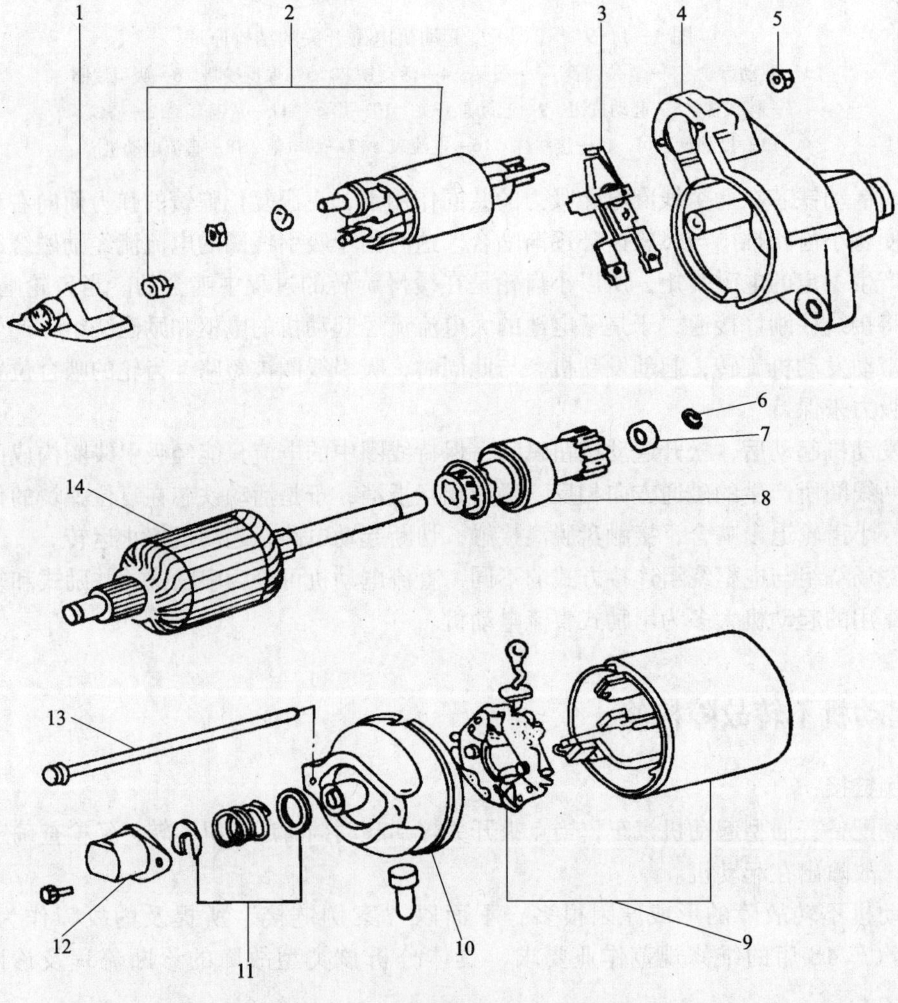

图 3—1—10　普通型起动机的分解

1—接线盖　2—电磁开关　3—驱动杠杆（拨叉）　4—后端盖　5—螺母
6—锁环　7—止推垫圈　8—单向离合器及驱动齿轮　9—电刷支架定位架和起动机壳
10—前端盖　11—锁止垫圈、弹簧和橡胶垫　12—轴承盖　13—螺栓　14—电枢

1）分解前对起动机外部进行清洁。

2）取下开关接线盖，拆下电磁开关上的接线头。

3）拆下固定电磁开关的螺母，取下电磁开关。

4）拆下前端盖上的轴承盖，取下锁止垫圈。

5）拆下连接螺栓，取下前端盖。

6）用电刷钩取出电刷，将电刷架、外壳、电枢、传动叉（驱动杠杆）及离合器一同取出。

7）拆下电枢上的锁环及止推垫圈，取出离合器。

（4）起动机零部件检测方法

1）电枢绕组的检查。电枢绕组的短路检查如图 3—1—11 所示，将电枢放在电枢检验仪的“V”形槽上，接通电源，将一薄钢片放在电枢铁芯上方的线槽上，接通检验仪的电源同时转动电枢，若钢片在某一槽上发生振动，则表示有短路故障。这是因为当线圈发生短路后，短路的线匝形成闭合回路，在感应仪交变磁场的作用下，其中产生交变电流，该交变电流又产生一局部的交变磁场，钢片就会在交变磁场的吸引下振动。

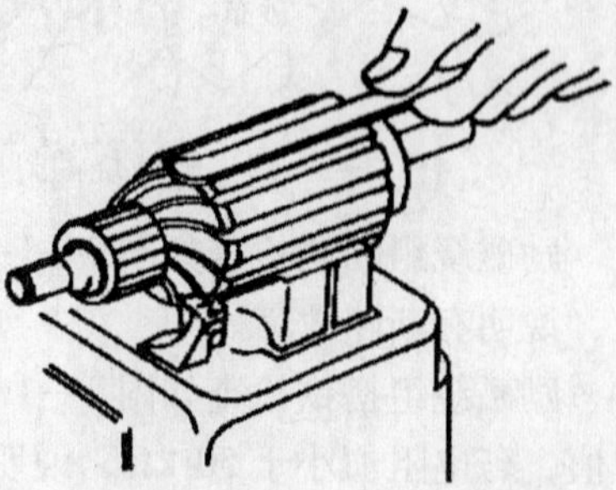

图 3—1—11　电枢绕组短路检查

电枢绕组的断路检查如图 3—1—12 所示。用万用表 $R\times1$ 挡测量换向器之间是否通路，若有一组不导通，说明有断路故障。电枢绕组断路故障一般出现在电枢绕组与换向片的焊接处。电枢绕组搭铁检查如图 3—1—13 所示。用万用表 $R\times10$ k 挡测量换向器与电枢轴之间是否通路，若电阻值小于 50 kΩ，说明有搭铁故障，需更换电枢绕组。

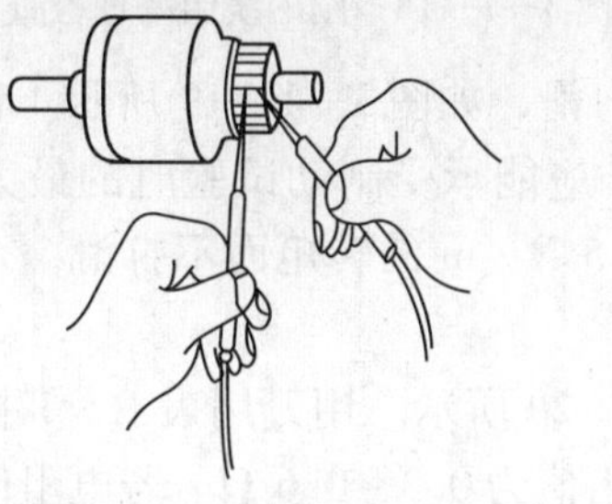

图 3—1—12　电枢绕组的断路检查

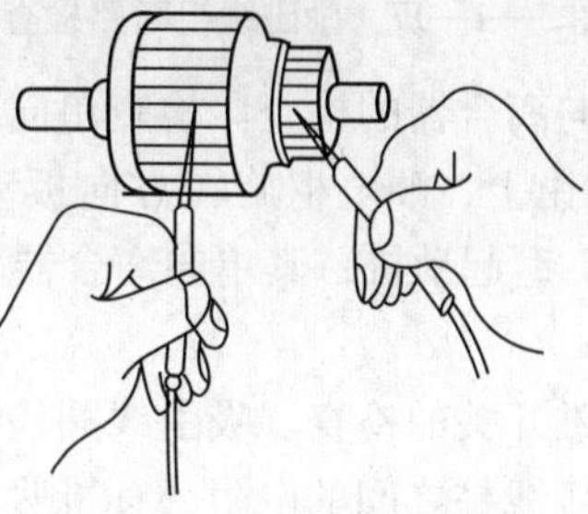

图 3—1—13　电枢绕组搭铁检查

2）换向器的检查。换向器的故障多为表面烧蚀或磨损，换向器磨损检测如图 3—1—14 所示检测。轻微烧蚀可用 00 号砂布打磨，如图 3—1—15 所示。但严重烧蚀或圆度误差大于 0.025 mm 时，应予以车光、车圆。但换向器的径向厚度不得小于 2 mm，否则应予更换。

3）励磁绕组的检查。励磁绕组短路检查如图 3—1—16 所示。可把绕组套在铁棒上放入电枢感应仪中，感应仪通电 3 ~ 5 min 后，如绕组发热则表明有匝间短路。

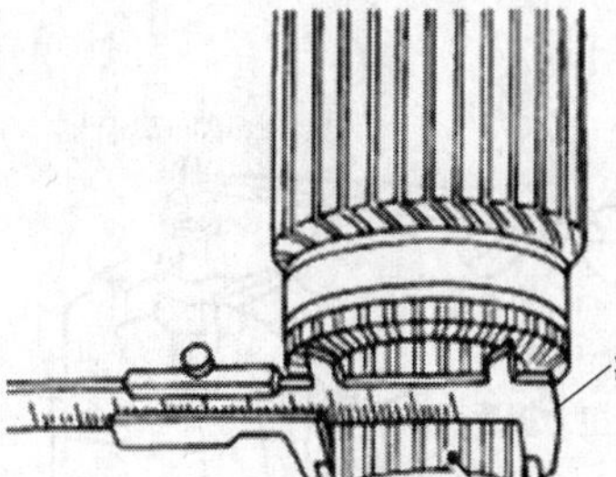

图 3—1—14　换向器磨损检测

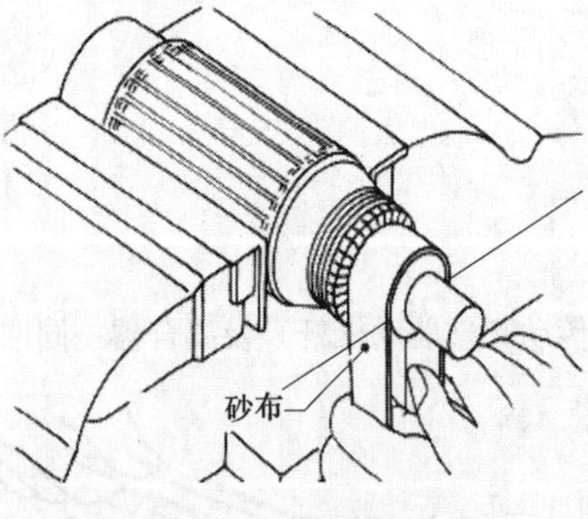

图 3—1—15　轻微烧蚀打磨

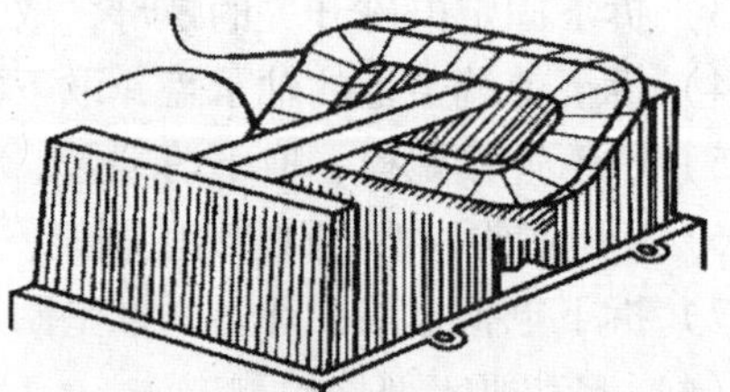

图 3—1—16　励磁绕组短路检查

励磁绕组断路检查如图 3—1—17 所示。用万用表 $R\times1$ 挡测量两电刷之间绕组，若不导通，说明有断路故障。

励磁绕组搭铁检查如图 3—1—18 所示。用万用表 $R\times10$ k 挡测量两电刷与外壳之间的阻值，若电阻值小于 50 kΩ，说明有搭铁故障。

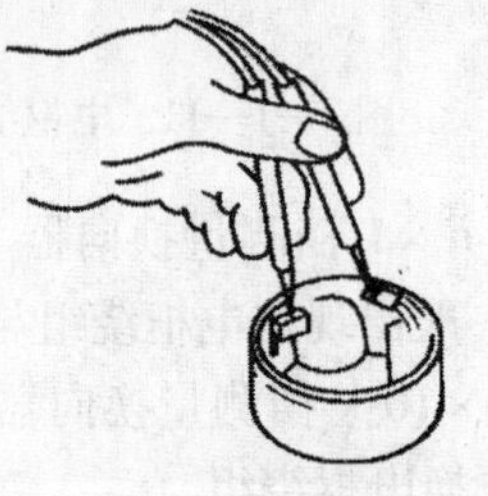

图 3—1—17　励磁绕组断路检查

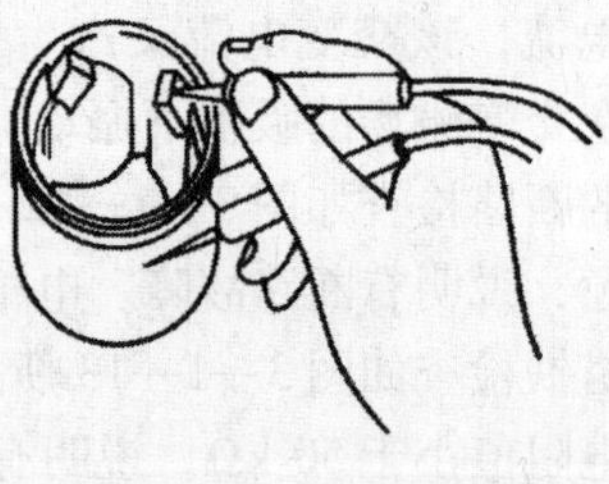

图 3—1—18　励磁绕组搭铁检查

4）单向离合器的检查。检查单向离合器是否打滑，如图 3—1—19 所示。将单向离合器夹紧在台虎钳上，顺电枢旋转方向扳动扭力扳手，应能承受制动试验时的最大转矩而不打滑，如 2201 型起动机，其单向离合器应能承受 25.5 N·m 的转矩而不打滑，否则应进行更换。

5）电磁开关的检查。吸引线圈检查如图 3—1—20 所示。用万用表 R×1 挡测量电磁开关 50 与 C 接线柱之间的电阻，标准吸引线圈的电阻值为 0.3 ~0.6 Ω。若电阻值小于标准电阻值或无穷大，说明吸引线圈有故障，需要更换。

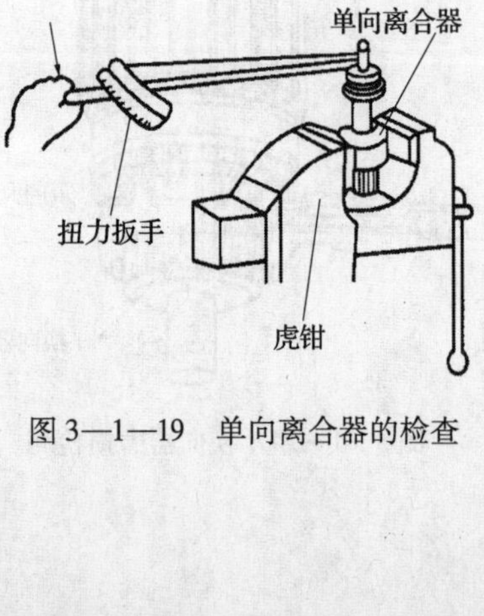

图 3—1—19　单向离合器的检查

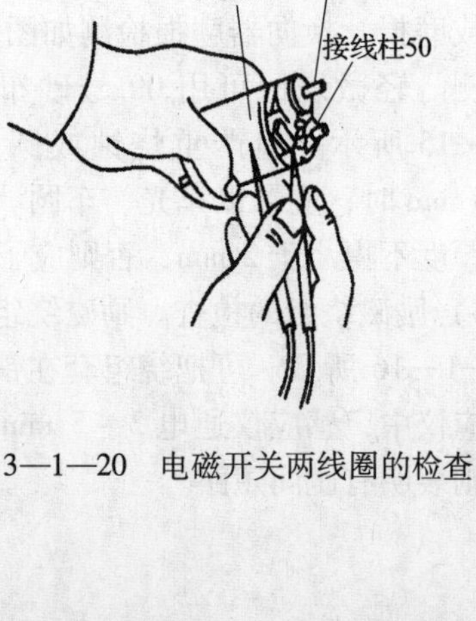

图 3—1—20　电磁开关两线圈的检查

保持线圈检查如图 3—1—20 所示。用万用表 $R\times1$ 挡测量电磁开关 50 接线柱与外壳间电阻，标准保持线圈的电阻值为 0.9 ~ 1.2 Ω。若电阻值小于标准电阻值或无穷大，说明保持线圈有故障，需要更换。

6）电刷与电刷架的检查。电刷的高度应不低于新电刷高度的 2/3（国产起动机新电刷的高度为 14 mm），检测方法如图 3—1—21 所示；电刷与换向器的接触面积应为电刷端面积的 75% 以上；电刷在电刷架内应活动自如无卡滞现象。绝缘电刷与电刷架应不导通，检测方法如图 3—1—22 所示。

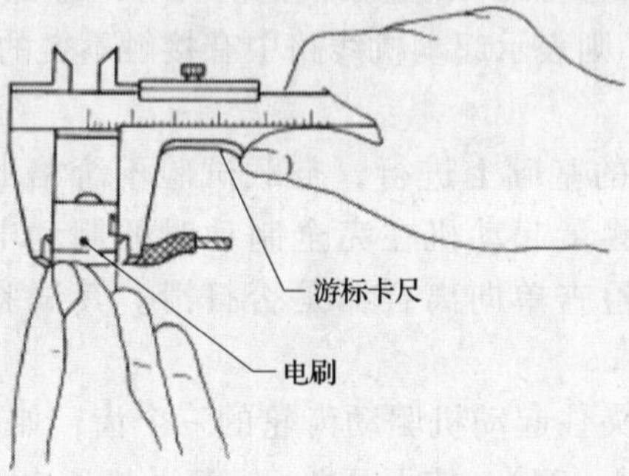

图 3—1—21　电刷的高度检测

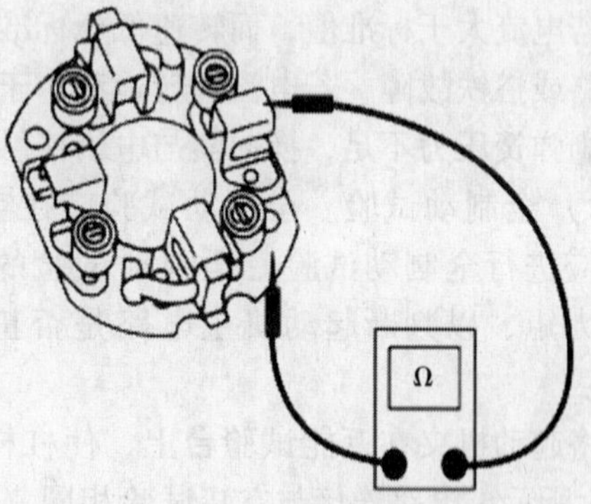

图 3—1—22　电刷与电刷架绝缘检测

用弹簧秤检查电刷弹簧的压力，一般为 11.7 ~ 14.7 N。检测方法如图 3—1—23 所示，若压力不够，可将弹簧向与螺旋相反的方向扳动，以增加弹力，若此法无效，则应予以更换。

7）各轴颈与衬套配合的检查。各轴颈与衬套的配合间隙应符合表 3—1—1 中的规定。

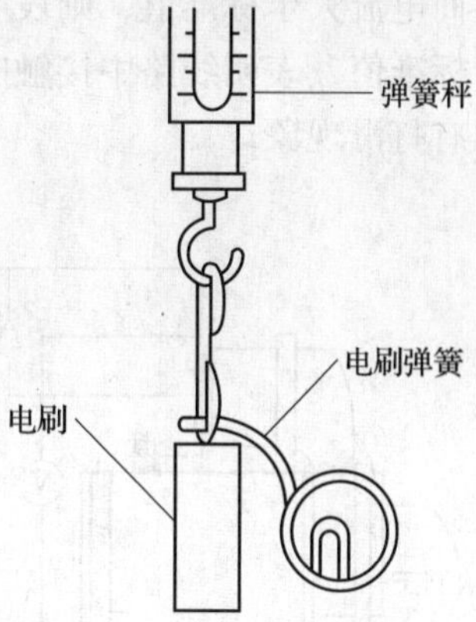

图 3—1—23　电刷弹簧压力检测

（5）起动机装复

起动机在装复过程中，需按照先拆后装的顺序安装。需注意以下几点：

1）注意检查各轴承的同心度。

2）各轴承、轴颈、键槽等部位需加注机油润滑。

3）电枢铁芯与磁极之间应留有适当间隙，一般为 0.82 ~ 1.80 mm。

4）电枢轴的轴向间隙不应过大，一般为 0.20 ~ 0.70 mm。

表 3—1—1　　各轴颈与衬套的配合间隙（适用于普通型起动机）

名称	标准间隙	允许最大间隙	铜套外圆与孔的过盈
前端盖铜套	0.04 ~ 0.09 mm	0.18 mm	0.08 ~ 0.18 mm
后端盖铜套	0.044 ~ 0.09 mm	0.18 mm	0.08 ~ 0.18 mm
中间轴承支承板铜套	0.085 ~ 0.15 mm	0.25 mm	0.08 ~ 0.18 mm
驱动齿轮铜套	0.03 ~ 0.09 mm	0.23 mm	0.08 ~ 0.18 mm

（6）起动机的试验

起动机修复后，必须进行下列两种试验，如不符合要求，应重新检查和修理。

1）空载试验。测量起动机的空载电流和空载转速并与标准值比较，以判断起动机内部有无电路和机械故障。其试验方法是：将被测试起动机夹在台虎钳上，按图 3—1—24 接线。接通起动机电路（每次试验不要超过 1 min，以免起动机过热），起动机应转速均匀、电刷下无火花。记录电流表、电压表的读数，并用转速表测量起动机转速，其值应符合规定。

若电流大于标准值，而转速低于标准值，表明起动机装配过紧或电枢绕组和励磁绕组内有短路或搭铁故障。若电流和转速都小于标准值，则表示起动机线路中有接触不良的地方，如电刷弹簧压力不足，换向器与电刷接触不良等。

2）全制动试验。全制动试验应在空载试验的基础上进行，空载试验不合格的起动机不应进行全制动试验。全制动试验的目的是测量起动机在完全制动时的制动电流和制动力矩，以判断起动机主电路是否正常，并检查单向离合器是否打滑。其试验方法如下：

将起动机夹在万能试验台上，使杠杆的一端夹住起动机驱动齿轮的三个齿，如图 3—1—25 所示。电路连接与空转试验相同（见图 3—1—24）。按下开关 S，起动机通电，呈制动状态。观察单向离合器是否打滑，并迅速记录电流表、电压表的读数。若制动力矩小于标准值而电流大于标准值，则表明磁场绕组或电枢绕组中有短路和搭铁故障；若力矩和电流都小于标准值，表明线路中接触电阻过大；若驱动齿轮锁止而电枢轴缓慢转动，则说明单向离合器有打滑现象。

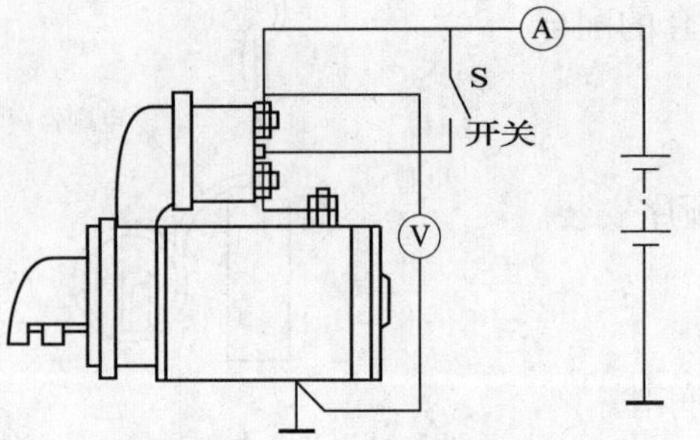

图 3—1—24　起动机空载试验电路

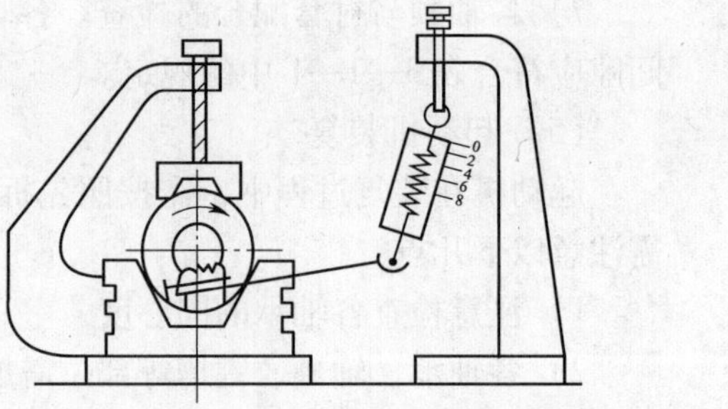

图 3—1—25　起动机全制动试验

全制动试验应注意：每次试验通电时间不要超过 5 s，以免损坏起动机及蓄电池。

任务实施

1. 起动机结构认识

参照实物和表 3—1—2 中的图示，在表 3—1—2 中写出起动机零件名称和作用。

表 3—1—2　　起动机零件名称和作用记录表

序号	图示	零件名称	作用
1	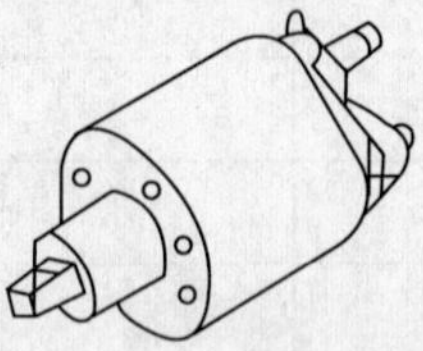		
2	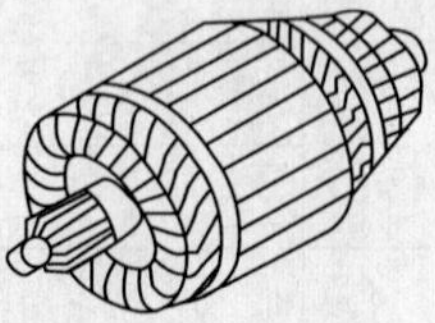		
3	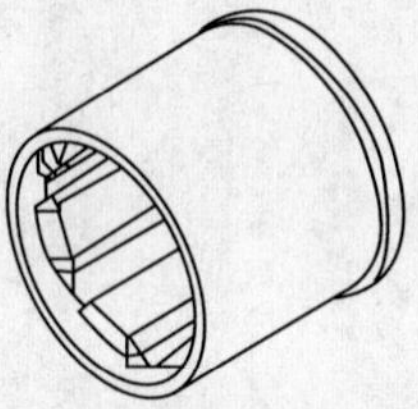		
4	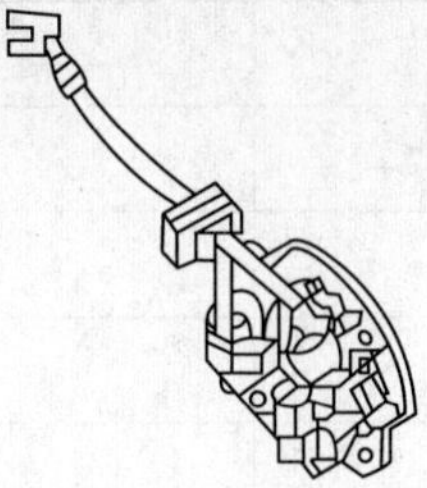		
5	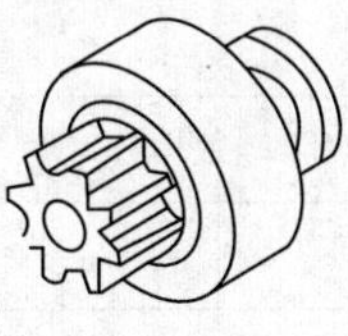		

2. 起动机就车拆卸

结合实训车型和相关维修手册，描述起动机就车拆卸的步骤，将顺序填入表 3—1—3。

表 3—1—3　　起动机就车拆卸步骤

序号	步　骤	注意事项
1		
2		
3		
4		
5		
6		
7		
8		
9		

3. 起动机解体步骤

（1）将起动机放置在工作台上。

（2）识别出所拆的起动机属于哪种型号。

（3）将所实训的起动机解体步骤填入表 3—1—4。

表 3—1—4　　起动机解体步骤

序号	步　骤	注意事项
1		
2		
3		
4		
5		
6		
7		
8		
9		

4. 起动机零件检测

检测表 3—1—5 所列项目并将结果填入表中。

表 3—1—5　　起动机零件检测记录表

零件名称	检测项目	检测方法	检测数据	技术状况
转子总成	电枢绕组断路、短路检测			
	电枢绕组搭铁检测			
定子总成	励磁绕组断路、短路检测			
	励磁绕组搭铁检测			
电磁开关	吸引线圈检测			
	保持线圈检测			
传动机构	单向离合器检测			
电刷与电刷架	电刷长度检测			
	电刷与电刷架绝缘性检测			
	电刷弹簧弹力检测			

任务总结

一、任务评价

对本学习任务进行评价，评分表见表 3—1—6。

表 3—1—6　　评　分　表

考核项目	评分标准	分数	学生自评	小组互评	教师评价	小计
团队合作	是否和谐	5				
活动参与	是否积极主动	5				
安全生产	有无安全隐患	5				
现场 5 S	是否做到	10				
任务方案	是否正确、合理	15				
操作过程	1. 起动机就车拆卸 2. 起动机解体 3. 起动机零件检测 4. 起动机装复	35				
任务完成情况	是否圆满完成	5				
工具和设备使用	是否规范、标准	10				
劳动纪律	能否严格遵守	5				
工单填写	是否完整、规范	5				
总分		100				
教师签名：			年　月　日		得分	

二、理论知识检验

1. 汽车起动时，每次起动机运转时间不得超过（　　）s。

A. 10　　B. 8　　C. 5　　D. 15

2. 直流串励式起动机中的“串励”是指（　　）。

A. 吸引线圈和保持线圈串联连接　　B. 励磁绕组和电枢绕组串联连接

C. 吸引线圈和电枢绕组串联连接　　D. 保持线圈和励磁绕组串联连接

3. 减速起动机和常规起动机的主要区别在于（　　）不同。

A. 直流电动机　　B. 控制装置　　C. 传动机构　　D. 起动机

4. 起动机产生转矩的零部件是（　　）

A. 电枢总成　　B. 磁场绕组　　C. 电磁开关　　D. 电刷与电刷架

5. 起动机作空转试验的时间应不大于（　　）。

A. 5 s　　B. 1 min　　C. 5 min　　D. 10 min

知识拓展

一、减速式起动机

减速式起动机与普通带电磁开关的强制啮合式起动机没有本质的区别，只是在起动机电枢和驱动齿轮之间增加了一对减速齿轮（一般减速比为3~4）因此可将起动机电枢的工作转速设计得较高，然后通过减速机构使驱动齿轮的转速降低并使转矩增加。

如图3—1—26所示为减速式起动机的结构，其特点是电动机为小型、高速串励式直流电动机。

1. 动力输出部分由电枢轴、传动轴两部分组成。电枢轴和传动轴两端用滚珠轴承支承使负荷分布均匀，不易出现电枢轴弯曲现象。

2. 采用了减速装置，转子与起动齿轮之间安装有减速齿轮，起动电动机传递给起动齿轮的扭矩增大。利用电磁开关接通的同时，压缩回位弹簧而将起动齿轮伸出与飞轮啮合。

3. 减速起动机的体积和质量大约是传统起动机的一半，节省原材料，同时拆装修理方便。

4. 减速起动机的磁极对数与传统的起动机一样，但励磁绕组常采用小导线多根并联方法，电枢绕组的绕法虽与传统起动机的原理相同，但制造工艺简单。

二、永磁减速式起动机

永磁减速式起动机的磁极由铁氧体或钕铁硼永磁材料制成，由于取消了励磁绕组，使得起动机的结构简化，体积、质量也相应减小。

北京BJ2021（切诺基）吉普车上装用的12VDW1.4型起动机即是永磁减速式起动机，其原理简图如图3—1—27所示。减速装置为行星齿轮减速装置，它以电枢轴齿轮为太阳轮，

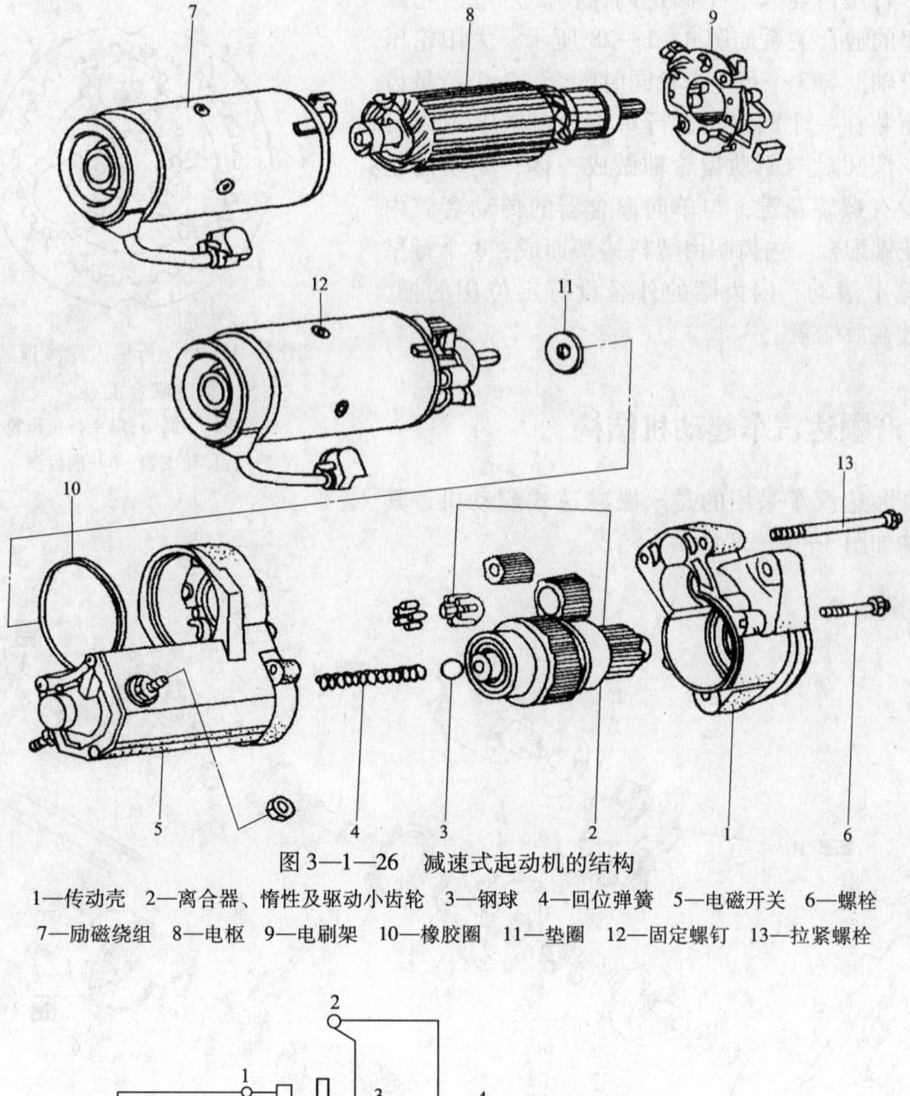

图 3—1—26　减速式起动机的结构

1—传动壳　2—离合器、惰性及驱动小齿轮　3—钢球　4—回位弹簧　5—电磁开关　6—螺栓
7—励磁绕组　8—电枢　9—电刷架　10—橡胶圈　11—垫圈　12—固定螺钉　13—拉紧螺栓

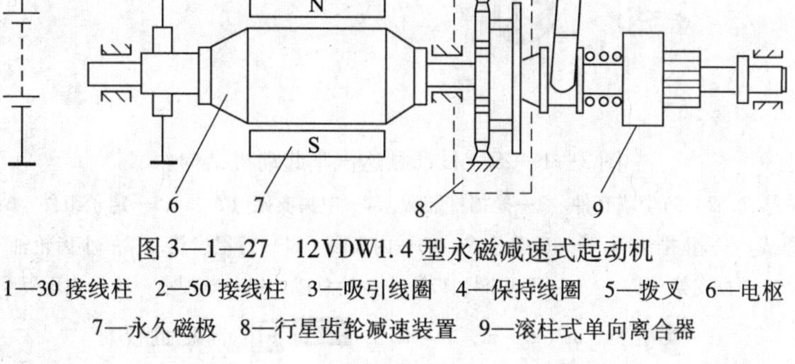

图 3—1—27　12VDW1.4 型永磁减速式起动机

1—30 接线柱　2—50 接线柱　3—吸引线圈　4—保持线圈　5—拨叉　6—电枢
7—永久磁极　8—行星齿轮减速装置　9—滚柱式单向离合器

另有3个行星齿轮及一个固定内齿圈。行星齿轮减速装置里的啮合关系如图3—1—28所示。太阳轮压装在电枢轴上与3个行星齿轮同时啮合。3个行星齿轮的轴压装在一个圆盘上，行星齿轮在轴上可以自由转动。该圆盘与驱动齿轮轴做成一体，驱动齿轮轴一端设有螺旋花键，与单向离合器的传动套筒内的螺旋花键配合。内齿圈由塑料铸塑而成，3个行星齿轮在其上滚动，内齿圈的外缘设有定位用的槽，以便嵌放在后端盖上。

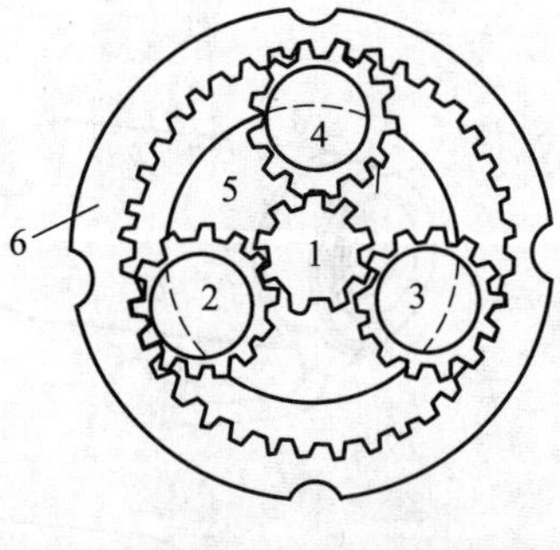

图3—1—28　行星齿轮减速装里的啮合关系

1—太阳轮　2，3，4—行星齿轮　5—行星轮支架　6—内齿圈

三、日产颐达汽车起动机结构

日产颐达汽车采用的是永磁减速式起动机，其基本结构如图3—1—29所示。

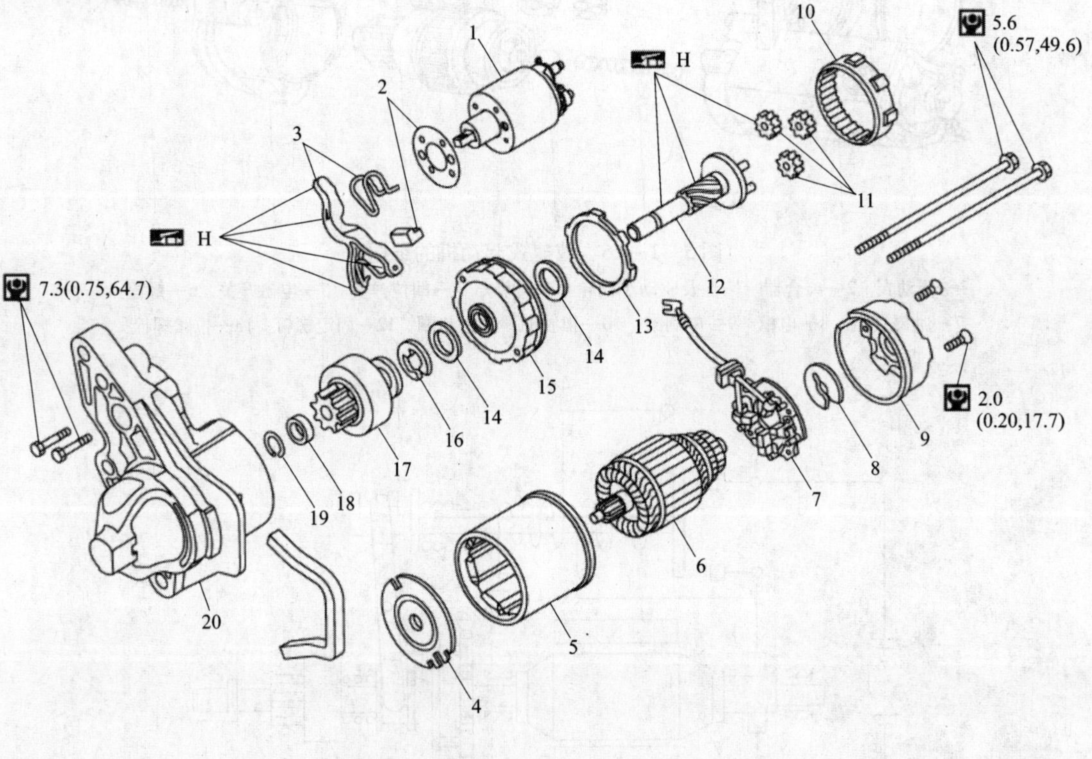

图3—1—29　日产颐达汽车起动机结构

1—电磁开关总成　2—防尘罩套件　3—换挡杆装置　4—中央支架（A）　5—定子组件　6—电枢组件　7—电刷支架总成　8—止推垫圈　9—后盖总成　10—内齿圈　11—行星齿轮　12—小齿轮轴　13—密封件　14—止推垫圈　15—中央支架（P）　16—E形圈　17—小齿轮总成　18—球轴承　19—均压板　20—齿轮箱总成

：N·m（kg－m，in－lb）　H：高温油脂点

任务2　起动系统线路连接

任务目标

1. 能根据任务需要收集汽车起动系统相关电路图。
2. 能阅读起动系统电路图。
3. 能描述起动系统控制电路工作原理。
4. 能正确地使用工量具和设备；根据“维修手册”指引，安全规范地对起动系统线路进行连接。

任务描述

汽车起动系统在工作过程中，若出现工作异常，除了要检查起动机总成外，还需要对控制线路进行检查。要想快速排除线路故障，必须熟悉控制电路原理与线路走向。本任务的学习目的是学会起动系统线路连接。

任务内容

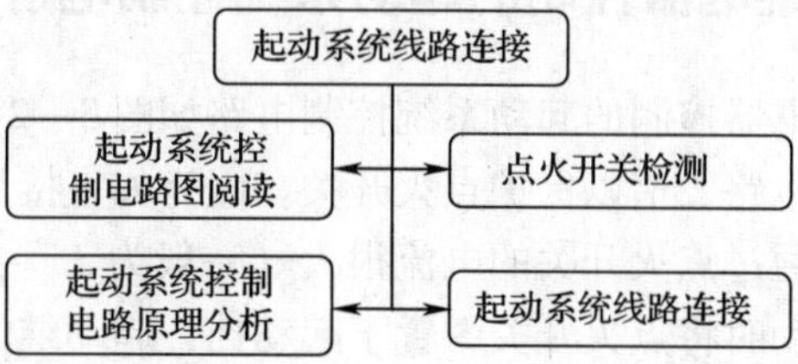

任务准备

一、点火开关直接控制的起动系统控制电路

由点火开关直接控制的起动系统控制电路如图 3—2—1 所示。电路工作原理是：当点火开关拧到起动挡，点火开关 30 端子与 50 端子接通，使起动机的电磁开关通电，起动机进入工作状态。

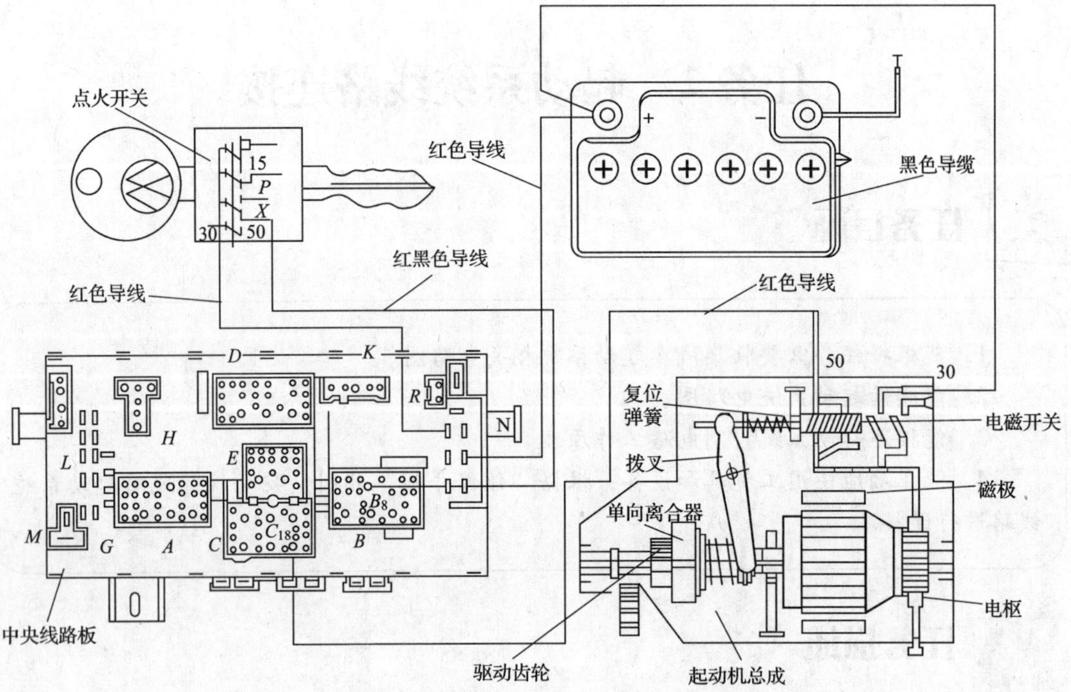

图 3—2—1　点火开关直接控制的起动系统控制电路

其电路为：蓄电池正极端子→红色导线→中央线路板的单端子插座 P 端子→中央线路板内部线路→中央线路板单端子插座 P 端子→红色导线→点火开关 30 端子→点火开关 50 端子→中央线路板 B8 端子→中央线路板内部线路→中央线路板 C18 端子→起动机 50 端子→进入电磁开关。此时电磁开关将起动机主电源接通，起动机工作。

二、点火开关和起动继电器控制的起动系统控制电路

由点火开关和起动继电器控制的起动系统控制电路如图 3—2—2 所示。起动继电器的作用是接通电磁开关线圈的电路，借以保护点火开关。因为如直接用点火开关控制电磁开关线圈的电路，则在起动时，通过点火开关的电流很大（一般为 35 ~ 40 A）。

电路工作原理是：起动时将点火开关 3 置于起动挡，起动继电器电路接通，其电流回路为：蓄电池正极→起动机开关接线柱 4→电流表→点火开关 3→起动继电器“点火开关”接线柱→线圈 2→搭铁→蓄电池负极。

电流通过起动继电器线圈 2，使铁芯磁化，吸下触点臂，于是触点 1 闭合，接通了电磁开关中吸引线圈和保持线圈的电路。其电流回路为：蓄电池正极→起动机开关接线柱 4→起动继电器“电池”接线柱、支架、触点 1、“起动机”接线柱→起动机接线柱 9→保持线圈 14→搭铁→蓄电池负极。另一电流回路：吸引线圈 13→接线柱 8→导电片 7→起动机开关接线柱 5→起动机励磁绕组、电枢绕组→搭铁→蓄电池负极。

主电路接通时，吸引线圈 13 被短路，活动铁芯靠保持线圈 14 的磁力保持在吸合位置。发动机起动后，放松点火开关旋钮，点火开关会自动转回一个角度，切断起动继电器线圈的

电路，使触点 1 立即打开。触点 1 打开后，保持线圈中的电流由起动机开关接线柱 4、接触盘 10、接线柱 5、导电片 7、接线柱 8、吸引线圈 13 构成回路。此时两线圈所建立的磁场方向相反，相互抵消，于是活动铁芯在复位弹簧的作用下退回原位，驱动齿轮与飞轮齿环脱离啮合，同时接触盘退出，切断了起动机与蓄电池之间的电路，起动机便停止工作。

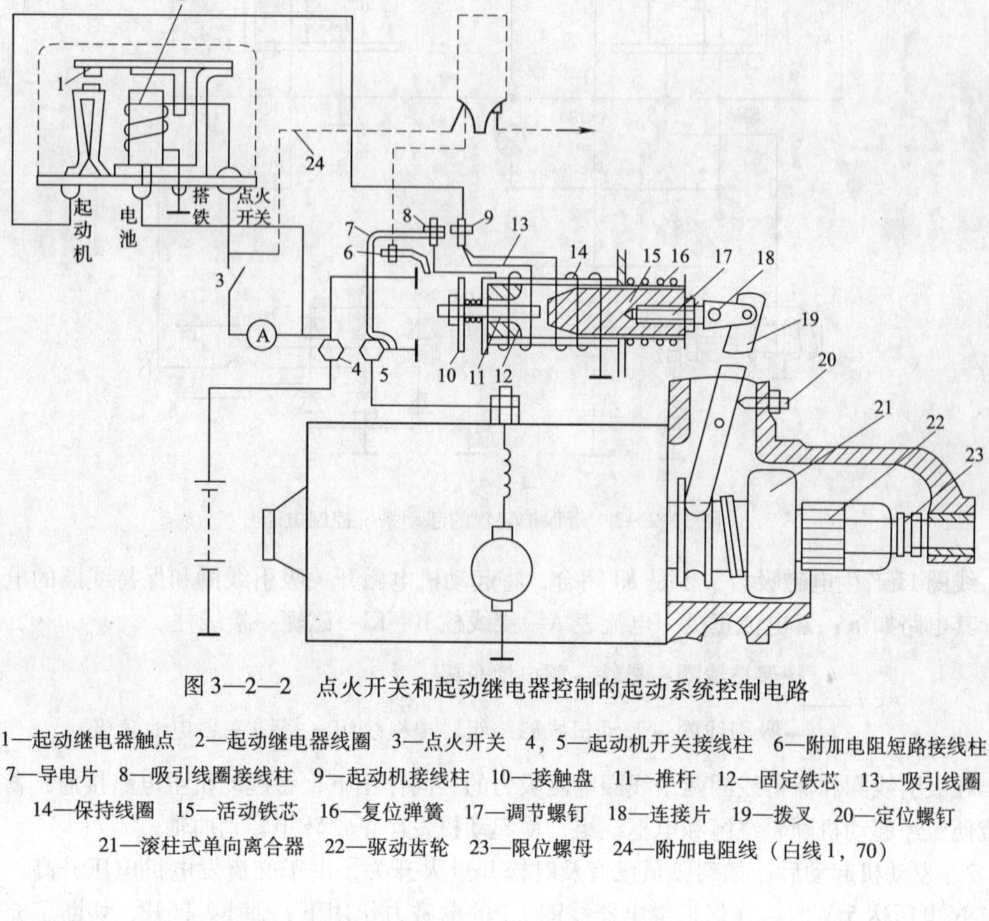

图 3—2—2　点火开关和起动继电器控制的起动系统控制电路

1—起动继电器触点　2—起动继电器线圈　3—点火开关　4，5—起动机开关接线柱　6—附加电阻短路接线柱　7—导电片　8—吸引线圈接线柱　9—起动机接线柱　10—接触盘　11—推杆　12—固定铁芯　13—吸引线圈　14—保持线圈　15—活动铁芯　16—复位弹簧　17—调节螺钉　18—连接片　19—拨叉　20—定位螺钉　21—滚柱式单向离合器　22—驱动齿轮　23—限位螺母　24—附加电阻线（白线 1，70）

三、带保护装置的起动系统控制电路

发动机起动后，若驾驶员未及时释放起动开关，就会造成单向离合器的磨损和蓄电池能量的消耗。如发动机工作时，不慎将起动开关再次接通，就会造成起动机驱动齿轮与飞轮齿环的撞击，从而加速了它们的损坏。为了防止上述错误操作，需要采取一定的保护电路，带保护装置的起动系统控制电路如图 3—2—3 所示。

起动复合继电器的工作原理如下：

1. 起动时，将点火开关旋至起动挡位，则起动继电器的常开触点 Kl 闭合，充电指示灯亮。其电路为：蓄电池正极→电流表A→点火开关SW→接线柱SW→线圈L1→接线柱→K2→磁轭→搭铁→蓄电池负极。

　　　　　　　　　　　　　　└→充电指示灯－L 接线柱↑

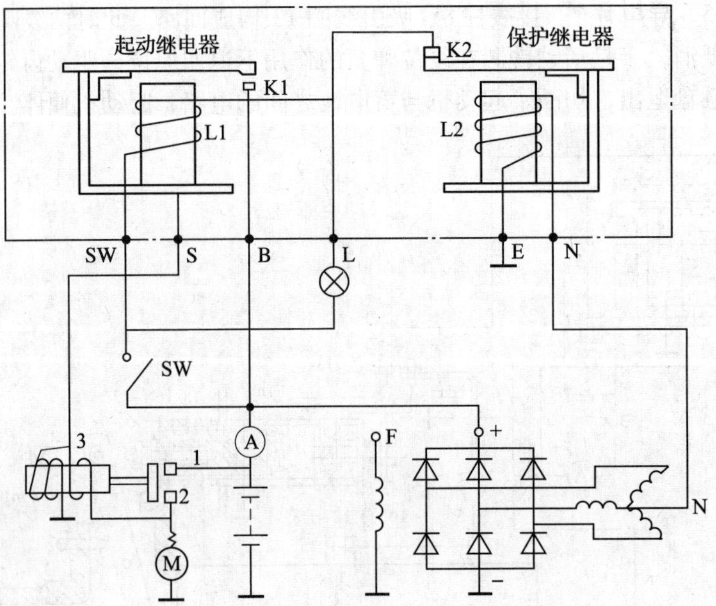

图 3—2—3　带保护装置的起动系统控制电路

线圈 Ll 产生电磁吸力，于是 Kl 闭合，将起动机电磁开关吸引线圈和保持线圈的电路接通。其电路如下：蓄电池正极→电流表 A→接线柱 B→Kl→磁轭→接线柱。

"S"→保持线圈→搭铁→蓄电池负极。

"S"→吸引线圈→起动机励磁绕组、电枢绕组→搭铁→蓄电池负极。

在吸引线圈和保持线圈两个线圈电磁吸力的共同作用下，将起动机主电路接通，蓄电池电流便流经起动机励磁绕组和电枢绕组，使起动机发出正常转矩转动曲轴。

2. 发动机起动后，如驾驶员没有及时松开点火开关，由于交流发电机电压升高，当中性点 N 电压达 5 V 时，在保护继电器线圈 L2 的电磁力作用下，使 K2 打开，切断了充电指示灯的电路，充电指示灯熄灭，同时又将 Ll 的电路切断，于是 Kl 打开，则起动机电磁开关释放，切断了蓄电池与起动机间的电路，起动机自动停止工作。

3. 发动机工作时，在交流发电机中性点 N 电压的作用下，K2 一直处于打开状态，L1 中无电流，则 Kl 始终处于打开状态，起动机电路就不能接通。所以即使驾驶员操作失误，又将点火开关旋至起动挡时，起动机也不会工作，这就避免了起动机驱动齿轮被打坏的危险，从而起到了保护起动机的作用。

任务实施

1. 点火开关线端子检测

根据所提供的实训设备，检测点火开关导通情况，并填入表 3—2—1。

表 3—2—1　　点火开关导通情况

端子 挡位	30	15	P	50	X
OFF 挡					
ACC 挡					
IG 挡					
ST 挡					

2. 根据起动系统线路连接，完成如图 3—2—4 所示实物图的连接，并用实物元件进行验证。

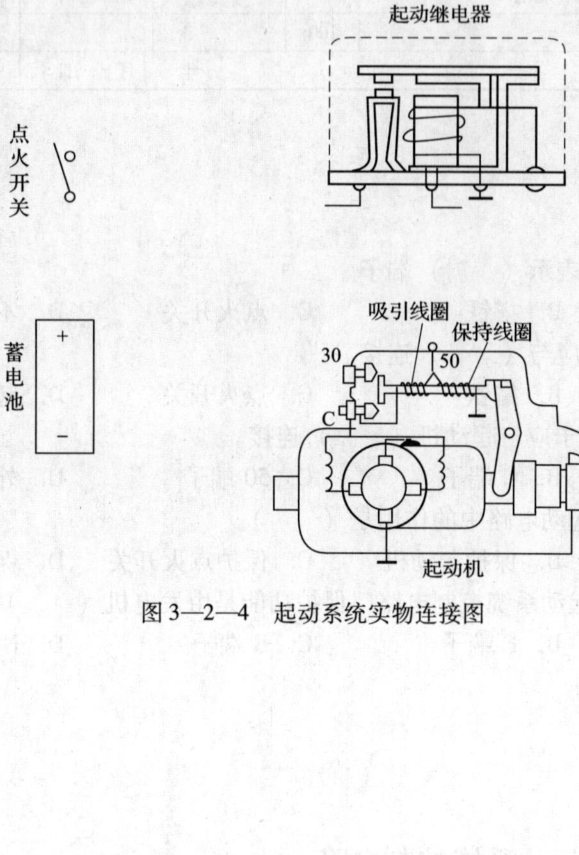

图 3—2—4　起动系统实物连接图

任务总结

一、任务评价

对本学习任务进行评价，评分表见表 3—2—2。

表 3—2—2　　评　分　表

考核项目	评分标准	分数	学生自评	小组互评	教师评价	小计
团队合作	是否和谐	5				
活动参与	是否积极主动	5				
安全生产	有无安全隐患	10				

续表

考核项目	评分标准	分数	学生自评	小组互评	教师评价	小计
现场 5S	是否做到	10				
任务方案	是否正确、合理	10				
操作过程	1. 点火开关检测 2. 起动系统线路连接	35				
任务完成情况	是否圆满完成	5				
工具和设备使用	是否规范、标准	10				
劳动纪律	能否严格遵守	5				
工单填写	是否完整、规范	5				
总分		100				
教师签名：				年 月 日	得分	

二、理论知识检验

1. 起动机 30 端子表示（　　）端子。

A. 电源　　B. 搭铁　　C. 点火开关　　D. 不能确定

2. 起动机 30 端子应与（　　）连接。

A. 蓄电池　　B. 搭铁　　C. 点火开关　　D. 起动继电器

3. 点火开关 ST 端子应与起动机（　　）连接。

A. 30 端子　　B. C 端子　　C. 50 端子　　D. 外壳

4. 起动继电器在起动电路中的作用是（　　）。

A. 保护蓄电池　　B. 保护起动机　　C. 保护点火开关　　D. 保护电路

5. 带保护装置的起动系统控制电路，保护功能是由发电机（　　）电压控制。

A. F 端子　　B. E 端子　　C. B 端子　　D. N 端子

知识拓展

一、日产颐达汽车起动系统控制电路

日产颐达汽车起动系统控制电路如图 3—2—5 所示，其工作原理如下：

蓄电池一直供电：

- 通过 40 A 熔丝（标记字母 H，位于熔丝和熔断线盒）
- 至点火开关端口 1
- 通过 20 A 熔丝（62 号，位于 IPDM E/R）
- 至 IPDM E/R 的中央处理器
- 通过 15 A 熔丝（61 号，位于 IPDM E/R）

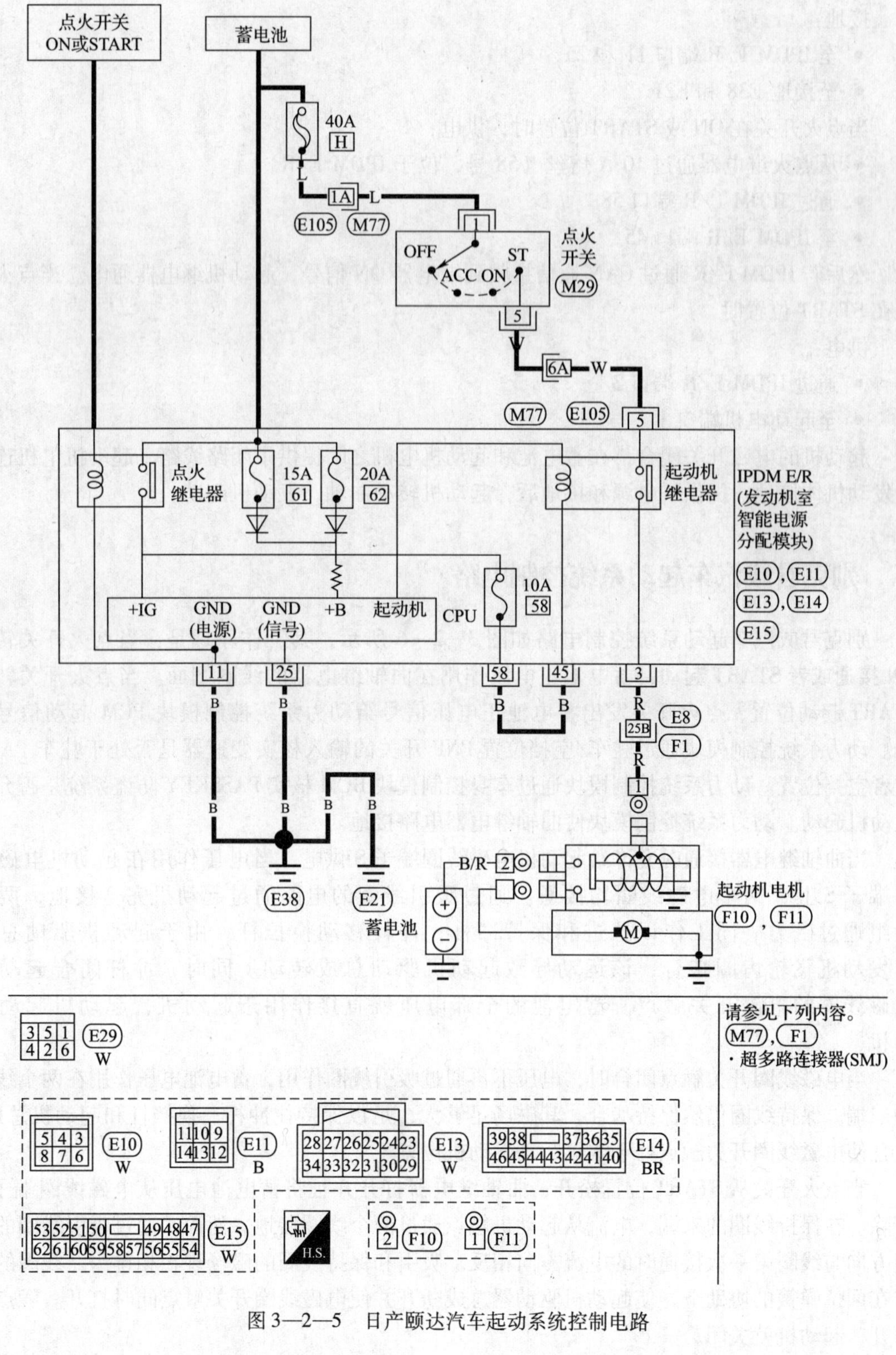

图 3—2—5　日产颐达汽车起动系统控制电路

- 至 IPDM E/R 的中央处理器

接地：

- 至 IPDM E/R 端口 11 和 25
- 至接地 E38 和 E21

当点火开关在 ON 或 START 位置时，供电：

- 从点火继电器通过 10 A 熔丝（58 号，位于 IPDM E/R）
- 通过 IPDM E/R 端口 58
- 至 IPDM E/R 端口 45

然后若 IPDM E/R 通过 CAN 通信接收到继电器 ON 信号，起动机继电器通电。当点火开关在 START 位置时，

供电：

- 通过 IPDM E/R 端口 3
- 至起动电机端口 1

起动机的电磁开关闭合，在蓄电池和起动机电机之间提供了闭路线路。起动机电机连接至发动机体接地。提供了电源和接地后，起动机转动曲轴，发动机起动。

二、别克君威汽车起动系统控制电路

别克君威汽车起动系统控制电路如图 3—2—6 所示，其工作原理是：当点火开关转为 ON 接通或者 START 起动，蓄电池正电压作用在曲轴继电器的线圈侧面。当点火开关转为 START 起动位置，点火开关发出蓄电池正电压信号给动力系统控制模块 PCM 起动信号输入。动力系统控制模块通过驻车/空挡位置 PNP 开关的输入核实变速器是否处于驻车 PARK 或者空挡位置。动力系统控制模块通过车身控制模块 BCM 核实 PASSKEY 防盗系统是否允许发动机起动。动力系统控制模块使曲轴继电器电路接地。

当曲轴继电器接通时允许给起动机电磁线圈端子 S 供电。当电压作用在起动机电磁线圈端子 S 上，两个电磁线圈均接通。通过吸引线圈的电路通过起动机完全接地，两个绕组通过磁力一同工作以拉进和保持冲杆，冲杆移动换挡杆。由于起动机驱动总成与发动机飞轮齿圈啮合，该运动导致起动机驱动总成转动。同时，冲杆闭合起动机电磁线圈的电磁开关触点。蓄电池的全部电压就直接作用于起动机，起动机起动发动机。

当电磁线圈开关触点闭合时，电压不再通过吸引线圈作用，蓄电池电压作用在两个线圈的末端。保持线圈仍然保持啮合，其磁场足够大，足以保持住冲杆、换挡杆和起动机总成，并且使电磁线圈开关触点处于继续起动发动机位置。

当点火开关从 START 位置松开，曲轴继电器打开并且将蓄电池电压从电磁线圈端子 S 清除。在保持线圈的末端，电流从起动机触点通过两个线圈接地。然而，通过吸引线圈的电流方向与线圈第一次接通时的电流方向相反。吸引和保持线圈的磁场现在相排斥。线圈的动作在回位弹簧的协助下，使起动机驱动器总成断开并使电磁线圈开关触点同时打开。触点一打开，起动机就关闭。

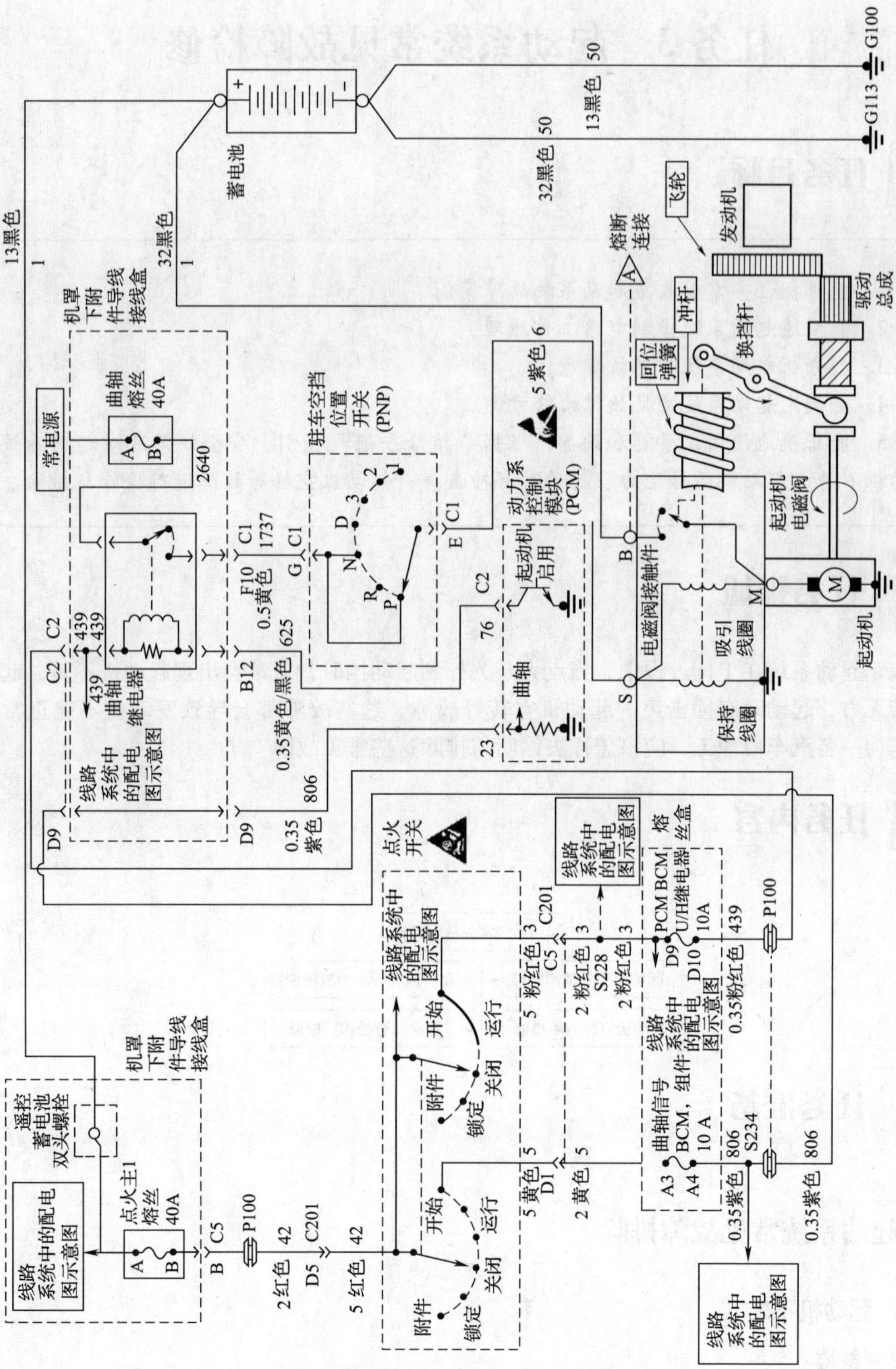

图3—2—6 别克君威汽车起动系统控制电路

任务3　起动系统常见故障检修

任务目标

1. 能根据任务需要收集起动系统故障案例。
2. 能描述起动系统控制电路工作原理。
3. 会分析起动系统常见故障原因。
4. 会制定起动系统常见故障检修方案。
5. 能正确地使用工量具和设备；根据“维修手册”指引，安全规范地对起动系统起动机不转、起动机运转无力、起动时有撞击声、起动机空转等故障进行检修与排除。

任务描述

汽车起动系统在工作过程中，当点火开关拧到起动挡时，通常会出现起动机不转、起动机运转无力、起动时有撞击声、起动机空转等故障，这些故障都会导致发动机不能正常起动。作为一名汽车修理工，应该怎样去诊断与排除这些常见故障？

任务内容

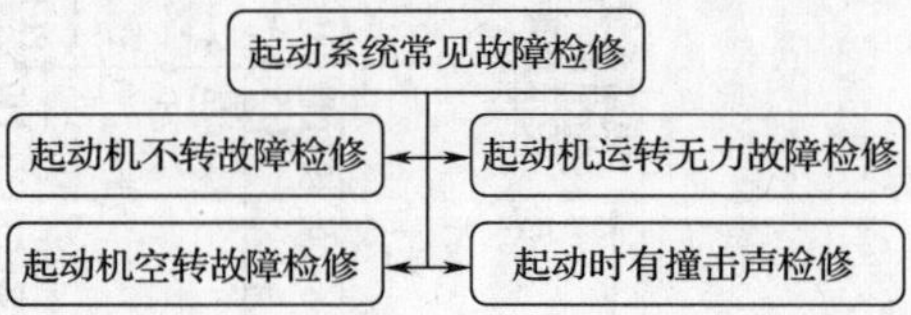

任务准备

一、起动系统常见故障排除

1. 起动机不转

案例链接：

有一台丰田佳美轿车，该车的起动系统控制电路是由点火开关和起动继电器控制方式。

起动时，点火开关拧到起动挡，起动机不工作。

（1）故障原因

1）蓄电池亏电严重，导线接头松动或极桩太脏。

2）起动机电磁开关触点烧蚀或调整不当而未闭合。

3）磁场绕组或电枢绕组有断路、短路或搭铁。

4）绝缘电刷搭铁，或电刷在电刷架内卡死、弹簧折断。

5）电磁开关中的吸引线圈断路、短路。

6）起动继电器的触点不能闭合，或触点烧蚀、油污；保护继电器的触点烧蚀、油污。

（2）故障排除思路

故障排除思路如图 3—3—1 所示。

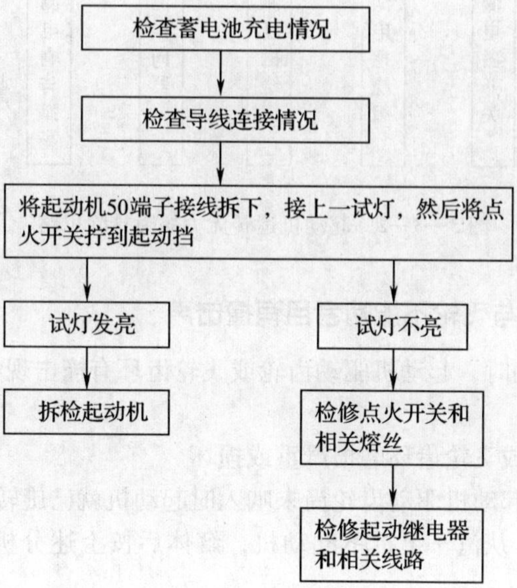

图 3—3—1　起动机不转故障排除思路

2. 起动机运转无力

案例链接：

有一台丰田佳美轿车，该车的起动系统控制电路采用的是点火开关和起动继电器控制方式。起动时，点火开关拧到起动挡，起动机可以运转但转速较慢，造成发动机不能正常起动。

（1）故障原因

1）蓄电池亏电，导线接头松动或极桩太脏。

2）换向器过脏。

3）电刷磨损过度或电刷弹簧压力不足使电刷接触不良。

4）励磁绕组或电枢绕组有局部短路。

5）起动机开关触点烧蚀。

6）发动机装配过紧或温度过低，使转动阻力过大。

（2）故障排除思路

故障排除思路如图 3—3—2 所示。

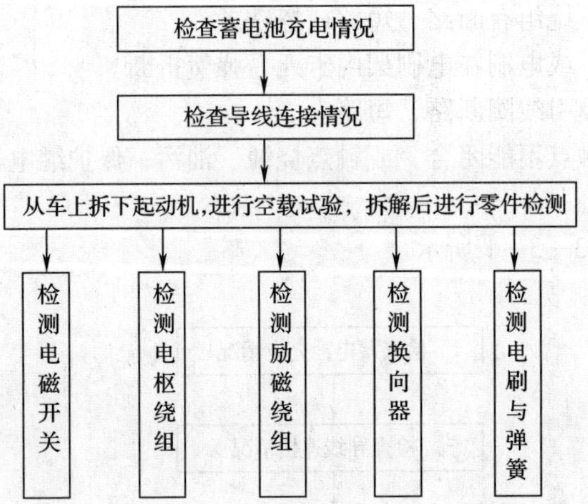

图 3—3—2　起动机运转无力故障排除思路

3. 起动机驱动齿轮与飞轮不能啮合且有撞击声

（1）故障现象。起动时，起动机驱动齿轮或飞轮齿环有撞击现象。

（2）故障原因

1）起动机驱动齿轮或飞轮齿环磨损严重或损坏。

2）开关闭合过早，起动机驱动齿轮尚未啮入时起动机就已旋转。

（3）故障排除思路。从汽车上拆下起动机，解体后按上述分析可能出现的故障原因进行检测。

4. 起动机空转

（1）故障现象。起动时，起动机电枢轴转动，但发动机曲轴不转。

（2）故障原因。单向离合器打滑。

（3）故障排除思路。更换单向离合器。

任务实施

起动机不转故障检修

1. 起动系统控制电路认识

结合实训所提供的实训车辆，在车上找出起动系统控制电路相关电气元件，并填入

表3—3—1。

表3—3—1 起动系统元件位置记录表

序号	元件名称	就车安装位置
1	起动继电器	
2	起动机	
3	起动熔丝	
4	点火开关	

2．故障排除

检查表3—3—2所列项目并将诊断结果填入表3—3—2。

表3—3—2 起动系统电路检测记录表

序号	检查项目	检查方法	诊断结果
1	蓄电池		
2	点火开关		
3	起动继电器		
4	控制线路		
5	起动机		

3．通过检测后，画出实训所提供车辆的起动系统控制电路图。

✓ 任务总结

一、任务评价

对本学习任务进行评价，评分表见表3—3—3。

表3—3—3 评 分 表

考核项目	评分标准	分数	学生自评	小组互评	教师评价	小计
团队合作	是否和谐	5				
活动参与	是否积极主动	5				
安全生产	有无安全隐患	10				

续表

考核项目	评分标准	分数	学生自评	小组互评	教师评价	小计
现场5S	是否做到	10				
任务方案	是否正确、合理	25				
操作过程	1. 起动系统就车认识 2. 起动机不转故障排除	20				
任务完成情况	是否圆满完成	5				
工具和设备使用	是否规范、标准	10				
劳动纪律	能否严格遵守	5				
工单填写	是否完整、规范	5				
总分		100				
教师签名：				年　月　日	得分	

二、理论知识检验

1. 起动机不转的主要原因是（　　）。

A. 蓄电池没电　　B. 蓄电池亏电　　C. 蓄电池过充电　　D. 蓄电池充足电

2. 起动机运转无力的主要原因是（　　）。

A. 蓄电池没电　　B. 蓄电池亏电　　C. 蓄电池过充电　　D. 蓄电池充足电

3. 起动机空转的原因之一是（　　）。

A. 蓄电池没电　　B. 单向离合器打滑

C. 换向器脏污　　D. 电磁开关损坏

4. 起动机电磁开关接触盘烧蚀会导致起动时起动机（　　）。

A. 不转　　B. 运转无力　　C. 常转　　D. 有异响

5. 起动机电磁开关接触盘烧结会导致起动时起动机（　　）。

A. 不转　　B. 运转无力　　C. 常转　　D. 有异响

知识拓展

案例1　丰田卡罗拉轿车起动机有时运转困难

故障现象：该轿车起动时，有时正常但有时起动时起动机发出“嗒”“嗒”“嗒”的响声，转速也较慢，无法使发动机曲轴正常运转。

故障排除思路：由于该轿车起动时而正常时而不正常，并且不正常时起动机转速慢，应重点对控制线路、起动机进行检查。

故障排除：首先检查供电电路，用容量计（放电叉）对蓄电池的存电量进行检查，存电量基本正常。对供电线路进行直观检查未发现异常现象。其次检查起动机，从车上拆下起动机进行解体检查，清理换向器及电刷，转子也没有其他异常。接下来重点检测电磁开关的保持线圈和吸引线圈，未发现有接触不良的现象。于是用电烙铁焊下电磁开关盖，观察静、动触点电腐蚀不是很严重，清理后重新将起动机装好。作空载试验，起动机运转正常，装车后一拧点火开关车辆就可以起动，热车 30 min 后熄火再次起动也正常，至此认为故障已排除。但用户用了不到一个星期，上述故障又重新出现。多次对该车进行试验，在试验时偶尔听到了“嗒”“嗒”“嗒”的响声。于是又对蓄电池及其线路进行检测，当对蓄电池进行测量时发现其电压正常，却听到蓄电池里传出“吱”“吱”的声音，问题可能就在此处。将蓄电池从车上拆下来，所有盖都拧开，将容量计再次接到蓄电池正、负极上，结果观察到靠近正极那一格，电解液有大量气泡冒出，从此可以判断蓄电池有虚焊现象。更换新蓄电池后，故障完全排除。

案例 2 丰田卡罗拉轿车起动机时起动机有异响

故障现象：该轿车每次在发动机起动后瞬间，起动机出会有异响传出。

故障排除思路：在试车时发现异响均发生在发动机已起动且松开点火开关瞬间，响声仅有几秒钟。初步判断是控制系统有故障，原因有以下三种可能。

（1）当点火开关松开后，起动挡控制线路没有断开，导致起动机仍然高速空转，从而发出了异常响声。

（2）当点火开关松开后，电磁开关主电路未能立刻断开，导致起动机仍然高速空转，从而发出了异常响声。这种情况大多与电磁开关回位弹簧弹力变小或主接触盘与两触点有轻微烧结有关。

（3）单向离合器总成在电枢轴上回位困难，当点火开关松开后，飞轮齿圈拖动驱动小齿轮并使其以极高速的转速空转而出现异响声音。

故障排除：检查点火开关，用万用表直流电压挡测量起动机 50 端子电压正常，松开点火开关后无电压，说明点火开关正常。检查电磁开关，仔细检查主接触盘两触点无烧结现象，检查回位弹簧弹力也没问题。检查起动机，就车拆下进行解体，结果发现电枢轴前后轴承松动，电枢绕组与励磁绕组磨损严重，已无法修复，更换起动机后故障完全排除。

项目四　照明系统检修

任务1　照明系统线路连接

任务目标

1. 能根据任务需要收集照明系统相关电路图。
2. 能阅读照明系统电路图。
3. 能描述照明系统控制电路工作原理。
4. 能正确检测照明灯光开关。
5. 能正确地使用工量具和设备；根据“维修手册”指引，安全规范地对照明系统线路进行连接。

任务描述

照明系统电路是汽车电气比较复杂的系统之一，通过对照明系统线路连接，可以熟悉照明系统的基本电路，有助于理解照明系统的工作原理，对诊断照明系统电路的故障非常有好处。

任务内容

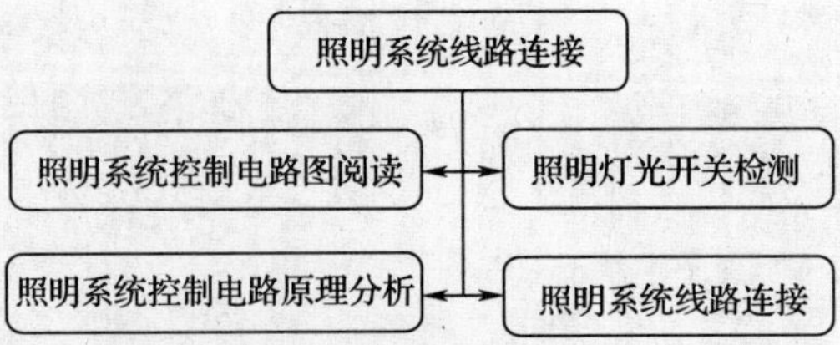

任务准备

一、照明系统常用灯具的功能

1. 前照灯（俗称大灯）。其装在汽车头部的两侧，用来照亮车前的道路。有2灯制和4灯制之分。

2. 雾灯。其在有雾、下雪、暴雨或尘埃等情况下，用来改善道路的照明情况。雾灯射出的光线倾斜度大，光色为黄色或橙色（黄色光波长较长，透雾性能好）。

3. 示宽灯（俗称前小灯）。它装在汽车前部两侧的边缘，在汽车夜间行驶时，标示汽车的宽度。

4. 转向信号灯。汽车转弯时，发出明暗交替的闪光信号，以表明汽车向左或向右转行驶，它有前、后、侧转向信号灯之分，一般为橙色。

5. 尾灯。其装在汽车尾部，夜间行驶时用来警示后面的车辆，以便保持安全距离。

6. 制动灯（俗称刹车灯）。其装在汽车的尾部，每当踏下制动踏板时，便发出较强的红光，以示制动。

7. 倒车灯。当汽车挂入倒挡时，倒车灯用来照亮车后路面，并警告车后的车辆和行人，表示该车正在倒车。

8. 牌照灯。其装在汽车尾部牌照的上方或两侧，用来照亮汽车牌照。

9. 仪表灯。其装在仪表板上，用来照明仪表。

10. 顶灯。其装在车厢或驾驶室内顶部，作为内部照明之用。

二、组合开关

组合开关如图4—1—1所示，是用来控制照明与灯光信号装置以及一些其他附件的多功能组合式开关。它通常为手柄式，安装在转向盘下的转向柱上，以便于驾驶员操作。

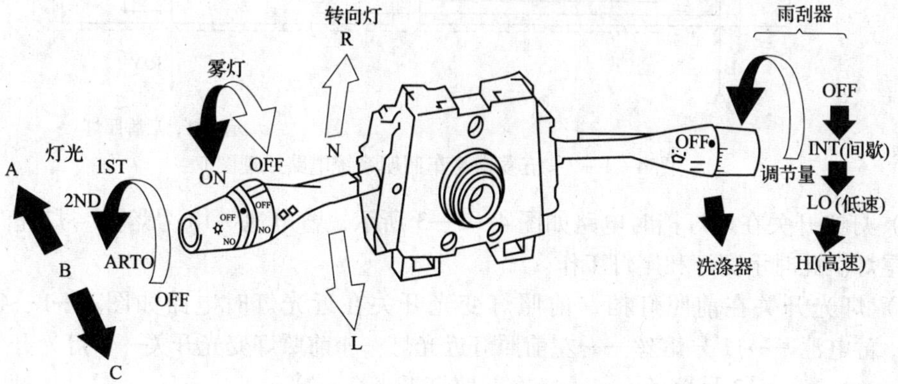

图4—1—1　组合开关

当灯光开关打到一挡（1ST）位置：除前照灯外，其他灯光全开，包括：仪表灯、前小灯、后尾灯、牌照灯等。

当灯光开关打到二挡（2ND）位置：前照灯打开，其他灯也开。在此挡时，向下推手柄即可进行远近光变换，即 A 位为远光，B 位为近光，如果上下推拉手柄，即可发出超车信号。在灯光开关未打开时，直接将手柄提到 C 位置，前照灯远光工作。

组合开关的接线端子与工作导通情况，不同车型会有区别。具体接线端子数量和工作导通情况，在控制电路图上可以清楚地反映出来。

三、照明系统电路控制原理

1. 由灯光开关直接控制照明系统电路

如图 4—1—2 所示为五菱微型车照明系统控制电路，该电路主要由电源、熔断装置、灯光开关、前照灯、示宽灯、尾灯等组成。当灯光开关打到对应的挡位上，灯光开关便将相关的灯具电路接通。具体工作原理如下：

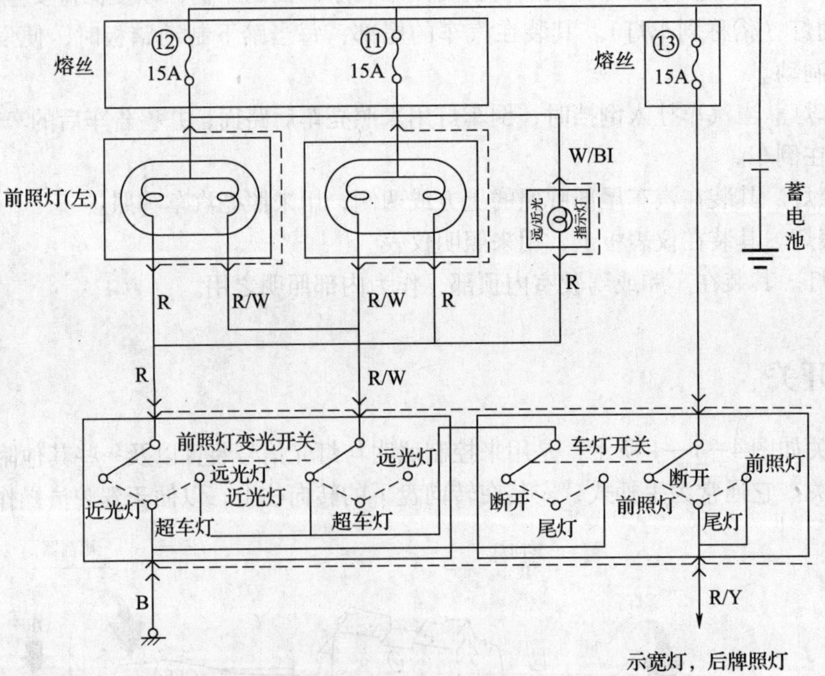

图 4—1—2　五菱微型车照明系统电路原理图

（1）灯光开关在尾灯挡时电路如图 4—1—3 所示，蓄电池→13 号熔丝→灯光开关→示宽灯、尾灯。此时示宽灯和尾灯工作。

（2）灯光开关在前照灯挡，前照灯变光开关在近光灯时电路如图 4—1—4 所示，

蓄电池──→11 号熔丝──→左前照灯近光灯──→前照灯变光开关──→灯光开

└──→ 12 号熔丝────→右前照灯近光灯──┘

关──→搭铁，此时前照灯近光灯工作。

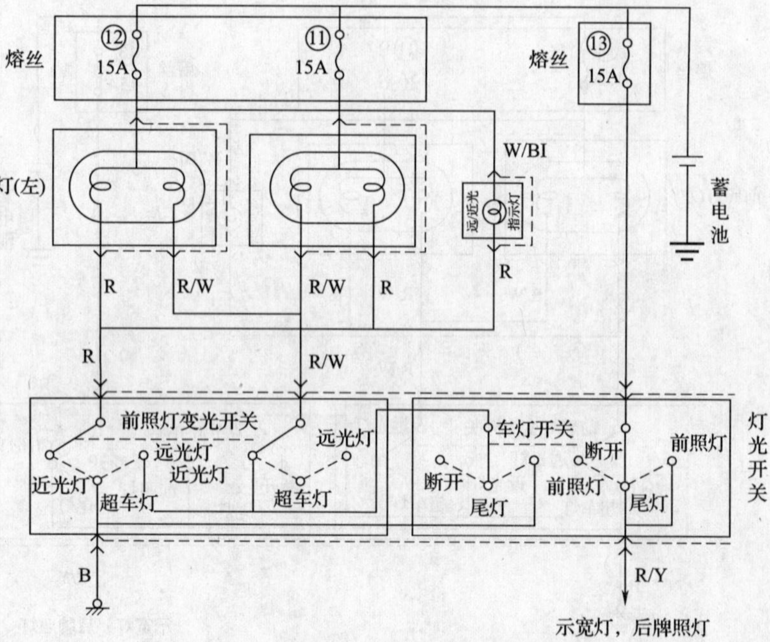

图 4—1—3 灯光开关在尾灯挡电路原理

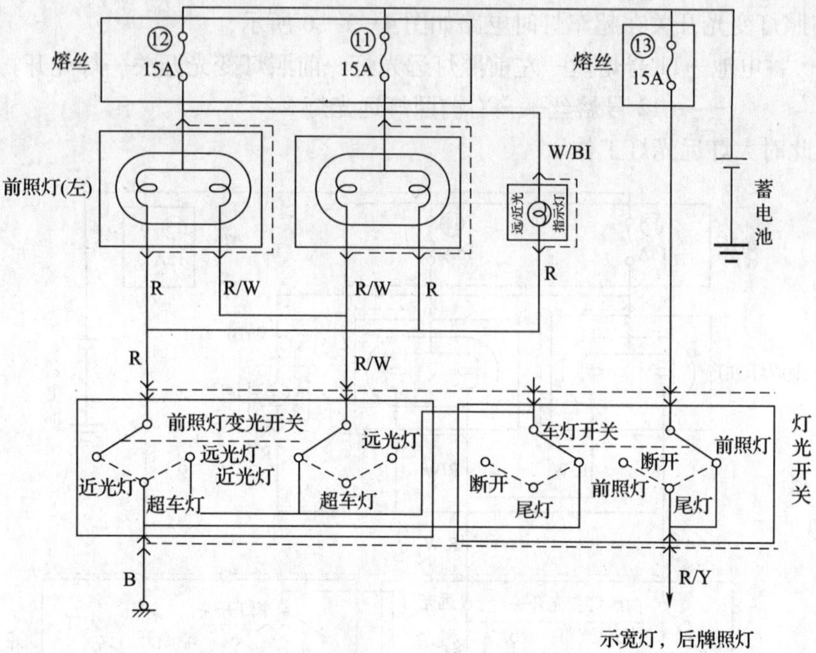

图 4—1—4 灯光开关在前照灯挡，前照灯变光开关在近光灯时电路原理

（3）灯光开关在前照灯挡，前照灯变光开关在远光灯时电路。

如图 4—1—5 所示，蓄电池⟶11 号熔丝⟶左前照灯远光灯⟶前照变光开关→灯光开
└⟶12 号熔丝———→右前照灯远光灯——↑
关→搭铁，此时前照灯远光灯工作。

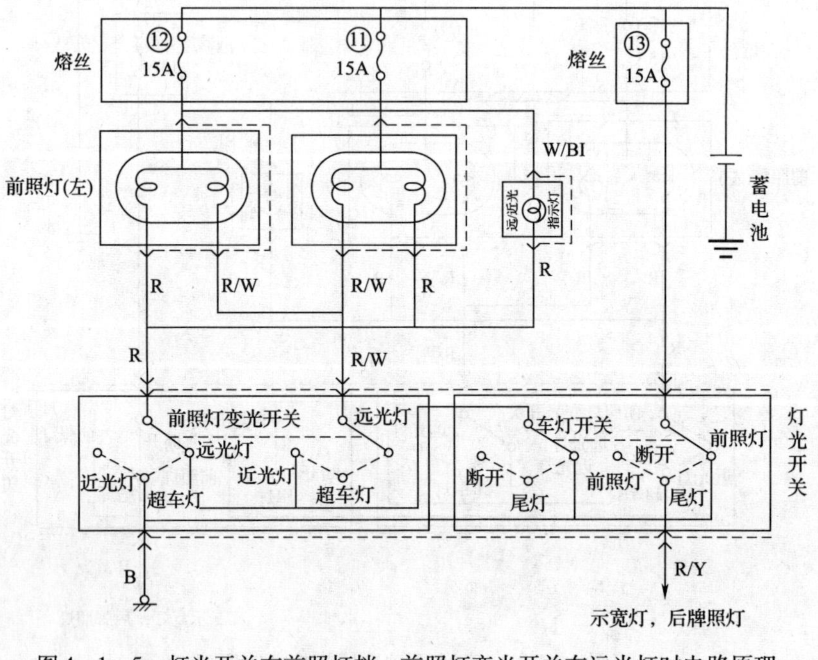

图 4—1—5　灯光开关在前照灯挡，前照灯变光开关在远光灯时电路原理

（4）前照灯变光开关在超车灯时电路如图 4—1—6 所示，

蓄电池→11 号熔丝→左前照灯远光灯→前照灯变光开关→灯光开
└→ 12 号熔丝——→右前照灯远光灯——↑

关→搭铁，此时大灯远光灯工作。

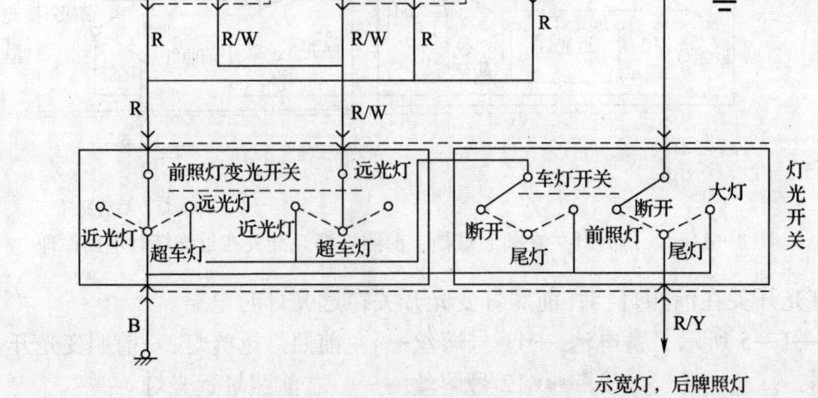

图 4—1—6　前照灯变光开关在超车灯时电路原理

2. 由灯光开关和继电器控制照明系统电路

如图4—1—7所示为金杯面包车照明系统控制电路。其工作原理如下：

（1）当灯控开关置于TAIL位（一挡）时，尾灯控制继电器工作，接通车尾灯电源。此时电流经蓄电池正极→尾灯控制继电器2→尾灯控制继电器3→（TAIL）熔丝→尾灯→蓄电池负极形成回路，尾灯工作。

（2）当灯控开关置于HEAD位（二挡）时，前照灯控制继电器工作，接通前照灯电源。

1）当调光器开关置于LOW位（近光）时，电流经蓄电池正极→前照灯控制继电器4→前照灯控制继电器3→（HEAD）熔丝→前照灯近光灯丝→调光器开关HL→调光器开关ED→蓄电池负极形成回路，前照灯近光灯丝工作。

2）当调光器开关置于HIGH位（远光）时，电流经蓄电池正极→前照灯控制继电器4→前照灯控制继电器3→（HEAD）熔丝→前照灯远光灯丝→调光器开关HU→调光器开关ED→蓄电池负极形成回路，前照灯远光灯丝工作。另一路电流经蓄电池正极→前照灯控制继电器4→前照灯控制继电器3→（HEAD）熔丝→前照灯近光灯丝→远光指示灯→蓄电池负极形成回路，远光指示灯也工作。

（3）调光器开关FLASH（闪光或超车）位是一个点动开关。其工作频率取决于驾驶员的操作频率。此位置通常是在超车时使用，给前方行车驾驶员提供超车信号。

当调光器开关拨至FLASH位时，前照灯控制继电器工作，接通前照灯电源，此时电流经蓄电池正极→前照灯控制继电器4→前照灯控制继电器3→（HEAD）熔丝→前照灯远光灯丝→调光器开关HU→调光器开关ED→蓄电池负极形成回路，前照灯远光灯丝工作。

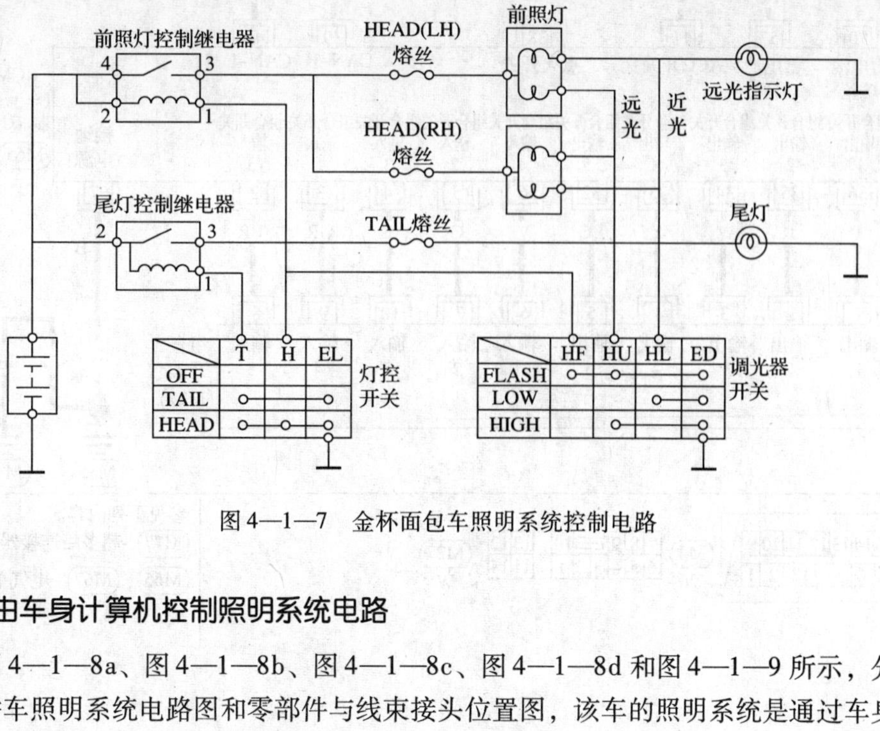

图4—1—7　金杯面包车照明系统控制电路

3. 由车身计算机控制照明系统电路

如图4—1—8a、图4—1—8b、图4—1—8c、图4—1—8d和图4—1—9所示，分别是日产颐达轿车照明系统电路图和零部件与线束接头位置图，该车的照明系统是通过车身计算机

(BCM)来控制。对前照灯系统工作的控制，取决于组合开关（灯光开关）的位置。当灯光开关处在第二位置时，BCM（车身控制模块）接收到要求前照灯（以及尾灯）点亮的输入信号。这个输入信号通过CAN通信线路传送至IPDM E/R（智能配电模块，发动机室）。位于IPDM E/R的CPU（中央处理器）可以控制前照灯的远光和近光继电器线圈。继电器通电之后，直接给各自对应的前照灯供电，使其点亮。

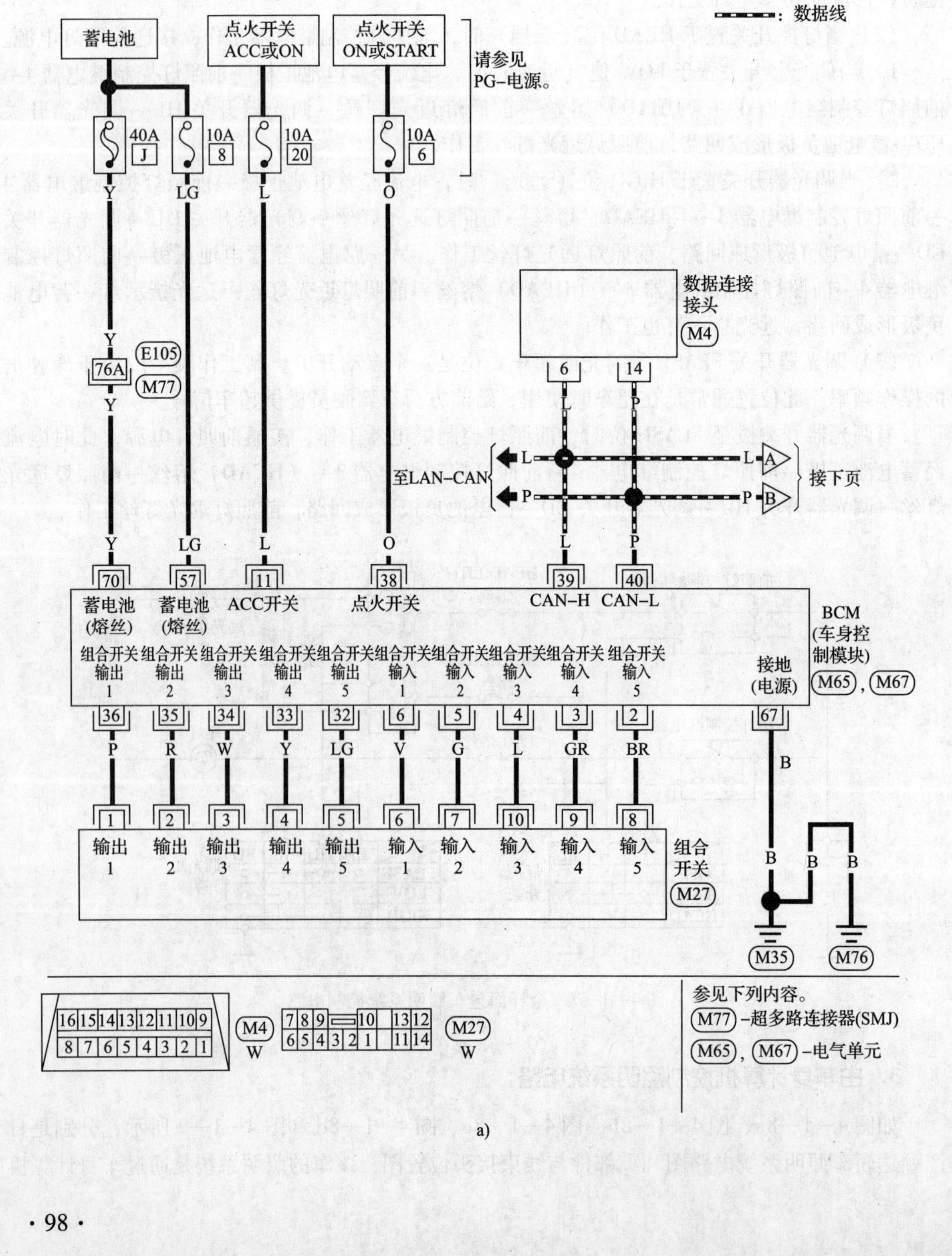

a)

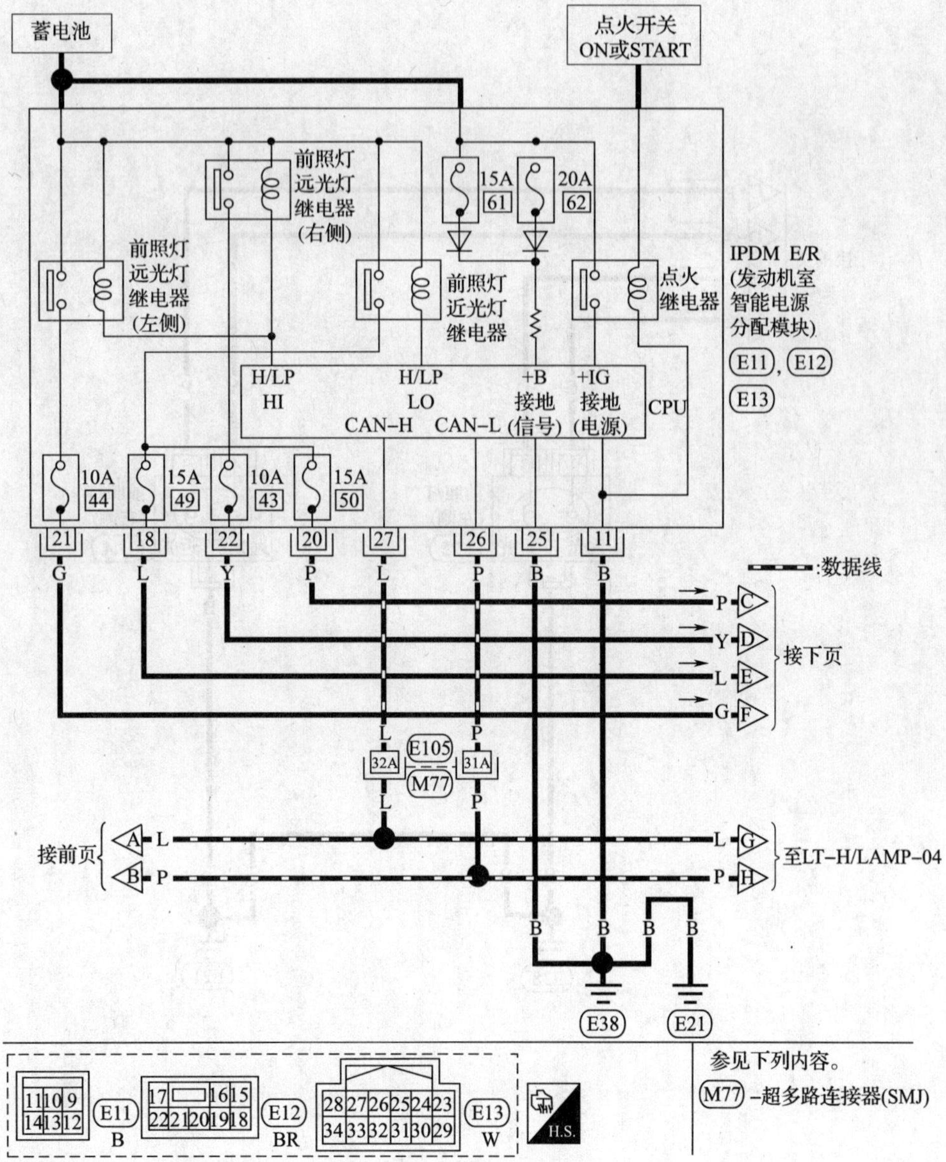

蓄电池
点火开关
ON或START
前照灯
远光灯
继电器
(右侧)
前照灯
远光灯
继电器
(左侧)
前照灯
近光灯
继电器
点火
继电器
15A
61
20A
62
IPDM E/R
(发动机室
智能电源
分配模块)
E11, E12
E13
H/LP
HI
H/LP
LO
CAN-H
CAN-L
+B
接地
(信号)
+IG
接地
(电源)
CPU
10A
44
15A
49
10A
43
15A
50
21
18
22
20
27
26
25
11
:数据线
接下页
接前页
至LT-H/LAMP-04
E105
M77
32A
31A
E38
E21
E11
B
E12
BR
E13
W
H.S.
参见下列内容。
M77 -超多路连接器(SMJ)

b)

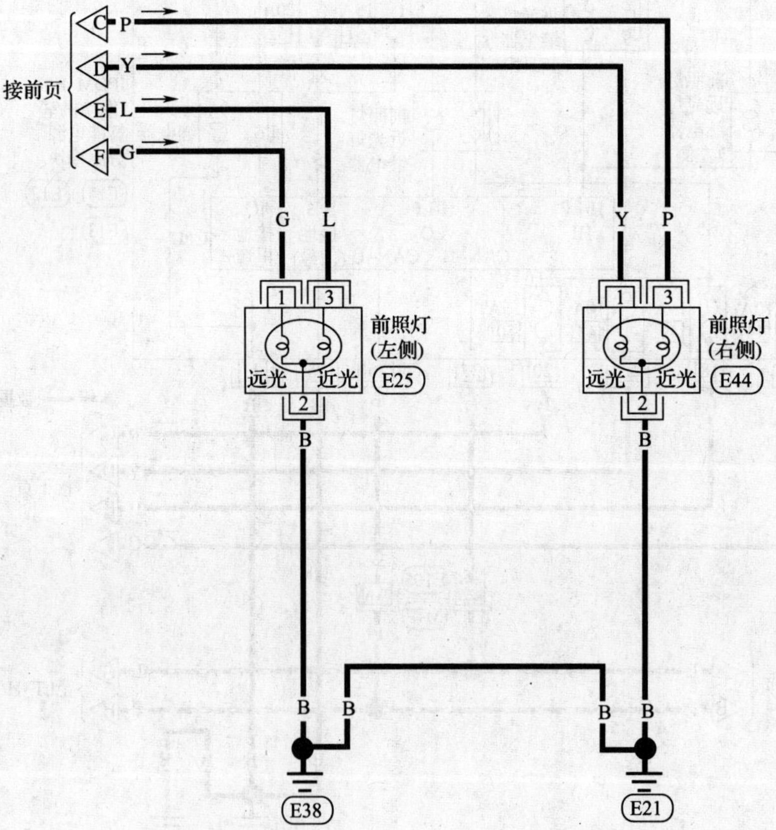

c)

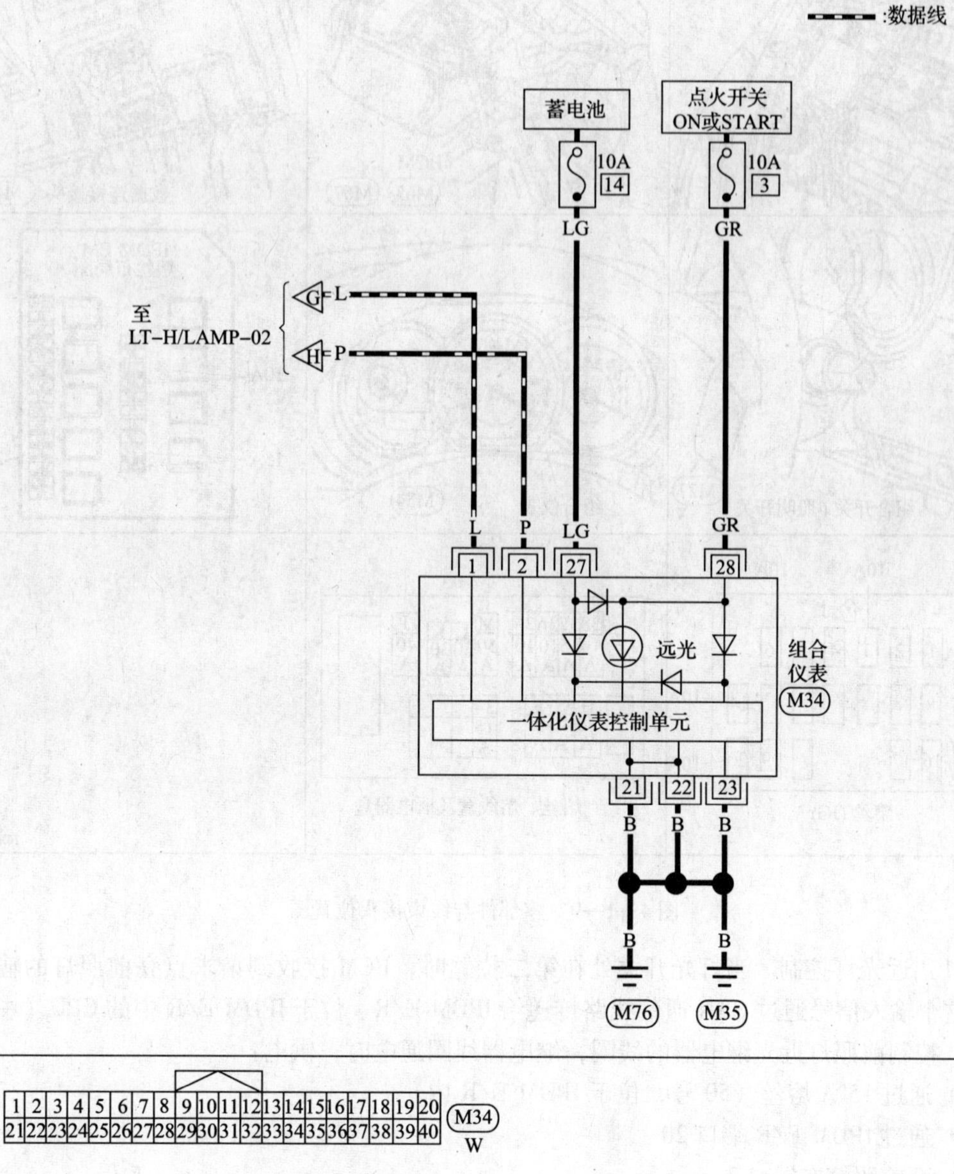

d)

图 4—1—8　日产颐达照明系统电路原理图

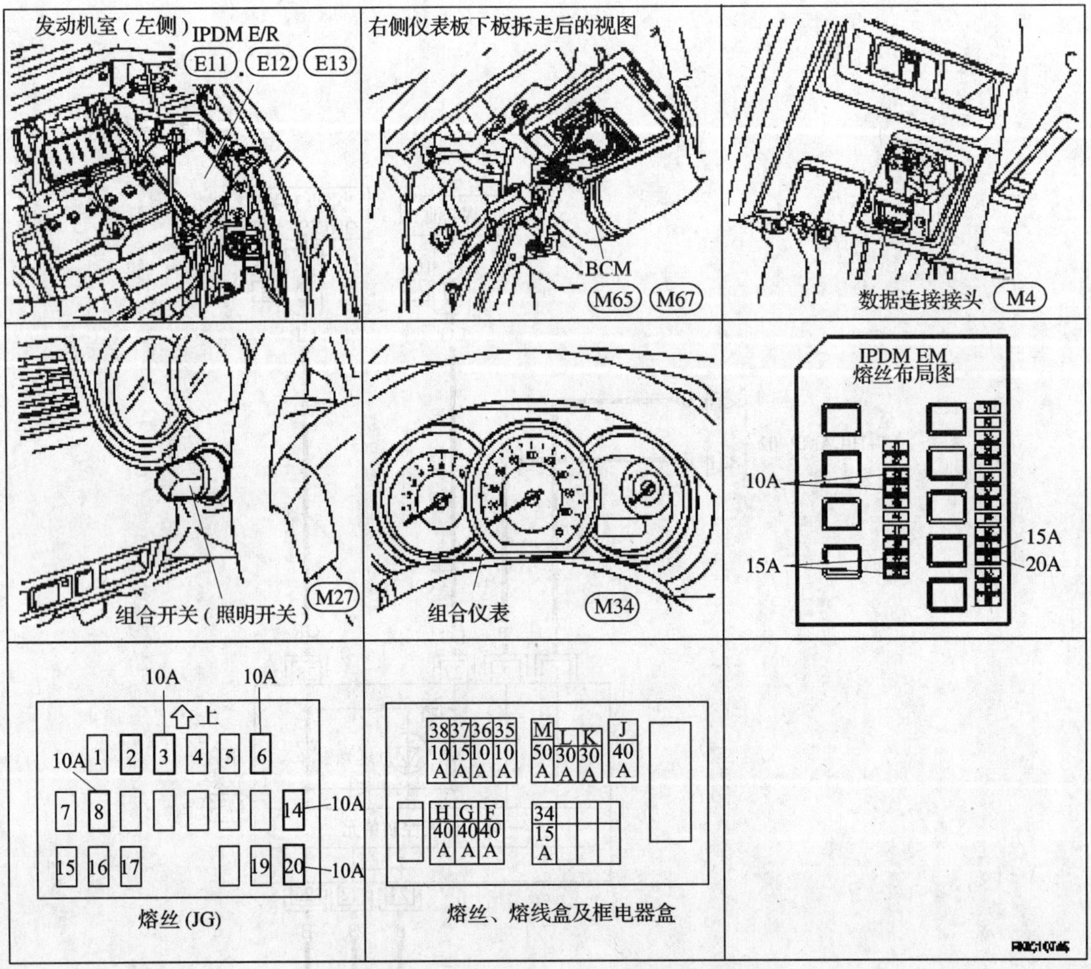

图 4—1—9　零部件与线束接头位置图

（1）近光灯控制。当灯光开关处在第二位置时，BCM 接收到请求点亮前照灯的输入信号。这个输入信号通过 CAN 通信线路传递给 IPDM E/R。位于 IPDM E/R 中的 CPU（中央处理器）控制前照灯近光继电器的线圈，继电器线圈通电时，供电：

- 通过 15 A 熔丝（50 号，位于 IPDM E/R 内）
- 通过 IPDM E/R 端口 20
- 至前照灯右端口 3
- 通过 15 A 熔丝（49 号，位于 IPDM E/R 内）
- 通过 IPDM E/R 端口 18
- 至前照灯左端口 3

接地：

- 至前照灯左右端口 2
- 通过接地 E21 与 E38

电源线和接地都接通时，前照灯近光灯点亮。

（2）远光灯的工作/超车灯的控制。当灯光开关在第二位置，并且处于 HIGH 或者 PASS 位置时，BCM 接收到请求点亮前照灯远光灯的输入信号。这个输入信号通过 CAN 通信线路传递给 IPDM E/R。位于 IPDM E/R 中的 CPU 控制前照灯远光继电器的线圈，继电器线圈通电时，供电：

- 通过 10 A 熔丝（43 号，位于 IPDM E/R 内）
- 通过 IPDM E/R 端口 22
- 至前照灯右端口 1
- 通过 10 A 熔丝（44 号，位于 IPDM E/R 内）
- 通过 IPDM E/R 端口 21
- 至前照灯左端口 1

接地：

- 至前照灯左右端口 2
- 通过接地 E21 与 E38

电源线和接地都接通时，前照灯远光灯点亮。

组合仪表通过 CAN 通信线路收到 BCM 发出的远光灯请求信号，点亮组合仪表上的远光指示灯。

（3）BCM 通过表 4—1—1 所示的组合来读取组合开关的操作状态。

表 4—1—1　　组合开关的操作状态

	组合开关输出 1 ➜		组合开关输出 2 ➜		组合开关输出 3 ➜		组合开关输出 4 ➜		组合开关输出 5	
	ON	OFF	ON	OFF	ON	OFF	ON	OFF	ON	OFF
组合开关输入 1	—	—	FR 雨刮器 HI ON	FR 雨刮器 HI OFF	INT 间歇量 1 ON	INT 间歇量 1 OFF	—	—	INT 间歇量 2 ON	INT 间歇量 2 OFF
组合开关输入 2	FR 洗涤器 ON	FR 洗涤器 OFF	—	—	—	—	INT 间歇量 3 ON	INT 间歇量 3 OFF	—	—
组合开关输入 3	FR 雨刮器 LOW ON	FR 雨刮器 LOW OFF	FR 雨刮器 INT ON	FR 雨刮器 INT OFF	—	—	自动灯 ON	自动灯 OFF	RR 雾灯 ON	RR 雾灯 OFF
组合开关输入 4	左转向灯 ON	左转向灯 OFF	近光灯 ON	近光灯 OFF	前照灯 2 ON	前照灯 2 OFF	—	—	FR 雾灯 ON	FR 雾灯 OFF
组合开关输入 5	右转向灯 ON	右转向灯 OFF	前照灯 1 ON	前照灯 1 OFF	远光灯 ON	远光灯 OFF	照明开关（第一）ON	照明开关（第一）OFF	—	—

（4）BCM 与组合开关的组合如图 4—1—10 所示。每个输出端晶体管间隔 10 ms 就会被激活。因此在开关开启之后，电气负载的激活存在时间延迟。但这个时间延迟是非常短的，人是无法察觉的。

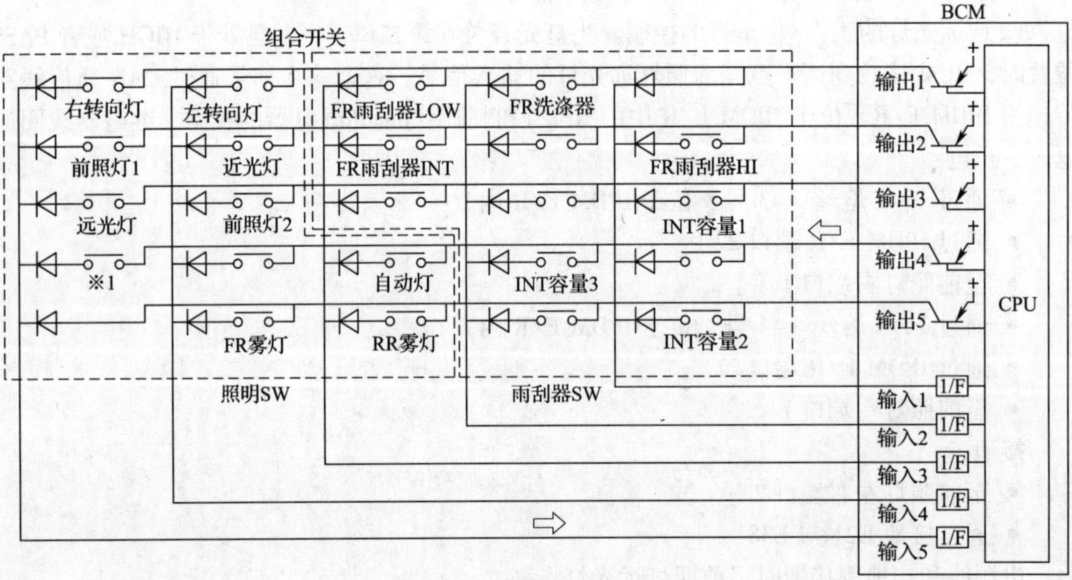

图 4—1—10　BCM 与组合开关的组合

注：＊1 照明开关一挡位置。

四、雾灯控制电路

1. 前雾灯控制电路

前雾灯控制电路如图 4—1—11 所示，其工作原理如下：

当灯光开关置于第一挡或第二挡时，此时将前雾灯控制开关接通，前雾灯继电器工作将前雾灯电源接通，前雾灯点亮。

TAIL 熔丝→前雾灯继电器 1→前雾灯继电器 3→前雾灯开关→搭铁。前雾灯继电器触点闭合接通前雾灯电源。蓄电池→FOG 熔丝→前雾灯继电器 2→前雾灯继电器 4→前雾灯→搭铁。前雾灯点亮。

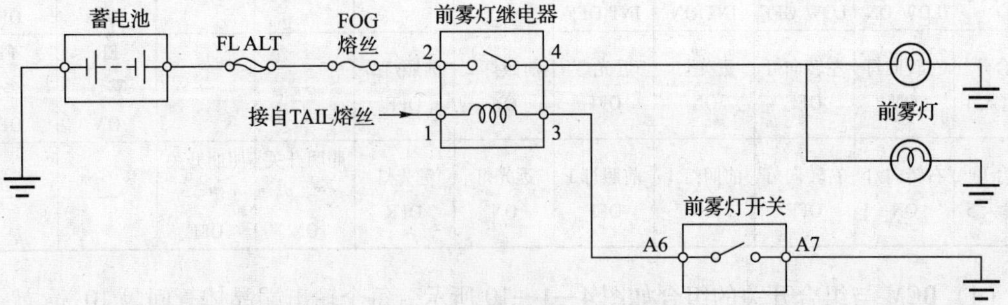

图 4—1—11　前雾灯控制电路

2. 前后雾灯控制电路

别克凯越轿车前后雾灯控制电路如图 4—1—12 所示。要想使用前雾灯，必须先开启前照灯，然后再接通前雾灯开关，前雾灯继电器接通，向前雾灯提供电源，前雾灯点亮。

要想使用后雾灯，必须先开启前雾灯或前照灯，然后再接通后雾灯开关，后雾灯继电器接通，向后雾灯提供电源，后雾灯点亮。

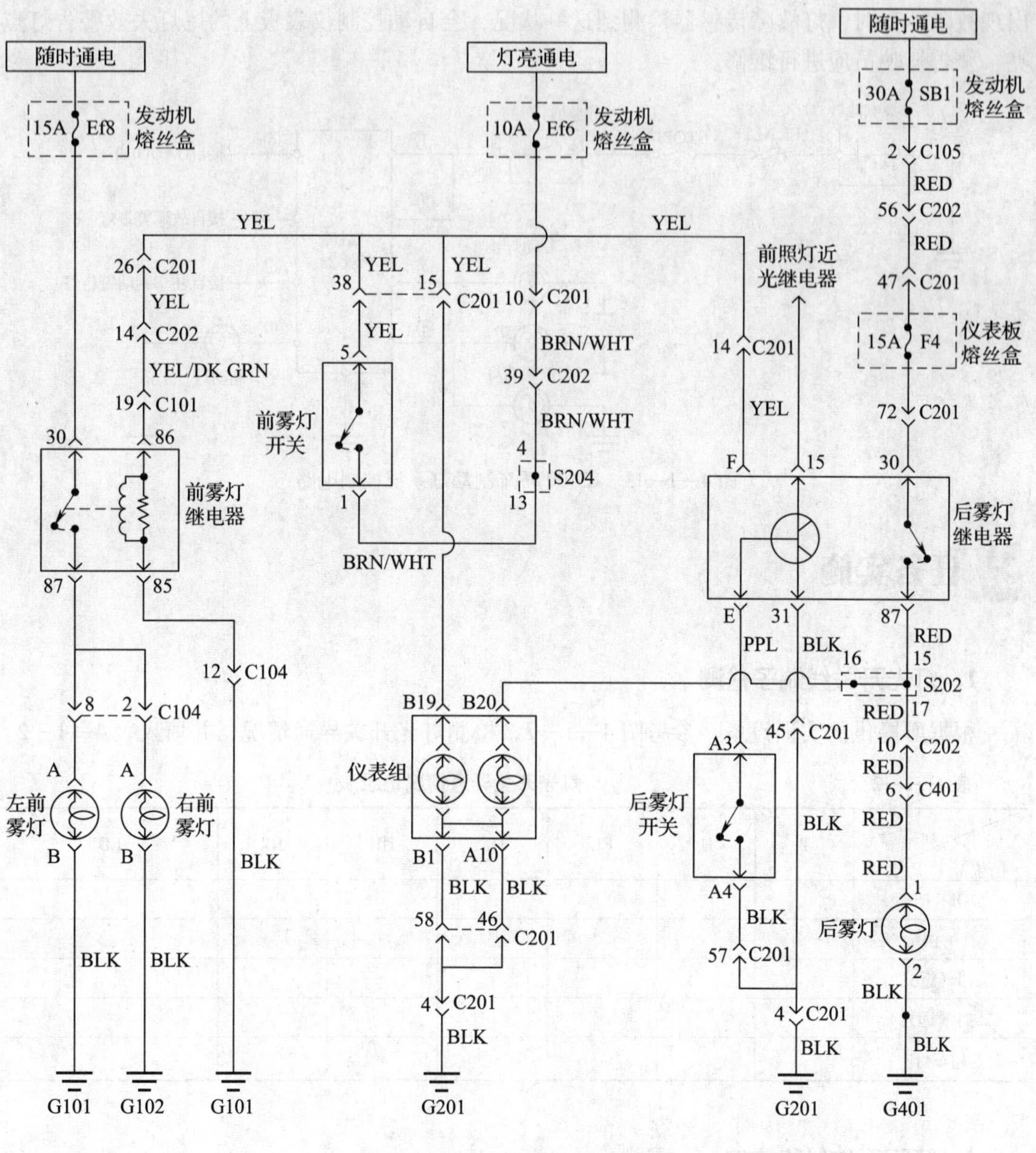

图 4—1—12 前后雾灯控制电路

五、制动灯控制电路

如图4—1—13所示为LS400轿车制动灯系统控制电路，LS400轿车制动灯系统控制电路的工作原理是：当汽车在行驶中遇到紧急情况需刹车时，驾驶员踩下制动踏板，制动灯开关同时闭合，接通了制动灯系统电源。电流经蓄电池正极→STOP熔丝→制动灯开关→灯故障传感器→制动灯→搭铁形成回路，制动灯工作。制动灯在工作过程中，若其中一个制动灯出现故障不亮时，灯故障传感器检测到这一状况，会自动控制仪表板上的尾灯失效警告灯点亮，警告驾驶员应进行维修。

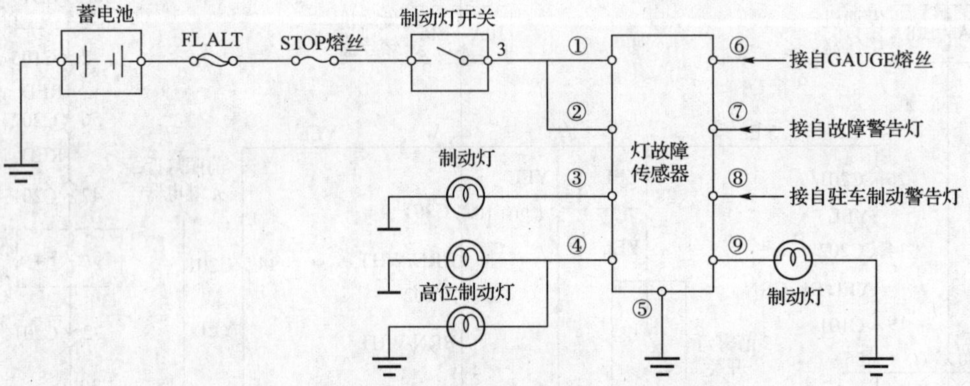

图4—1—13　LS400轿车制动灯系统控制电路

任务实施

1. 灯光开关线端子检测

根据所提供的实训设备，参考图4—1—7，检测灯光开关导通情况，并填入表4—1—2。

表4—1—2　灯光开关导通情况记录表

端子 挡位	T	H	EL	HF	HU	HL	ED
OFF挡							
一挡							
二挡（近光）							
二挡（远光）							
超车灯							

2. 照明系统线路连接

（1）完成图4—1—14照明系统原理图的连接，并用实物元件进行验证。

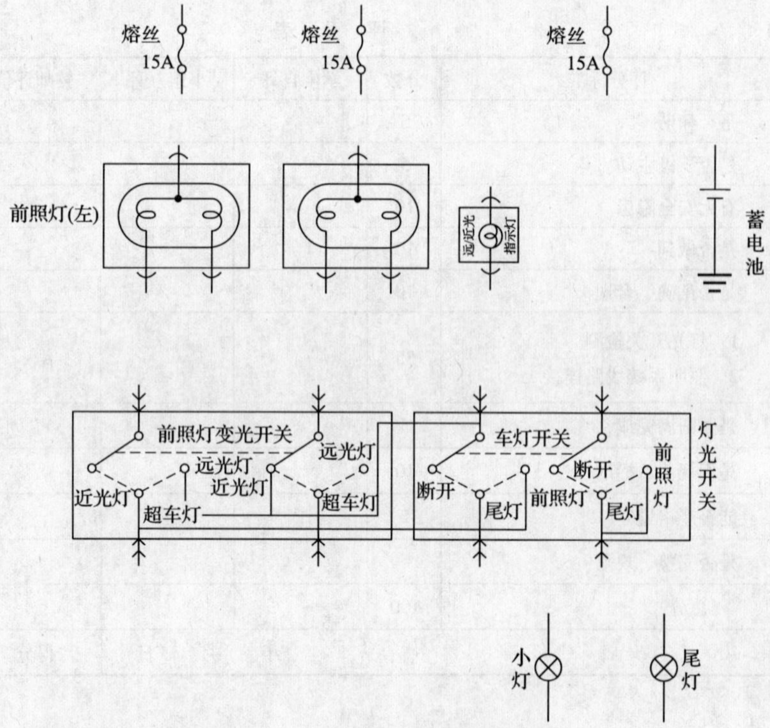

图 4—1—14　照明系统原理图连接

（2）完成图 4—1—15 照明系统原理图的连接，并用实物元件进行验证。

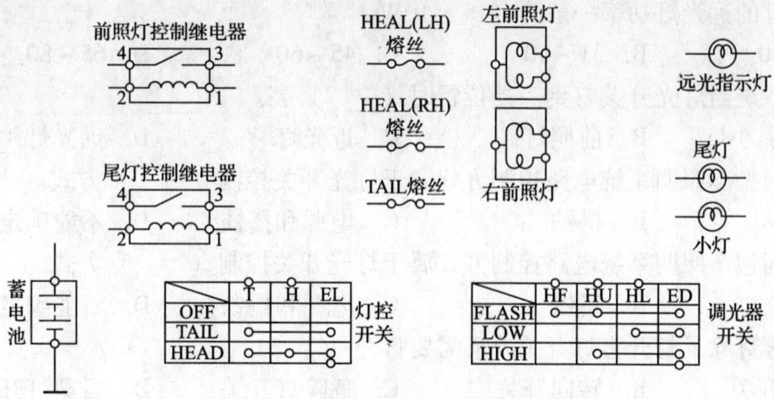

图 4—1—15　照明系统原理图连接

任务总结

一、任务评价

对本学习任务进行评价，评分表见表 4—1—3。

表4—1—3　　　　评　分　表

考核项目	评分标准	分数	学生自评	小组互评	教师评价	小计
团队合作	是否和谐	5				
活动参与	是否积极主动	5				
安全生产	有无安全隐患	10				
现场5S	是否做到	10				
任务方案	是否正确、合理	10				
操作过程	1. 灯光开关检测 2. 照明系统线路连接	35				
任务完成情况	是否圆满完成	5				
工具和设备使用	是否规范、标准	10				
劳动纪律	能否严格遵守	5				
工单填写	是否完整、规范	5				
总分		100				
教师签名：			年　月　日		得分	

二、理论知识检验

1. 前照灯的远光灯功率一般为（　　）W。

A. 20～30　　B. 31～40　　C. 45～60　　D. 65～80

2. 照明系统当灯光开关打到一挡位置时（　　）亮。

A. 尾灯、小灯　　B. 前照灯　　C. 近光灯　　D. 远光灯

3. 五菱微型车照明系统电路控制方式属于灯光开关控制（　　）方式。

A. 电源　　B. 搭铁　　C. 电源和搭铁　　D. 不能确定

4. 金杯面包车照明系统电路控制方式属于灯光开关控制（　　）方式。

A. 电源　　B. 搭铁　　C. 电源和搭铁　　D. 不能确定

5. 开前雾灯除了打开雾灯开关外还需要打开（　　）。

A. 灯光开关　　B. 转向开关　　C. 危险灯开关　　D. 后雾灯开关

知识拓展

一、汽车前照灯光束控制系统

车辆在行驶中的姿势会因乘车的人数以及路况的变化而变化，前照灯光束的照射位置也随之发生变化，因而不能适当地照亮前方路面。

前照灯光束调整机构是根据车辆姿势微调前照灯照射角度的装置，如图 4—1—16 所示，前照灯部件以枢轴为中心回转微小角度并改变光束的照射角度。执行器（促动器）由电动机和齿轮机构组成，在做光束轴线调整时，执行器驱动调整螺钉反向旋转，使调整螺钉左右移动并带动调整螺钉反向旋转，使调整螺钉左右移动并带动前照灯以枢轴为中心摆动，实现前照灯光束的调整。如图 4—1—17 所示为前照灯光束控制系统电路图。

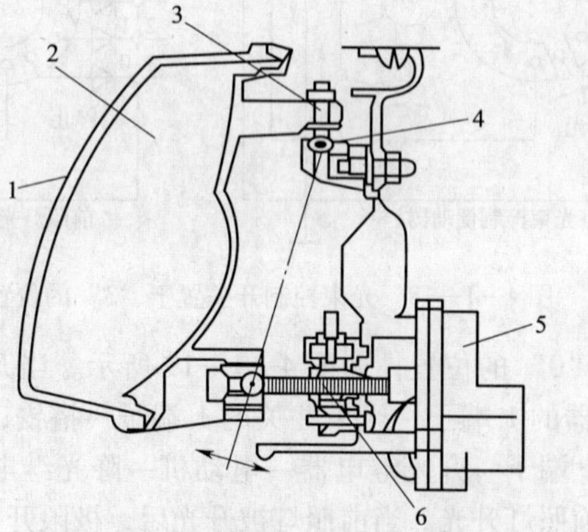

图 4—1—16　前照灯光束调整机构

1—透镜　2—前照灯部分　3—枢轴臂　4—枢轴　5—执行器　6—调整螺钉

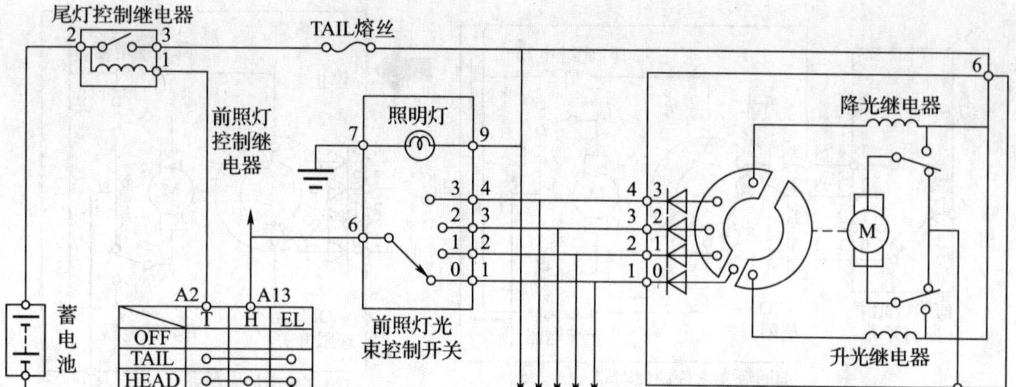

图 4—1—17　前照灯光束控制系统电路图

前照灯光束控制电路工作原理如下：

光束控制开关置于“3”的位置，如图 4—1—18 所示。当开关被设定好后，电流经过促动器的 6 端子→促动器的 4 端子→光束控制开关的 4 端子→搭铁，这时降光继电器动作。然后，电流从促动器的 6 端子→降光继电器→电动机→升光继电器→促动器的 5 端子→搭铁，这时电动机工作使前照灯降光。当前照灯被降光后，极限开关动作并切断促动器的 4 端子和 6 端子之间的导通状态。降光继电器被断开，而使前照灯光束保持在位置“3”的状态。

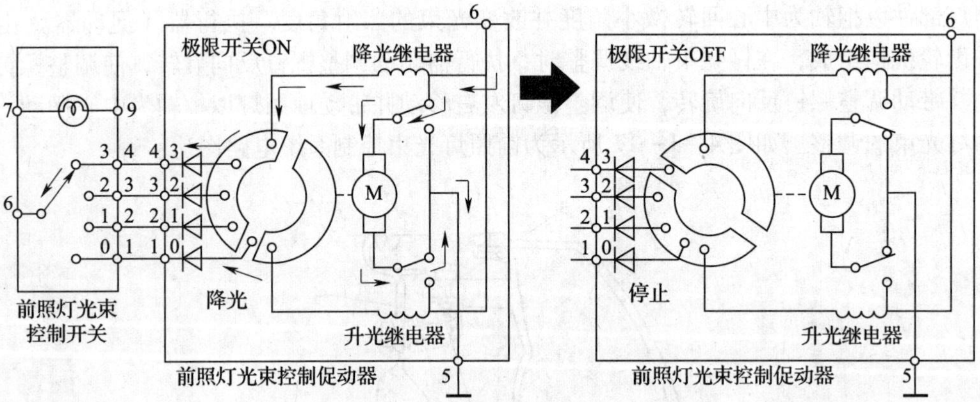

图 4—1—18　光束控制开关置于“3”的位置

光束控制开关置于“0”的位置，如图 4—1—19 所示。当开关被设定好后，电流经过促动器的 6 端子→促动器的 1 端子→光束并关的 1 端子→搭铁，这时升光继电器动作。然后，电流经过促动器的 6 端子→升光继电器→电动机→降光继电器→促动器的 5 端子→搭铁，这时电动机工作使前照灯升光。当前照灯被升光后，极限开关动作并切断促动器的 6 端子和 1 端子之间的导通状态。升光继电器被断开，而使前照灯光束保持在位置“1”的状态。

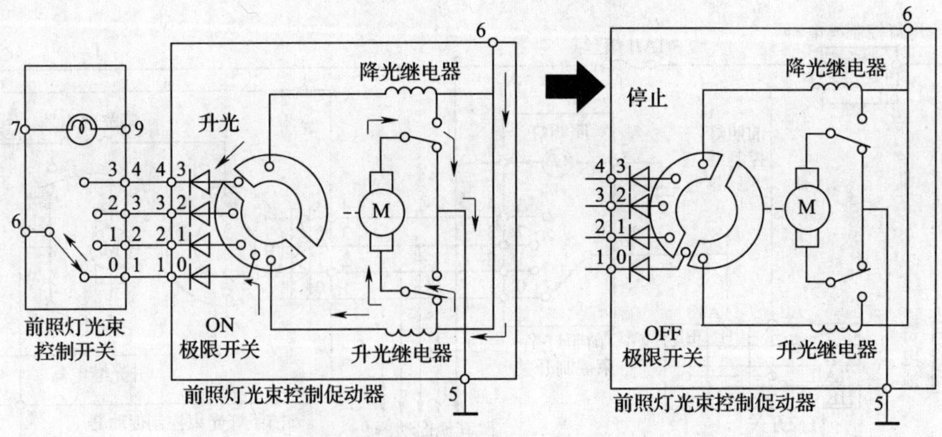

图 4—1—19　光束控制开关置于“0”的位置

二、汽车白天行车自动亮灯控制系统

现代汽车为了保证行车的安全与方便，以及减轻驾驶员的劳动强度，发展了白天行车自动亮灯控制系统，其控制电路如图 4—1—20 所示。

当前照灯灯控开光置于“AUTO”位置时，由安装在仪表板上部的光传感器检测周围的光线强度，自动控制前照灯远光、近光灯丝点亮，其工作原理如下：

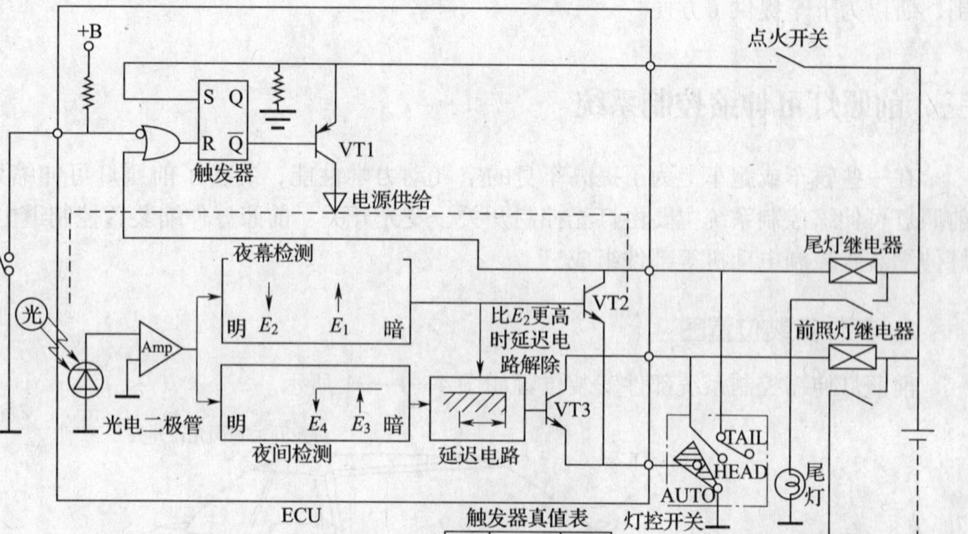

SET	RESET	$\overline{Q}$
Lo	Lo	hold
Lo	Hi	Hi
Hi	Lo	Lo
Hi	Hi	Lo

图 4—1—20　白天行车自动亮灯控制系统电路

1．周围环境明亮时，当车门关闭，点火开关处于“ON”状态时，触发器的 SET、RESET 端都为高电平（“Hi”）。所以，输出“$\overline{Q}$”成为低电平（“Lo”），使晶体管 VT1 导通（ON）并向所有电路供电。当周围环境的亮度比夜幕检测电路的熄灯照度 E_2（约 550 Lx）及夜间检测电路的熄灯照度 E_4（200 Lx）更亮时，无论哪一个检测器的输出，都为“Lo”，晶体管 VT3 和 VT2 截止（OFF）。

2．夜间行车时，当周围的亮度比夜幕检测电路的点灯照度 E_1（约 130 Lx）暗时，夜幕检测电路的输出变为“Hi”，使 VT2 导通（ON）。此时，尾灯电路接通，并点亮尾灯。当周围的亮度变得更暗，达到夜间点灯电路的点灯照度 E_3（约 50 Lx）以下时，夜间检测电路的输出也变为“Hi”。此时，延迟电路的输出也变为“Hi”，使晶体管 VT3 导通。前照灯继电器变为 ON，点亮前照灯。

3．接通后，在前照灯亮时，由于路灯等原因周围环境突然变为明亮的情况下，夜间检测电路的输出变为“Lo”。但在延迟电路的作用下，在时间 T 内，VT3 仍保持导通（ON）状态，所以前照灯不熄灭。在周围的亮度比夜幕检测电路的熄灯照度 E_2 更亮的情况下，从夜幕检测电路输出“Lo”，而解除延迟电路，所以尾灯和前照灯都立即熄灭。这种情况相当于白天车从隧道出来时的情况。

4．自动熄灯使点火开关置于 OFF 状态，而停止发动机时，触发器 S 端输入“Lo”。但是，VT2 仍是 ON 状态，所以 R 端也输入“Lo”，而且不改变触发器的输出端“Q”的状态，仍保持为“Lo”。在这种状态下打开驾驶室门时，触发器 R 端上就输入“Hi”，“Q”端输出就反转成为“Hi”。向所有电路供应电源的晶体管 VT1 截止（OFF），VT2 及 VT3 也截止（OFF），因而所有灯都熄灭。上述情况，在夜间黑暗的车库等处下车前，因为有车灯照亮周围，所以为下车提供了方便。

三、前照灯可伸缩控制系统

在一些轿车或跑车上为了提高车身的空气动力学性能，装备了前照灯可伸缩控制系统。前照灯可伸缩控制系统主要由灯光控制开关、变光开关、前照灯伸缩装置控制继电器和前照灯伸缩装置控制电动机等部件组成。

1. 部件安装位置图

前照灯伸缩控制系统部件安装位置如图 4—1—21 所示。

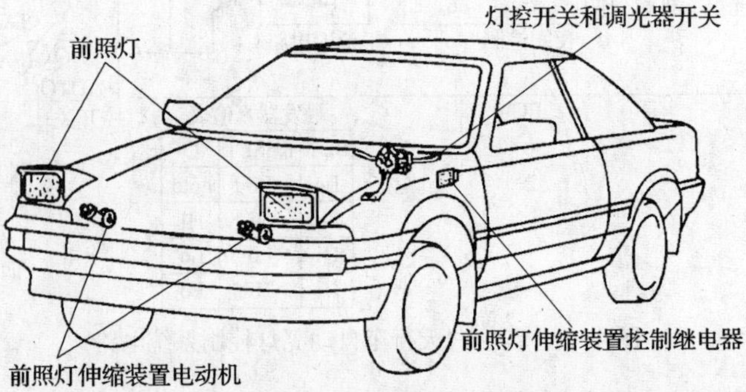

图 4—1—21　前照灯伸缩控制系统部件安装位置

前照灯伸缩控制的灯控开关与前面所述的灯控开关相似，但多了一个 HOLD（保持）挡位。它除了用来控制前照灯和尾灯接通、断开外，还可以向前照灯缩回装置控制继电器发出信号，以升起和降下前照灯。

前照灯伸缩装置控制继电器由一块 IC 集成电路和两个继电器组成。三极管 VT1 和 VT2 分别控制 1 号和 2 号继电器线圈的回路，1 号、2 号继电器分别控制两个伸缩装置电动机的电源。

前照灯伸缩控制装置工作原理如图 4—1—22 所示，当前照灯伸缩装置控制电动机有电流流过时，电动机便带动蜗杆转动，蜗杆通过蜗轮带动曲柄轴转动，使前照灯升起或缩回。每个电动机中还装有一个凸轮板和两对触点构成的限位开关，当前照灯上升到顶点或下降到底部时，该限位开关将电动机电路切断，使电动机停转。前照灯处于降下位置时，A、B 处于接通状态（见图 4—1—23），前照灯处于升起位置时，A、C 处于接通状态。即当由 A、B 接通转为 A、C 接通相当于上升过程，当由 A、C 接通转为 A、B 接通，相当于降下过程。前照灯在升起和降下位置之间移动，其所经过的任一位置称中间位置，在中间位置时触点保持原状态。

2. 可伸缩式前照灯控制电路

（1）可伸缩式前照灯控制电路分析。可伸缩式前照灯控制电路原理如图 4—1—23 和图 4—1—24 所示。IC 根据检测到的端子 6、端子 8 信号变化状况，即根据灯控开关和调光器开关的位置变化，控制 VT1 和 VT2 的通断并与限位开关相配合，控制伸缩装置电动机的工作。

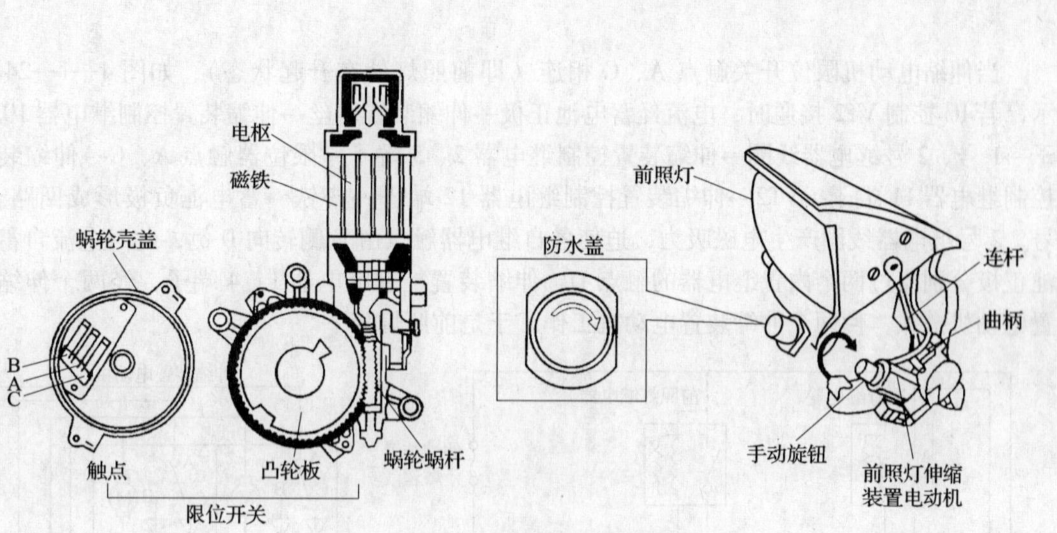

图 4—1—22　前照灯伸缩控制装置工作

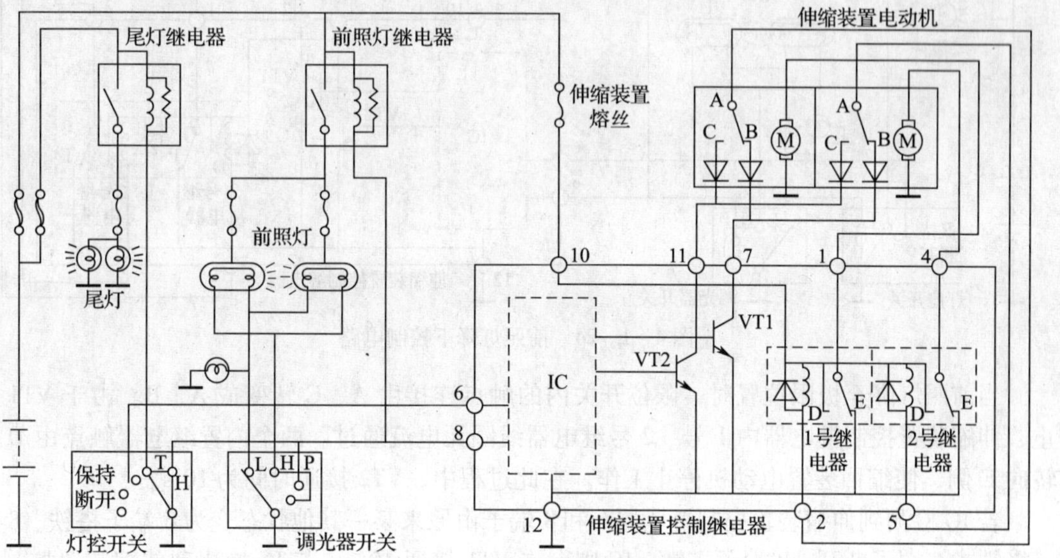

图 4—1—23　前照灯升起控制电路

当伸缩装置电动机限位开关触点 A、B 相连（即前照灯处在降下状态），如图 4—1—23 所示，此时若 IC 控制 VT1 导通，电流经蓄电池正极→伸缩装置熔丝→伸缩装置控制继电器 10 端子→1 号、2 号继电器线圈→伸缩装置控制继电器 2、5 端子→限位器触点 A、B→伸缩装置控制继电器 7 端子→VT1→伸缩装置控制继电器 12 端子→搭铁→蓄电池负极形成回路。1 号、2 号继电器线圈产生电磁吸力，迫使各自继电器触点由 E 侧转向 D 侧。此时电流自蓄电池正极分别流过两个内置继电器的触点 D、伸缩装置控制继电器 1、4 端子，经两个伸缩装置电动机搭铁，使两个伸缩装置电动机工作，于是前照灯升起。

当前照灯升至极限位置时，限位开关内的触点连接由 A、B 转变成 A、C，由于 VT2 处于截止状态，伸缩装置控制继电器内 1 号、2 号继电器线圈无电流通过。两个内置继电器触点由 D 侧转向 E 侧，使伸缩装置电动机停止工作。在此过程中，VT1 接通时间为 10 s。

当伸缩电动机限位开关触点 A、C 相连（即前照灯处在升起状态），如图 4—1—24 所示，若 IC 控制 VT2 接通时，电流经蓄电池正极→伸缩装置熔丝→伸缩装置控制继电器 10 端子→1 号、2 号继电器线圈→伸缩装置控制继电器 2、5 端子→限位器触点 A、C→伸缩装置控制继电器 11 端子→VT2→伸缩装置控制继电器 12 端子→搭铁→蓄电池负极形成回路。1 号、2 号继电器线圈产生电磁吸力，迫使各自继电器触点由 E 侧转向 D 侧，此时电流自蓄电池正极分别流过两个内置继电器的触点 D、伸缩装置控制继电器 1、4 端子，经两个伸缩装置电动机搭铁，使两个伸缩装置电动机工作，于是前照灯降下。

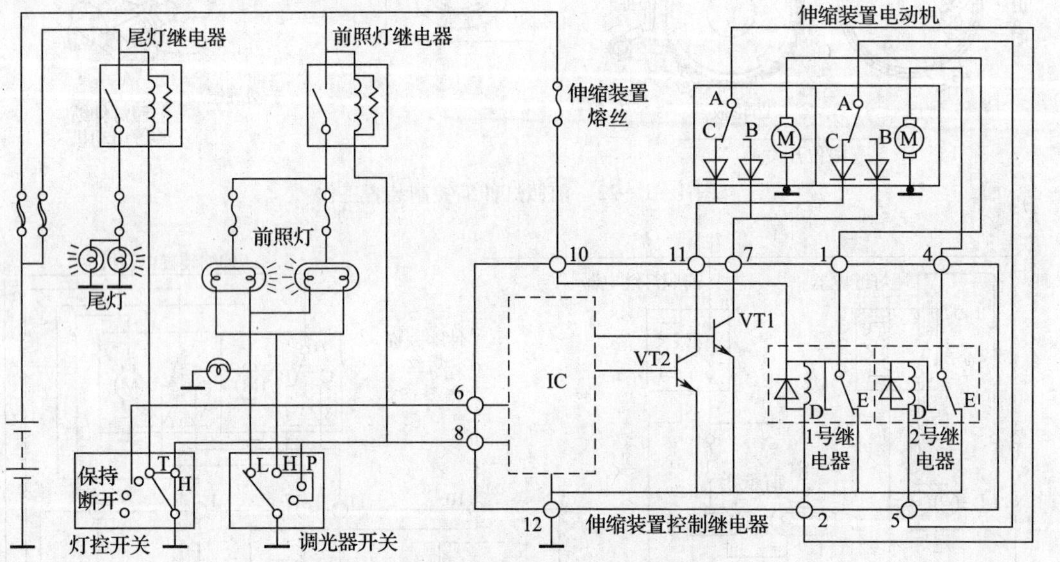

图 4—1—24　前照灯降下控制电路

当前照灯降至极限位置时，限位开关内的触点连接由 A、C 转变成 A、B。由于 VT1 截止，伸缩装置控制继电器内 1 号、2 号继电器线圈无电流通过。两个内置继电器触点由 D 侧转向 E 侧，使缩回装置电动机停止工作。在此过程中，VT2 接通时间为 10 s。

若 IC 检测到伸缩装置控制继电器 6 和 8 端子由原来某一其他状态变为 6 端子搭铁、8 端子搭铁或 6 端子断开、8 端子搭铁，IC 则允许 VT1 接通 10 s。若 IC 检测到伸缩装置控制继电器 6 和 8 端子由原来某一状态变为 6 端子断开、8 端子断开，则允许 VT2 接通 10 s。

（2）当灯控制开关在不同位置之间切换时，伸缩装置电动机工作情况分析（此时调光器开关在 L 或 H 位置）如下：

1）灯控开关由 OFF（断开）至 HOLD（保持）位置，此时伸缩装置控制继电器 6 端子由断开变为搭铁，8 端子仍断开，伸缩装置电动机不工作，前照灯仍处于降下位置。

2）灯控开关由 HOLD 至 TAIL（尾灯）位置，此时伸缩装置控制继电器 6 和 8 端子的状态未变，即 6 端子仍搭铁，8 端子仍断开，伸缩装置电动机不工作，前照灯仍处于降下位置。此时，尾灯继电器电路接通，于是尾灯点亮。

3）灯控开关由 TAIL 至 HEAD（前照灯）位置，此时伸缩装置控制继电器 6 端子由搭铁变为断开，8 端子由断开变为搭铁，VT1 接通 10 s，VT2 仍截止，伸缩装置电动机工作，前照灯升起。此时尾灯继电器、前照灯继电器电路均接通，于是尾灯、前照灯均点亮。

4）灯控开关由 HEAD 至 TAIL 位置，此时伸缩装置控制继电器 6 端子由断开变为搭铁，8 端子由搭铁变为断开，VT1、VT2 均截止。伸缩装置电动机不工作，前照灯仍处于升起位置。此时，前照灯继电器断开，尾灯继电器仍接通，于是前照灯熄灭，尾灯仍点亮。

5）灯控开关由 TAIL 至 HOLD 位置，此时伸缩装置控制继电器 6 和 8 端子的状态未变，即 6 端子仍搭铁，8 端子仍断开，VT1、VT2 均截止，伸缩装置电动机不工作，前照灯仍处于升起位置。此时尾灯继电器断开，于是尾灯熄灭。

6）灯控开关由 HOLD 至 OFF 位置，此时伸缩装置控制继电器 6 端子由搭铁变为断开，8 端子仍断开，VT1 截止，VT2 接通 10 s，伸缩装置电动机工作，前照灯降下。

（3）调光器开关由 OFF 至 FLASH（闪烁）位置变化时，伸缩装置电动机工作情况分析如下：

1）灯控开关处于 OFF 位置，若将调光器开关拉起至 FLASH 位置时，伸缩装置控制继电器 6 端子仍断开，8 端子由断开变为搭铁，VT1 接通 10 s，VT2 仍截止，伸缩装置电动机工作，前照灯升起。此时前照灯继电器电路也接通，前照灯远光灯点亮。

若松开调光器开关，即调光器开关由 FLASH 变为 OFF 位置，则伸缩装置控制继电器 6 端子仍断开，8 端子由搭铁变为断开，VT1 截止，VT2 接通 10 s，伸缩装置电动机工作，前照灯降下。

2）灯控开关处于 HOLD 位置，若将调光器开关拉起至 FLASH 位置时，伸缩装置控制继电器 6 端子仍搭铁，8 端子由断开变为搭铁，IC 允许 VT1 接通 10 s，VT2 仍截止。若前照灯原来处于降下位置（即限位开关 A、B 接通），此时前照灯升起，若前照灯原来处于升起位置（即限位开关 A、C 接通），由于限位开关 A、B 不接通，伸缩装置电动机不工作，前照灯仍处于升起位置。另外调光器开关还将前照灯继电器电路接通，前照灯远光灯点亮。

若松开调光器开关，即调光器开关由 FLASH 变为 OFF 位置，则伸缩装置控制继电器 6 端子仍搭铁，8 端子由搭铁变为断开，VT1、VT2 均截止，伸缩装置电动机不工作，前照灯仍处于升起位置。此时调光器开关断开了前照灯继电器电路，前照灯熄灭。

任务 2　照明系统常见故障检修

任务目标

1. 能根据任务需要收集照明系统故障案例。
2. 能描述照明系统控制电路工作原理。
3. 会分析照明系统常见故障原因。
4. 会制定照明系统常见故障检修方案。
5. 能正确地使用工量具和设备；根据“维修手册”指引，安全规范地对照明系统前照灯不亮、尾灯不亮、一个灯不亮、制动灯不亮等故障进行检修与排除。

任务描述

照明系统的常见故障一般有灯光不亮、灯光亮度低、灯泡频繁烧坏等。主要原因有灯泡损坏、熔丝烧断、控制开关或继电器损坏以及线路不良等造成。由于各车型控制线路的差别，在故障诊断时，应根据电路图对电路进行检查，判断出故障的部位。

任务内容

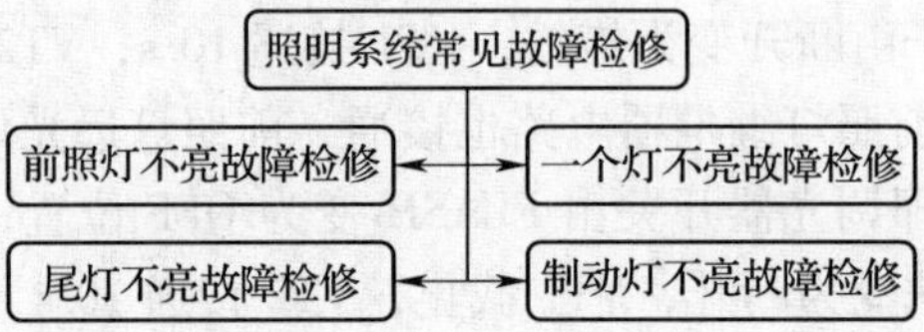

任务准备

一、照明系统故障检修方法

汽车照明与信号系统的故障不外乎两类：一类是元器件本身的故障；另一类是线路存在的故障。诊断时应先检查元器件本身的故障，如没有，应按各系统的线路逐级检查，认真查明出现故障的原因及可能存在的隐患，正确地加以排除。

在处理故障时，一般应重点检查以下两项内容：一是是否有短路，检查接线柱接触不良处（断路）；二是熔丝是否烧断，在车上均可采用试灯法和万用表进行检查。照明系统的常见故障部位如图 4—2—1 所示。现在很多汽车采用了数据总线技术，很多照明与信号系统不再是简单的串并联电路，这时要考虑数据总线的故障以及控制模块故障对照明与信号系统的影响，但电路的基本诊断思路是一致的。

1. 灯泡或熔丝损坏

如果一个灯不亮一般为灯丝烧断，将灯泡拆下后检查。若灯泡损坏，则更换新灯泡。如果几个灯都不亮，按喇叭，喇叭不响，则可能是总熔丝（总熔断器）熔断；若同属一个熔丝的灯泡都不亮，则可能是熔丝被烧断。

处理这两类故障时，在将总熔丝（总熔断器）复位或更换新的熔丝之前，应查找超负荷的原因，其方法是：将熔丝所接各灯的接线从灯座拔掉，用万用表电阻挡测量灯端与搭铁之间的电阻，若电阻较小或为 0，则可断定线路中有搭铁故障。排除故障后，再把总熔丝（总熔断器）复位或更换新的熔丝。

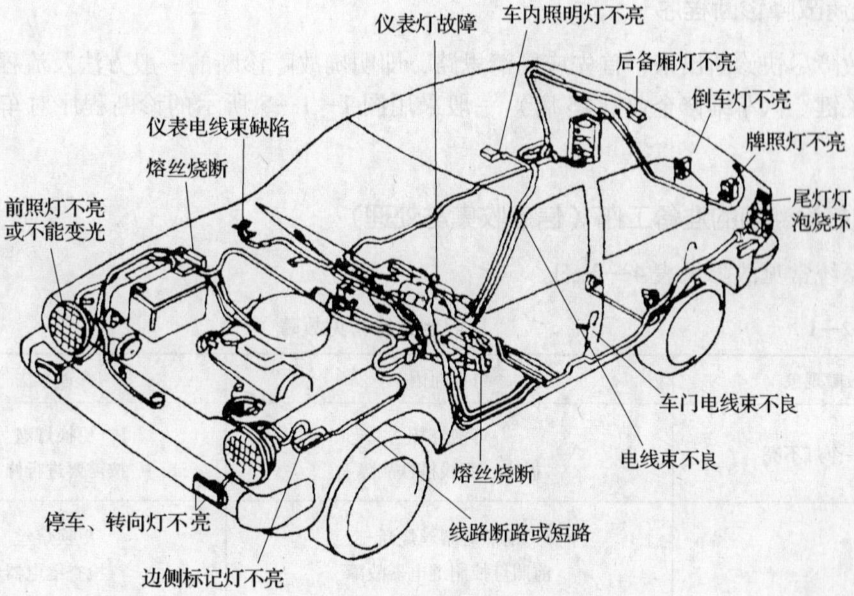

图 4—2—1 照明系统的常见故障部位

2. 灯光开关、继电器及线路的检查

（1）灯光开关的检查。可用万用表检查开关各挡位的通断情况，若与要求不符，应更换灯光开关。

（2）继电器的检查。将继电器线圈直接供电，检查继电器是否能正常工作，如不能正常工作，应更换继电器。

（3）线路的检查。在检查时，可用万用表或试灯逐段检查线路，找出短路或断路故障的部位。

二、照明系统故障检修

案例链接：

一辆金杯面包车，照明系统控制电路如图 4—1—7 所示，车主反映当灯光控制开关拧到二挡（前照灯挡）时，前照灯不工作。

照明系统常见故障现象种类有很多，下面以“案例链接”所提及的车型作为诊断样本，按汽车 4S 店的维修规范作业要求，具体分析该类型故障的诊断流程及诊断方法。具体如下：

1. 对待修车辆进行维修接待

可参考表 1—1—1 所示的接车问诊表，对待修车辆进行维修接待。

2. 厘清故障诊断程序

要将故障尽快诊断出来，首先应厘清思路，即明确故障诊断的一般方法及流程，这是解决问题的关键。汽车维修企业（4S 店）一般采用图 1—1—5 所示的诊断程序对车辆故障进行诊断。

3. 做好诊断前的准备工作（信息收集与处理）

照明系统常见故障见表 4—2—1

表 4—2—1 照明系统常见故障

故障现象	可能原因	修理方法
仅一个灯不亮	灯泡烧坏 插座、配线搭铁故障	更换灯泡 按需要进行修理
前照灯不亮	前照灯熔丝烧断 前照灯控制继电器故障 灯控开关故障 调光器开关故障 配线或搭铁故障	更换熔丝 检查继电器 检查开关 检查开关 按需要进行修理
前照灯远光或前照灯变光继电器不工作	灯控开关故障 调光器开关故障 配线或搭铁故障	检查开关 检查开关 按需要进行修理
尾灯、停车灯和牌照灯不亮	尾灯熔丝烧断 尾灯控制继电器故障 灯控开关故障 配线或搭铁故障	更换熔丝并检查是否有短路 检查继电器 检查开关 按需要进行修理
制动灯不亮	制动灯熔丝烧断 制动灯开关故障 配线或搭铁故障	更换熔丝并检查是否有短路 调整或更换制动灯开关 按需要进行修理
制动灯一直亮	制动灯开关故障	调整或更换制动开关

任务实施

1. 照明系统电路检测

根据图 4—1—7 所示电路图和所接的电路，完成下面检测：

(1) 灯控开关在 OFF 位置时，测量灯控开关“T”端子电压________V；“H”端子电压________V。

（2）灯控开关在 TAIL 位置时，测量灯控开关“T”端子电压________V；“H”端子电压________V。

车尾灯亮与否：________；前照灯亮与否：________。

（3）灯控开关在 HEAD 位置时，测量灯控开关“T”端子电压________V；“H”端子电压________V。

车尾灯亮与否：________；前照灯亮与否：________。

（4）灯控开关在 HEAD 位置时，调光器开关在 LOW 位置，测量调光器开关“HU”端子电压________V；“HL”端子电压________V。

车尾灯亮与否：________；前照灯亮与否：________。

（5）灯控开关在 HEAD 位置时，调光器开关在 HIGH 位置，测量调光器开关“HU”端子电压________V；“HL”端子电压________V。

车尾灯亮与否：________；前照灯亮与否：________。

2. 前照灯不亮故障诊断

结合实训设备或实训车辆，将前照灯不亮故障诊断步骤填入表 4—2—2 中。

表 4—2—2　　　　前照灯不亮故障诊断记录表

序号	诊断项目	诊断结果	处理方法
1			
2			
3			
4			
5			
6			
7			

3. 经过诊断后，画出实训设备或实训车辆照明系统控制电路原理图。

✓ 任务总结

一、任务评价

对本学习任务进行评价，评分表见表 4—2—3。

表 4—2—3　　评　分　表

考核项目	评分标准	分数	学生自评	小组互评	教师评价	小计
团队合作	是否和谐	5				
活动参与	是否积极主动	5				
安全生产	有无安全隐患	10				
现场 5S	是否做到	10				
任务方案	是否正确、合理	25				
操作过程	1. 照明系统电路检测 2. 前照灯不亮故障诊断	20				
任务完成情况	是否圆满完成	5				
工具和设备使用	是否规范、标准	10				
劳动纪律	能否严格遵守	5				
工单填写	是否完整、规范	5				
总分		100				
教师签名:			年　月　日		得分	

二、理论知识检验

1. 在讨论一个尾灯不亮的故障原因时，甲技师说与尾灯开关损坏有关，乙技师说与尾灯灯炮烧坏有关，你觉得（　　）。

A. 甲说的对　　B. 乙说的对

C. 甲乙说的都对　　D. 甲乙说的都不对

2. 在讨论前照灯不亮的故障原因时，甲技师说与前照灯继电器开关损坏有关，乙技师说与灯光开关烧坏有关，你觉得（　　）。

A. 甲说的对　　B. 乙说的对

C. 甲乙说的都对　　D. 甲乙说的都不对

3. 在讨论有一个前照灯不亮故障时，甲技师说与熔丝烧坏有关，乙技师说与变光开关损坏有关，你觉得（　　）。

A. 甲说的对　　B. 乙说的对

C. 甲乙说的都对　　D. 甲乙说的都不对

4. 在讨论雾灯电路时，甲技师说开雾灯要先开小灯，乙技师说开雾灯不需要开小灯，你觉得（　　）。

A. 甲说的对　　B. 乙说的对

C. 甲乙说的都对　　D. 甲乙说的都不对

5. 在讨论制动灯不亮的故障原因时，甲技师说与熔丝烧坏有关，乙技师说与制动灯开关损坏有关，你觉得（　　）。

A. 甲说的对　　B. 乙说的对

C. 甲乙说的都对　　D. 甲乙说的都不对

知识拓展

案例　别克君威轿车前照灯近光不亮

（1）故障现象。一辆 2005 年款别克君威桥车，当前照灯开关拧到二挡，变光开关在近光位置时，近光灯不亮。

（2）故障诊断与排除。经过反复验证发现，在打开前照灯开关后，前照灯中的近光灯不亮，当拨动变光开关至远光位置时，远光灯能正常点亮，检查灯泡，近光灯无烧坏现象。

该车装备带有自动控制的前照灯系统。其控制电路如图 4—2—2 和图 4—2—3 所示。由电路图可以看出，当打开前照灯开关，并且当变光开关的滑块切断远光触点时，电流便会由熔

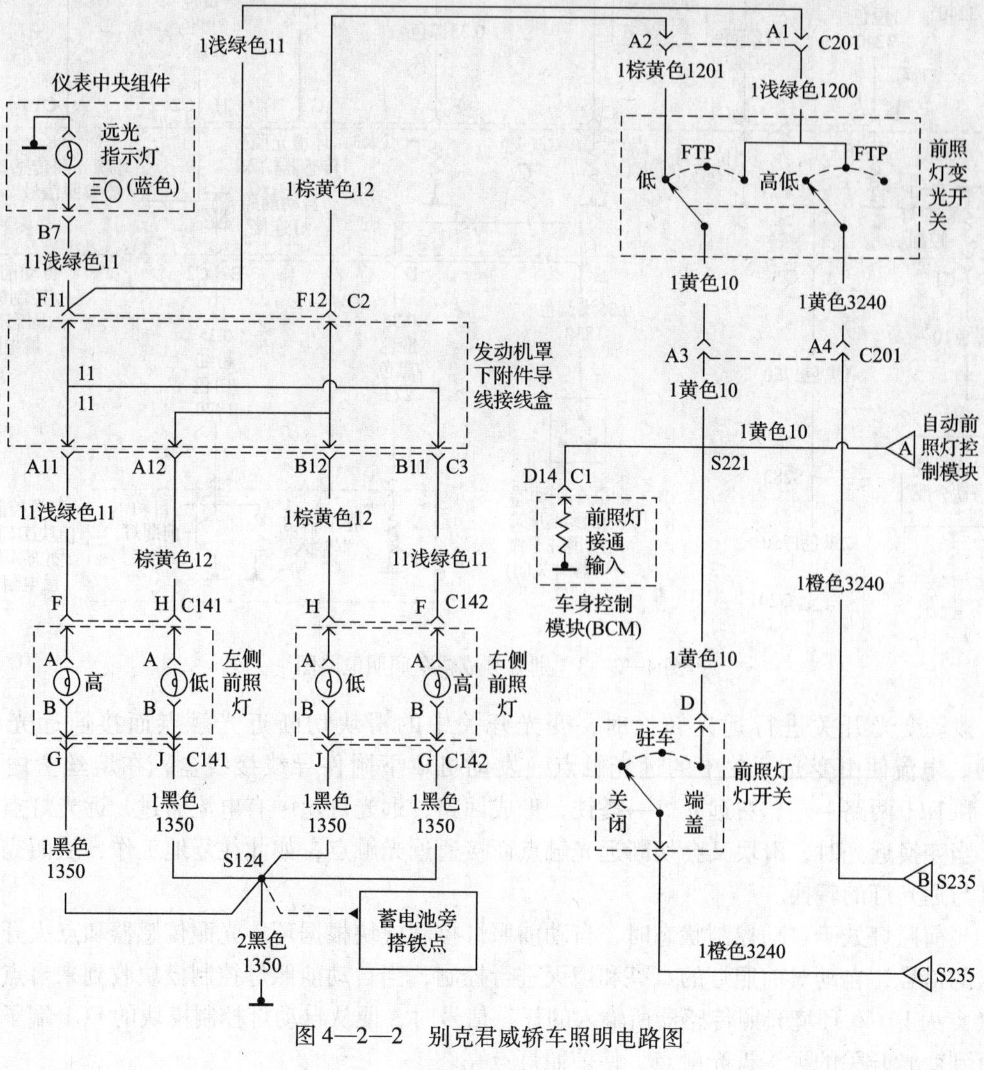

图 4—2—2　别克君威轿车照明电路图

丝盒中的 20 A 熔丝→S235 接点（C）→前照灯开关→变光开关近光触点（低）→发动机罩下附件导线接线盒，在熔丝盒内分成 A12 和 B12 两路→左、右近光灯→搭铁，形成完整回路，近光灯点亮。

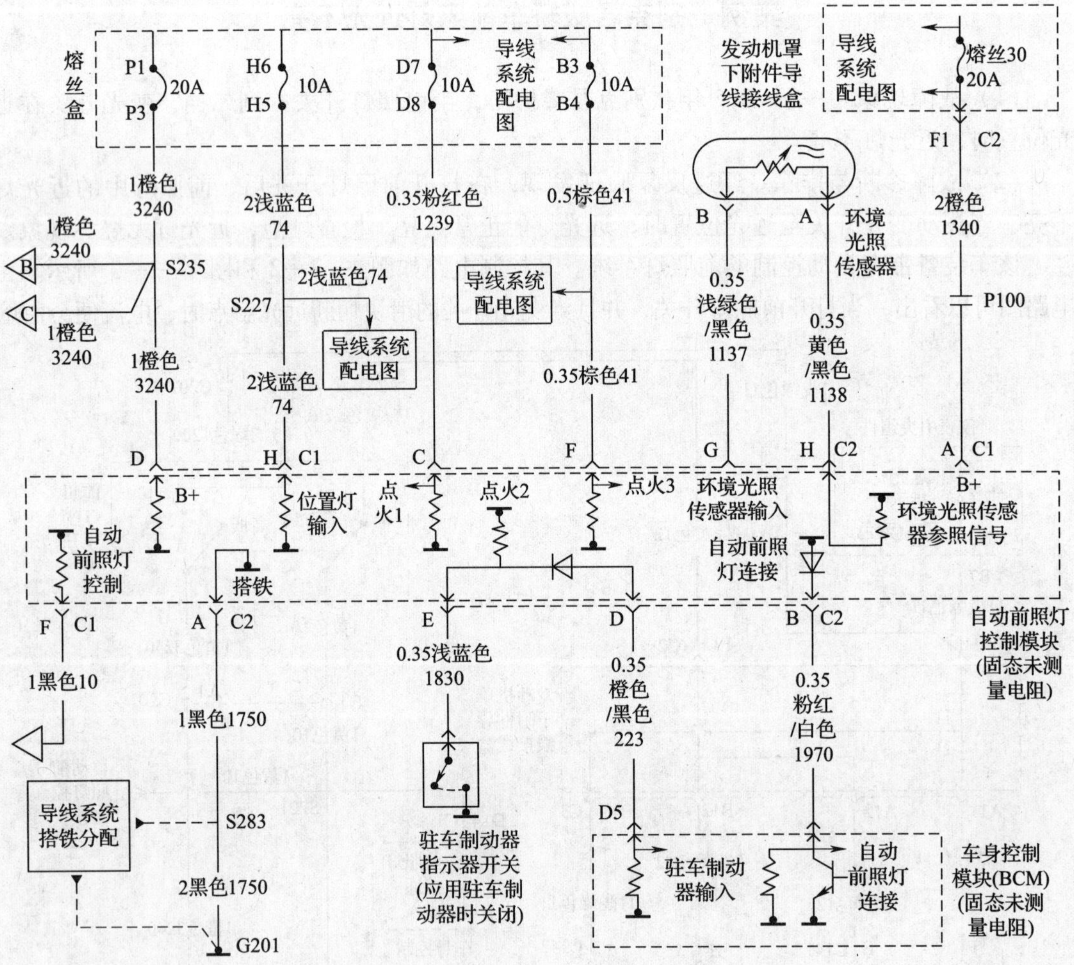

图 4—2—3　别克君威轿车照明电路图

拨动变光开关进行远光转换时，变光开关中的滑块切断近光触点而接通远光触点（高），电流便由变光开关中的远光触点→发动机罩下附件导线接线盒，在熔丝盒内分成 A11 和 B11 两路→左、右远光灯→搭铁，形成回路，远光灯丝中有电流通过，远光灯点亮。

当变换近光时，滑块又会切断远光触点而接通近光触点，如此往复地工作，从而完成近光灯与远光灯的转换。

当前照灯处于自动控制状态时，自动前照灯控制模块根据环境光照传感器和点火开关所输入的信号，自动对前照灯的点亮和熄灭进行控制，当自动前照灯控制模块收到来自点火开关（点火 1）和环境光照传感器所输入的任一信号时，便从自动灯控制模块的 FC1 端子输出电流到变光开关的远、近光触点，使前照灯点亮。

根据前照灯的控制原理及试验结果，初步判断该车的变光开关可能出现问题，并由此决定对变光开关进行拆检。

经过检查，发现变光开关中的近光触点有烧蚀现象，并且不能正常闭合，进一步检查，发现近光簧片下面的塑料已经变形，变形后的塑料阻挡触点不能正常闭合。据此现象判断，是由于触点接触不良而使电路电阻增大，因为近光灯点亮需要的大电流在此通过时发热，由此使触点旁边的塑料变形。

更换组合开关后，故障排除。

项目五　转向与危险警告信号系统检修

任务1　转向与危险警告信号系统线路连接

任务目标

1. 能根据任务需要收集转向与危险警告信号系统电路图。
2. 能阅读转向与危险警告信号系统电路图。
3. 能描述转向与危险警告信号系统控制电路工作原理。
4. 能正确检测转向灯和危险警告灯开关。
5. 能正确地使用工量具和设备；根据“维修手册”指引，安全规范地对转向与危险警告信号系统线路进行连接。

任务描述

学会转向与危险信号系统线路连接，通过线路连接熟悉控制电路原理与线路走向。能正确判断转向与危险信号系统控制开关和闪光器的好坏。

任务内容

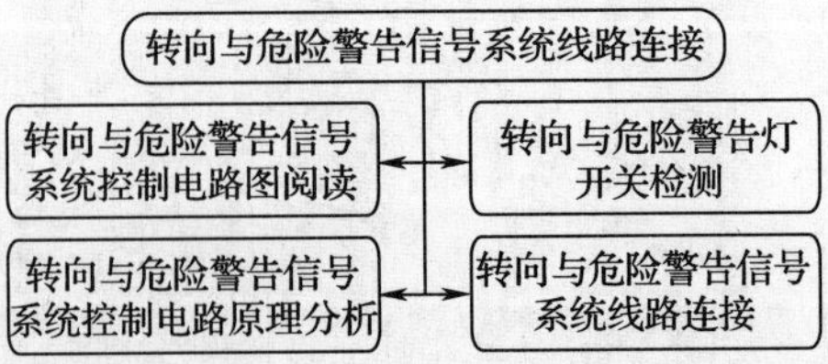

任务准备

一、转向与危险警告信号灯开关

转向灯开关外形如图5—1—1所示，通常与灯光开关组合一起，在车上安装位置如图

5—1—2 所示，左右拨动转向开关，可接通转向灯电路。转向开关一般有 3 根导线，其工作导通情况见表 5—1—1。

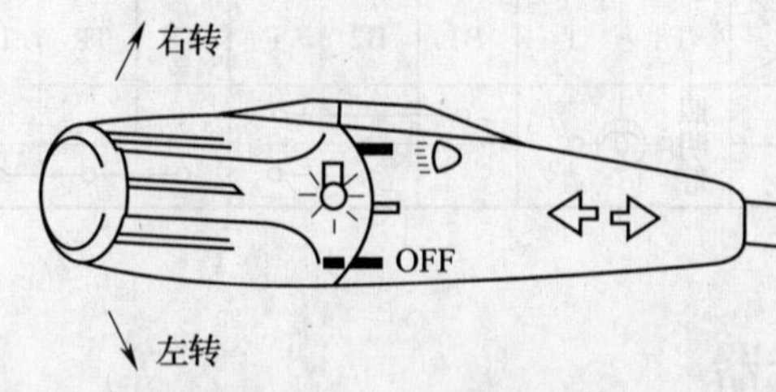

图 5—1—1　转向灯开关

图 5—1—2　转向与危险警告信号灯开关安装位置

表 5—1—1　转向灯开关工作导通表

挡位＼端子	TB	TL	TR
LH	○	○	
OFF			
RH	○		○

危险警告信号灯开关如图 5—1—3 所示，通常安装在汽车中控台中部，标有红色△的图标。危险警告信号灯开关一般有 8 根导线，其工作导通情况见表 5—1—2。

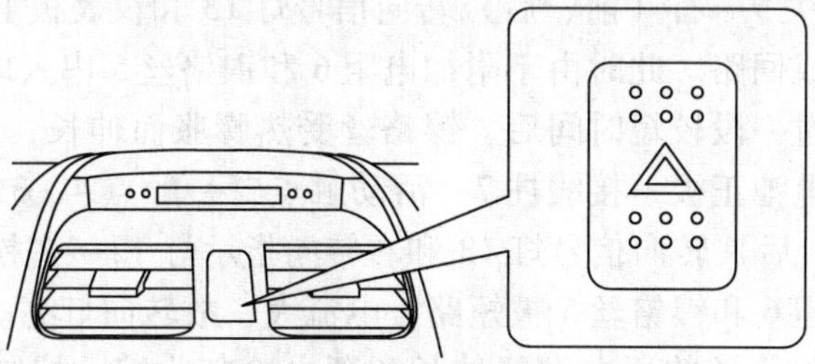

图 5—1—3　危险警告信号灯开关

表 5—1—2　　危险警告信号灯开关工作导通表

端子 / 挡位	E1	T	B1	B2	F	TB	TR	TL
OFF	照明灯 ○—⊙—○		○	—	○			
ON	照明灯 ○—⊙—○			○	○	○	○	○

注：OFF 挡 B1 与 F 导通；ON 挡 B2 与 F 导通，TB、TR、TL 导通。

二、转向信号灯的闪光器

转向信号灯的作用是指示汽车的行驶趋向。转向灯在工作时由闪光器控制闪烁发光。

1. 闪光器的类型

汽车转向信号灯的闪光器按结构和工作原理可分为如图 5—1—4 所示的几种类型。

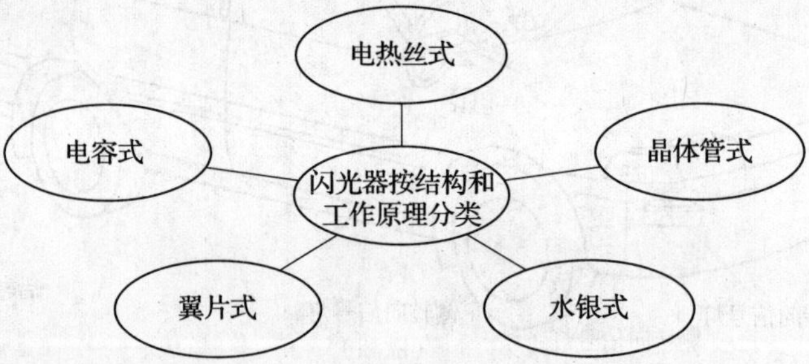

图 5—1—4　转向信号灯的闪光器的类型

电热丝式闪光器结构简单，制造成本低，但闪烁频率不够稳定，使用寿命短，信号灯的亮暗不够明显。晶体管式闪光器具有性能稳定、可靠等优点，故已广泛应用。电容式闪光器的闪烁频率稳定。翼片式闪光器结构简单、体积小、闪光频率稳定、监控作用明显、工作时伴有响声。水银式闪光器应注意垂直安装，否则不能正常工作。

2. 电热丝式闪光器的结构与工作原理

SD56 型电热丝式闪光器的结构与工作原理如图 5—1—5 所示。当汽车向右转弯时，将转向开关 9 接通，电流便经蓄电池正极→接线柱 7→活动触点 4→镍铬丝 5→附加电阻 6→接线柱 8→转向开关 9→右（前、后）转向信号灯 13 和仪表板上的右转向指示灯 12→搭铁→蓄电池负极形成回路。此时由于附加电阻 6 和镍铬丝 5 串入电路中，电流较小，故转向信号灯不亮。经过一段较短时间后，镍铬丝受热膨胀而伸长，使触点 3、4 闭合。触点闭合后，电流经蓄电池正极→接线柱 7→活动触点臂→触点 4、3→线圈 2→接线柱 8→转向开关 9→右（前、后）转向信号灯 13 和右转向指示灯 12→搭铁→蓄电池负极形成回路。此时由于附加电阻 6 和镍铬丝 5 被短路，电流大，故转向灯亮。电热丝式闪光器通过上述分析的方式，即镍铬丝的通电发热伸长和断电冷却收缩，控制触点的开闭状态，达到转向灯闪烁的目的。

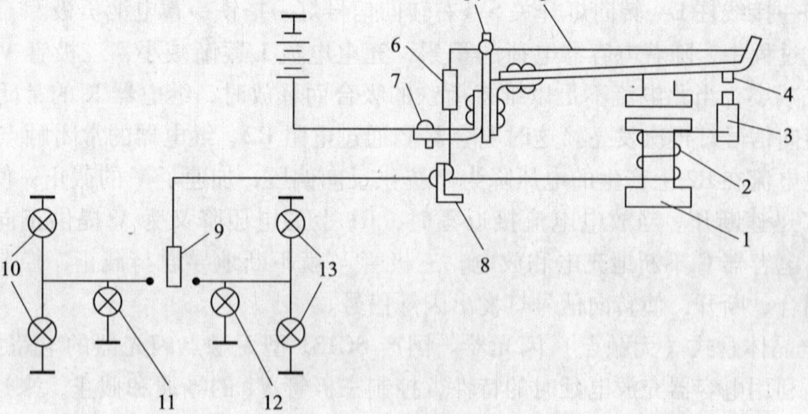

图 5—1—5　SD56 型电热丝式闪光器的结构与工作原理

1—铁芯　2—线圈　3—固定触点　4—活动触点　5—镍铬丝　6—附加电阻
7，8—接线柱　9—转向开关　10—左（前、后）转向信号灯　11—左转向指示灯
12—右转向指示灯　13—右（前、后）转向信号灯　14—调节片

3. 电子闪光器的结构与工作原理

（1）有触点的晶体管式闪光器。它主要由一个三极管的开关电路和一个继电器组成，如图 5—1—6 所示。当汽车向右转弯时，接通电源开关 SA 和转向灯开关 S，电流经蓄电池正极→电源开关 SA→接线柱 B→电阻 R1→继电器 K 的常闭触点→接线柱 L→转向灯开关S→右转向信号灯→搭铁→蓄电池负极，右转向信号灯亮。当电流通过 R1 时，在 R1 上产生电压降，晶体管三极管 V 因正向偏压而导通，集电极电流 I_c 流过继电器 K 的线圈，使继电器常闭触头立即断开，右转向信号灯熄灭。晶体三极管 V 导通的同时，V 的基极电流向电容器 C 充电。

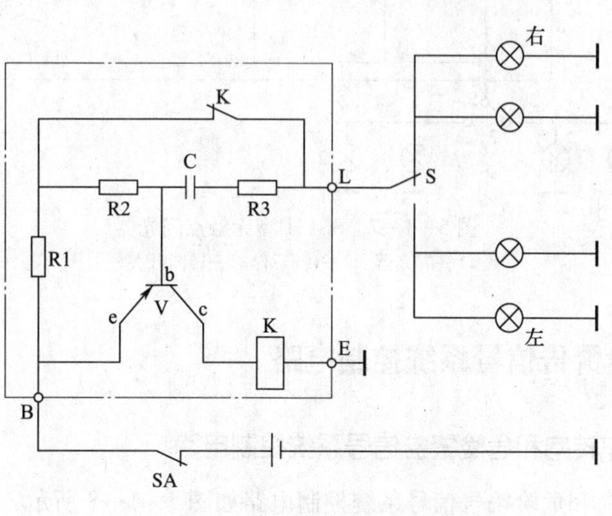

图 5—1—6　有触点晶体管式闪光器

充电电路是：蓄电池正极→电源开关SA→接线柱B→V的发射极e、基极b→电容器C→电阻R3→接线柱L→转向灯开关S→右转向信号灯→搭铁→蓄电池负极。

在充电过程中，随着电容器电荷的积累，充电电流I_b逐渐减小，三极管V的集电极电流I_c也随之减小，当此电流不足以维持衔铁的吸合而释放时，继电器K的常闭触点K又重新闭合，转向信号灯再次发亮。这时电容器C通过电阻R2、继电器的常闭触点K、电阻R3放电。放电电流在R2上产生的电压降为V提供反向偏压，加速了V的截止，使继电器K的常闭触点K迅速断开。当放电电流接近零时，R1上的电压降又为V提供正向偏压使其导通。这样，电容器C不断地充电和放电，三极管V就不断地导通与截止，控制继电器的触点反复地闭合、断开，使转向信号灯发出闪烁信号。

（2）全晶体管式（无触点）闪光器。国产SG131型无触点闪光器的电路如图5—1—7所示。它是利用电容器充放电延时的特性，控制三极管V1的导通和截止，来达到闪光的目的。接通转向灯开关后，三极管V1的基极电流由两路提供，一路经电阻R2，另一路经R1和C，使V导通，V1导通时，则V2、V3组成的复合管处于截止状态。由于V1的导通电流很小，仅60 mA左右，故转向信号灯暗。与此同时，电源对电容器C充电，随着电容C的两端电压升高，充电电流减小，V1的基极电流减小，使V1由导通变为截止。这时A点电位升高，当其电位达到1.4 V时，V2、V3导通，于是转向信号灯亮。此时电容器C经过R1、R2放电，放电时间为灯亮时间。C放完电，接着又充电，V1再次导通使V2、V3截止，转向信号灯又熄灭，C的充电时间为灯灭的时间。如此反复，使转向信号灯发出闪光。改变R1和R2的电阻值、电容C的大小以及V1的β值，即可改变闪光频率。

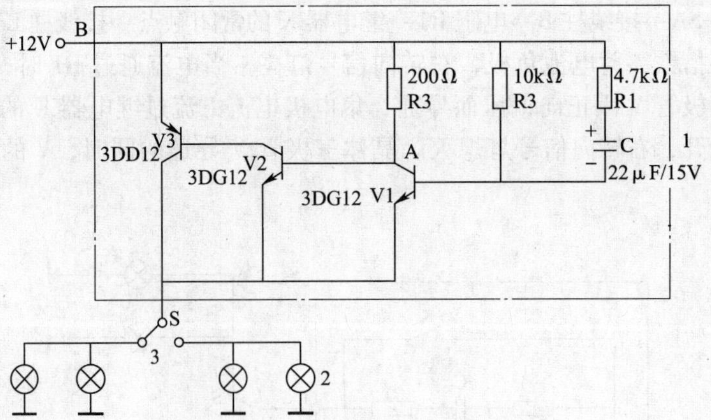

图5—1—7　SG131型无触点闪光器

1—闪光器　2—转向灯　3—转向开关

三、转向和危险警告信号系统控制电路

1. 金杯面包车转向和危险警告信号系统控制电路

金杯面包车转向和危险警告信号系统控制电路如图5—1—8所示，主要是由转向信号闪光器、转向灯开关、危险警告信号灯开关等组成。其工作原理如下：

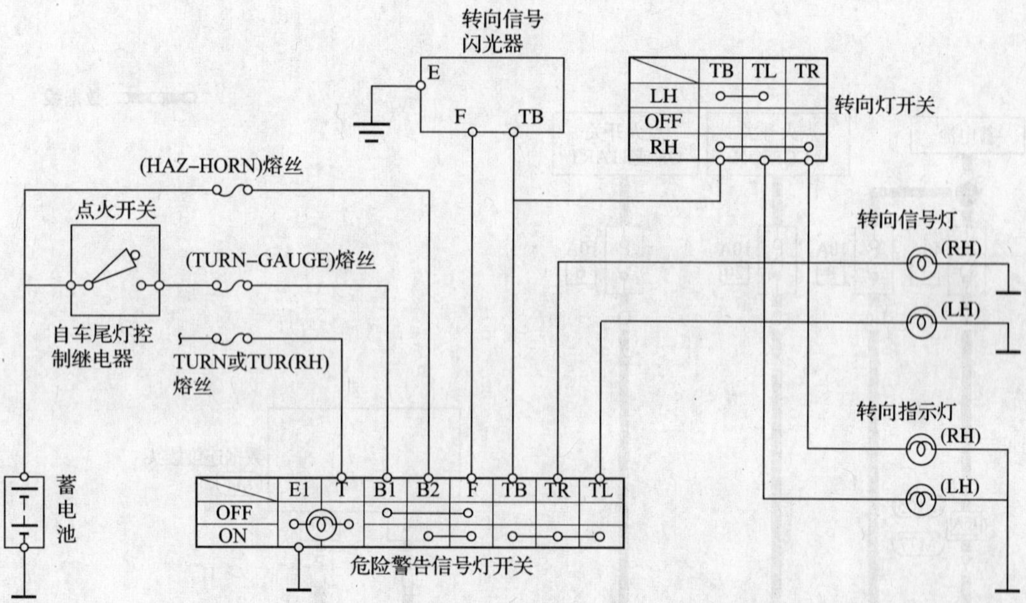

图 5—1—8 金杯面包车转向和危险警告信号系统控制电路

当汽车要左转弯时，将转向灯开关置于 LH 位置。电流经蓄电池正极→点火开关→（TURN - GAUGE）熔丝→危险警告信号灯开关 B1 端子→F 端子→转向信号闪光器 F 端子→TB 端子→转向灯开关 TB 端子→TL 端子→左边转向灯→搭铁形成回路，左边转向信号灯和左边转向指示灯同时工作。

当汽车要右转弯时，将转向灯开关置于 RH 位置。电流经蓄电池正极→点火开关→（TURN - GAUGE）熔丝→危险警告信号灯开关 B1 端子→F 端子→转向信号闪光器 F 端子→TB 端子→转向灯开关 TB 端子→TR 端子→右边转向灯→搭铁形成回路，右边转向信号灯和右边转向指示灯同时工作。

当汽车行驶中出现故障而在路上抛锚时，危险警告信号灯开关打开（ON 位置）。电流经蓄电池正极→（HAZ - HORN）熔丝→危险警告信号灯开关 B2 端子→F 端子→转向信号闪光器 F 端子→TB 端子→危险警告信号灯开关 TB 端子→TL 端子→TR 端子→左转向灯→右转向灯→搭铁形成回路，左、右两边转向灯及左、右两边转向指示灯同时工作。

2. 日产颐达轿车转向与危险警告信号系统控制电路

日产颐达轿车转向与危险警告信号系统是由 BCM 计算机进行控制，其电路如图 5—1—9 所示，工作原理如下：

当点火开关在 ON 或 START 位置时，供电：

- 通过 10 A 熔丝［6 号，位于熔丝盒内（J/B）］
- 至 BCM（车身控制模块）端口 38
- 通过 10 A 熔丝［3 号，位于熔丝盒内（J/B）］
- 至组合仪表端口 28

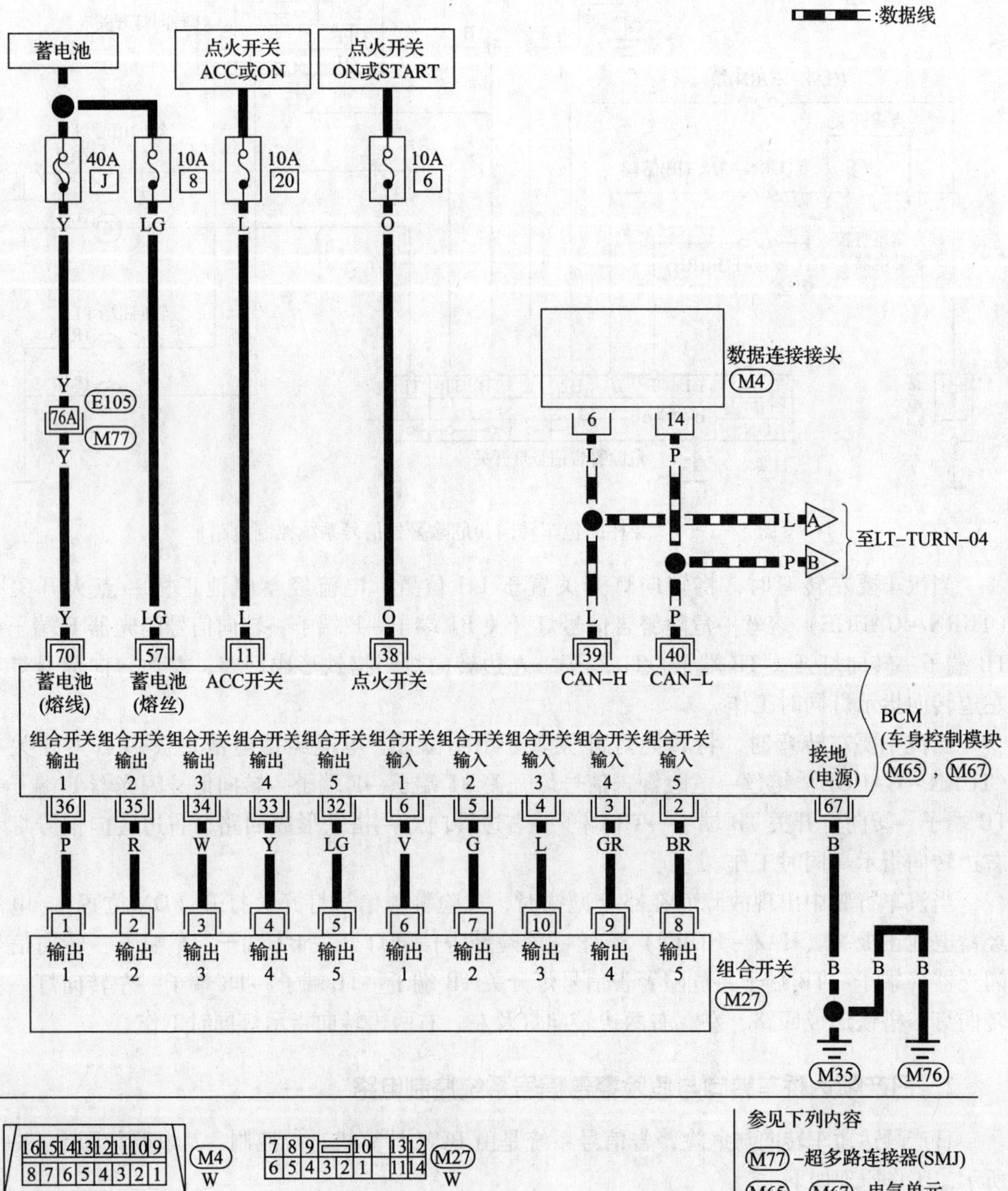

:数据线
蓄电池
点火开关 ACC或ON
点火开关 ON或START
40A J
10A 8
10A 20
10A 6
Y LG L O
E105
76A
M77
数据连接接头
M4
6 14
L P
至LT-TURN-04
L A
P B
70 57 11 38 39 40
蓄电池(熔线)
蓄电池(熔丝)
ACC开关
点火开关
CAN-H
CAN-L
组合开关输出1
组合开关输出2
组合开关输出3
组合开关输出4
组合开关输出5
组合开关输入1
组合开关输入2
组合开关输入3
组合开关输入4
组合开关输入5
接地(电源)
BCM
(车身控制模块
M65，M67
36 35 34 33 32 6 5 4 3 2 67
P R W Y LG V G L GR BR B
1 2 3 4 5 6 7 10 9 8
输出1 输出2 输出3 输出4 输出5 输出1 输出2 输出3 输出4 输出5
组合开关
M27
B B B
M35 M76
16 15 14 13 12 11 10 9
8 7 6 5 4 3 2 1
M4 W
7 8 9 10 13 12
6 5 4 3 2 1 11 14
M27 W
参见下列内容
M77 -超多路连接器(SMJ)
M65，M67 -电气单元

a)

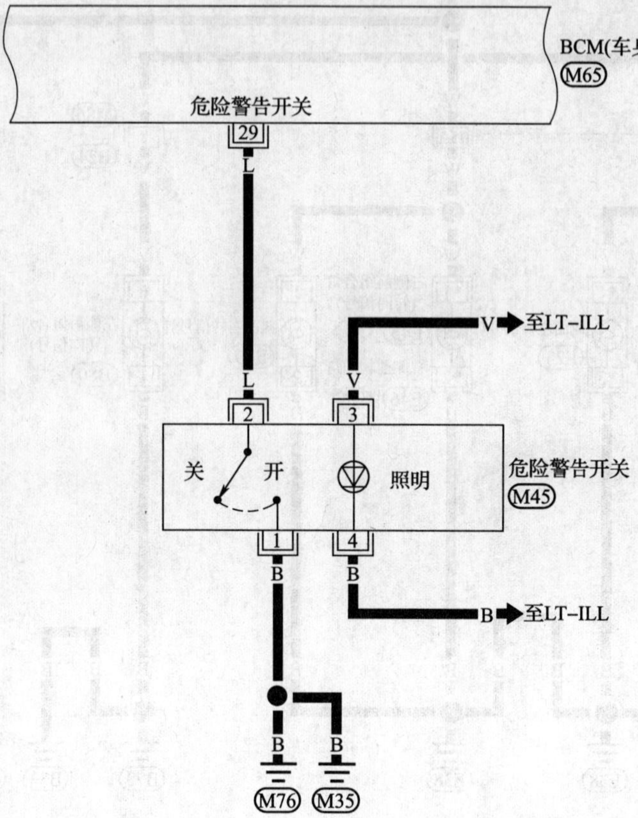
BCM(车身控制模块)
M65
危险警告开关
29
L
L
V
V
至LT-ILL
2
3
关
开
照明
危险警告开关
M45
1
4
B
B
B
至LT-ILL
B
B
M76
M35
b)

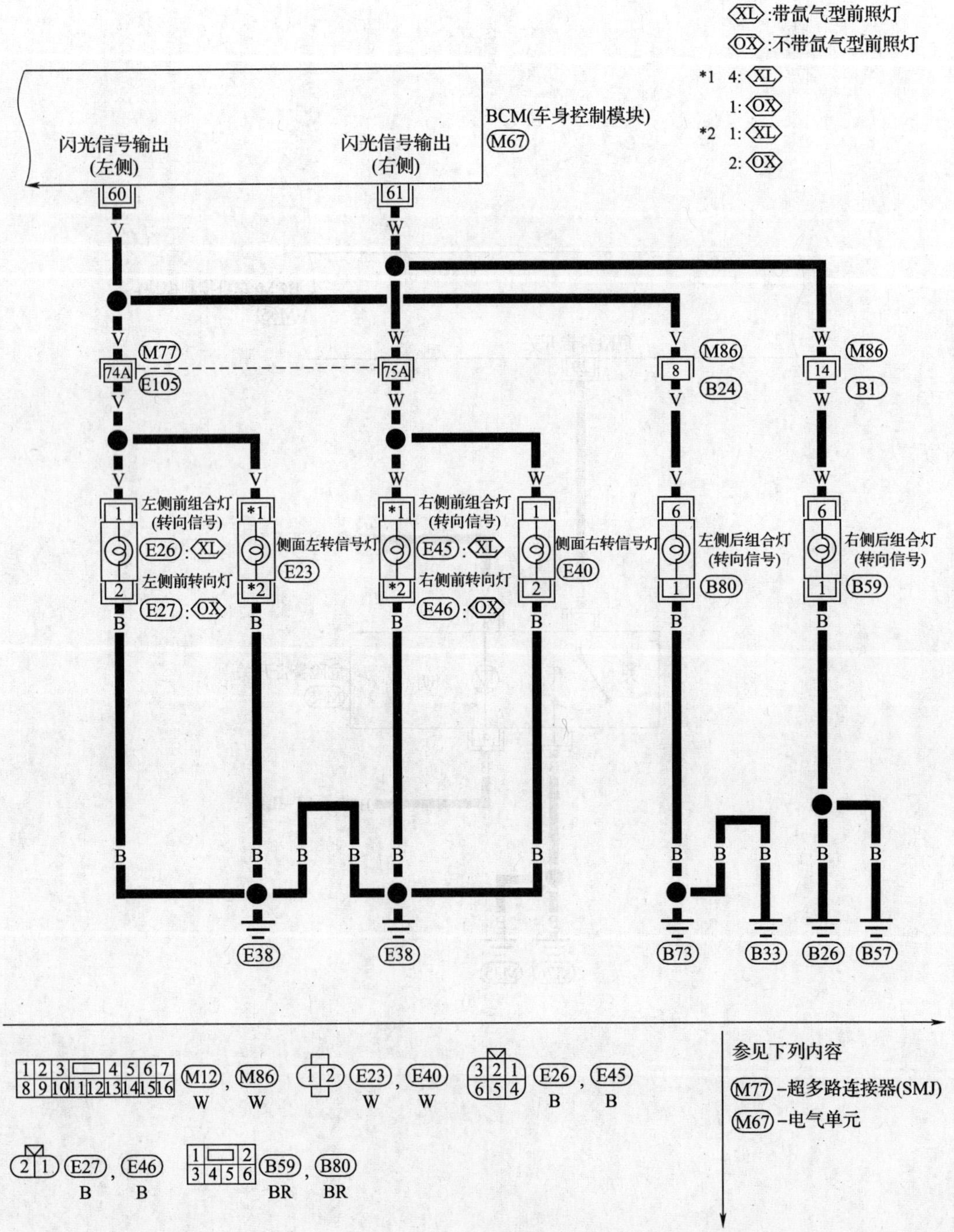
XL:带氙气型前照灯
OX:不带氙气型前照灯
*1 4: XL
1: OX
*2 1: XL
2: OX
BCM(车身控制模块)
M67
闪光信号输出
(左侧)
闪光信号输出
(右侧)
60
61
M77
74A
E105
75A
M86
8
B24
M86
14
B1
左侧前组合灯
(转向信号)
E26: XL
左侧前转向灯
E27: OX
侧面左转信号灯
E23
右侧前组合灯
(转向信号)
E45: XL
右侧前转向灯
E46: OX
侧面右转信号灯
E40
左侧后组合灯
(转向信号)
B80
右侧后组合灯
(转向信号)
B59
E38
E38
B73
B33
B26
B57
M12, M86
W W
E23, E40
W W
E26, E45
B B
E27, E46
B B
B59, B80
BR BR
参见下列内容
M77 –超多路连接器(SMJ)
M67 –电气单元

c)

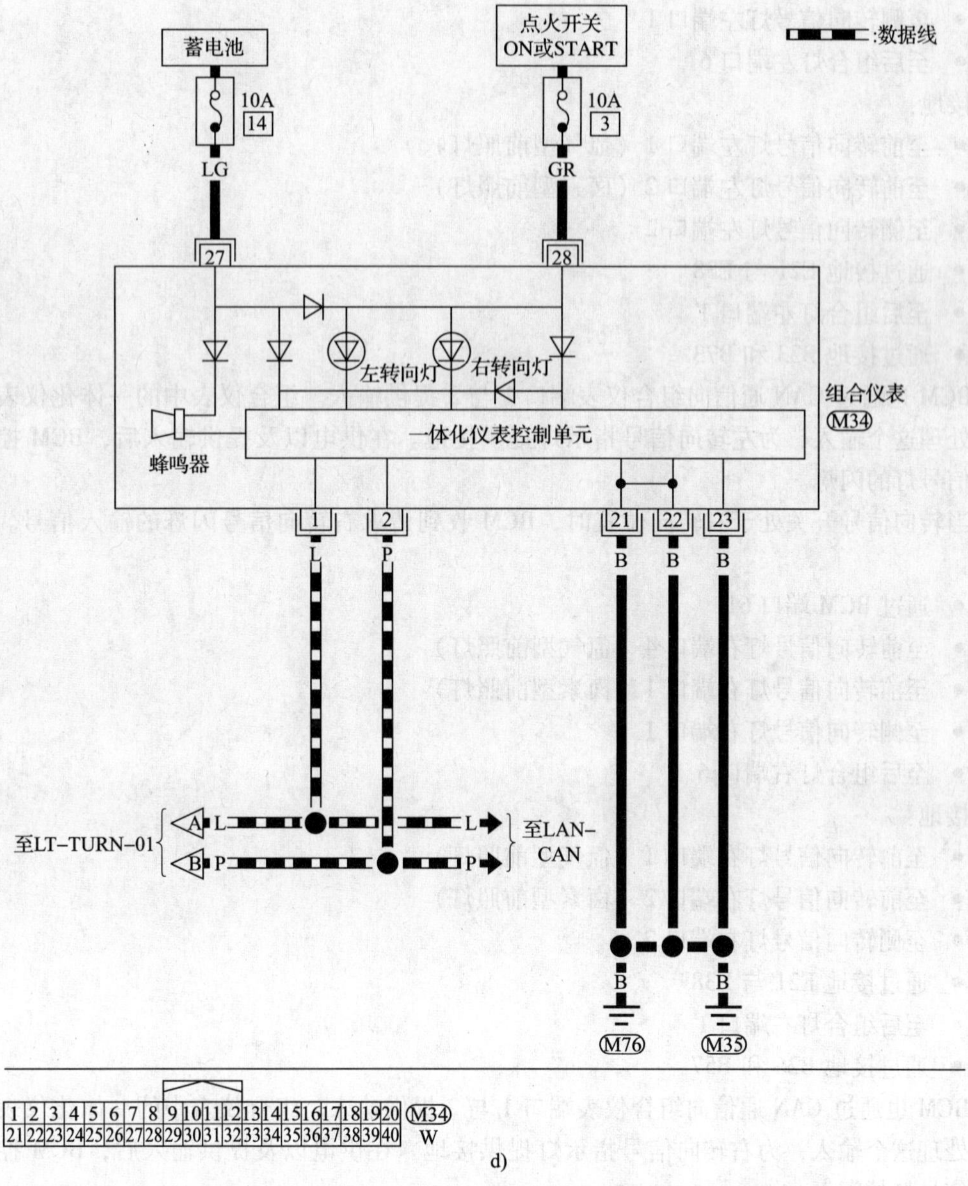

d)

图 5—1—9　日产颐达轿车转向和危险警告信号系统控制电路

接地：

- 至 BCM 端口 67
- 至组合仪表端口 21、22 和 23

当转向信号开关处于左转向位置时，BCM 收到请求左转向信号闪烁的输入信号。BCM 供电：

- 通过 BCM 端口 60
- 至前转向信号灯左端口 4（氙气型前照灯）

- 至前转向信号灯左端口 1（卤素型前照灯）
- 至侧转向信号灯左端口 1
- 至后组合灯左端口 6

接地：

- 至前转向信号灯左端口 1（氙气型前照灯）
- 至前转向信号灯左端口 2（卤素型前照灯）
- 至侧转向信号灯左端口 2
- 通过接地 E21 与 E38
- 至后组合灯左端口 1
- 通过接地 B33 和 B73

BCM 也通过 CAN 通信向组合仪表端口 1 与 2 提供输入。组合仪表中的一体化仪表控制单元处理这个输入，为左转向信号指示灯提供接地。在供电以及提供输入后，BCM 控制左转向信号灯的闪烁。

当转向信号开关处于右转向位置时，BCM 收到请求右转向信号闪烁的输入信号。BCM 供电：

- 通过 BCM 端口 61
- 至前转向信号灯右端口 4（氙气型前照灯）
- 至前转向信号灯右端口 1（卤素型前照灯）
- 至侧转向信号灯右端口 1
- 至后组合灯右端口 6

接地：

- 至前转向信号灯右端口 1（氙气型前照灯）
- 至前转向信号灯右端口 2（卤素型前照灯）
- 至侧转向信号灯右端口 2
- 通过接地 E21 与 E38
- 至后组合灯右端口 1
- 通过接地 B26 和 B57

BCM 也通过 CAN 通信向组合仪表端口 1 与 2 提供输入。组合仪表中的一体化仪表控制单元处理这个输入，为右转向信号指示灯提供接地。在供电以及提供输入后，BCM 控制右转向信号灯的闪烁。

当危险警告开关被按下时，接地：

- 至 BCM 端口 29
- 通过危险警告开关端口 2

BCM 供电：

- 通过 BCM 端口 60
- 至前转向信号灯左端口 4（氙气型前照灯）
- 至前转向信号灯左端口 1（卤素型前照灯）
- 至侧转向信号灯左端口 1

- 至后组合灯左端口 6
- 通过 BCM 端口 61
- 至前转向信号灯右端口 4（氙气型前照灯）
- 至前转向信号灯右端口 1（卤素型前照灯）
- 至侧转向信号灯右端口 1
- 至后组合灯右端口 6

接地：

- 至前转向信号灯左右端口 1（氙气型前照灯）
- 至前转向信号灯左右端口 2（卤素型前照灯）
- 至侧转向信号灯左右端口 2
- 通过接地 E21 与 E38
- 至后组合灯左端口 1
- 通过接地 B33 和 B73
- 至后组合灯右端口 1
- 通过接地 B26 和 B57

BCM 也通过 CAN 通信线路向组合仪表端口 1 与 2 提供输入。组合仪表中的一体化仪表控制单元处理这个输入，为左右转向信号指示灯提供接地。在供电以及提供输入后，BCM 控制危险警告灯的闪烁。

任务实施

1. 转向与危险信号警告灯开关线端子检测

根据所提供的实训设备，检测开关导通情况，并填入表 5—1—3 和表 5—1—4。

表 5—1—3　　转向灯开关导通情况记录表

端子 挡位	TL	TB	TR
左转			
OFF			
右转			

表 5—1—4　　危险信号警告灯开关导通情况记录表

端子 挡位	B1	F	B2	TB	TR	TL
OFF						
ON						

2. 转向与危险信号警告灯系统线路连接

完成图5—1—10转向与危险信号警告灯系统原理图的连接，并用实物部件进行验证。

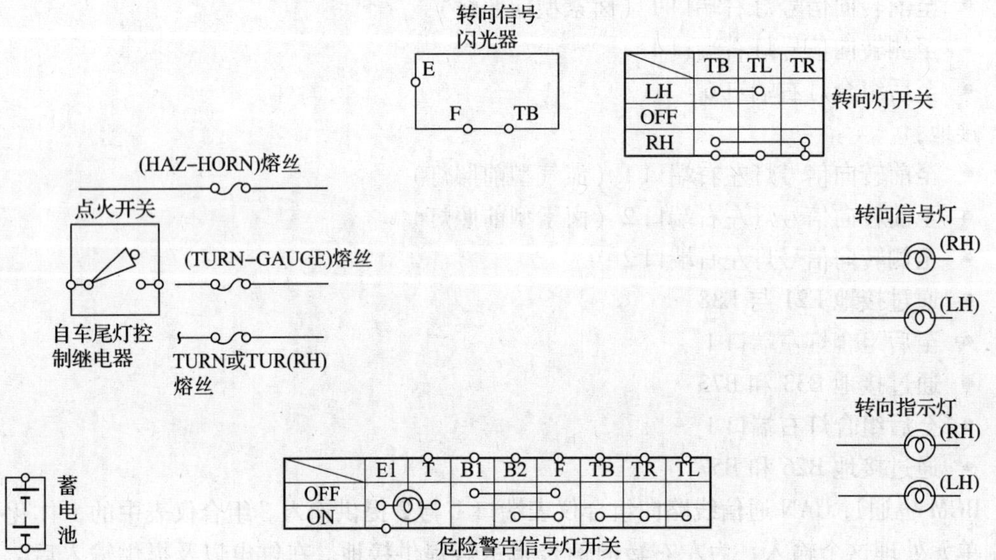

图5—1—10 转向与危险信号警告灯系统原理图

✓ 任务总结

一、任务评价

对本学习任务进行评价，评分表见表5—1—5。

表5—1—5 评 分 表

考核项目	评分标准	分数	学生自评	小组互评	教师评价	小计
团队合作	是否和谐	5				
活动参与	是否积极主动	5				
安全生产	有无安全隐患	10				
现场5S	是否做到	10				
任务方案	是否正确、合理	10				
操作过程	1. 转向与危险信号警告灯开关检测 2. 转向与危险信号警告灯系统线路连接	35				

续表

考核项目	评分标准	分数	学生自评	小组互评	教师评价	小计
任务完成情况	是否圆满完成	5				
工具和设备使用	是否规范、标准	10				
劳动纪律	能否严格遵守	5				
工单填写	是否完整、规范	5				
总分		100				
教师签名：				年　月　日	得分	

二、理论知识检验

1. 在讨论转向灯电路时，甲技师说转向灯电源不受点火开关控制，乙技师说转向灯电源受点火开关控制，你认为（　　）。

A. 甲说的对　　B. 乙说的对　　C. 甲乙说的都对　　D. 甲乙说的都不对

2. 在讨论转向灯电路时，甲技师说前后转向灯是与转向灯开关并联，乙技师说前后转向灯是与转向灯开关串联，你认为（　　）。

A. 甲说的对　　B. 乙说的对　　C. 甲乙说的都对　　D. 甲乙说的都不对

3. 在讨论转向灯电路时，甲技师说转向指示灯是与转向灯开关并联，乙技师说转向指示灯是与转向灯开关串联，你认为（　　）。

A. 甲说的对　　B. 乙说的对　　C. 甲乙说的都对　　D. 甲乙说的都不对

4. 在讨论转向与危险信号警告灯电路时，甲技师说转向与危险信号警告灯的闪光器是公用的，乙技师说是分开的，你认为（　　）。

A. 甲说的对　　B. 乙说的对　　C. 甲乙说的都对　　D. 甲乙说的都不对

5. 在讨论危险信号警告灯电路时，甲技师说危险信号警告灯电源不受点火开关控制，乙技师说危险信号警告灯电源受点火开关控制，你认为（　　）。

A. 甲说的对　　B. 乙说的对　　C. 甲乙说的都对　　D. 甲乙说的都不对

知识拓展

别克凯越转向与危险信号警告灯控制电路

别克凯越轿车转向与危险信号警告灯控制电路如图 5—1—11 所示，其控制原理如下：

点火开关在 ON 挡，转向信号灯开关在左转位置时，运行和起动时通电→熔丝 F22→危险警告灯开关端口 10→危险警告灯开关端口 7→闪光装置端口 49→闪光装置端口 49a→转向信号灯开关端口 2→转向信号灯开关端口 1→左侧转向灯→搭铁。

点火开关在 ON 挡，转向信号灯开关在右转位置时，运行和起动时通电→熔丝 F22→危险警告灯开关端口 10→危险警告灯开关端口 7→闪光装置端口 49→闪光装置端口 49a→转向信号灯开关端口 2→转向信号灯开关端口 3→右侧转向灯→搭铁。

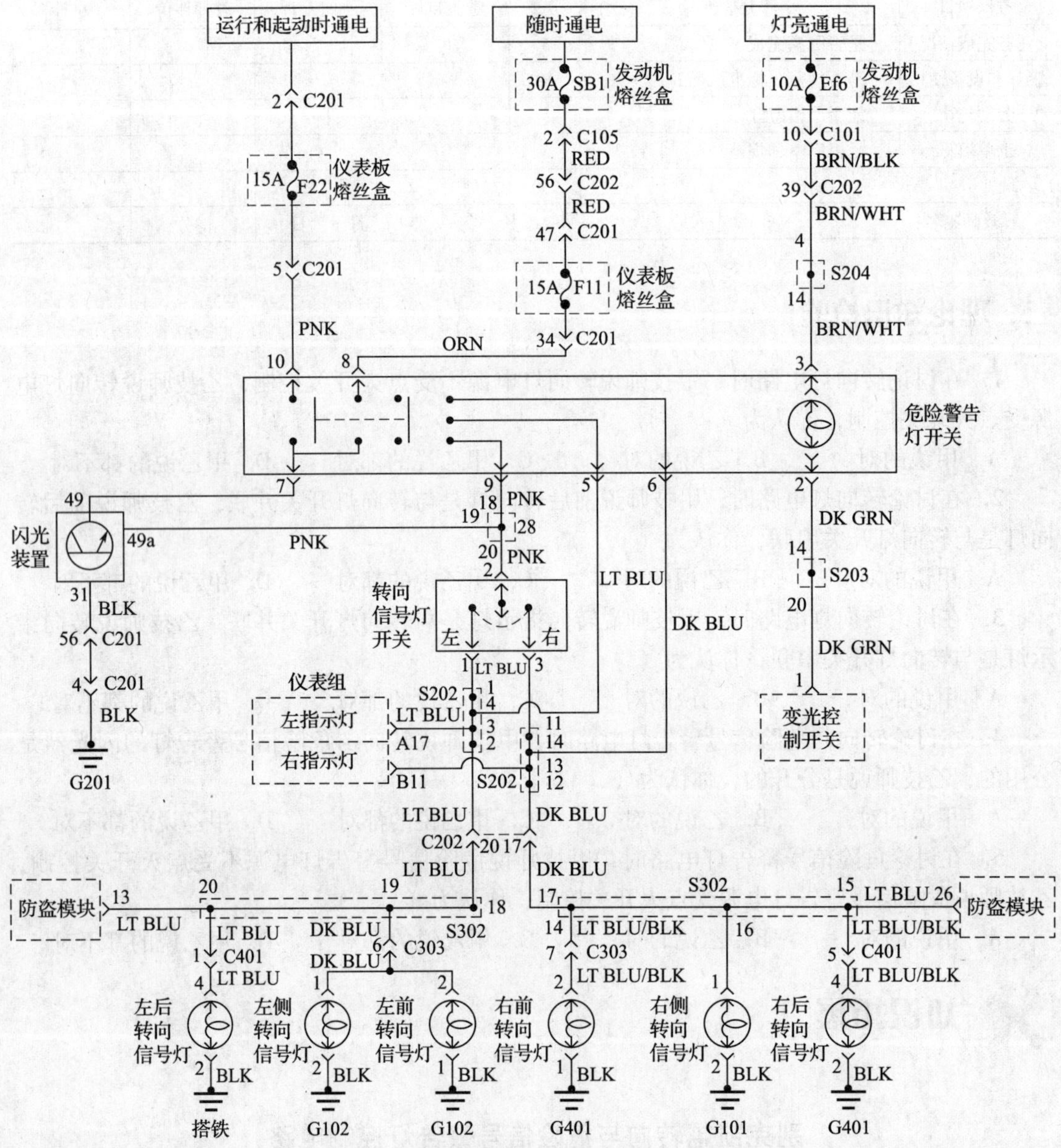

图 5—1—11　别克凯越转向与危险信号警告灯控制电路

危险警告灯开关在 ON 位置时，随时通电→熔丝 SB1→熔丝 F11→危险警告灯开关端口 8→危险警告灯开关端口 7→闪光装置端口 49→闪光装置端口 49a→危险警告灯开关端口9—

→危险警告灯开关端口5→左侧转向灯→搭铁。

→危险警告灯开关端口6→右侧转向灯→搭铁。

任务2　转向与危险警告信号灯工作异常故障检修

任务目标

1. 能根据任务需要收集转向与危险警告信号系统故障案例。
2. 能描述转向与危险警告信号灯系统控制电路工作原理。
3. 会分析转向与危险警告信号灯系统常见故障原因。
4. 会制定转向与危险警告信号灯系统常见故障检修方案。
5. 能正确地使用工量具和设备；根据“维修手册”指引，安全规范地对转向与危险警告信号灯系统一个转向灯不亮、一边转向灯不亮、转向灯不亮、危险警告信号灯不亮等故障进行检修与排除。

任务描述

转向与危险警告信号灯系统常见故障一般有转向灯不亮、一边转向灯不亮、一个转向灯不亮、危险警告信号灯不亮等。对于这些故障现象应如何进行检修？

任务内容

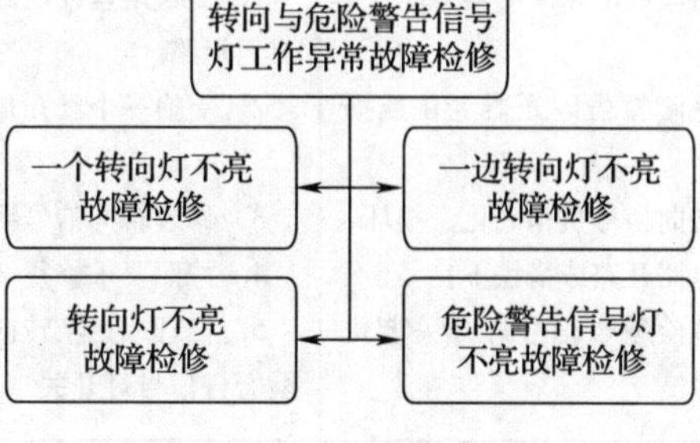

任务准备

一、转向与危险警告信号灯工作异常的原因及排除方法

转向与危险警告信号灯工作异常的原因及排除方法见表5—2—1。

表 5—2—1

现象	可能的原因	排除方法
一个转向灯不亮	1. 灯泡烧坏 2. 电路开路或搭铁不良	1. 更换灯泡 2. 按照要求修复电路
前转向灯不亮	电路插接器松脱或开路	按照要求修复电路
后转向灯不亮	电路插接器松脱或开路	按照要求修复电路
一边转向灯不亮	1. 转向灯开关故障 2. 配线或搭铁故障	1. 检查开关 2. 按要求修复电路
转向灯不亮	1. 熔丝或电路断电器烧断 2. 转向信号闪光器老化或损坏 3. 导线连接松脱 4. 电路开路或搭铁不良 5. 转向灯开关损坏	1. 更换熔丝或电路断电器。如果再次熔断，应检查有无短路 2. 更换个已知是好的闪光器 3. 重新连接好 4. 按照要求修复电路 5. 检查开关总成的连通性，按照要求更换转向灯开关和线束总成
两边转向灯同时亮	转向开关失效	检查开关，根据情况修复或更换
两边转向灯闪烁频率不同	1. 两边灯泡的功率不等 2. 有灯泡坏	1. 检查灯泡型号，有功率不等应更换 2. 检查灯泡，发现损坏则更换
转向灯常亮不闪	1. 闪光器损坏 2. 接线错误	1. 检查闪光器，如损坏则更换 2. 检查并修复电路
闪烁频率过高或过低	1. 灯泡的功率不当 2. 闪光器工作不良 3. 电源电压过高或过低	1. 检查灯泡型号 2. 更换闪光器 3. 调整或更换电压调节器
危险警告信号灯不亮	1. 熔丝或电路断电器烧断 2. 危险警告闪光器老化或损坏 3. 转向信号机构老化、损坏 4. 电路开路或搭铁不良 5. 危险警告信号灯开关老化或损坏	1. 更换熔丝或电路断电器。如果再次熔断，应检查有无短路 2. 更换一个已知是好的闪光器 3. 修理转向信号系统，更换开关 4. 按照要求修复 5. 修理或更换转向灯开关用导线总成，其中包括危险警告信号灯开关

二、转向与危险警告信号灯工作异常检修

案例链接：

一辆金杯面包车，转向与危险警告信号系统控制电路如图 5—1—8 所示，据车主反映打开转向灯开关转向灯不亮，打开危险警告信号灯开关，危险警告信号灯也不亮。

下面以“案例链接”所提及的车型作为诊断样本，按汽车4S店的维修规范作业要求，具体分析该类型故障的诊断流程及诊断方法。具体如下：

1. 对待修车辆进行维修接待

可参考表1—1—1（接车问诊表），对待修车辆进行维修接待。

2. 厘清故障诊断程序

要将故障尽快诊断出来，首先应厘清思路，即明确故障诊断的一般方法及流程，这是解决问题的关键。汽车维修企业（4S店）一般采用图1—1—5所示的诊断程序对车辆故障进行诊断。

3. 故障诊断思路

（1）接通点火开关，打开转向灯开关，查看左右转向灯都不亮。

（2）打开危险警告信号灯开关，查看两边转向灯也都不亮。

（3）检查相关熔丝，（TURN-GAUGE）熔丝、（HAZ-HORN）熔丝完好，测量熔丝两端电压正常。

（4）检查危险警告信号灯开关B1、B2端子电压正常。

（5）取下闪光器，检查闪光器座F端子电压也正常，换装正常闪光器试验，转向灯仍然不亮。

（6）测量闪光器座TB端子与危险警告信号灯开关TB线端子之间的导通性，电阻为无穷大，说明故障是在该段线路上。

（7）经过检查故障点是在闪光器座TB端子的接头有断路，修复后，故障排除。

在检修过程中，当遇到转向灯不亮故障时，首先应接通危险警告信号灯开关，如果此时危险警告信号灯工作，即说明闪光器、转向灯泡及连接线路正常，故障多数是在熔丝、转向灯开关和危险警告信号灯开关。接着，再根据线路布置与走向逐段查找，故障就不难排除。

任务实施

1. 转向与危险警告信号灯电路检测

根据图5—1—8所示电路图和所接的电路，完成下面检测：

（1）点火开关在OFF位置时，测量危险警告信号灯开关“B2”端子电压______V。

（2）点火开关在ON位置时，测量危险警告信号灯开关“B1”端子电压________V；“F”端子电压________V。

（3）点火开关在ON位置时，转向灯开关打到左转位置，测量危险警告信号灯开关“TL”端子电压______V；“TB”端子电压______V；左转向灯亮与否：________。

（4）点火开关在ON位置时，转向灯开关打到右转位置，测量危险警告信号灯开关“TL”端子电压______V；“TB”端子电压______V；右转向灯亮与否：________。

（5）打开危险警告信号灯开关，测量危险警告信号灯开关“B2”端子电压____V；“F”端子电压____V；“TB”端子电压____V；“TR”端子电压____V；“TL”端子电压____V；危险警告信号灯亮与否________。

2. 转向灯不亮故障诊断

结合实训设备或实训车辆，将转向灯不亮故障诊断步骤填入表5—2—2中。

表5—2—2　　转向灯不亮故障诊断记录表

序号	诊断项目	诊断结果	处理方法
1			
2			
3			
4			
5			
6			
7			

3. 经过诊断后，画出实训设备或实训车辆转向与危险警告信号灯控制电路原理图。

任务总结

一、任务评价

对本学习任务进行评价，评分表见表5—2—3。

表5—2—3　　评　分　表

考核项目	评分标准	分数	学生自评	小组互评	教师评价	小计
团队合作	是否和谐	5				
活动参与	是否积极主动	5				
安全生产	有无安全隐患	10				
现场5S	是否做到	10				
任务方案	是否正确、合理	25				

续表

考核项目	评分标准	分数	学生自评	小组互评	教师评价	小计
操作过程	1. 转向与危险警告信号灯电路检测 2. 转向灯不亮故障诊断	20				
任务完成情况	是否圆满完成	5				
工具和设备使用	是否规范、标准	10				
劳动纪律	能否严格遵守	5				
工单填写	是否完整、规范	5				
总分		100				
教师签名：			年　月　日		得分	

二、理论知识检验

1. 在讨论一边转向灯不亮的故障原因时，甲技师说与闪光器损坏有关，乙技师说与转向灯损坏有关，你觉得（　　）。

A. 甲说的对　　B. 乙说的对　　C. 甲乙说的都对　　D. 甲乙说的都不对

2. 在讨论一个转向灯不亮的故障原因时，甲技师说与转向灯损坏有关，乙技师说与转向灯光开关损坏有关，你觉得（　　）。

A. 甲说的对　　B. 乙说的对　　C. 甲乙说的都对　　D. 甲乙说的都不对

3. 在讨论转向灯不亮故障时，甲技师说与转向灯熔丝烧坏有关，乙技师说与闪光器损坏有关，你觉得（　　）。

A. 甲说的对　　B. 乙说的对　　C. 甲乙说的都对　　D. 甲乙说的都不对

4. 在讨论危险警告信号灯不亮故障时，甲技师说与危险警告信号灯熔丝烧坏有关，乙技师说与闪光器损坏有关，你觉得（　　）。

A. 甲说的对　　B. 乙说的对　　C. 甲乙说的都对　　D. 甲乙说的都不对

5. 在讨论两边转向灯闪烁频率不一致的故障原因时，甲技师说与闪光器损坏有关，乙技师说与灯泡功率有关，你觉得（　　）。

A. 甲说的对　　B. 乙说的对　　C. 甲乙说的都对　　D. 甲乙说的都不对

知识拓展

案例1　大众波罗轿车左边转向灯不亮

（1）故障现象。一辆大众波罗 1.4 L 手动挡轿车打开左边转向灯开关，左边转向灯不闪，仪表板上的左边转向指示灯快速闪烁，打开右边转向灯正常。打开危险警告信号灯开关，同样只有右边的转向灯工作。

（2）故障诊断与排除。大众波罗转向灯电路图如图 5—2—1 所示，由图 5—2—1 可知网络控制单元接收来自转向灯开关和危险警告信号灯开关信号后，会直接驱动其内部的继电器来控制左边或右边的转向灯工作，或驱动左右两边转向灯同时工作。

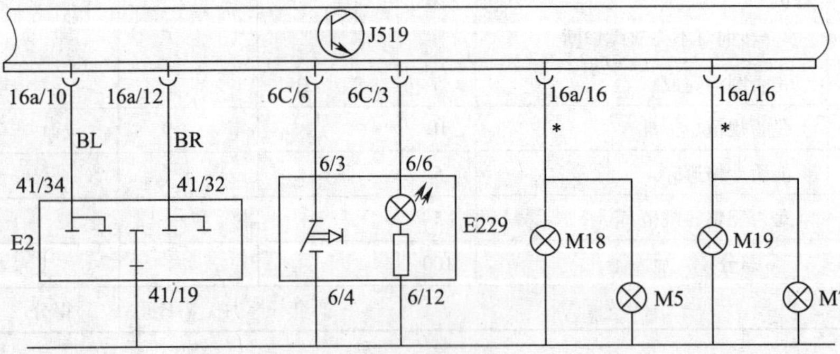

图 5—2—1　大众波罗轿车转向灯相关电路

E2—转向灯开关　E229—危险警告信号灯开关　J519—网络控制单元　M5，M7，M18，M19—转向灯

使用万用表检查左边转向灯熔丝正常，打开左边转向灯时，熔丝上无电压，继续检查熔丝和网络控制单元后面插头连接时，发现左边转向灯在加装遥控防盗系统时松动脱落，将插头处理牢固，故障排除。

案例 2　别克凯越轿车转向灯工作正常，危险警告信号灯不工作

（1）故障现象。一辆别克凯越轿车，打开转向灯开关，左右转向灯正常工作，但打开危险警告信号灯开关，危险警告信号灯不工作。

（2）故障诊断与排除。别克凯越转向与危险警告信号灯电路如图 5—1—11 所示，故障诊断思路见表 5—2—4。

表 5—2—4　　别克凯越转向与危险警告信号灯故障诊断表

步骤	操作	数值	是	否
1	检查熔丝 F11 熔丝 F11 是否烧断	—	至步骤 2	至步骤 3
2	1. 检查是否短路并完成必要的修理 2. 更换熔丝 修理是否完成	—	系统正常	—
3	用电压表检查熔丝 F11 上的电压 熔丝 F11 上的蓄电池电压是否等于规定值	11 ~ 14 V	至步骤 5	至步骤 4
4	修理保险丝 F11 的供电电路 修理是否完成	—	系统正常	—
5	1. 断开危险警告信号灯开关连接器 2. 用电压表检查危险警告信号灯开关端子 8 上的电压 连接器端子 8 上的蓄电池电压是否等于规定值	11 ~ 14 V	至步骤 6	至步骤 9

续表

步骤	操作	数值	是	否
6	1. 拆下危险警告信号灯开关并断开连接以进行测试 2. 接通危险警告信号灯开关 3. 用电阻计测试端子 7 和端子 8 之间的电阻 电阻是否等于规定值	0 Ω	至步骤 7	至步骤 10
7	1. 在危险警告信号灯开关仍拆下并断开时，接通危险警告信号灯开关 2. 用电阻计检查端子 5、6 和 9 之间是否接通 电阻是否等于规定值	0 Ω	至步骤 8	至步骤 10
8	修理危险警告信号灯开关连接器和接头 S202 之间的开路故障 修理是否完成	—	系统正常	—
9	修理危险警告信号灯开关连接器端子 8 和熔丝 F11 之间的开路故障 修理是否完成	—	系统正常	—
10	更换有故障的危险警告信号灯开关 修理是否完成	—	系统正常	—

项目六　仪表系统检修

任务1　仪表指示异常检修

任务目标

1. 能根据任务需要收集仪表系统故障案例。
2. 能描述汽车常用仪表工作原理。
3. 会分析汽车仪表常见故障原因。
4. 会制定汽车仪表常见故障检修方案。
5. 能正确地使用工量具和设备；根据“维修手册”指引，安全规范地对汽车仪表所有仪表无指示、个别仪表无指示等故障进行检修与排除。

任务描述

汽车仪表是将汽车工作时的重要信息及时反馈给驾驶员的装置，仪表在工作过程中通常会出现仪表无指示、仪表指示不准等故障，对于这些故障现象应如何进行检修？

任务内容

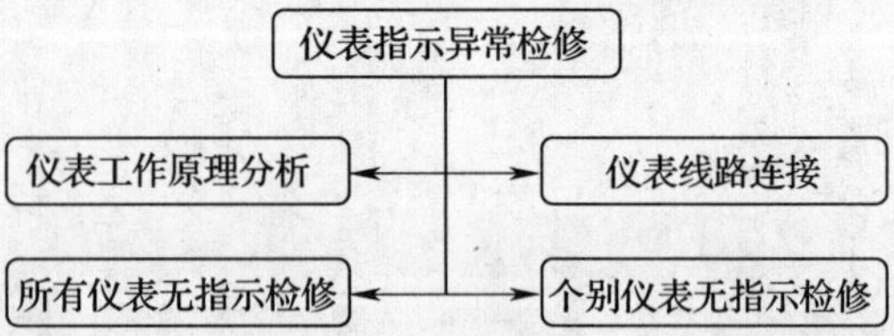

任务准备

一、汽车仪表的功能与类型

汽车仪表是监测汽车各系统工作状况的装置，并将信息及时反馈给驾驶员，以尽快发现和排除可能出现的故障。目前汽车上安装的仪表主要有电流表、电压表、燃油表、水温表、机油压力表、车速里程表、转速表、气压表等。

汽车仪表一般采用仪表板总成的形式集中安装在驾驶室转向盘的前方仪表板上，它有组合式、分装式之分，其中以组合式仪表居多。所谓组合式仪表，就是将各种仪表、指示灯、警告灯及仪表照明灯合装在一个表盘内，表盘上方用一块表面玻璃密封。桑塔纳 2000 轿车组合仪表如图 6—1—1 所示。

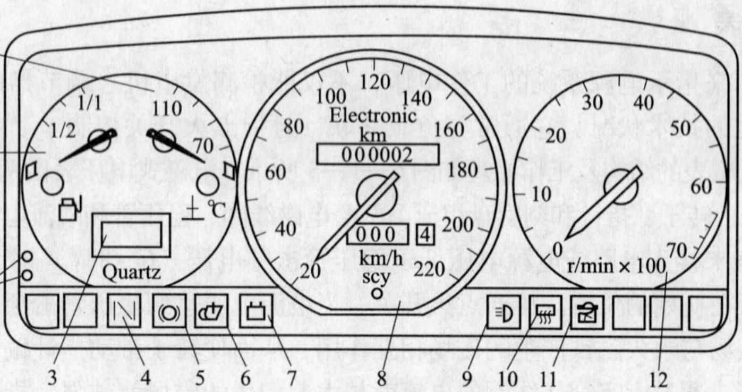

图 6—1—1　桑塔纳 2000 轿车组合仪表

1—水温表　2—燃油表　3—电子钟　4—阻风门指示灯　5—驻车制动和制动液面警告灯　6—机油压力警告灯　7—充电指示灯　8—车速里程表　9—远光指示灯　10—后窗加热指示灯　11—冷却液液面警告灯　12—转速表

二、仪表工作原理

1. 电流表

电流表主要用来指示蓄电池的充放电电流值，同时还用以监视电源系统工作是否正常。

电磁式电流表的结构及工作原理如图 6—1—2 所示。在条形永久磁铁 6 两端分别用黄铜夹子紧固，再用螺栓将黄铜板条 4 拧在绝缘底板上。螺栓就是电流表的两个接线柱 1、3。磁铁的内侧，在转轴 7 上安有带指针 2 的软钢转子 5。

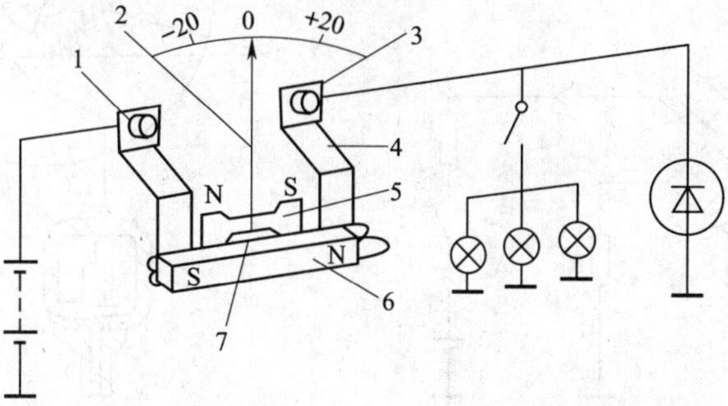

图 6—1—2　电磁式电流表的结构及工作原理

1—负极接线柱　2—指针　3—正极接线柱　4—黄铜板条　5—软钢转子　6—永久磁铁　7—转轴

当没有电流流过电流表时，软钢转子被永久磁铁磁化相互吸引，使指针停在中间“0”的位置。当蓄电池向外供电时，放电电流通过黄铜板条产生的磁场与永久磁铁磁场的合成磁场吸动软钢转子，使之逆时针偏转一个与合成磁场方向一致的角度。于是指针就指向标度盘的“—”侧。放电电流越大，合成磁场越强，则软钢转子带着指针向“—”侧偏转角度就越大。

当发电机向蓄电池充电时，则流过黄铜板条的电流反向，合成磁场吸引软钢转子带着指针顺时针向“+”侧偏转，且充电电流越大，指针偏转角度越大。

2. 电压表

电压表用来指示电源系统的工作电压，不仅能检测发电机、调节器的工作状况，而且还能检测蓄电池的技术状况。它通常与负载并联，且受点火开关控制。

电磁式电压表的结构及工作原理如图6—1—3所示。电磁式电压表由两个十字交叉的电磁线圈、永久磁铁、转子、指针和刻度盘组成。两个电磁线圈、稳压管和限流电阻相互串联在一起。

在电压表未接入电路或电源电压低于稳压管击穿电压（6~8 V）时，永久磁铁将转子磁化，指针保持在初始的位置。接通点火开关，当电源电压达到稳压管击穿电压后，两十字交叉线圈产生的磁场与永久磁铁产生的磁场相互作用，从而使转子带动指针偏向高电压方向。而且电源电压越高，通过十字交叉线圈的电流就越大，产生的磁场就越强，指针偏转角度就越大。

3. 机油压力表

机油压力表是在发动机运转时，用来指示发动机机油压力的大小和发动机润滑系统工作是否正常。它由安装在发动机侧主油道上或粗滤器壳上的机油压力传感器和仪表板上的机油压力指示表两部分组成，两者用导线相连。

电磁式机油压力表（配有可变电阻式传感器）结构及电路如图6—1—4所示，机油压力表中有两个线圈，一个与搭铁相接，另一个与可变电阻式传感器相连。传感器内部是一个可变电阻。

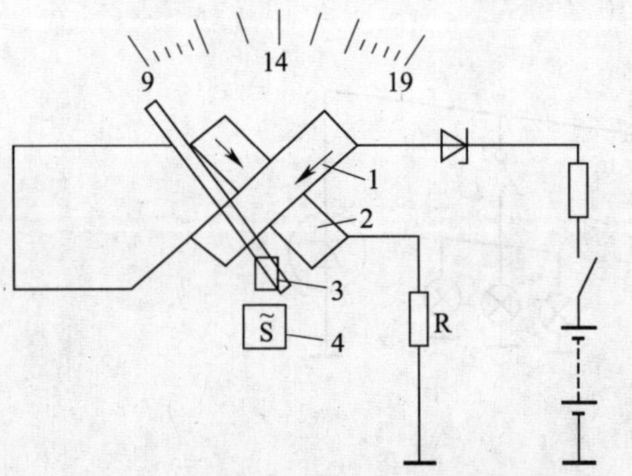

图6—1—3　电磁式电压表的结构及工作原理

1，2—十字交叉线圈　3—转子带指针　4—永久磁铁

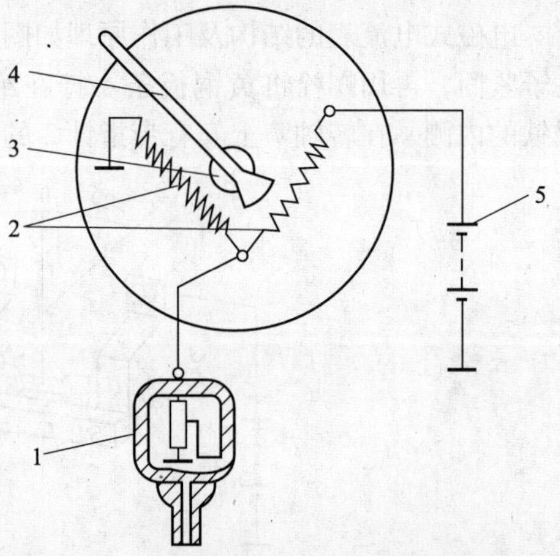

图6—1—4　电磁式机油压力表结构及电路

1—可变电阻式传感器　2—正十字交叉线圈　3—元件磁铁转子　4—指针　5—蓄电池

当机油压力为“0”时，膜片无变形，传感器中的可变电阻全部接入电路，左线圈中的电流大，而右线圈中电流最小，形成的合成磁场吸动磁铁带动指针指向“0”位。当机油压力升高时，膜片向上拱曲，可变电阻部分接入电路，此时流过右线圈的电流增大，而流过左线圈的电流减小，形成的合成磁场使指针向右偏转，指在高油压位置。

4. 燃油表

燃油表用来指示燃油箱中的存油量，由装在仪表板上的燃油表和装在燃油箱内的油量传感器两部分组成。

(1) 带铁芯的电磁式燃油表。带铁芯的电磁式燃油表（配有可变电阻传感器）结构如图 6—1—5 所示。燃油表中有两个绕在铁芯上的线圈 3 和线圈 9，中间置有转子 2，转子连有指针 5，传感器由可变电阻 10、滑片 12 和浮子 13 组成，浮子漂浮于油面上，随油面高低而改变位置。

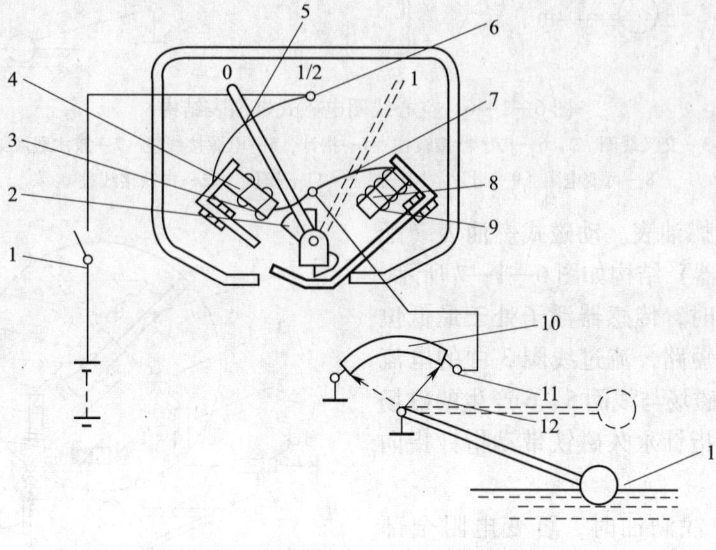

图 6—1—5 带铁芯的电磁式燃油表结构

1—点火开关 2—转子 3—左线圈 4，8—铁芯 5—指针 6—电源接线柱
7，11—传感器接线柱 9—右线圈 10—可变电阻 12—滑片 13—浮子

当油箱内无油时，浮子下沉，可变电阻与右线圈被短路，无电流通过，左线圈在全部电源电压作用下，通过的电流达到最大值，产生电磁力最大，吸引转子，使指针停在最左面的“0”位上。随着油箱中油量的增加，浮子上浮，便带动滑片移动，可变电阻部分接入回路中，左线圈中的电流相应减小，产生的电磁力减弱，而右线圈中的电流增加，产生的电磁力增强。转子在合成磁场的作用下向右偏转，从而使指针指示油箱中的燃油量。

当油箱中充满燃油后，浮子上升到最高点可变电阻全部接入回路。此时左线圈产生的电磁力最弱，而右线圈的电磁力最强，转子在合成磁场的作用下向右偏移至最大位置，指针便指在“1”位上。

(2) 空心线圈电磁式燃油表。空心线圈的电磁式燃油表（配有可变电阻传感器）结构如图 6—1—6 所示。该燃油表的工作原理是利用浮子随油面高度的变化，改变串入电路中可变电阻的大小，从而改变流过交叉线圈中电流的大小，它们产生的合成磁场使指针偏转指示出油箱的储油量。

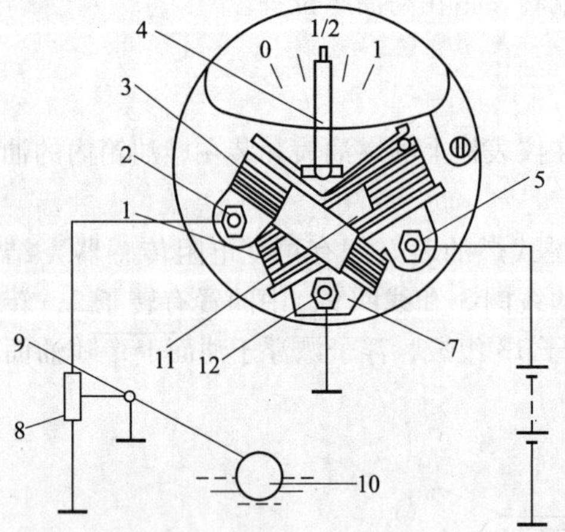

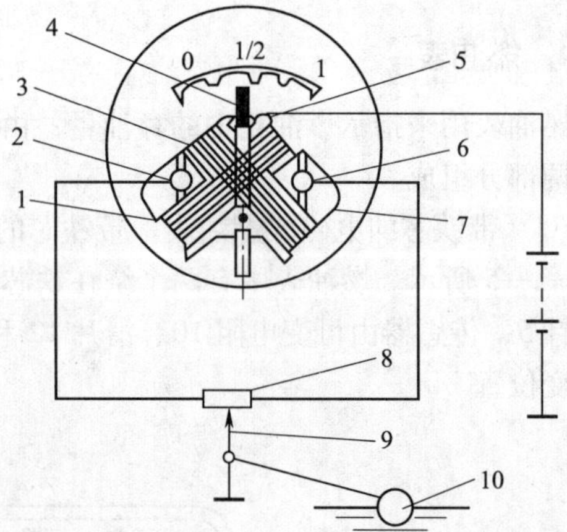

图 6—1—6　空心线圈电磁式燃油表结构

1，3—交叉线圈　2，6—传感器接线柱　4—指针　5—电源接线柱　7—胶木线圈架　8—可变电阻　9—滑片　10—浮子　11—楔块　12—搭铁接线柱

（3）动磁式燃油表。动磁式燃油表（配有可变电阻传感器）结构如图 6—1—7 所示。当燃油箱中无油时，传感器浮子处于最低位置，可变电阻被短路，流过线圈 3 中的电流最大，其产生的磁场与线圈 5、6 产生的磁场的合成磁场吸引指针永久磁铁带动指针指向“0”的位置。

当燃油箱中注满油时，可变电阻全部接入，流过线圈 3 中的电流最小，其产生的磁场与线圈 5、6 产生的磁场的合成磁场吸动 7 指针永久磁铁带动指针指向满油位置。当点火开关断开，燃油表中无电流流过时，在永久磁铁 9 的作用下，带动指针指向“0”位。

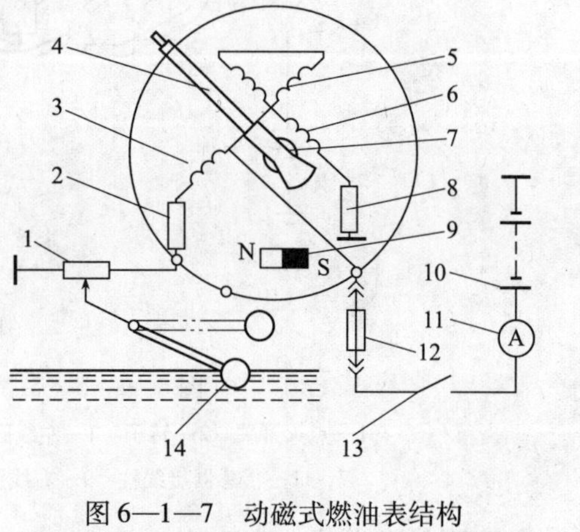

图 6—1—7　动磁式燃油表结构

1—传感器可变电阻　2，8—电阻　3，5，6—线圈　4—指针　7—指针永久磁铁　9—永久磁铁　10—蓄电池　11—电流表　12—熔断器　13—点火开关　14—浮子

5. 水温表

水温表的作用是指示发动机冷却水的温度，它由安装在发动机气缸水套上的温度传感器及仪表板上的温度指示表两部分组成。

（1）动磁式水温表。动磁式水温表（配可变电阻式传感器）的结构如图 6—1—8 所示。当发动机冷却水温度升高或降低时，热敏电阻阻值减小或增大，从而使流过线圈 3 的电流增大或减小，线圈 5、6 中的电流不变，线圈 3、5、6 产生的电磁力吸动指针上的永久磁铁，指针指示出相应的温度值。

（2）电磁式水温表。电磁式水温表（配可变电阻式传感器）的结构如图 6—1—9 所示。当发动机冷却水温度升降时，热敏电阻传感器直接控制串、并联线圈中的电流大小，使两个铁芯作用于衔铁上的电磁力发生变化，从而带动指针偏转，指示相应的温度值。

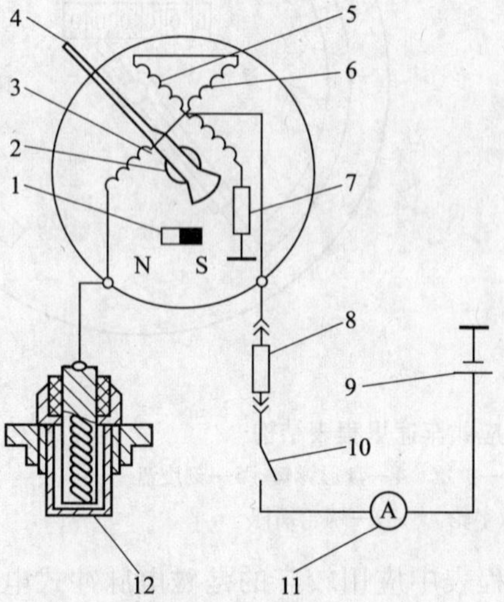

图 6—1—8　动磁式水温表结构

1—永久磁铁（使指针回零）　2—指针永久磁铁　3，5，6—线圈　4—指针　7—电阻　8—熔断器　9—蓄电池　10—点火开关　11—电流表　12—热敏电阻传感器

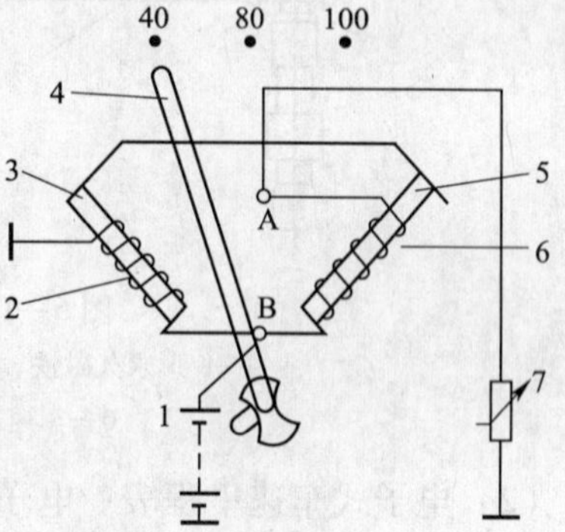

图 6—1—9　电磁式水温表结构

1—转子　2，6—左、右线圈　3，5—铁芯　4—指针　7—热敏电阻传感器

6. 车速里程表

车速里程表是用来指示汽车行驶速度和累计行驶里程数的仪表，按工作原理可分为磁感应式和电子式两种。

（1）磁感应式车速里程表。磁感应式车速里程表结构如图 6—1—10 所示。车速表由与主动轴紧固在一起的 U 形永久磁铁 1、带有轴与指针 6 的感应罩 2、护罩 3 和紧固在车速里程表外壳上的刻度盘 5 等组成。不工作时，感应罩 2 在盘形弹簧 4 的作用下，使指针位于刻度盘“0”的位置。

当汽车行驶时，由变速器输出的转速经蜗轮蜗杆用软轴传至车速里程表的转轴，一方面带动 U 形永久磁铁旋转，在感应罩上产生涡流磁场和转矩，驱使感应罩克服盘形弹簧力做同向偏转，从而带动指针在标度盘上指出相应的车速值。车速越高永久磁铁旋转越快，感应罩上的涡流转矩越大，指针偏转角越大，指示的车速值也越大；反之，指针偏转角小，则指示车速值也小，同时转轴旋转驱动三套蜗轮蜗杆，按一定传动比转动，从而逐级带动数字轮，自动累积行驶里程。

当汽车停止行驶时感应罩上的涡流转矩消失，在盘形弹簧的作用下使指针回到“0”的位置，同时里程表也停止计数。当汽车继续行驶时，里程表又继续计数。

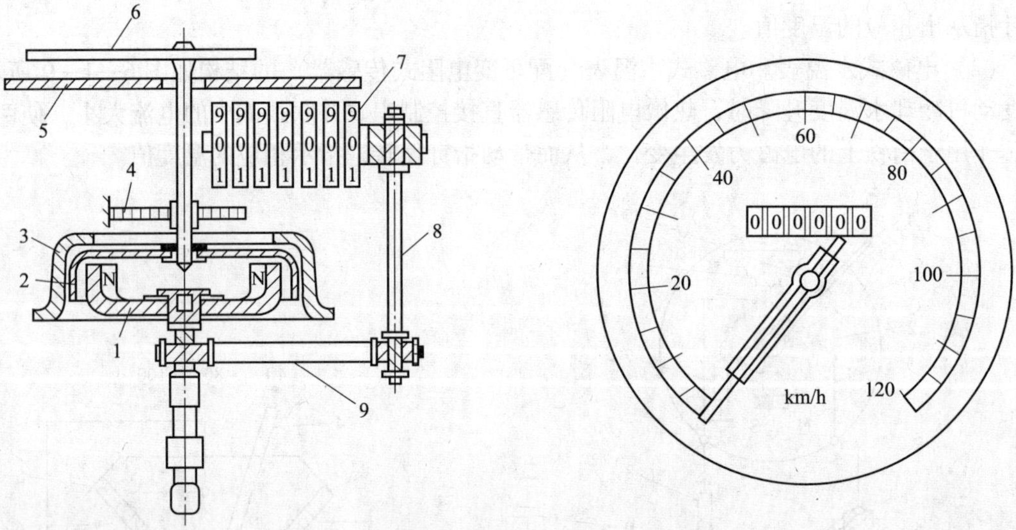

图 6—1—10　磁感应式车速里程表结构

1—U 形永久磁铁　2—感应罩　3—护罩　4—盘形弹簧　5—刻度盘
6—车速表指针　7—数字轮　8，9—蜗轮蜗杆

（2）电子式车速里程表。电子式车速里程表中应用较广的是磁电脉冲式电子里程表，其组成如图 6—1—11 所示，主要由车速传感器、电子电路、车速表和里程表四部分组成。车速传感器由变速器驱动，能够产生正比于汽车行驶速度的电信号。电子电路的作用是将车速传感器送来的具有一定频率的电信号，经整形、触发输出一个与车速成正比的电流信号。车速表实际上是一个磁电式电流表，当汽车以不同车速行驶时，从电子电路接线端输出的与车速成正比的电流信号便驱动车速表指针偏转，即可指示相应的车速。里程表由一个步进电动机及六位数字的十进位齿轮计数器组成。

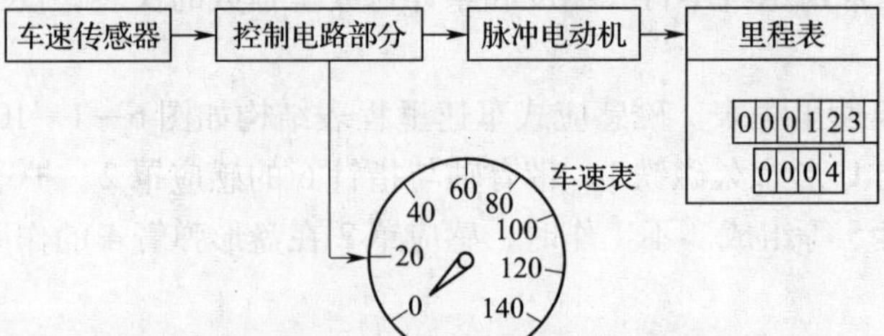

图 6—1—11　磁电脉冲式电子车速里程表

电子式车速里程表的工作原理是从安装在传动部分的车速传感器取得频率信号传递给电子电路，通过驱动脉冲电动机转换信号，使累计仪运转从而累积行驶的里程，同时通过另外的信号处理部分使车速指示仪表指示出车速。

7．发动机转速表

发动机转速表用来测量汽车发动机的转速，方便驾驶员更好地掌握换挡时机，以实现发动机最佳经济运转。发动机转速表有机械式和电子式两种。机械式转速表的结构原理与机械式车速里程表基本相同。电子式转速表可分为汽油发动机用和柴油发动机用两种类型。汽油发动机转速表的感应信号取自于点火系统初级电路的脉冲电压，柴油发动机转速表的感应信号取自于安装在飞轮上的传感器或与发动机曲轴联结的测速电动机。

（1）柴油发动机电子转速表。柴油发动机电子转速表电路原理如图 6—1—12 所示，当发动机曲轴转动时，齿形和齿间部分周期性地接近传感器的感应端，使磁路的气隙长度、磁阻随之发生改变，从而引起传感器线圈内产生的感应电动势和感应电流的周期性变化，因而在原直流电路上就叠加了一个脉冲的交变电流信号。

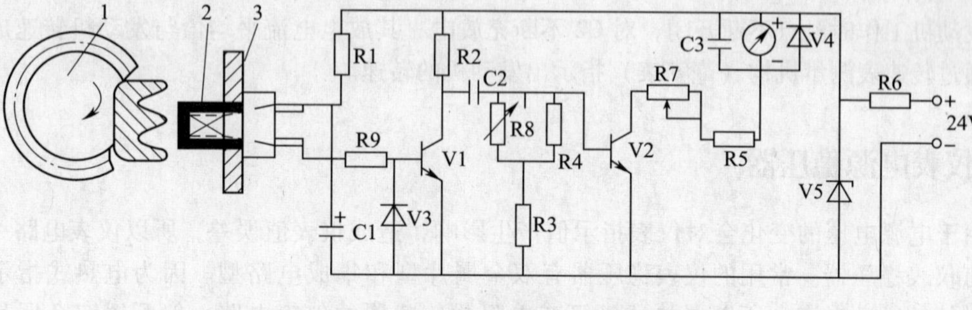

图 6—1—12　柴油发动机电子转速表电路图

1—正时齿轮　2—电子转速表传感器　3—发动机壳体

当变磁阻式传感器输出负半周的交变信号时，晶体管 V1 由导通变为截止，起到滤波整形放大作用，在其集电极输出近似矩形的脉冲波，经 C2、R3、R4、R8 组成微分电路产生尖脉冲，触发由 V2 等组成的开关电路。只要 V1 的截止时间大于 V2 输出脉冲的宽度，则 V2 输出脉冲宽度实际上就能保持不变，加上稳压管的作用，使得脉冲的幅度也将保持不变，这样传感器每输出一周交变信号，转速表磁电式测量机构便得到一个定值的脉冲，其脉冲电流的平均值作用于测量机构，指针便指示出相应的发动机转速。

（2）汽油发动机转速表。用电容充放电的脉冲式电子转速表如图 6—1—13 所示。它由

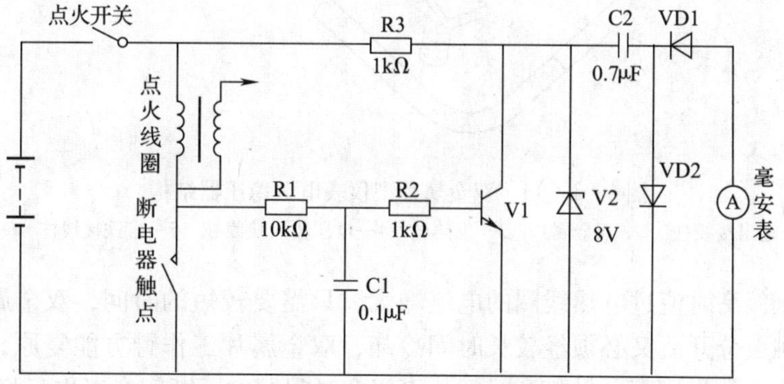

图 6—1—13　电容充放电的脉冲式电子转速表

点火系统的初级电路提供触发信号，由三极管 V1 的导通与截止来驱动转速测量机构。其信号取自断电器触点，当发动机工作时，断电器触点不断开闭，其开闭的次数与发动机的转数成正比。

当触点闭合时，三极管 V1 无偏压而处于截止状态，电容 C2 被电源充电，充电回路为：蓄电池→电阻 R3→电容器 C2→二极管 VD2→蓄电池负极。

当触点分开时，三极管 V1 的基极电位接近电源正极而导通，此时电容器 C2 便通过导通的三极管 V1、转速表测量机构毫安表（内阻 350 Ω）和二极管 VD1 构成放电电路，从而驱动转速测量机构。放电电路为：电容器 C2 正极→三极管 V1→毫安表→二极管 VD1→电容器 C2→电容器 C2 负极。

发动机工作时触点不断开闭，对 C2 不断充放电，其放电电流平均值与发动机转速成正比。通过转速表测量机构（毫安表）指示出发动机的转速。

三、仪表电源稳压器

由于电源电压的变化会对仪表指示值产生影响，造成仪表值误差，所以仪表电路一般要装有仪表稳压器。常用的仪表稳压器有双金属片型和集成电路型。因为电热式指示表需要继续的脉冲电流，所以电热式配可变电阻式传感器的仪表电路一般配置双金属片型稳压器。

双金属片型仪表稳压器的结构如图 6—1—14 所示，由带触点的金属片元件和电热丝组成，其原理电路如图 6—1—15 所示。

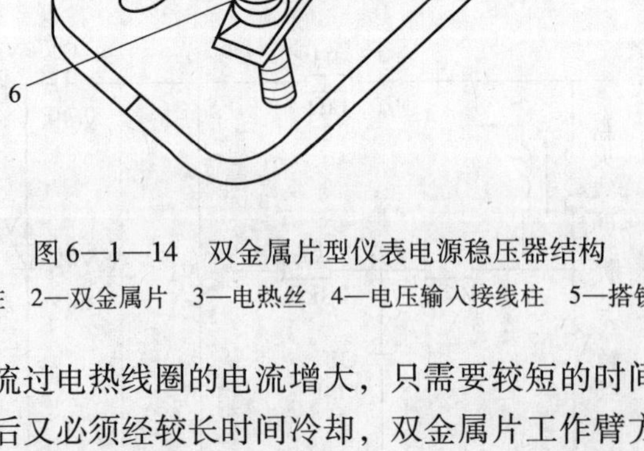

图 6—1—14　双金属片型仪表电源稳压器结构

1—电压输出接线柱　2—双金属片　3—电热丝　4—电压输入接线柱　5—搭铁接线柱　6—触点

当电源电压偏高时流过电热线圈的电流增大，只需要较短的时间，双金属工作臂上翘，将触点打开，触点分开后又必须经较长时间冷却，双金属片工作臂方能复原，使触点闭合。于是触点在金属片的作用下，做打开时间长而闭合时间短的不断闭合工作，将偏高的电源电压降低为某一定输出脉宽电压平均值。

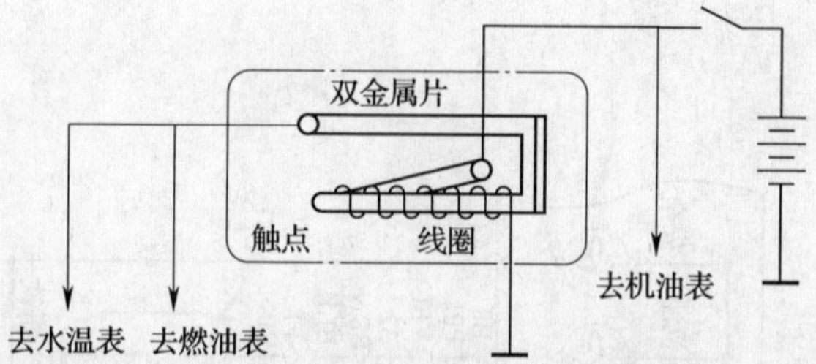

图 6—1—15　双金属片型仪表电源稳压器原理

当电源电压偏低时，流过电热线圈中的电流减小，双金属片受热慢，变化程度小，使触点闭合时间较长，触点打开后，电源停止流经电热丝时，双金属片元件冷却。而此时触点只需较短的时间冷却即可闭合，于是触点打开时间短而闭合时间长。稳压器在触点不断开闭情况下工作，即使在蓄电池电压波动时，电流量也保持在恒定的水平。仪表稳压器工作时的电压波形如图 6—1—16 所示。

集成电路型仪表稳压器主要采用汽车专用的三端集成稳压块，具有结构简单、成本低、稳压效果好、使用寿命长等优点，因此被广泛应用。如图 6—1—17 所示为桑塔纳、奥迪轿车仪表板专用的三端式集成电路电子稳压器，1 为输出端，2 为电源输入端。该稳压器输出电压为 9. 5 ~ 10. 5 V。

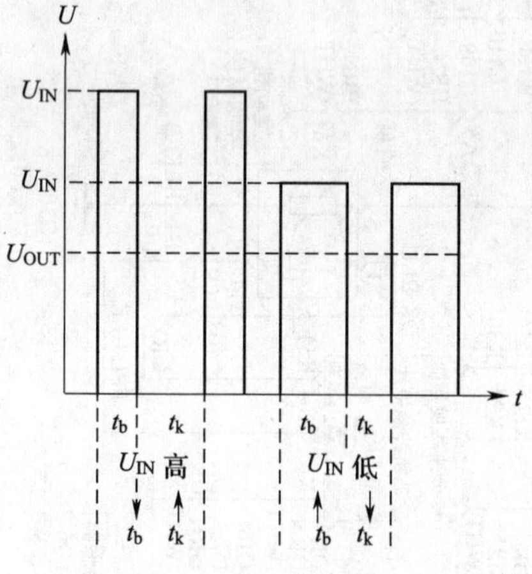

图 6—1—16　仪表电源稳压器工作时的电压波形

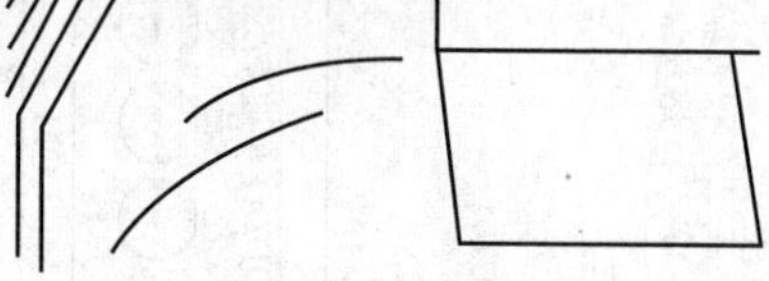

图 6—1—17　三端式集成电路电子稳压器

四、仪表指示异常检修

案例链接：

一辆别克凯越轿车，仪表系统控制电路如图 6—1—18 所示，据车主反映点火开关在 ON 挡时，温度表（水温表）无指示，但其他仪表和警告灯正常工作。

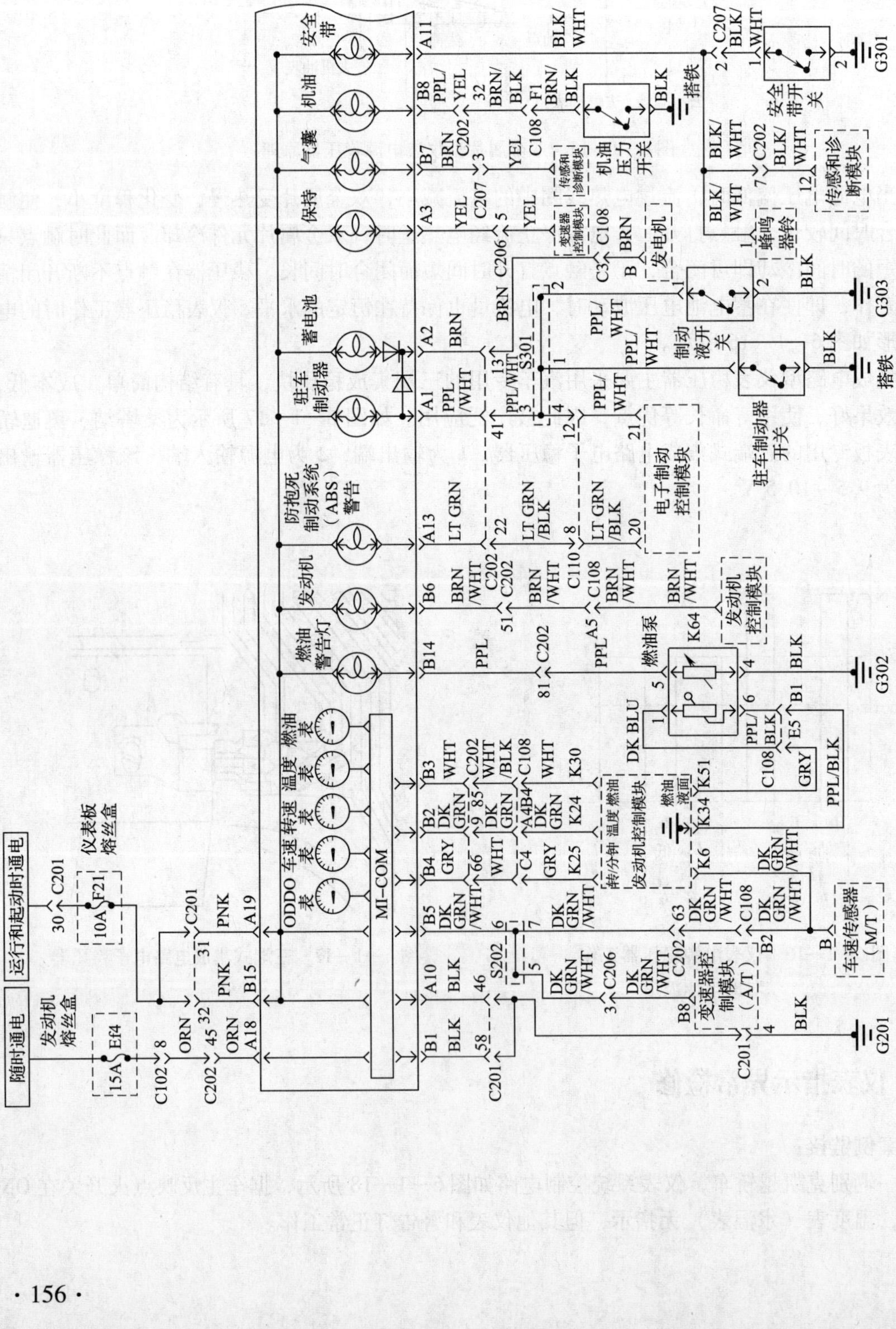

图 6—1—18 别克凯越轿车仪表系统电路图

下面以“案例链接”所提及的车型作为诊断样本，按汽车4S店的维修规范作业要求，具体分析该类型故障的诊断流程及诊断方法。具体如下：

1. 对待修车辆进行维修接待

可参考表1—1—1（接车问诊表），对待修车辆进行维修接待。

2. 厘清故障诊断程序

要将故障尽快诊断出来，首先应厘清思路，即明确故障诊断的一般方法及流程，这是解决问题的关键。汽车维修企业（4S店）一般采用图1—1—5所示的诊断程序对车辆故障进行诊断。

3. 故障诊断思路

（1）温度表无指示，但其他仪表和警告灯正常，参考表6—1—1所示步骤进行检查。

表6—1—1　温度表无指示，但其他仪表和警告灯正常检修步骤

步骤	操作	数值	是	否
1	将发动机冷却至室温 接通点火开关，温度表读数是否始终停留在最大刻度	—	至步骤7	至步骤2
2	断开发动机控制模块连接器 温度表读数是否始下降到最低刻度	—	—	至步骤3
3	检查发动机控制模块和温度表之间是否对搭铁短路	—	至步骤4	至步骤5
4	修理对搭铁短路故障 修理是否完成	—	系统正常	—
5	更换温度表 修理是否完成	—	系统正常	—
6	1. 断开发动机控制模块 2. 接通点火开关 3. 检查发动机控制模块上的电压 电压是否等于规定值	11～14 V	至步骤9	至步骤7
7	检查发动机控制模块和温度表之间是否开路 是否有开路故障	—	至步骤8	至步骤5
8	修理发动机控制模块与温度表之间的开路故障 修理是否完成	—	系统正常	—
9	1. 断开发动机控制模块 2. 将跨接线连接到发动机控制模块连接器和搭铁之间 3. 接通点火开关 温度表读数是否移到最大刻度	—	—	步骤5

（2）燃油表无指示，但其他仪表和警告灯正常，参考表6—1—2所示步骤进行检查。

表6—1—2　　燃油表无指示，但其他仪表和警告灯正常检修步骤

步骤	操作	数值	是	否
1	安装故障诊断仪 检查发动机控制系统故障诊断码（DTC） 是否设置车速传感器故障诊断码	—	至“发动机控制系统”	至步骤2
2	1. 关闭点火开关 2. 断开发动机控制模块（ECM）连接器 3. 拆卸仪表组 4. 检查发动机控制模块（ECM）端子K30和仪表组端子B3是否接通 电阻计显示的电阻值是否符合规定	0 Ω	至步骤4	至步骤3
3	修理仪表组连接器端子B3和发动机控制模块（ECM）端子K30之间的开路故障 修理是否完成	—	系统正常	—
4	更换燃油表 修理是否完成	—	系统正常	—

（3）车速表无指示，但其他仪表和警告灯正常，参考表6—1—3所示步骤进行检查。

表6—1—3　　车速表无指示，但其他仪表和警告灯正常检修步骤

步骤	操作	数值	是	否
1	安装故障诊断仪 检查发动机控制系统故障诊断码（DTC） 是否设置车速传感器故障诊断码	—	至“发动机控制系统”	至步骤2
2	1. 关闭点火开关 2. 断开发动机控制模块（ECM）连接器 3. 拆卸仪表组 4. 检查发动机控制模块（ECM）端子K6和仪表组端子B5是否接通 电阻计显示的电阻值是否符合规定	0 Ω	至步骤4	至步骤3
3	修理仪表板连接器端子B5和发动机控制模块（ECM）之间的开路故障 修理是否完成	—	系统正常	—
4	更换车速表 修理是否完成	—	系统正常	—

（4）若所有仪表和所有警告指示灯均不工作，则检查熔丝。

任务实施

1. 仪表线路连接

完成图 6—1—19 仪表系统电路原理图连接，并用实物进行验证。

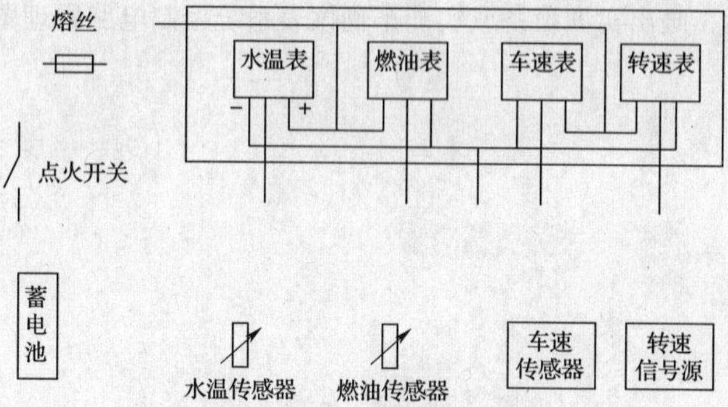

图 6—1—19　仪表系统电路原理图连接

2. 仪表信息确认

（1）点火开关拧到“ON”位置时：

水温表工作与否________

燃油表工作与否________

车速表工作与否________

转速表工作与否________

（2）结合实训车辆，找出仪表所用传感器的安装位置。

水温传感器安装位置描述：____。

燃油传感器安装位置描述：____。

车速传感器安装位置描述：____。

转速表信号源安装位置描述：______________________________________。

3. 水温表无指示故障诊断

结合实训设备或实训车辆，将水温表无指示故障诊断步骤填入表 6—1—4 中

表 6—1—4　　**水温表无指示故障诊断**

序号	诊断项目	诊断结果	处理方法
1			
2			
3			

续表

序号	诊断项目	诊断结果	处理方法
4			
5			
6			
7			

4．经过诊断后，画出实训设备或实训车辆仪表系统控制电路原理图。

✓ 任务总结

一、任务评价

对本学习任务进行评价，评分表见表6—1—5。

表6—1—5 评 分 表

考核项目	评分标准	分数	学生自评	小组互评	教师评价	小计
团队合作	是否和谐	5				
活动参与	是否积极主动	5				
安全生产	有无安全隐患	10				
现场5S	是否做到	10				
任务方案	是否正确、合理	20				
操作过程	1．仪表性能检测 2．仪表线路连接 3．仪表故障检测	25				
任务完成情况	是否圆满完成	5				
工具和设备使用	是否规范、标准	10				

续表

考核项目	评分标准	分数	学生自评	小组互评	教师评价	小计
劳动纪律	能否严格遵守	5				
工单填写	是否完整、规范	5				
总分		100				
教师签名：			年	月 日	得分	

二、理论知识检验

1. 水温传感器实质是一个可变电阻，通常其电阻值与水温之间的关系是（ ）。

A. 成正比　　B. 成反比　　C. 不变　　D. 无法确定

2. 机械式车速表的驱动软轴与（ ）连接。

A. 车轮　　B. 变速器输入轴　　C. 变速器输出轴　　D. 发动机曲轴

3. 发动机转速表驱动信号来自（ ）。

A. 发动机曲轴　　B. 点火器　　C. 转速传感器　　D. 变速器

4. 在讨论个别仪表不工作故障时，甲技师说与仪表熔丝烧坏有关，乙技师说与仪表损坏有关，你觉得（ ）。

A. 甲说的对　　B. 乙说的对　　C. 甲乙说的都对　　D. 甲乙说的都不对

5. 在讨论所有仪表都不工作故障原因时，甲技师说与仪表熔丝烧坏有关，乙技师说与仪表损坏有关，你觉得（ ）。

A. 甲说的对　　B. 乙说的对　　C. 甲乙说的都对　　D. 甲乙说的都不对

知识拓展

一、汽车电子电路仪表

随着电气设备的应用不断增加和电子技术的迅速发展，现代汽车的电气系统也变得越来越复杂。常规指针式仪表已远远不能满足现代汽车新技术、高速度的要求。因此，常规的机电型指针式仪表逐渐被电子化仪表所代替。电子化仪表具有以下优点。

1. 数字式仪表能提供大量的、复杂的信息。
2. 仪表盘设计的自由度高。
3. 能满足小型、轻量化的要求。
4. 具有高精度和高可靠性。
5. 具有一“表”多用的功能。

二、汽车电子电路仪表常用电子显示器件

电子显示器件大致分为发光型和非发光型两类。发光型的显示器件有发光二极管

（LED）、真空荧光管（VFD）、阴极射线管（CRT）、等离子显示器件（PDP）、电子发光显示器（ELD）等。非发光型的显示器件有液晶显示器（LCD）、电子变色显示器件（ECD）等。

1. 发光二极管（LED）

发光二极管结构如图 6—1—20 所示，它是采用半导体发光材料制成的把电能转换成光能的固体发光器件。它由二极管引线 1、引线 5、芯片 2、散射透镜 3 等组成。在发光二极管两引线 1、5 所连的电极加上适当的电压后，二极管就导通，电流流经芯片 2 便发光，通过散射透镜 3 显示出来。其发光强度与通入的电流成正比。

发光二极管发光的颜色有红、绿、黄、橙，可单独使用，也可做成点阵形式。在实际应用中，常把它焊接到印制电路板上，以形成数字显示或带色光杆显示，如图 6—1—21 所示。

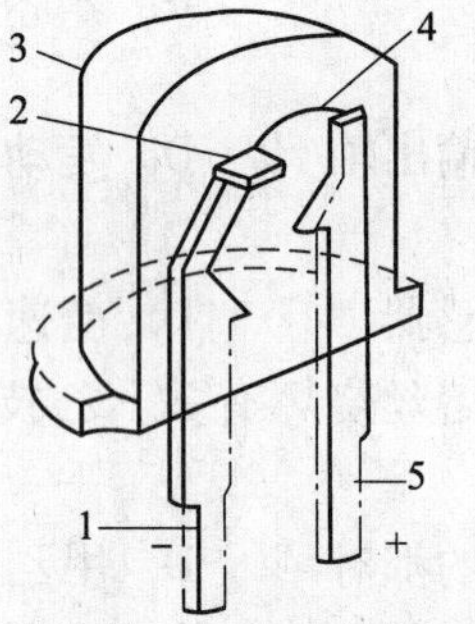

图 6—1—20　发光二极管结构

1，5—引线　2—芯片　3—散射透镜　4—导线

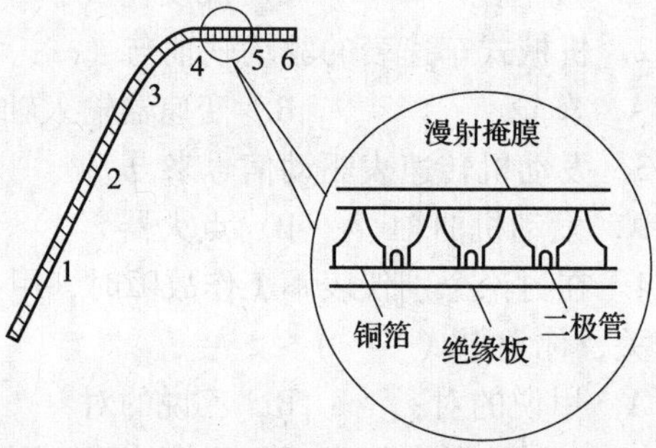

图 6—1—21　发光二极管光杆显示

如图 6—1—22 所示为用七只发光二极管组成的数码显示装置。LED（发光二极管）显示只适用于汽车指示灯、数字符号段或点数不太多的光杆图形显示，不宜作大型、复杂显示。

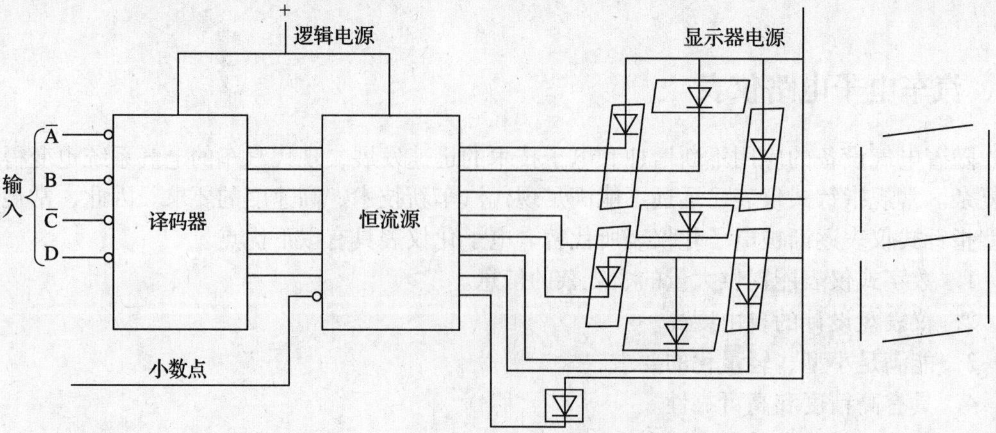

图 6—1—22　七只发光二极管数码显示

2. 真空荧光管（VFD）

真空荧光管的发光原理与电视机中的显像管相似。真空荧光管实际上是一种低压真空

管，它由玻璃面、金属等无机材料构成。

真空荧光显示屏的结构和工作原理如图 6—1—23 所示。图 6—1—23 为汽车用的数字式车速表的真空荧光显示屏，3 位数字。其阳极为 21 个字形笔画小段，上面涂有荧光体（或磷光体），各与 1 个接线柱相接，且笔画内部相互连接。其阴极为灯丝，在灯丝与笔画小段（阳极）之间插入栅格，其构造与一般电子管相似。整个装置密封在一个被抽成真空的玻璃罩内。

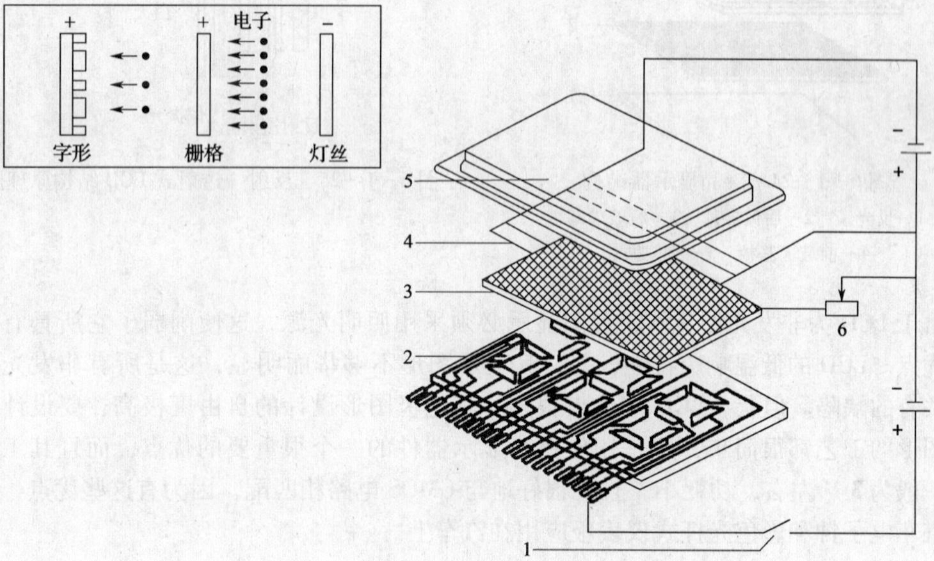

图 6—1—23 真空荧光显示屏结构和工作原理

1—电子开关（计算机控制，能使某些笔画段发光） 2—笔画小段（阳极） 3—栅格
4—灯丝（阴极） 5—玻璃罩 6—电位器（亮度调节）

当其阳极（字形）接至电源“+”极，而阴极（灯丝）与电源“−”极相接时，便获得一定的电源电压，其灯丝作为阴极发射电子（在电场力的作用下），栅格便控制着电子流加热并加速，使其射向阳极。由于玻璃管（罩）内抽成真空，前面装有平板玻璃，并配有滤色镜，故能使通过栅格轰击阳极（字形）的电子激发出亮光，因而能显示出所要看到的图像。

VFD 具有色彩鲜艳、可见度高、立体感强等特点，是最早引入汽车仪表中、也是目前汽车上采用最多的一种发光型显示器件。但由于做成大型的、多功能 VFD 的成本较高，故现在大都由一些单功能小型的 VFD 组成汽车电子式仪表盘。

3. 液晶显示器（LCD）

液晶是一种有机化合物，它由长杆形分子构成。在一定的温度范围内，它具有普通液体的流动性质，也具有晶体的某些特征。液晶显示器（LCD）是一种新型的非发光型平板显示器件，其结构如图 6—1—24 所示。它有两块厚约 1 mm 的玻璃基板 3、4，基板上涂有透明的导电材料，以形成电极图形，两基极间注入一层 5 ~ 20 μm 厚的液晶，再在两玻璃基板的外表面分别贴上前偏振片 5 和后偏振片 2，并将整个显示板完全密封，以防湿气和氧气侵入，这便构成透射式 LCD。若在后玻璃基板的后面再加上反射镜 1，便组成反射—透射式 LCD。如图 6—1—25 所示为反射—透射式 LCD 结构原理图。

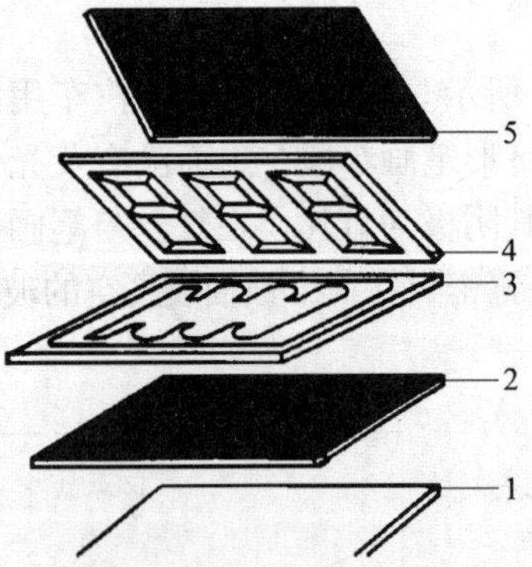

图 6—1—24　液晶显示器结构
1—反光镜　2—后偏振片　3—后玻璃基板
4—前玻璃基板　5—前偏振片

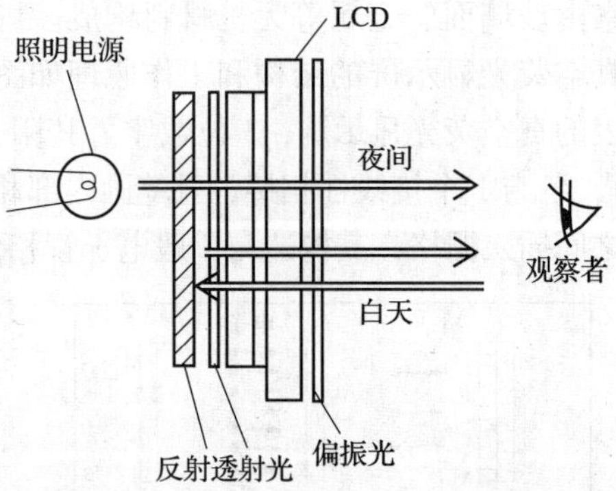

图 6—1—25　反射—透射式 LCD 结构原理图

由于 LCD 为非发光型显示，夜间显示必须采用照明光源，这便削弱了它所具有的低功耗的优点。LCD 的低温响应特性较差，其显示图形不够华丽明显，这是所有非发光型显示器件共有的缺陷。但是，LCD 的优点很多，其电极图形设计的自由度极高，要设计成任意显示图形的工艺都很简单，这是用作汽车显示器件的一个很重要的优点，而且其工作电压低，一般为 3 V 左右，功耗小，且能很好地与 CMOS 电路相匹配。因为有这些优点，LCD 常作为汽车电子钟和彩色光杆式仪表板应用在汽车上。

4. 阴极射线管（CRT）

阴极射线管也称为显像管或电子束管如图 6—1—26 所示，它是一种特殊的真空管，其结构、原理与计算机彩色显示器相同。

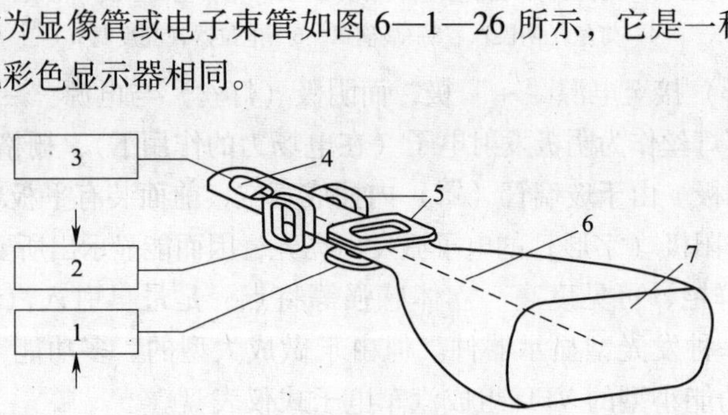

图 6—1—26　阴极射线管（CRT）
1—垂直偏转电路　2—水平偏转电路　3—视频信号
4—电子枪　5—偏转线圈　6—电子束　7—屏幕

CRT 是显示信息和图像最灵敏的系统。CRT 具有全彩色显示、图像显示的灵活性大、分辨率和对比度高等特点，且具有 -50～100℃ 的工作温度范围，有微秒级以下的响应速度，所以它是目前显示图像质量最高的一种显示器件。但是，CRT 作为汽车仪表盘显示用器件体积太大，即便扁平型的 CRT 作为汽车显示器件使用，也还存在一些缺点。随着现代汽车向高度信息化显示的方向发展，CRT 已进一步小型化，一些大汽车公司已推出了彩色阴极射线管（CRT）的汽车信息中心。

三、日产颐达轿车仪表控制电路

日产颐达轿车仪表控制电路如图 6—1—27 和图 6—1—28 所示，车速表、里程表、转速表和燃油表都由组合仪表内的一体化仪表控制单元控制。电路原理如下：

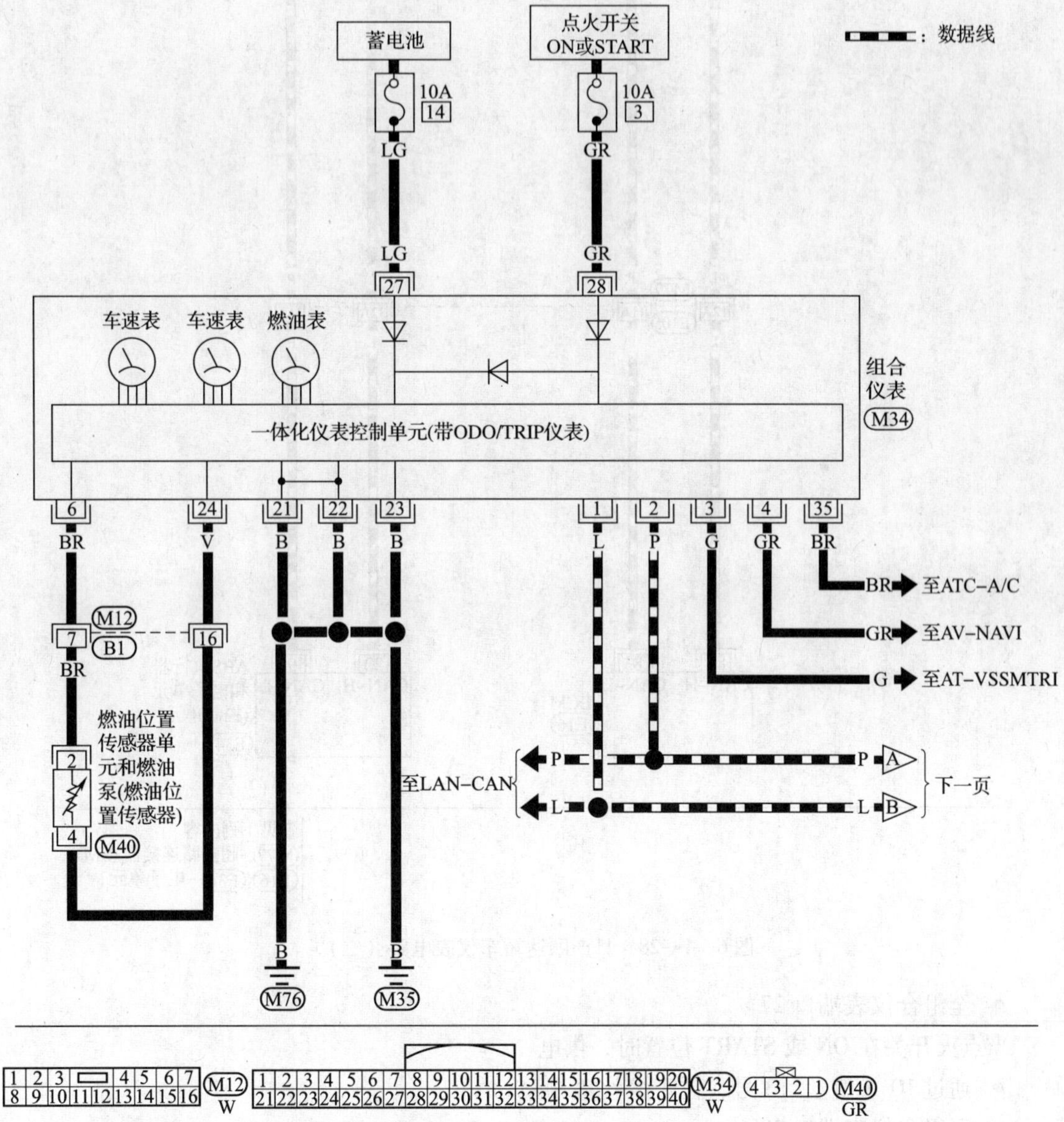

图 6—1—27 日产颐达轿车仪表电路（一）

1. 供电

- 通过 10 A 熔丝［14 号，位于熔丝盒（J/B）］

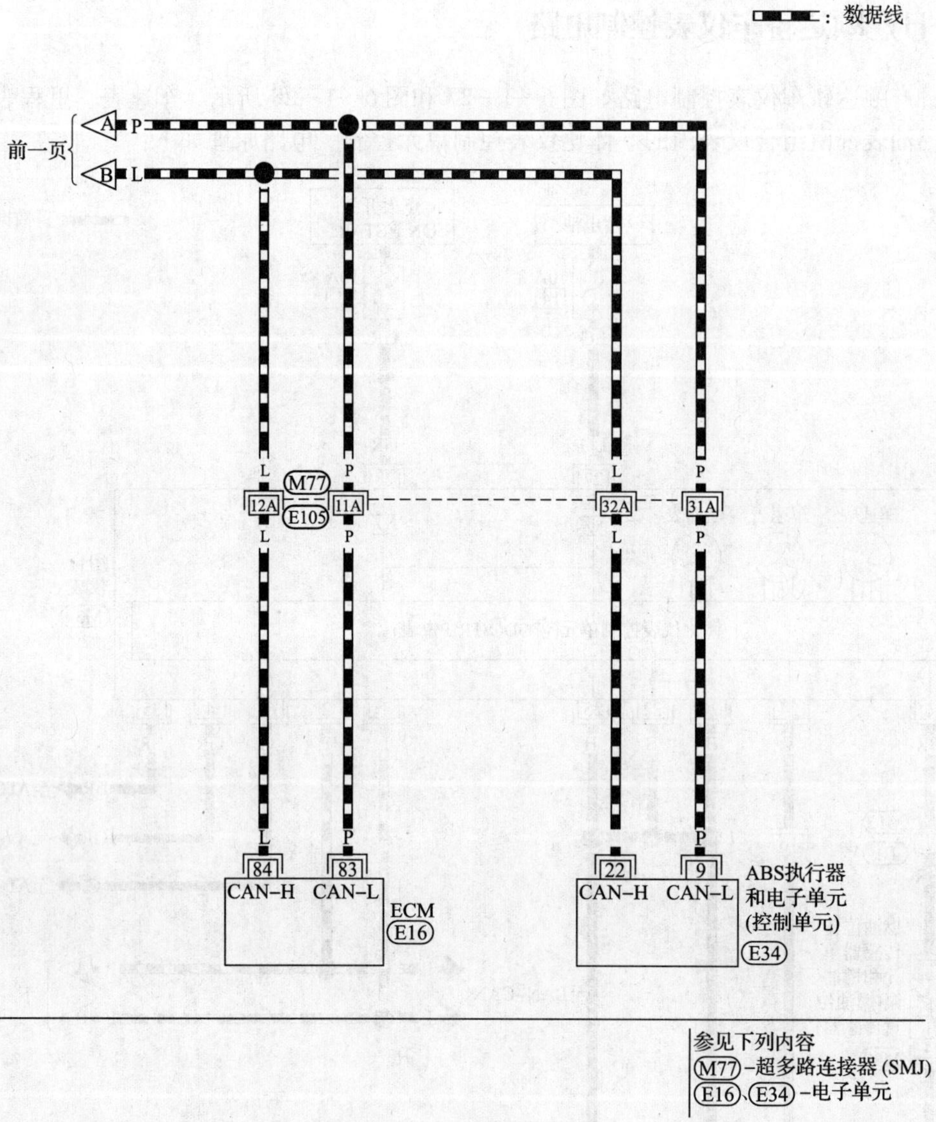

图 6—1—28　日产颐达轿车仪表电路（二）

- 至组合仪表端口 27

当点火开关在 ON 或 START 位置时，供电

- 通过 10 A 熔丝［3 号，位于熔丝盒（J/B）］
- 至组合仪表端口 28

2. 接地

- 至组合仪表端口 21 、22 和 23
- 通过接地 M76 和 M35

3. 车速表

ABS 执行器和电子单元（控制单元）将从车轮传感器发出的脉冲信号转换为车辆速度信号，然后通过 CAN 通信将车辆速度信号传送至组合仪表。组合仪表将车辆速度信号转换为相应角度，并控制车速表。

4. 转速表

ECM 将从曲轴位置传感器发来的信号转换为发动机速度信号，并通过 CAN 通信传送给组合仪表。组合仪表将发动机速度信号转换为相应角度，并控制转速表。

5. 燃油表

燃油表受组合仪表和一个可变电阻信号调节。

- 至组合仪表端口 24
- 通过燃油表传感器单元和喷油泵端口 4
- 通过燃油表传感器单元和喷油泵端口 2
- 通过组合仪表端口 6

任务 2 仪表警告灯故障检修

任务目标

1. 能根据任务需要收集仪表警告灯故障案例。
2. 能描述仪表各警告灯控制电路工作原理。
3. 会分析仪表各警告灯常见故障原因。
4. 会制定仪表警告灯常见故障检修方案。
5. 能正确地使用工量具和设备；根据“维修手册”指引，安全规范地对仪表所有警告灯不亮、个别警告灯不亮等故障进行检修与排除。

任务描述

当点火开关拧到 ON 挡位置时仪表警告灯应点亮，发动机工作后应熄灭。如果当发动机在工作过程中，某一警告灯点亮车辆需及时进厂维修，作为一名汽车修理工，应如何去维修该类型故障？

任务内容

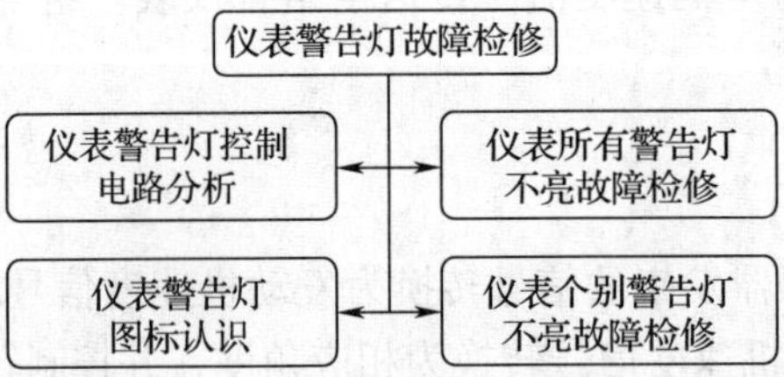

任务准备

一、汽车仪表常见指示与警告灯

汽车仪表上的指示灯通常可以分为 3 种类型，第 1 种是工作状态指示灯，如远光指示灯、转向信号指示灯、雾灯指示灯等，这类灯颜色一般为绿色或蓝色。第 2 种是警告指示灯，如燃油不足、清洗液不足、制动蹄片磨损等警告指示灯，这类灯颜色一般为黄色，用以警示驾驶员尽快进行处理，一般不影响行车安全。第 3 类为警告灯，如充电系统故障及 ABS 系统故障警告灯、机油压力过低警告灯等，这类灯颜色一般为红色，这类灯亮起时驾驶员应高度重视。汽车仪表常见的指示灯和警告灯图标见表 6—2—1。

表 6—2—1　　汽车仪表常见的指示灯和警告灯图标

图标	功能	图标	功能	图标	功能
 ABS 指示灯	该指示灯用来显示 ABS 工作状况。当打开点火开关，车辆自检时，ABS 灯会点亮数秒，随后熄灭。如果未闪亮或者起动后仍不熄灭，表明 ABS 出现故障	 EPC 指示灯	常见于大众品牌车型中。打开点火开关，车辆开始自检时，EPC 灯会点亮数秒，随后熄灭。如车辆起动后仍不熄灭，说明车辆电子油门系统出现故障	 O/D 挡指示灯	该指示灯用来显示自动挡的 O/D 挡（Over - Drive）超速挡的工作状态，当 O/D 挡指示灯闪亮，说明 O/D 挡已锁止。此时加速能力获得提升，但会增加油耗
 安全带指示灯	该指示灯用来显示安全带是否处于锁止状态，当该灯点亮时，说明安全带没有及时的扣紧。有些车型会有相应的提示音。当安全带被及时扣紧后，该指示灯自动熄灭	 充电指示灯	该指示灯用来显示蓄电池使用状态。打开点火开关，车辆开始自检时，该指示灯点亮。起动后自动熄灭。如果启动后充电指示灯常亮，说明充电系统出现问题	 机油指示灯	该指示灯用来显示发动机内机油的压力状况。打点火开关，车辆开始自检时，指示灯点亮，起动后熄灭。该指示灯常亮，说明该车发动机机油压力低于规定标准，需要维修

续表

图标	功能	图标	功能	图标	功能
 油量指示灯	该指示灯用来显示车辆内储油量的多少，当打开点火开关，车辆进行自检时，该油量指示灯会短时间点亮，随后熄灭。如起动后该指示灯点亮，则说明油箱内油量已不足	 车门指示灯	该指示灯用来显示车辆各车门状况，任意车门未关上，或者未关好，该指示灯都会点亮相应的车门指示灯，提示车主车门未关好，当车门关闭或关好时，相应车门指示灯熄灭	 气囊指示灯	该指示灯用来显示安全气囊的工作状态，当打开点火开关，车辆开始自检时，该指示灯自动点亮数秒后熄灭，如果常亮，则安全气囊出现故障
 刹车盘指示灯	该指示灯是用来显示车辆刹车盘磨损的状况。一般，该指示灯为熄灭状态，当刹车盘出现故障或磨损过度时，该灯点亮，修复后熄灭	 驻车制动器指示灯	该指示灯用来显示车辆驻车制动器的状态，平时为熄灭状态。当驻车制动器被拉起后，该指示灯自动点亮。驻车制动器被放下时，该指示灯自动熄灭。有的车型在行驶中未放下驻车制动器会伴随有警告音	 水温指示灯	该指示灯用来显示发动机内冷却液的温度，打开点火开关，车辆自检时，会点亮数秒，随后熄灭。水温指示灯常亮，说明冷却液温度超过规定值，需立刻暂停行驶。水温正常后熄灭
 发动机自诊指示灯	该指示灯用来显示车辆发动机的工作状况，当打开点火开关，车辆自检时，该指示灯点亮后自动熄灭，如长亮则说明车辆的发动机出现了故障，需要维修	 转向灯指示灯	该指示灯是用来显示车辆转向灯所在的位置。通常为熄灭状态。当车主点亮转向灯时，该指示灯会同时点亮相应方向的转向指示灯，转向灯熄灭后，该指示灯自动熄灭	 远光指示灯	该指示灯是用来显示车辆远光灯的状态。通常的情况下该指示灯为熄灭状态。当车主点亮远光灯时，该指示灯会同时点亮，以提示车主，车辆的远光灯处于开启状态
 玻璃水指示灯	该指示灯是用来显示车辆所装玻璃清洁液的多少，平时为熄灭状态，该指示灯点亮时，说明车辆所装载玻璃清洁液已不足，需添加玻璃清洁液。添加玻璃清洁液后，指示灯熄灭	 雾灯指示灯	该指示灯是用来显示前后雾灯的工作状况，当前后雾灯点亮时，该指示灯相应的标志就会点亮。关闭雾灯后，相应的指示灯熄灭	 示宽指示灯	该指示灯是用来显示车辆示宽灯的工作状态，平时为熄灭状态，当示宽灯打开时，该指示灯随即点亮。当示宽灯关闭或者关闭示宽灯打开前照灯时，该指示灯自动熄灭

续表

图标	功能	图标	功能	图标	功能
 TCS 指示灯	该指示灯是用来显示车辆 TCS（牵引力控制系统）的工作状态，多出现在日系车上。当该指示灯点亮时，说明 TCS 系统已被关闭	 VSC 指示灯	该指示灯是用来显示车辆 VSC（电子车身稳定系统）的工作状态，多出现在日系车上。当该指示灯点亮时，说明 VSC 系统已被关闭	 内循环指示灯	该指示灯是用来显示车辆空调系统的工作状态，平时为熄灭状态。当点亮内循环按钮，车辆关闭外循环，空调系统进入内循环状态时，该指示灯自动点亮。内循环关闭时熄灭

二、仪表警告灯控制原理

1. 燃油箱存油量过低警告灯

燃油箱存油量过低警告灯的作用是用来告知驾驶员，燃油箱中的燃油已不多。警告灯有热敏电阻式、电子式等。

（1）热敏电阻式。热敏电阻式存油量过低警告灯由热敏电阻式传感器和警告灯组成，如图 6—2—1 所示。当油箱中燃油量多时，负温度系数的热敏电阻元件浸没在燃油中散热快，其温度低，电阻值大，所以电路中电流很小，警告灯不亮。当燃油减少到规定值以下时，热敏电阻元件露出油面，散热慢，温度升高，电阻值减小，电路中电流大，则警告灯亮，提醒驾驶员及时加油。

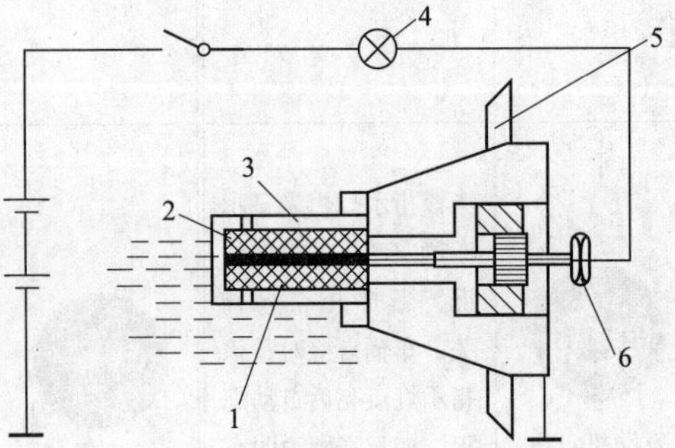

图 6—2—1　热敏电阻式存油量过低警告灯

1—热敏电阻元件　2—防爆用的金属网　3—外壳
4—警告灯　5—油箱外壳　6—接线柱

（2）电子式。电子式存油量过低警告灯适用于电磁式燃油表，其工作原理如图 6—2—2 所示，其中 V1、V2 组成施密特触发器作为电阻 R8 上的直流电压，该直流电压和油箱内的燃油油位成正比。当油箱装满时，传感器电阻处于下端，电阻值大，V1 的基极电位高，V1 导通，V2、V3 截止，自闪灯不亮。当燃油油位下降到规定值时，传感器电阻减小，可变电阻上的电压达到临界值，V1 截止，V2、V3 导通，闪光灯导通，发出闪光。

2. 水温警告灯

水温警告灯的作用是当冷却水的温度达到或超过规定温度时，驾驶室仪表板上的水温警告灯发亮，提醒驾驶员及时停车检查并采取适当降温措施。水温警告灯的电路如图 6—2—3 所示。

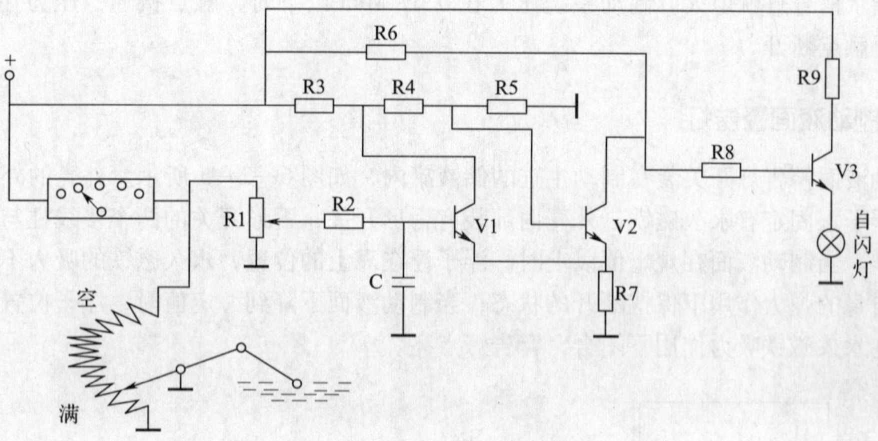

图 6—2—2 电子式存油量过低警告灯

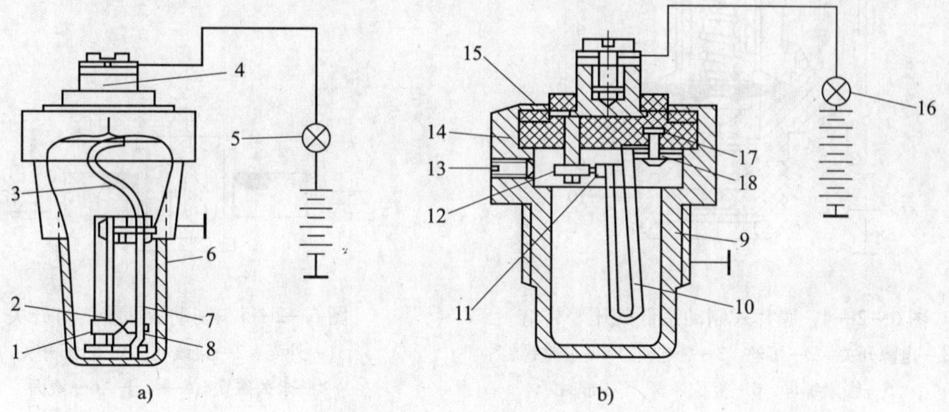

图 6—2—3 水温警告灯电路

a）条形双金属片式温度警告器 b）U 形双金属片式温度警告器

1—调节螺钉 2—支架 3—导电片 4—端钮铜接头 5—警告灯 6—接头壳体 7—条形双金属片 8—触点 9—接头壳体 10—U 形双金属片 11—触点 12—调节螺钉 13—封口螺钉 14—绝缘端钮 15—导电架 16—警告灯 17—铆钉 18—导电体

当水温达到规定的极限温度时（95 ~ 98℃），双金属片受热变形，两触点接触，水温警告灯发亮。当水温下降后，双金属片变形量减小，两触点又断开，水温警告灯熄灭。

3. 制动系低气压警告灯

膜片式制动系低气压警告灯如图 6—2—4 所示。制动系低气压警告器装在制动系储气筒或制动阀压缩空气输入管路上，其作用是在制动系气压过低时，驾驶室仪表板上指示信号灯发亮，告知驾驶员采取相应的措施，以保证行车安全。

电源接通后，当制动系储气筒内的气压下降至 0.34 ~ 0.37 MPa 时，作用在膜片上的压力减小，膜片在复位弹簧的作用下移动而使触点闭合，电路接通，指示信号灯发亮；当储气筒中的气压升至 0.4 MPa 以上时，膜片所受的推动力增大，复位弹簧压缩，触头打开，电路切断，指示信号灯就熄灭。制动系统压力在 0.37 MPa 以下时，触点接通；压力在 0.4 MPa 以上时，触点断开。

4. 制动液面警告灯

制动液面警告灯开关装在制动主缸的储液罐内，如图 6—2—5 所示。外壳的外面套装着浮子，浮子上固定有永久磁铁，外壳内部装有舌形开关，舌形开关的两个接线柱与警告灯和电源相连。当制动液面在规定值以上时，浮子浮在靠上的位置，永久磁铁的吸力不足，舌形开关在自身的弹力作用下保持断开的状态；当制动液面下降到一定值时，浮子位置下降，舌形开关在永久磁铁吸力作用下闭合，警告灯点亮。

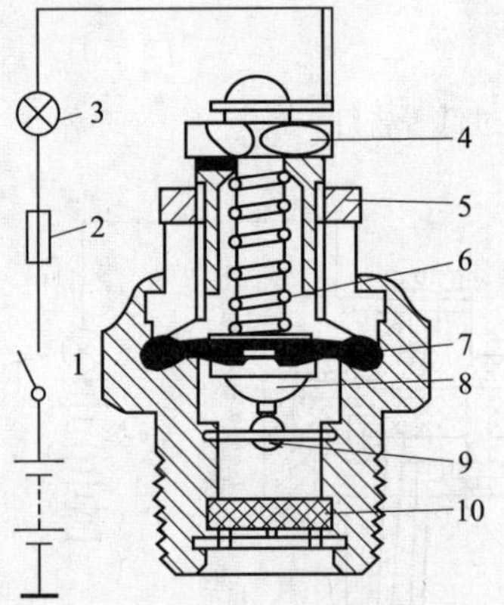

图 6—2—4 膜片式制动系低气压警告灯

1—电源开关 2—熔丝 3—警告灯 4—调整螺钉 5—锁紧螺母 6—复位弹簧 7—膜片 8—动触点 9—静触点 10—滤清器

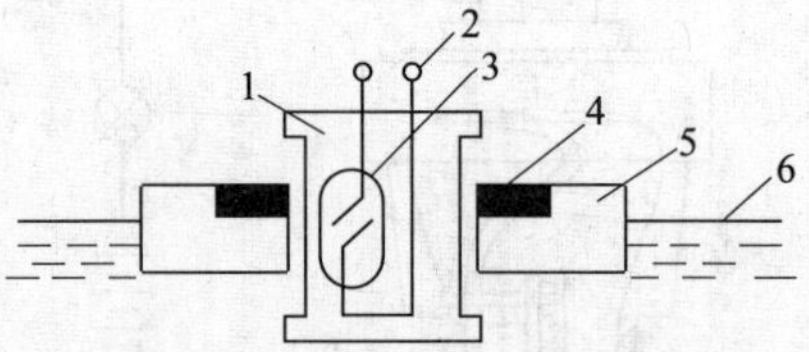

图 6—2—5 制动液面警告灯开关

1—外壳 2—接线柱 3—舌形开关 4—永久磁铁 5—浮子 6—液面

5. 制动信号灯断路警告灯

制动信号灯断路警告灯电路如图 6—2—6 所示。在制动信号灯断路警告灯电路中接有两个线圈及舌形开关，警告灯与舌形开关串联。正常情况下踩下制动踏板，制动灯开关接通，电流分别流经两个线圈，左右制动灯点亮。由于此时两线圈产生的电磁吸力方向相反而相互抵消，舌形开关在自身弹力作用下触点保持断开；若有一个制动灯线路断路，则两个线圈中只有一个线圈有电流通过，此线圈产生的电磁吸力将使舌形开关闭合，警告灯点亮。

图 6—2—6 制动信号灯断路警告灯电路

1，6—电磁线圈 2—点火开关 3—制动灯开关 4—警告灯 5—舌形开关 7，8—制动信号灯

6. 机油压力警告灯

机油压力警告灯是在发动机滑润系统机油压

力降低到允许限度时，红色警告灯亮，以便引起驾驶员的注意。它由装在主油道上的传感器和装在仪表板上的红色警告灯组成，常见的警告灯有弹簧管式机油压力警告灯和膜片式机油压力警告灯两种。

（1）弹簧管式机油压力警告灯。弹簧管式机油压力警告灯和传感器的结构如图 6—2—7 所示。传感器为盒形，内有一管形弹簧 2，管形弹簧一端经管接头 1 与润滑系统主油道相通，另一端则与动触点 5 相接。静触点 4 经接触片与接线柱 3 相连。当机油压力低于 0.05 MPa 时，管形弹簧变形很小，于是触点 4、5 闭合，电路接通，使警告灯发亮，指示主油道机油压力过低，应及时停机维修。当机油压力超过 0.09 MPa 时，管形弹簧产生的弹性变形大，使触点 4、5 打开，电路切断，警告灯即熄灭，说明润滑系统工作正常。

（2）膜片式机油压力警告灯。膜片式机油压力警告灯和传感器的结构如图 6—2—8 所示。当机油压力正常时，机油压力推动膜片向上拱曲，触点打开，警告灯不亮；当滑润系统机油压力降到一定值时，膜片在复位弹簧作用下下移，触点闭合，红色警告灯亮，以示警告。

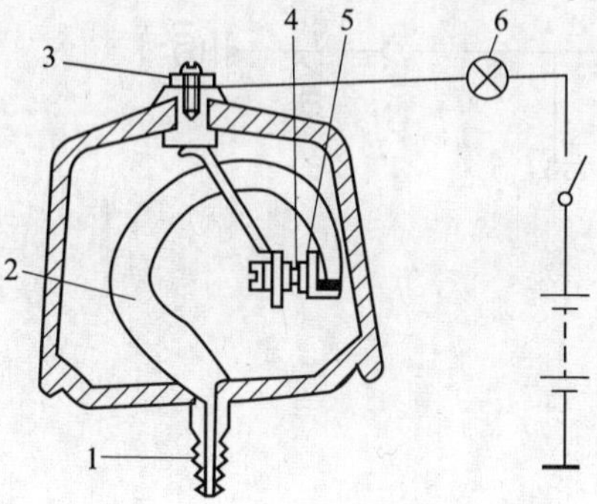

图 6—2—7　弹簧管式机油压力警告灯

1—管接头　2—管形弹簧　3—接线柱
4—静触点　5—动触点　6—警告灯

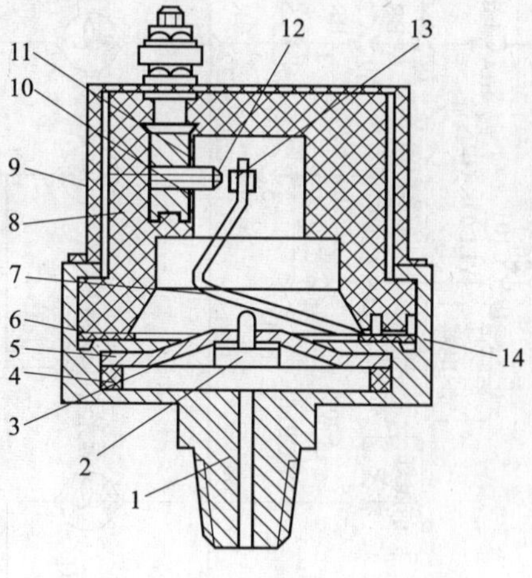

图 6—2—8　膜片式机油压力警告灯

1—接头　2—顶芯　3—膜片　4—密封垫圈　5—限值圈
6—垫圈　7—导电片　8—盖体　9—外套
10—调节螺钉　11—接线柱　12—静触点
13—动触点　14—销钉

三、仪表警告灯检修

案例链接：

一辆别克凯越轿车，仪表系统控制电路如图 6—1—18 和图 6—2—9 所示，据车主反映点火开关在 ON 挡时，仪表所有指示灯和警告灯都不亮。

下面以“案例链接”所提及的车型作为诊断样本，按汽车 4S 店的维修规范作业要求，具体分析该类型故障的诊断流程及诊断方法。具体如下：

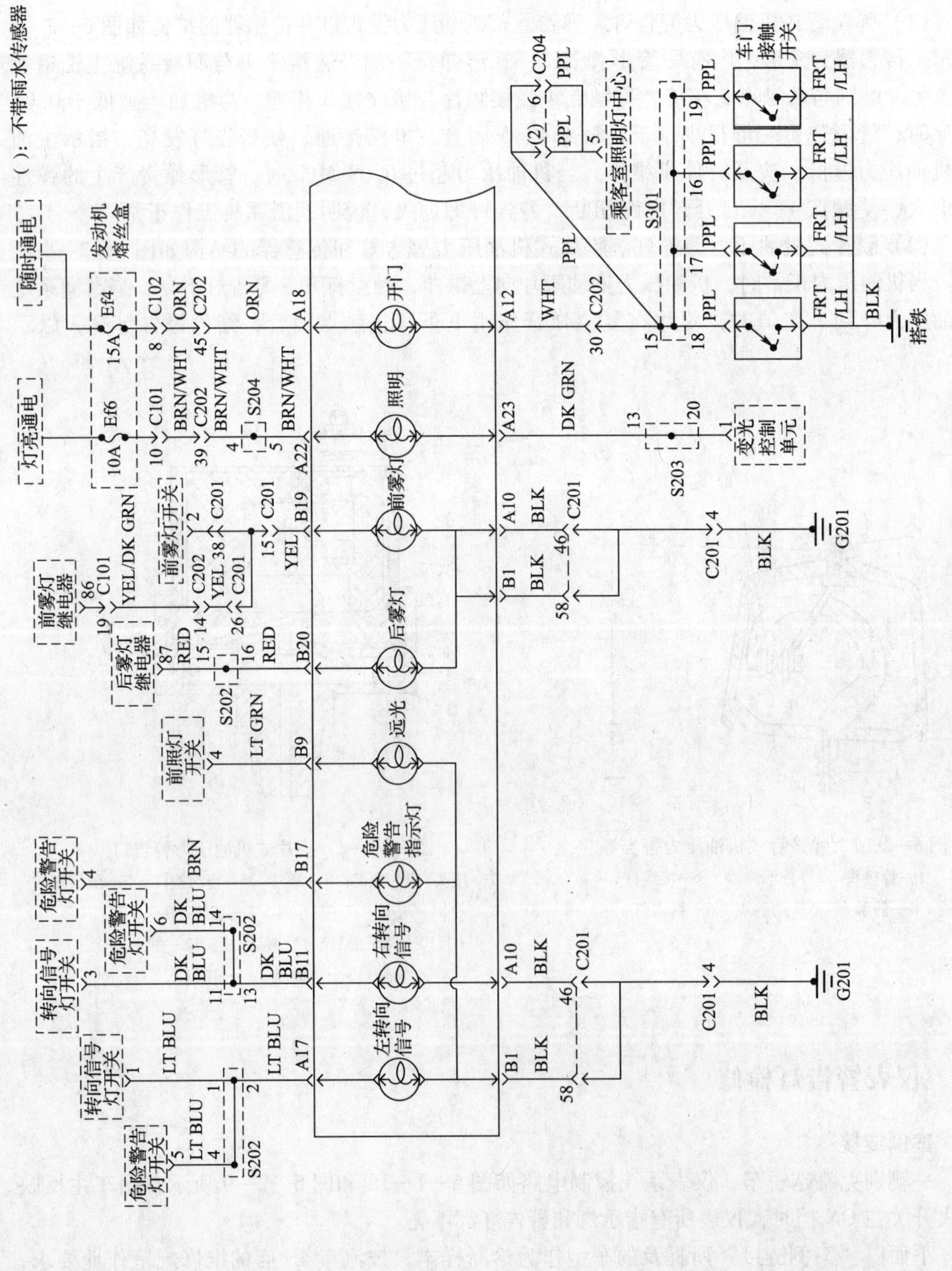

图6—2—9　别克凯越仪表系统控制电路

1. 对待修车辆进行维修接待

可参考表 1—1—1（接车问诊表），对待修车辆进行维修接待。

2. 厘清故障诊断程序

要将故障尽快诊断出来，首先应厘清思路，即明确故障诊断的一般方法及流程，这是解决问题的关键。汽车维修企业（4S 店）一般采用图 1—1—5 所示的诊断程序对车辆故障进行诊断。

3. 故障诊断思路

点火开关在 ON 挡，所有指示灯和警告灯不亮故障，参考表 6—2—2 检修步骤进行检查。

表 6—2—2　　所有指示灯和警告灯不亮故障检修步骤

步骤	操作	数值	是	否
1	检查 F21 熔丝 F21 是否烧断	—	至步骤 2	至步骤 3
2	1. 检查是否短路并完成必要的修理 2. 更换烧断的熔丝 修理是否完成	—	系统正常	—
3	1. 接通点火开关 2. 检查熔丝 F21 上的电压 蓄电池电压是否等于规定值	11 ~ 14 V	至步骤 5	至步骤 4
4	检修熔丝 F21 电源电路开路故障 修理是否完成	—	系统正常	至步骤 3
5	1. 拆卸仪表板 2. 断开仪表组连接器 3. 接通点火开关 4. 检查端子 B15 和 A19 上的电压 蓄电池电压是否等于规定值	11 ~ 14 V	至步骤 7	至步骤 6
6	检修熔丝 F21 与仪表组连接器 B15 和 A19 之间的开路故障 修理是否完成	—	系统正常	—
7	检查仪表组指示灯灯泡 灯泡是否正常	—	至步骤 9	至步骤 8
8	1. 更换损坏的灯泡 2. 检查充电系统，确认发电机充电电压是否过高 3. 必要时检修充电系统 修理是否完成	—	系统正常	—
9	更换仪表组 修理是否完成	—	系统正常	—

任务实施

1. 仪表信息确认，点火开关在“ON”位置时，请标注哪些指示灯工作。

2. 机油压力过低警告灯不亮故障诊断

结合实训设备或实训车辆，将机油压力过低警告灯不亮故障诊断步骤填入表6—2—3中。

表6—2—3　　机油压力过低警告灯不亮故障诊断记录表

序号	诊断项目	诊断结果	处理方法
1			
2			
3			
4			
5			
6			
7			

3. 经过诊断后，画出实训设备或实训车辆机油压力过低警告灯控制电路原理图。

任务总结

一、任务评价

对本学习任务进行评价，评分表见表6—2—4。

表 6—2—4　　　　　　　　　　　　评　分　表

考核项目	评分标准	分数	学生自评	小组互评	教师评价	小计
团队合作	是否和谐	5				
活动参与	是否积极主动	5				
安全生产	有无安全隐患	10				
现场 5S	是否做到	10				
任务方案	是否正确、合理	20				
操作过程	1. 仪表指示灯信息确认 2. 机油压力过低警告灯不亮故障诊断	25				
任务完成情况	是否圆满完成	5				
工具和设备使用	是否规范、标准	10				
劳动纪律	能否严格遵守	5				
工单填写	是否完整、规范	5				
总分		100				
教师签名：			年　月　日		得分	

二、理论知识检验

1. 在讨论机油压力过低警告灯电路时，甲技师说点火开光在 ON 挡，发动机不工作时，机油压力过低警告灯应亮，乙技师说主要发动机工作，机油压力过低警告灯应亮，你觉得（　　）。

A. 甲说的对　　B. 乙说的对　　C. 甲乙说的都对　　D. 甲乙说的都不对

2. 在讨论仪表警告灯电路时，甲技师说警告灯通常是与控制开关并联连接，乙技师说警告灯通常是与控制开关串联连接，你觉得（　　）。

A. 甲说的对　　B. 乙说的对　　C. 甲乙说的都对　　D. 甲乙说的都不对

3. 点火开关在 ON 挡，若有一个警告灯不亮，甲技师说与熔丝烧坏有关，乙技师说与警告灯损坏有关，你觉得（　　）。

A. 甲说的对　　B. 乙说的对　　C. 甲乙说的都对　　D. 甲乙说的都不对

4. 点火开关在 ON 挡时，发动机自诊指示灯闪亮，甲技师说属正常，乙技师说控制电路出现故障，你觉得（　　）。

A. 甲说的对　　B. 乙说的对　　C. 甲乙说的都对　　D. 甲乙说的都不对

5. 在讨论仪表警告灯电路时，甲技师说警告灯的电源通常是公用的，乙技师说警告灯的搭铁通常是公用的，你觉得（　　）。

A. 甲说的对　　B. 乙说的对　　C. 甲乙说的都对　　D. 甲乙说的都不对

知识拓展

日产颐达轿车仪表指示灯控制电路如图 6—2—10 所示。

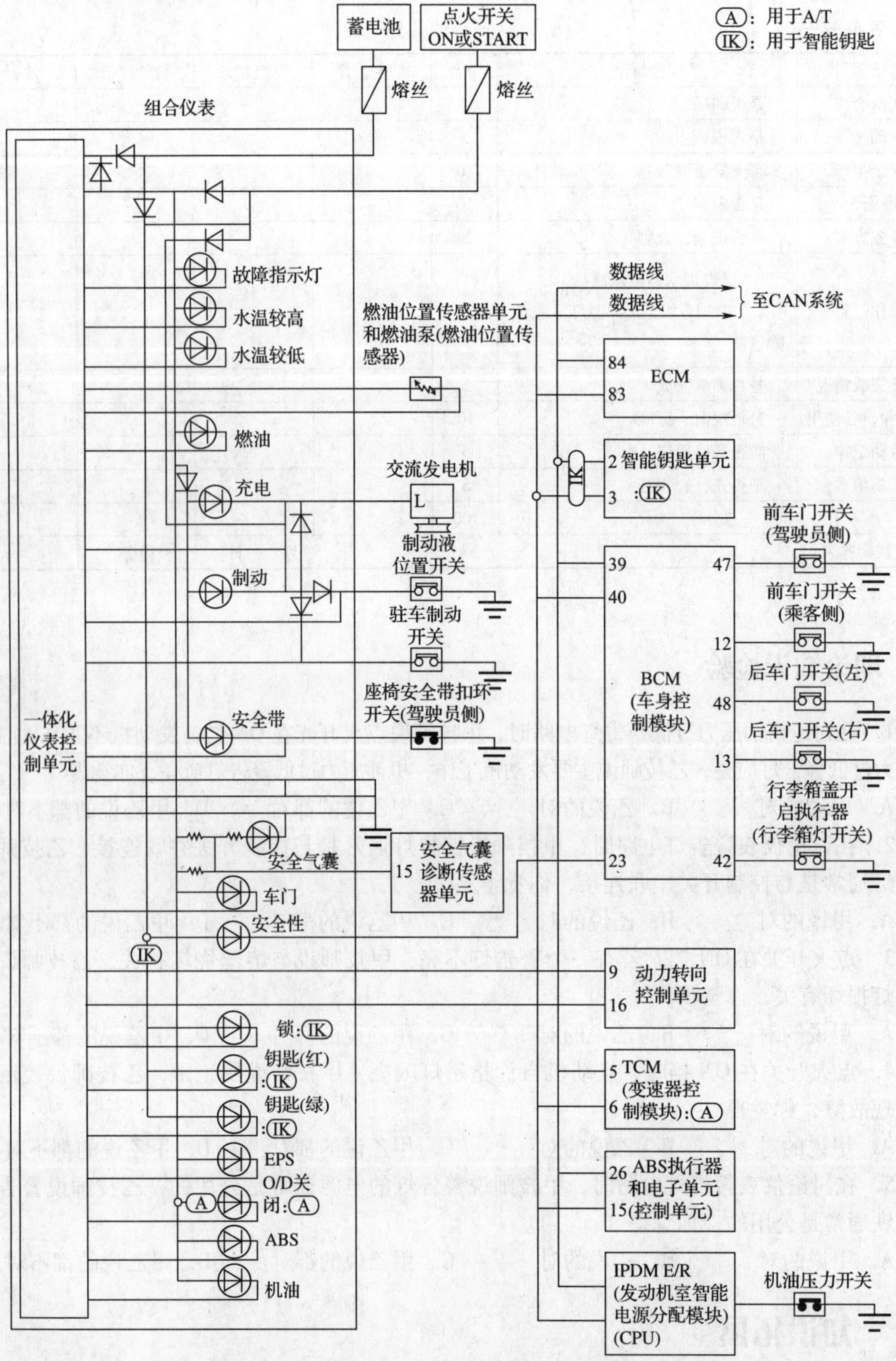

图 6—2—10　日产颐达轿车仪表指示灯控制电路图

项目七　雨刮系统检修

任务1　雨刮系统线路连接

任务目标

1. 能根据任务需要收集雨刮系统电路图。
2. 能阅读雨刮系统电路图。
3. 能描述雨刮系统控制电路的工作原理。
4. 能正确检测雨刮系统控制开关和雨刮电动机。
5. 能正确地使用工量具和设备；根据“维修手册”指引，安全规范地对雨刮系统线路进行连接。

任务描述

本任务的学习目的是学会雨刮系统线路连接，通过线路连接熟悉控制电路原理与线路走向，并能正确判断雨刮系统控制开关和雨刮电动机的好坏。

任务内容

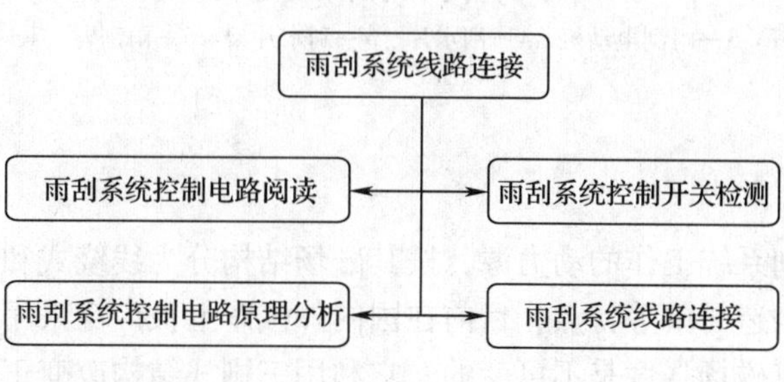

任务准备

一、雨刮系统的组成

汽车雨刮系统通常由雨刮电动机、变速机构、传动机构、刮水片总成、控制装置等组成。雨刮系统的基本组成如图 7—1—1 所示。雨刮电动机装在挡风玻璃下方底板上，杠杆联动机构由连杆、摆杆组成，摆杆上连接刮水片总成（由刮水臂、刮水片等组成）。当驾驶员打开雨刮系统控制开关时，雨刮电动机工作，电动机旋转运动经过蜗轮蜗杆的减速增扭作用，由轴端的蜗杆传给蜗轮，蜗轮上的偏心销钉与连杆铰接，蜗轮转动时通过连杆使摆杆摆动，然后经连杆使刮水臂带动刮水片总成件往复运动，从而实现挡风玻璃的刮扫动作。

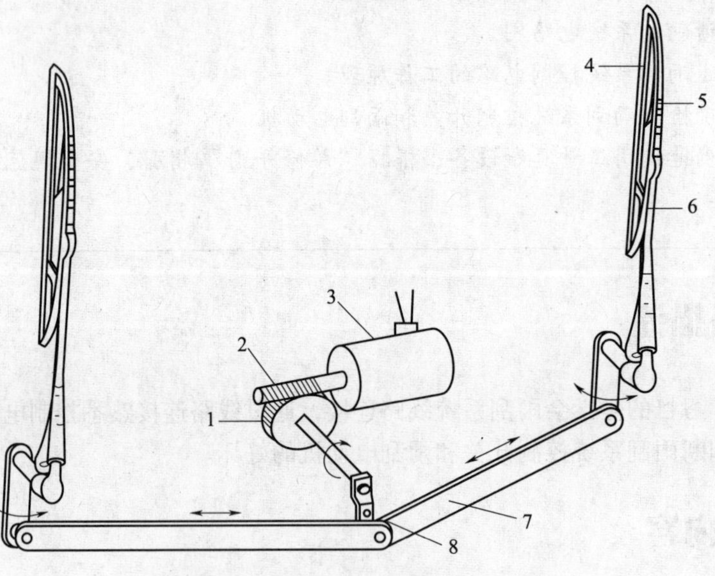

图 7—1—1　汽车雨刮系统基本组成

1—蜗轮　2—蜗杆　3—雨刮电动机　4—刮水片　5—刮水片架　6—雨刮臂　7—拉杆　8—摇臂

二、雨刮电动机

雨刮电动机是雨刮系统工作的动力源，按其磁场结构分为线绕式和永磁式两种，后者具有体积小、质量轻、构造简单等特点，目前在国内外汽车上被广泛采用。

永磁式雨刮电动机磁场强度是不可变的，它利用三刷式结构改变正负电刷的线圈数实现变速，其结构如图 7—1—2 所示。

永磁式电动雨刮器的工作原理如图 7—1—3 所示。在直流电动机减速器蜗轮 8（由尼龙制成）上嵌有铜环，此铜环分两个部分，其中面积较大的一片 9 与电动机外壳相连接（搭

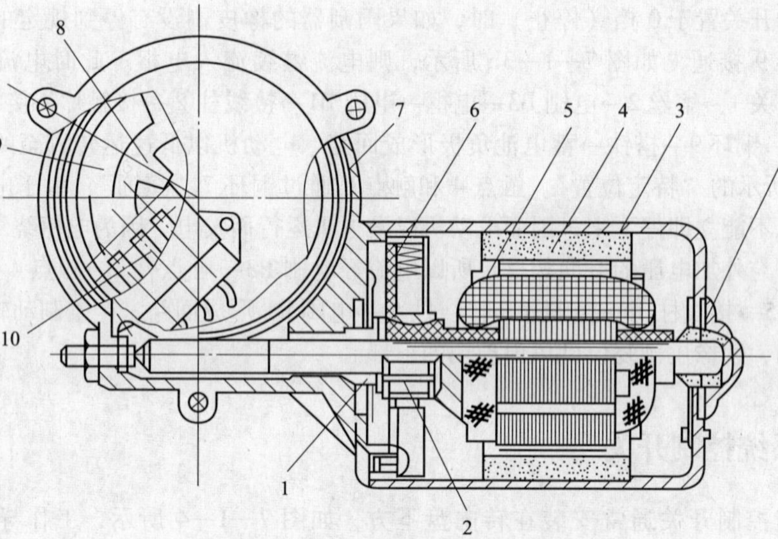

图 7—1—2　永磁式雨刮电动机

1—球轴承　2—换向器　3—壳体　4—磁极　5—电枢　6—电刷及弹簧　7—减速器　8—铜环　9—蜗轮　10—触点臂

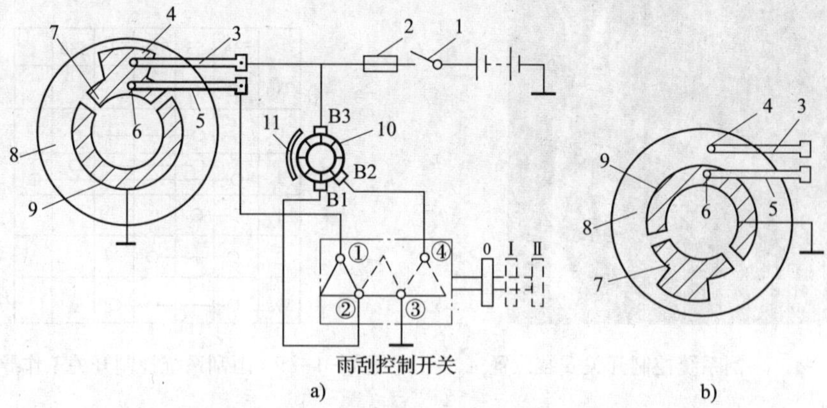

图 7—1—3　永磁式雨刮电动机工作原理图

1—电源总开关　2—熔丝　3，5—触点臂　4，6—触点　7，9—铜环　8—蜗轮　10—电枢　11—永久磁铁

铁）。触点臂 3、5 用磷铜片或其他弹性材料制成，其一端分别铆有触点 4、6。由于触点臂 3、5 具有弹性，因此当蜗轮 8 转动时，触点 4、6 与蜗轮 8 的端面（包括铜环 7、9）保持接触。

当电源总开关 1 接通，把雨刮器开关置于Ⅰ挡（低速）时，电流经蓄电池正极→电源总开关 1→熔丝 2→电刷 B3→电枢绕组→电刷 B1→接线柱②→接触片→接线柱③→搭铁→蓄电池负极形成回路，电动机以低速运转。

当雨刮器开关置于Ⅱ挡（高速）时，电流经蓄电池正极→电源总开关 1→熔丝 2→电刷 B3→电枢绕组→电刷 B2→接线柱④→接触片→接线柱③→搭铁→蓄电池负极形成回路，电动机以高速运转。

当雨刮器开关置于 0 挡（停止）时，如果雨刮器的橡皮刷没有停到规定的位置，由于触点 6 与铜环 9 接通，如图 7—1—3b 所示，则电流继续流入电枢。此时电流经蓄电池正极→电源总开关 1→熔丝 2→电刷 B3→电枢→电刷 B1→接线柱②→接触片→接线柱 1→触点臂 5→触点 6→铜环 9→搭铁→蓄电池负极形成回路，电动机以低速运转直至蜗轮旋转到如图 7—1—3a 所示的“特定位置”。触点 4 和触点 6 通过铜环 7“接通”，由于电枢转动时的惯性，电动机不能立即停下来，因而电动机以发电机运行而发电。因为电枢绕组所产生的反电动势的方向与外加电压的方向相反，所以电流经电刷 B3→触点臂 3→触点 4→铜环 7→触点 6→触点臂 5→接线柱①→接触片→接线柱②→电刷 B1 形成回路，产生制动转矩，电动机迅速停止转动，使橡皮刷复位到风窗玻璃的下部。

三、雨刮系统控制开关

雨刮系统控制开关通常安装在转向盘下方，如图 7—1—4 所示，工作导通状态如图 7—1—5所示，因车型不同雨刮控制开关所设挡位有所不同，开关线端子导通状态有所不同。归纳起来有 MIST 或 TIP（点动）、OFF（关闭）、LO（低速）、HI（高速）、INT（间歇）、PULL（清洗）六个挡位。

图 7—1—4　雨刮系统控制开关安装位置

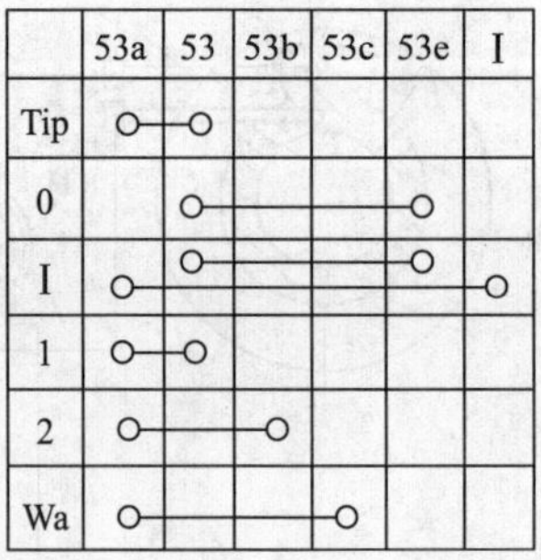

图 7—1—5　雨刮系统控制开关工作导通状态

四、雨刮系统控制电路

1. 双速雨刮系统控制电路

双速雨刮系统控制电路如图 7—1—6 所示，工作原理如下：

点火开关置于 ON 挡。当雨刮控制开关置于 LO（低速）位，电流经蓄电池正极→点火开关→熔丝→雨刮控制开关 +B 端子→雨刮控制开关 +1 端子→雨刮电动机 +1 端子→雨刮电动机 EW 端子→搭铁形成回路。电流经雨刮电动机 +1 端子进入电动机时，串入的线圈数多，雨刮电动机低速转动，雨刮低速摆动。

当雨刮控制开关置于 HI（高速）位，电流经蓄电池正极→点火开关→熔丝→雨刮控制

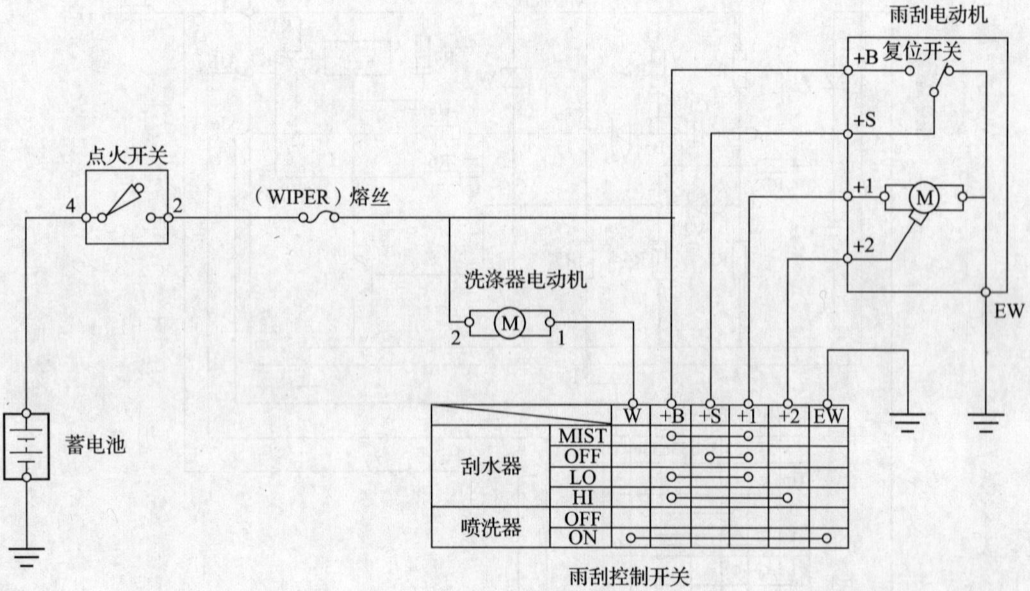

图 7—1—6　双速雨刮系统控制电路

开关 +B 端子→雨刮控制开关 +2 端子→雨刮电动机 +2 端子→雨刮电动机 EW 端子→搭铁形成回路。电流经雨刮电动机 +2 端子流过电动机时，串入的线圈数少，电动机高速转动，雨刮高速摆动。

当雨刮控制开关置于 OFF（停止）位，如果雨刮器的橡皮刷没有停到规定的位置时，即雨刮电动机内 +B 与 +S 开关接通，则电流继续流入雨刮电动机电枢。此时电流经蓄电池正极→点火开关→熔丝→雨刮电动机 +B 端子→雨刮电动机 +S 端子→雨刮控制开关 +S 端子→雨刮控制开关 +1 端子→雨刮电动机 +1 端子→雨刮电动机 EW 端子→搭铁形成回路。雨刮电动机转动，直到雨刮电动机内的复位开关 +B 与 +S 断开才停转。

当喷洗器开关按下（ON 位置）时，电流经蓄电池正极→点火开关→熔丝→洗涤器电动机→喷洗器开关 W 端子→喷洗器 EW 端子→搭铁形成回路。洗涤器电动机工作，洗涤液经喷嘴喷到挡风玻璃。

2. 带间歇功能雨刮系统控制电路

雨刮系统的间歇功能主要靠间歇控制器来实现。现以奥迪 100 型轿车间歇控制器为例加以说明。如图 7—1—7 所示为奥迪 100 型轿车雨刮系统电路原理图。间歇控制器由电子元件与小型继电器组合而成。

当雨刮控制开关置于间歇挡（Ⅰ挡）时，电源便经熔丝、雨刮控制开关 53a 端、雨刮控制开关内部Ⅰ挡接入间歇控制器的Ⅰ端。C1 被充电。C1 的充电电路为：蓄电池正极→熔丝→雨刮控制开关 53a 端→Ⅰ挡→间歇控制器Ⅰ端→R9→R2→C1→V2→三极管 VT 的基极、发射极→搭铁→蓄电池负极，此时 C 点的电位为 1.6 V，B 点的电位为 5.6 V，C1 两端有 4 V的电位差。

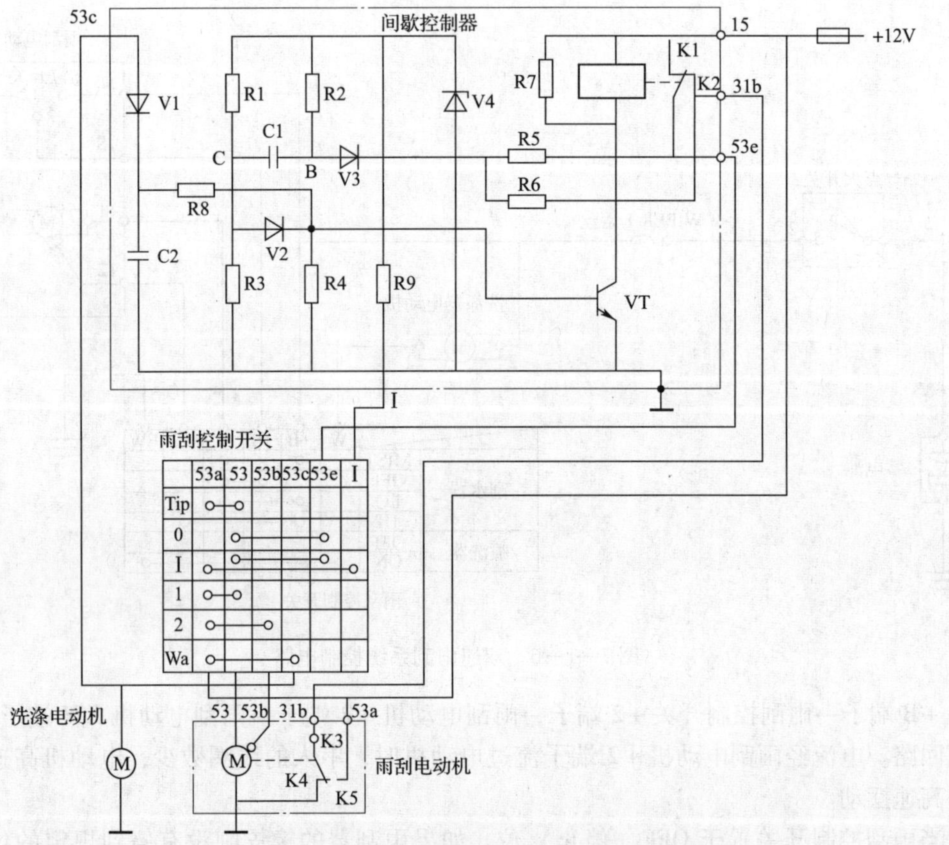

图 7—1—7　带间歇功能雨刮系统控制电路

C1 充电时，其充电电流为三极管提供偏流，使三极管 VT 导通，接通了继电器线圈的电路，继电器的常开触点 K1 闭合、K2 打开，电流经 K1、53e 开关内的Ⅰ挡、53 端子进入雨刮电动机的电枢，使雨刮电动机慢速旋转，刮水器开始工作。

当橡皮刷往返一次又回到风窗玻璃最下位置时，雨刮电动机也旋到自动复位位置，K3、K4 接通，使 31b 端搭铁，为 C1 的放电提供了通路。C1 放电回路主要有两条：一条经 R2、R1 放电。放电瞬间 B 点电压突然降到 2.5 V，由于 C1 原有 4 V 的电位差，使 C 点电位降为 1.2 V，三极管 VT 的基极电位翻转为低电平，于是三极管截止。切断了继电器线圈的电路，则其常开触点 K1 又断开，常闭触点 K2 又闭合，恢复到自然状态时的 31b 与 53e 接通，将电阻 R5、R6 并联，加速 C1 放电，为 C1 的再充电做准备。

随着 C1 放电时间的增加，C 点电位逐渐升高，当 C 点电位接近 2 V 时，三极管 VT 又导通，C1 又恢复为充电状态。

可见，只要雨刮器开关置于间歇挡，电源便接入间歇控制器的Ⅰ端，C1 就会不间断地充电、放电，三极管就会导通、截止反复翻转，使继电器反复接通与断开，如此形成了间歇刮水的工作状态，刮洗时间为 2 ~4 s，间歇时间为 4 ~6 s，直到断开雨刮器开关。

3. 雨滴感知型雨刮系统控制电路

电子控制间歇电动雨刮器虽然能实现雨刮器的间歇动作，但不能随雨量的变化及时调整雨刮的工作频率而实施最佳控制。新型雨滴感知型间歇电动雨刮器则能根据雨量的大小自动调节刮水器间歇动作的间隔时间，使驾驶员始终有良好的视线。

雨滴感知型间歇电动雨刮器主要由雨滴传感器、间歇刮水放大器和雨刮电动机三部分组成，如图 7—1—8 所示。传感器的作用是将雨量的大小转变为与之相对应的电信号的变化，输入控制电路。雨滴传感器根据其检测方法的不同，可分为压电式、电阻式等。现以压电式雨滴传感器及其控制电路为例分析雨滴感知型间歇电动雨刮器的工作过程。

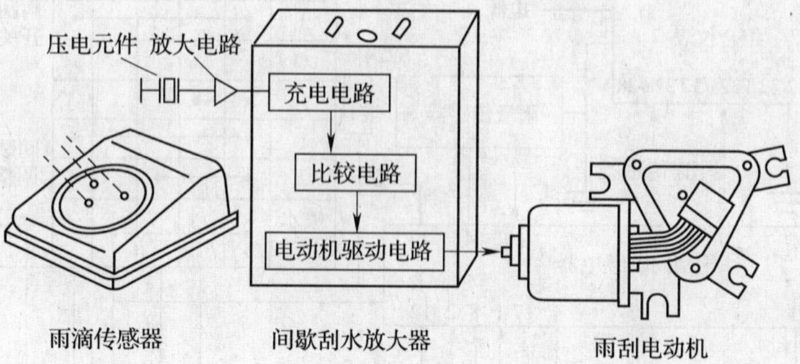

图 7—1—8　雨滴感知型间歇电动雨刮器

如图 7—1—9 所示为压电式雨滴传感器的结构，主要由振动板、压电元件、放大电路等组成。

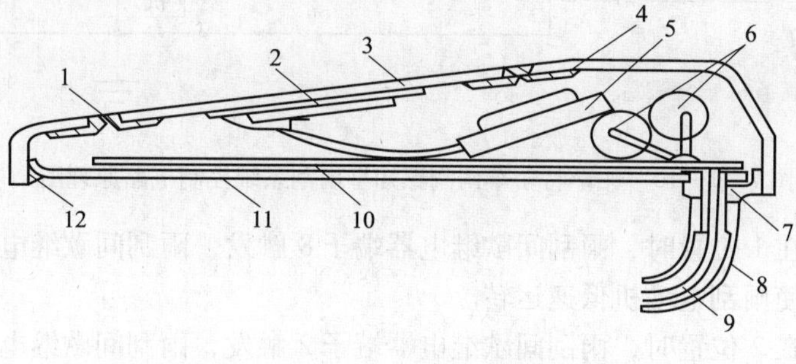

图 7—1—9　压电式雨滴传感器结构

1—阻尼橡胶　2—压电元件　3—振动板　4—上盒　5—混合 IC
6—电容器　7—衬垫　8—筒　9—线束　10—电路基板　11—下盒　12—密封件

工作时，振动板由于雨滴落下时的撞击而以其本身的固有频率振动，振动板将振动能量传给压电元件。压电元件受压而产生电压，电压值与撞击振动板的雨滴运动能量成正比，该电压信号经过放大后输入间歇刮水放大电路，对放大器的充电电路（电容）进行 20 s 的定时充电，电容电压上升，该电压输入比较电路，比较电路将其与基准电压 U_0 比较。当电容电压达到 U_0 时，比较电路向雨刮电动机发出信号，使其工作一次。当雨量大时，压电元件产生的电信号强，充电电路电压达到基准电压值 U_0 所需时间就短，雨刮器间歇工作的时间就短；反之，雨量小时压电元件产生的电压就小，充电电路电压达到基准电压 U_0 所需时间就长，雨刮器间歇工作的时间就长。当雨量很小，雨滴传感器没有电压输出时，只有定电流电路（20 s 定时）对充电电路进行充电，20 s 后充电电路的输出电压达到基准电压 U_0，刮水器动作一次。这样，雨滴感知型间歇电动雨刮器就把雨刮器的间歇时间控制在 0 ~ 20 s 范围内，以适应不同雨量的需要。

如图 7—1—10 所示为帕萨特轿车雨滴感知型雨刮系统控制电路原理图，雨刮器工作取决于雨刮控制开关位置。

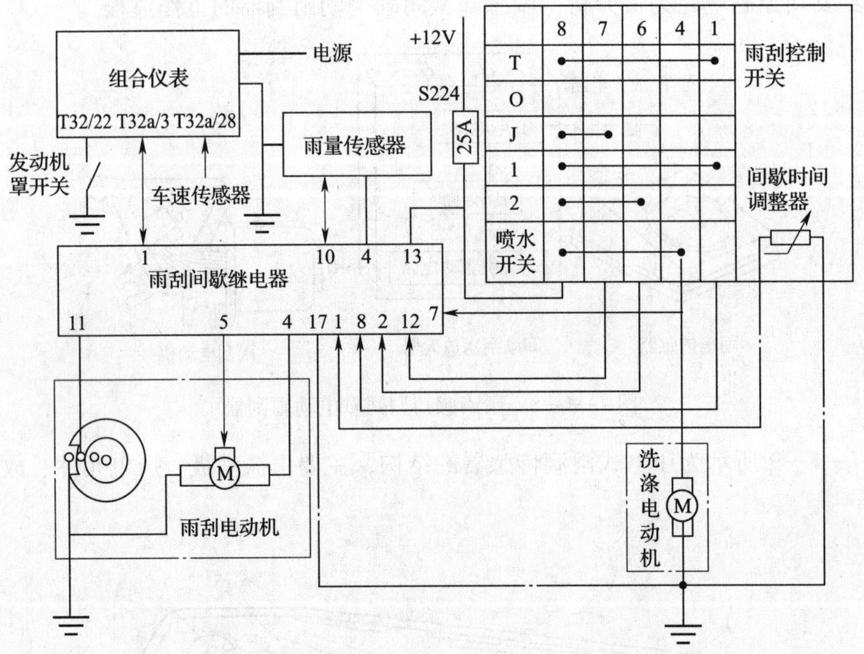

图 7—1—10　帕萨特轿车雨滴感知型雨刮系统控制电路原理图

雨刮控制开关在 1 位置时，雨刮间歇继电器端子 8 触发，雨刮间歇继电器端子 4 输出电压到雨刮电动机，使雨刮电动机低速运转。

雨刮控制开关在 2 位置时，雨刮间歇继电器端子 2 触发，雨刮间歇继电器端子 5 输出电压到雨刮电动机，使雨刮电动机高速运转。

雨刮控制开关在 T 位置时，雨刮间歇继电器端子 8 触发，雨刮间歇继电器端子 4 输出电压到雨刮电动机，使雨刮电动机低速运转。

雨刮控制开关在 J 位置时，雨刮间歇继电器端子 12 触发，雨刮间歇继电器端子 4 间歇输出电压到雨刮电动机，使雨刮电动机间歇运转。在该位置间歇继电器可以根据间歇时间调整器信号变化来控制间歇时间长短，同时间歇继电器还可以根据雨量传感器的信号变化来控制雨刮电动机运转速度。

任务实施

1. 雨刮控制开关检测

根据所提供的实训设备，用万用表检测雨刮控制开关导通情况，并填入表 7—1—1。

表 7—1—1　　雨刮控制开关导通情况记录表

端子 挡位	W	+B	S	+1	+2	EW
OFF 挡						
INT 挡						
LO 挡						
HI 挡						
洗涤						

2．双速雨刮器控制电路线路连接，完成图 7—1—11 原理图的连接，并用实物元件进行验证。

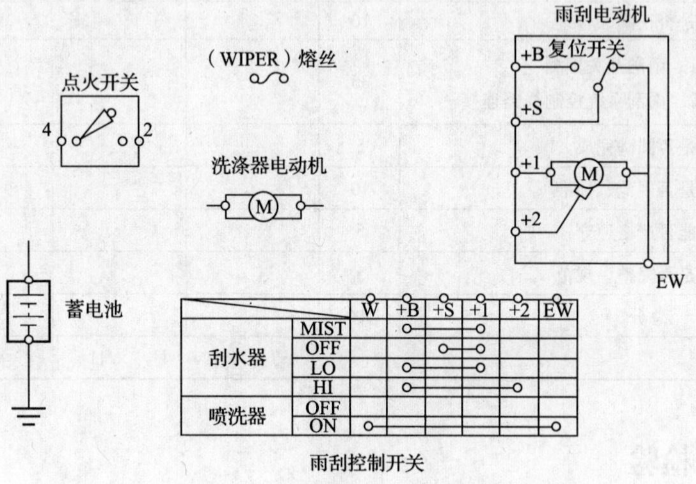

图 7—1—11　双速雨刮系统控制原理图连接

3．带间歇功能雨刮系统控制电路线路连接，完成图 7—1—12 原理图的连接，并用实物元件进行验证。

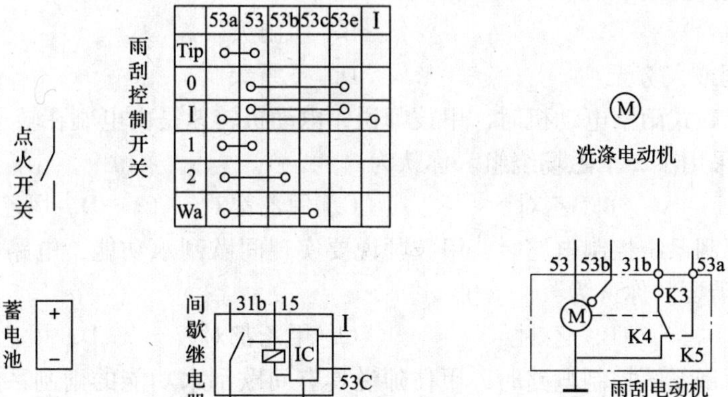

图 7—1—12　带间歇功能雨刮系统控制原理图连接

任务总结

一、任务评价

对本学习任务进行评价，评分表见表7—1—2。

表7—1—2　　　　　　　　评　分　表

考核项目	评分标准	分数	学生自评	小组互评	教师评价	小计
团队合作	是否和谐	5				
活动参与	是否积极主动	5				
安全生产	有无安全隐患	10				
现场5S	是否做到	10				
任务方案	是否正确、合理	10				
操作过程	1. 雨刮开关检测 2. 雨刮系统控制线路连接	35				
任务完成情况	是否圆满完成	5				
工具和设备使用	是否规范、标准	10				
劳动纪律	能否严格遵守	5				
工单填写	是否完整、规范	5				
	总分	100				
教师签名：			年　月　日		得分	

二、理论知识检验

1. 汽车用永磁式雨刮电动机共有（　　）个电刷。

A. 1　　B. 2　　C. 3　　D. 4

2. 带有间歇挡的刮水器在（　　）使用间歇挡。

A. 大雨天　　B. 中雨天

C. 毛毛细雨或大雾天　　D. 下雪天

3. 在讨论永磁式雨刮电动机时，甲技师说，电动机转速是由电刷在转子上的位置决定，乙技师说电动机采用了2个磁场绕组。你认为（　　）。

A. 甲对　　B. 乙对　　C. 甲乙都对　　D. 甲乙都不对

4. 在讨论雨刮系统控制电路时，甲技师说要实现间歇刮水功能，电路中需有间歇继电器，乙技师说不需要。你认为（　　）。

A. 甲对　　B. 乙对　　C. 甲乙都对　　D. 甲乙都不对

5. 在讨论雨刮系统控制电路时，甲技师说具有间歇刮水功能的雨刮系统，在按洗涤器开关时雨刮电动机会自动转动，乙技师说不一定。你认为（　　）。

A. 甲对　　B. 乙对　　C. 甲乙都对　　D. 甲乙都不对

知识拓展

一、别克君威轿车雨刮系统控制电路

别克君威轿车雨刮系统控制电路如图7—1—13所示，系统说明如下：

除常规（非脉冲式）刮水器系统（除雾低速和高速）所具有的功能外，脉冲式挡风玻璃刮水器/清洗器系统还有一种操作模式，其中刮水器可以一次一次地刮洗，刮洗之间的时间间隔可调。时间间隔是由雨刮电动机盖上的固态计时器控制，延迟间隔持续时间由刮水器/清洗器开关内的延迟电阻器确定。

当刮水器开关关闭时，雨刮电动机使刮水器返回刮洗（内刮洗）位置，然后使刮水器反向，从而触发外部减速停止机构，使刮水器下降到停止位置。

脉冲操作

当刮水器开关位于DELAY脉冲位置时，蓄电池电压通过电路243，施加在雨刮电动机连接器端子B上。电压还通过电路113施加在端子D，通过电路112施加在端子E上，刮洗之间延迟时间的长短是由可变脉冲延迟电阻器控制，该延迟时间可在1~22 s间调整。

低速操作

当刮水器开关位于LO低速位置时，蓄电池电压通过电路243，施加在雨刮电动机连接器端子B上，通过电路112施加在端子E上，通过电路113施加在端子D上。

高速操作

当刮水器开关位于HI高速位置时，蓄电池电压通过电路243、92和112分别施加在雨刮电动机连接器端子B、C和E上，电压还通过电路113施加在端子D上。

停止位置操作

从任何位置关闭时，刮水器完成最后一次刮洗并停止，当刮水器开关处于关闭位置时，雨刮电动机仅将电压从电路243施加到端子B。当刮洗结束开关打开时，控制电路反向运转雨刮电动机来启动外降低速停止机构，雨刮电动机连续运行直到停止开关打开。

清洗器操作

当清洗器开关接通时，蓄电池电压通过电路113施加在雨刮电动机端子D上。清洗器开关还通过电路228将电压施加在端子A上，接通清洗器泵，当清洗器开关松开后，清洗器电动机通过低速继电器施加电压，在低速下刮洗2~4次。

当刮水器开关保持在接通位置时，只要刮水器开关接通，雨刮电动机电路仅使清洗器泵接通。如果刮水器处于延迟、低速或高速模式，将在清洗循环后恢复操作。如果刮水器已经关闭，刮水器刮洗2~4次后返回停止位置。

除雾操作

将刮水器开关拨到MIST除雾位置并松开时，刮水器在低速下完成一次刮洗并返回停止位置。若刮水器开关保持在除雾位置，刮水器连续运行直至开关释放。此时电路操作与低速时相同。

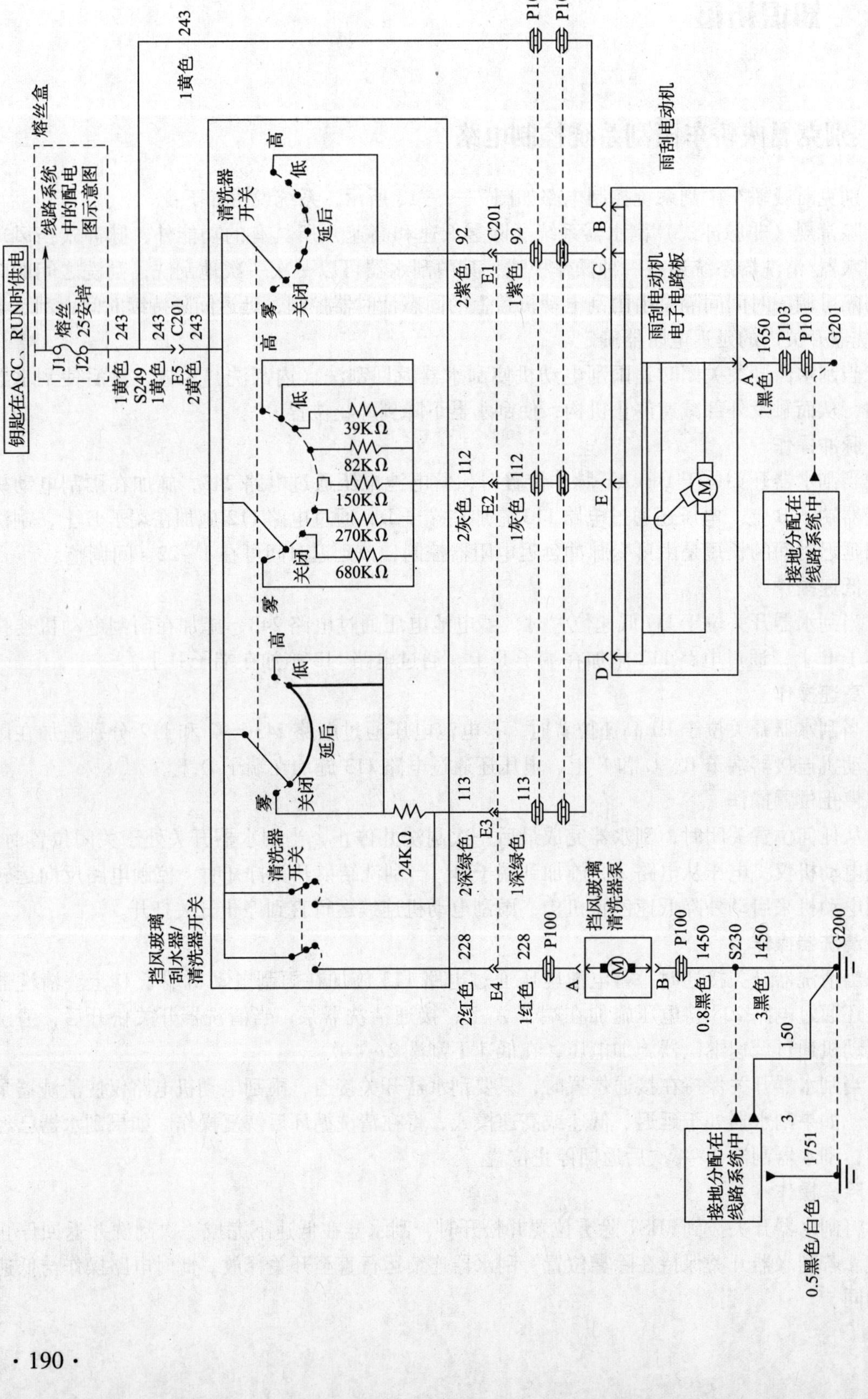

图 7—1—13　别克君威轿车雨刮系统控制电路

二、日产颐达轿车雨刮系统控制电路

日产颐达轿车雨刮系统控制电路如图 7—1—14a、图 7—1—14b、图 7—1—14c 所示，系统说明如下：

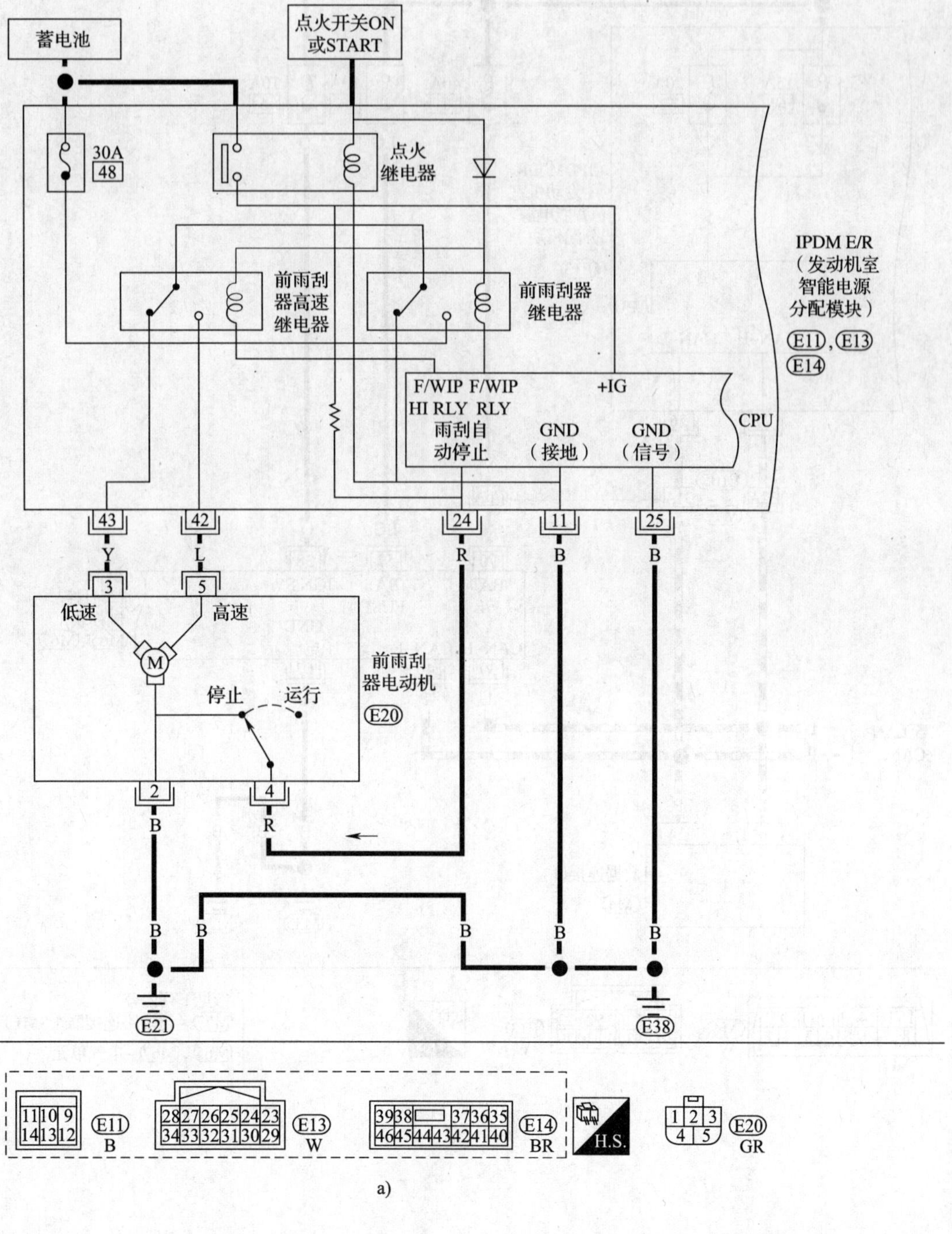

a)

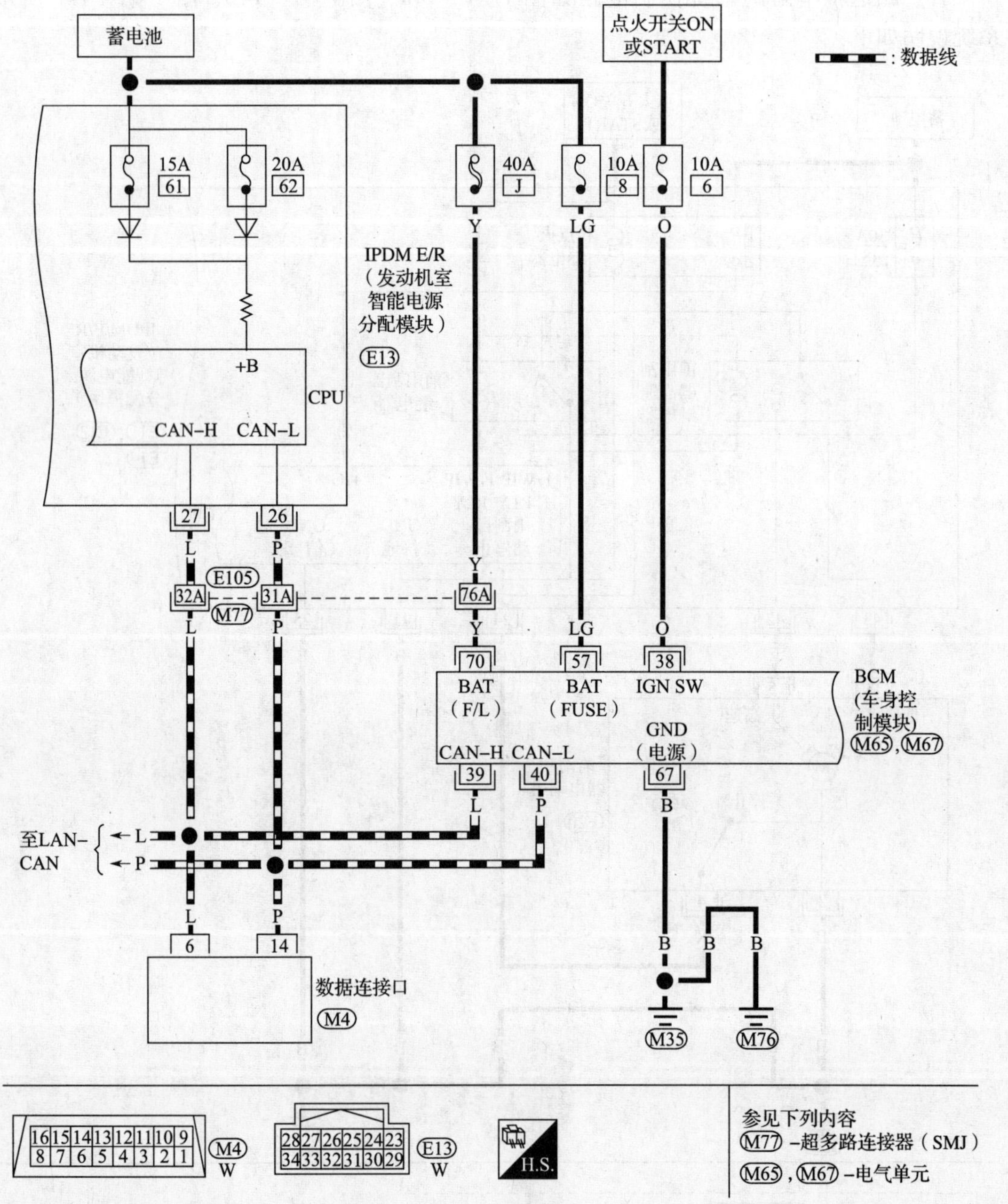

蓄电池
点火开关ON
或START
: 数据线
15A
61
20A
62
40A
J
10A
8
10A
6
Y
LG
O
IPDM E/R
（发动机室
智能电源
分配模块）
E13
+B
CPU
CAN–H
CAN–L
27
26
L
P
E105
32A
31A
76A
M77
70
57
38
BAT
（F/L）
BAT
（FUSE）
IGN SW
BCM
(车身控
制模块)
M65,M67
GND
（电源）
CAN–H
CAN–L
39
40
67
B
至LAN–
CAN
6
14
数据连接口
M4
M35
M76
16 15 14 13 12 11 10 9
8 7 6 5 4 3 2 1
M4
W
28 27 26 25 24 23
34 33 32 31 30 29
E13
W
H.S.
参见下列内容
M77 –超多路连接器（SMJ）
M65，M67 –电气单元

b)

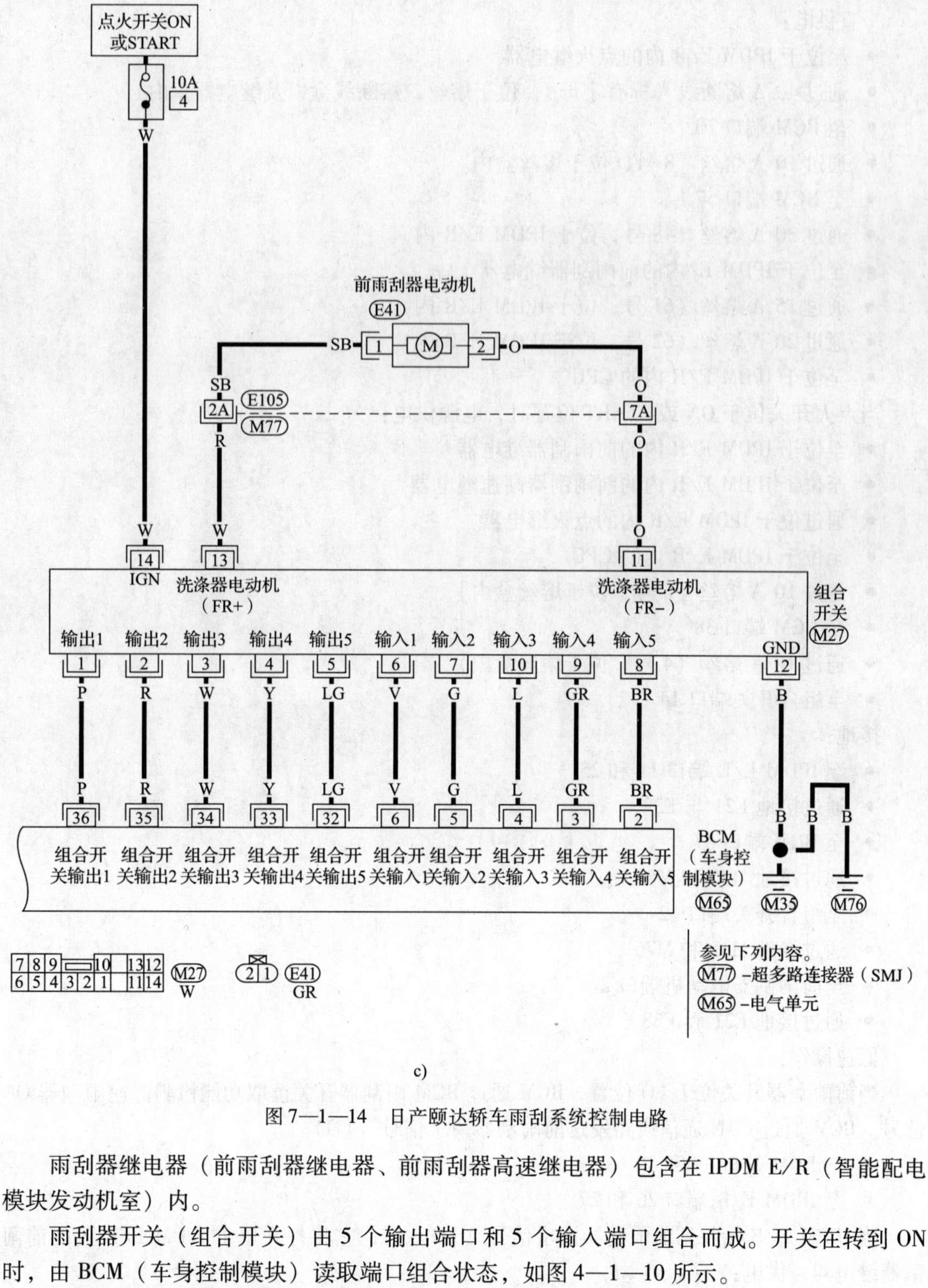

c)

图7—1—14　日产颐达轿车雨刮系统控制电路

雨刮器继电器（前雨刮器继电器、前雨刮器高速继电器）包含在 IPDM E/R（智能配电模块发动机室）内。

雨刮器开关（组合开关）由 5 个输出端口和 5 个输入端口组合而成。开关在转到 ON 时，由 BCM（车身控制模块）读取端口组合状态，如图 4—1—10 所示。

BCM 控制着前雨刮器的低速、高速和 INT（间歇）操作。

IPDM E/R 根据来自 BCM 的 CAN 通信信号操作雨刮器电动机。

一直供电：

- 至位于 IPDM E/R 内的点火继电器
- 通过 40 A 熔断线（标有字母 J，位于熔丝，熔断线盒以及继电器盒内）
- 至 BCM 端口 70
- 通过 10 A 熔丝［8 号，位于熔丝盒内］
- 至 BCM 端口 57
- 通过 30 A 熔丝（48 号，位于 IPDM E/R 内）
- 至位于 IPDM E/内的前雨刮器继电器
- 通过 15 A 熔丝（61 号，位于 IPDM E/R 内）
- 通过 20 A 熔丝（62 号，位于 IPDM E/R 内）
- 至位于 IPDM E/R 内的 CPU

当点火开关位于 ON 或 START 位置时，电源供电：

- 至位于 IPDM E/R 内的前雨刮器继电器
- 至位于 IPDM E/R 内的前雨刮器高速继电器
- 通过位于 IPDM E/R 内的点火继电器
- 至位于 IPDM E/R 内的 CPU
- 通过 10 A 熔丝［6 号，位于熔丝盒内］
- 至 BCM 端口 38
- 通过 10 A 熔丝（4 号，位于熔丝盒内）
- 至组合开关端口 14

接地：

- 至 IPDM E/R 端口 11 和 25
- 通过接地 E21 与 E38
- 至 BCM 端口 67
- 通过接地 M35 和 M76
- 至组合开关端口 12
- 通过接地 M35 和 M76
- 至前雨刮器电动机端口 2
- 通过接地 E21 和 E38

低速操作：

当前雨刮器开关位于 LO 位置，BCM 通过 BCM 雨刮器开关读取功能检测低速雨刮器 ON 信号。BCM 通过 CAN 通信线路发送前雨刮器请求信号（LO）

- 自 BCM 端口 39 和 40
- 至 IPDM E/R 端口 26 和 27

当 IPDM E/R 接收到前雨刮器请求信号（LO）后，它将打开位于 IPDM E/R 内的前雨刮器继电器，供电：

- 通过 IPDM E/R 端口 43 及前雨刮器高速继电器和前雨刮器继电器
- 至前雨刮器电动机端口 3

接地：

- 至前雨刮器电动机端口 2
- 通过接地 E21 和 E38

有了供电和接地，前雨刮器电动机以低速运转

高速操作：

当前雨刮器开关位于 HI 位置，BCM 通过 BCM 雨刮器开关读取功能检测高速雨刮器 ON 信号。BCM 通过 CAN 通信线路发送前雨刮器请求信号（HI）

- 自 BCM 端口 39 和 40
- 至 IPDM E/R 端口 26 和 27

当 IPDM E/R 接收到前雨刮器请求信号（HI）后，它将打开位于 IPDM E/R 内的前雨刮器继电器，供电：

- 通过 IPDM E/R 端口 42 和前雨刮器高速继电器和前雨刮器继电器
- 至前雨刮器电动机端口 5

接地：

- 至前雨刮器电动机端口 2
- 通过接地 E21 和 E38

有了供电和接地，前雨刮器电动机以高速运转。

间歇操作：

前雨刮器间歇操作间隔时间由三个开关的组合（间歇操作分度盘位置 1、2 和 3）以及车辆速度信号决定，间歇操作分度盘开关组合表见表 7—1—3。

表 7—1—3　　间歇操作分度盘开关组合表

雨刮器间歇分度盘位置	间歇操作间隔	组合开关		
		间歇操作分度盘位置 1	间歇操作分度盘位置 2	间歇操作分度盘位置 3
1	短 ↕ 长	ON	ON	ON
2		ON	ON	OFF
3		ON	OFF	OFF
4		OFF	OFF	OFF
5		OFF	OFF	ON
6		OFF	ON	ON
7		OFF	ON	OFF

BCM 根据雨刮器间歇分度盘位置和车辆速度，来判定前雨刮器间歇操作的间隔时间，并向 IPDM E/R 发送雨刮器请求信号（INT）。

自动停止的操作：

雨刮器开关转到 OFF 位置，雨刮器电动机将继续工作，直到雨刮器臂到达挡风玻璃的底部。当雨刮器开关在 OFF 位置，雨刮器不在挡风玻璃的底部时，接地。

- 从 IPDM E/R 端口 43

- 至前雨刮器电动机端口 3，为了使雨刮器电动机继续低速工作

当雨刮器臂到达挡风玻璃底部时，前雨刮器电动机端口 4 和 2 之间接通，并且接地

- 至 IPDM E/R 端口 24
- 通过前雨刮器电动机端口 4 和 2
- 通过接地 E21 和 E38

随后 IPDM E/R 通过 CAN 通信线路向 BCM 发送自动停止操作信号。当 BCM 接到自动停止操作信号后，BCM 通过 CAN 通信线路向 IPDM E/R 发送雨刮器停止信号。IPDM E/R 停止雨刮器电动机。雨刮器电机动随即将雨刮器臂停止在 STOP 位置。

洗涤器操作：

当雨刮器开关位于前雨刮器洗涤器位置，BCM 通过 BCM 雨刮器开关读取功能检测前雨刮器洗涤器信号，组合开关通电。

- 通过组合开关端口 13
- 至洗涤器电动机端口 1

接地：

- 至前洗涤器电动机端口 2
- 通过组合开关端口 11
- 通过组合开关端口 12
- 通过接地 M35 和 M76

接地后，前洗涤器电动机开始工作。

当 BCM 监测到前洗涤器电动机已经工作了 0.4 s 或更长时间，BCM 将命令前洗涤器电动机低速运转。当 BCM 监测到洗涤器开关位于 OFF 时，低速运转约两个周期后停止。

MIST 操作

当雨刮器开关转至 MIST 位置，雨刮器低速运转一周后停止。

任务 2　雨刮系统工作异常故障检修

任务目标

1. 能根据任务需要收集雨刮系统故障案例。
2. 能描述雨刮系统控制电路工作原理。
3. 会分析雨刮系统常见故障原因。
4. 会制定雨刮系统常见故障检修方案。
5. 能正确地使用工量具和设备；根据“维修手册”指引，安全规范地对雨刮系统雨刮器个别挡位不工作、雨刮器不能复位、雨刮器不工作等故障进行检修与排除。

任务描述

雨刮系统在使用过程中常见故障一般有雨刮电动机不工作、低速挡不工作、高速挡不工作、间歇挡不工作、雨刮电动机不能复位等。对于这些故障现象应如何进行检修？

任务内容

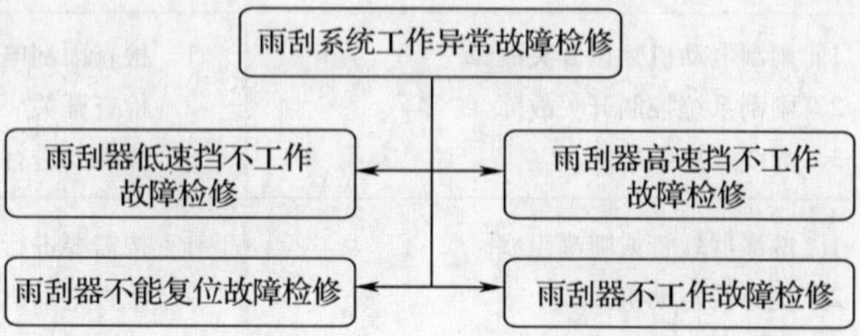

任务准备

一、雨刮系统工作异常的原因及排除方法

当雨刮系统控制开关分别置于不同的挡位时，雨刮器刷架的工作状态应该不出现振动，刮水动作应良好；雨刮器在工作过程中，雨刮电动机应该不发出异常噪声；关闭雨刮器控制开关时，雨刮器的刷架应能自动停止到挡风玻璃最下缘的适当位置；雨刮器刷架的压力应适当且均匀，刮片不应该出现表面磨损与老化，且和玻璃表面的接触状态应良好。

在对雨刮系统故障进行检修之前，首先要确定是电路故障还是机械故障。最简单的方法就是从雨刮电动机上拆下连接刮水片的机械臂。接通雨刮控制开关，观察雨刮电动机的运行状态，如果电动机工作正常，则是机械问题，如果雨刮电动机不工作，则是电路故障。

当雨刮系统电路出现故障时，应分析故障原因，再排除，可参考表7—2—1。

表7—2—1　　雨刮系统故障诊断表

现象	可能的原因	排除方法
雨刮器在任一挡位都不工作	1. 雨刮系统熔丝烧断 2. 雨刮电动机故障 3. 雨刮系统控制开关故障 4. 配线或搭铁故障	1. 更换熔丝并检查是否有短路 2. 检查电动机 3. 检查开关 4. 按需要进行修理
雨刮器在低速挡不工作	1. 雨刮电动机故障 2. 雨刮系统控制开关故障 3. 配线或搭铁故障	1. 检查电动机 2. 检查开关 3. 按需要进行修理

续表

现象	可能的原因	排除方法
雨刮器在高速挡不工作	1. 雨刮电动机故障 2. 雨刮系统控制开关故障 3. 配线或搭铁故障	1. 检查电动机 2. 检查开关 3. 按需要进行修理
雨器在间歇挡不工作	1. 雨刮间歇继电器故障 2. 雨刮系统控制开关故障 3. 雨刮器电动机故障 4. 配线或搭铁故障	1. 检查间歇继电器 2. 检查开关 3. 检查电动机 4. 按需要进行修理
雨刮器不能复位	1. 雨刮电动机复位开关故障 2. 雨刮系统控制开关故障 3. 配线或搭铁故障	1. 检查雨刮电动机复位开关 2. 检查开关 3. 按需要进行修理
洗涤器不工作	1. 洗涤器软管或喷嘴阻塞 2. 洗涤器电动机故障 3. 洗涤器开关故障 4. 配线或搭铁故障	1. 按需要进行修理 2. 检查电动机 3. 检查开关 4. 按需要进行修理

二、雨刮系统工作异常检修

案例链接：

一辆金杯面包车，雨刮系统控制电路如图 7—1—6 所示，据车主反映雨刮控制开关打到任何一个位置雨刮器都不工作。

下面以“案例链接”所提及的车型作为诊断样本，按汽车 4S 店的维修规范作业要求，具体分析该类型故障的诊断流程及诊断方法。具体如下：

1. 对待修车辆进行维修接待

可参考表 1—1—1（接车问诊表），对待修车辆进行维修接待。

2. 厘清故障诊断程序

要将故障尽快诊断出来，首先应厘清思路，即明确故障诊断的一般方法及流程，这是解决问题的关键。汽车维修企业（4S 店）一般采用图 1—1—5 所示的诊断程序对车辆故障进行诊断。

3. 故障诊断思路

（1）检查（WIPER）熔丝是否烧坏。

（2）将雨刮电动机线插头拔下。

（3）点火开关置于 ON 挡，然后将雨刮系统控制开关分别打到（LO）挡和（HI）挡。

(4) 用万用表电压挡分别测量雨刮电动机线插头（+1）和（+2）线与搭铁之间是否有电压，如有 12 V 电压说明控制电路正常，应检查雨刮电动机，如无电压应检查雨刮系统控制开关。

(5) 用万用表电阻挡测量雨刮控制开关的导通性。

(6) 用万用表电阻挡测量雨刮控制开关到雨刮电动机之间线路的导通性。

任务实施

1. 雨刮系统维护

雨刮系统维护可参考表 7—2—2。

表 7—2—2　　雨刮系统维护记录表

序号	检查项目	检查结果
1	检查雨刮电动机的固定及各传动机构的链接是否有松动，若发现有松动应予以拧紧	
2	检查雨刮器橡胶刮水片的老化、磨损及其与玻璃贴附情况。当发现刮水片严重磨损或脏污时应及时更换或清洗	
3	用水润湿挡风玻璃后，打开刮系统水控制开关，刮水器摇臂应摆动正常，电动机无异响。转换挡位开关，刮水器以相应的转速工作，并能自动复位。否则，应对刮水器电动机及相关线路进行检查	
4	检查后，在各运动铰链处滴注 2 ~ 3 滴机油或涂抹润滑脂，并再次打开雨刮系统控制开关使雨刮器摇臂摆动，待机油或润滑脂浸到各工作面后，擦净多余的机油或润滑脂	
5	检查清洗液是否充足	
6	检查清洗器系统的管路连接是否紧固，若有脱落或松动，应将其安装并固定好；塑料管路若有老化、折断或破裂，应予以更换	
7	检查清洗器喷嘴，脏污时可用干净的毛刷清洗喷嘴；按动喷液开关，喷嘴应将清洗液喷射到挡风玻璃上的适当位置	

2. 雨刮系统电路检测

根据图 7—1—6 所示电路图和你所接的电路，完成下面检测：

(1) 点火开关在 OFF 位置时，测量雨刮控制开关"+B"端子电压________V。

(2) 点火开关在 ON 位置时，测量雨刮控制开关"+B"端子电压________V。

(3) 点火开关在 ON 位置时，雨刮控制开关打到"LO"位置，测量雨刮控制开关"+1"端子电压________V；"+2"端子电压________V；"+S"端子电压________V；雨刮器低速运转与否________。

(4) 点火开关在 ON 位置时，雨刮控制开关打到"HI"位置，测量雨刮控制开关

“+1”端子电压________V；“+2”端子电压________V；“+S”端子电压________V；雨刮器高速运转与否________。

（5）点火开关在ON位置时，测量雨刮控制开关“W”端子电压________V；雨刮控制开关洗涤器开关打到“ON”位置，测量雨刮控制开关“W”端子电压________V；洗涤器工作与否________。

3. 雨刮系统工作异常故障诊断

结合实训设备或实训车辆，将雨刮器在间歇挡位不能工作故障诊断步骤填入表7—2—3中。

表7—2—3　　雨刮器在间歇挡位不能工作故障诊断记录表

序号	诊断项目	诊断结果	处理方法
1			
2			
3			
4			
5			
6			
7			

4. 经过诊断后，画出实训设备或实训车辆雨刮系统控制电路原理图

任务总结

一、任务评价

对本学习任务进行评价，评分表见表7—2—4。

表7—2—4　　评　分　表

考核项目	评分标准	分数	学生自评	小组互评	教师评价	小计
团队合作	是否和谐	5				
活动参与	是否积极主动	5				
安全生产	有无安全隐患	10				
现场5S	是否做到	10				
任务方案	是否正确、合理	25				
操作过程	1. 雨刮器在任何挡位都不工作诊断 2. 雨刮器在某个挡位不工作诊断 3. 雨刮器不能复位诊断	25				
任务完成情况	是否圆满完成	5				
工具和设备使用	是否规范、标准	10				
劳动纪律	能否严格遵守	5				
工单填写	是否完整、规范	5				
总分		100				
教师签名：			年　月　日		得分	

二、理论知识检验

1．在讨论雨刮系统故障时，雨刮器在任何挡位都不能工作，甲技师说，可能是熔丝烧坏，乙技师说，可能是控制开关损坏，你认为（　　）。

A．甲对　　B．乙对　　C．甲乙都对　　D．甲乙都不对

2．在讨论雨刮系统故障时，雨刮器在低速挡位不能工作，甲技师说，可能是熔丝烧坏，乙技师说，可能是控制开关损坏，你认为（　　）。

A．甲对　　B．乙对　　C．甲乙都对　　D．甲乙都不对

3．在讨论雨刮系统故障时，雨刮器在高速挡位不能工作，甲技师说，可能是熔丝烧坏，乙技师说，可能是雨刮电动机损坏，你认为（　　）。

A．甲对　　B．乙对　　C．甲乙都对　　D．甲乙都不对

4．在讨论雨刮系统故障时，雨刮器在间歇挡位不能工作，甲技师说，可能是间歇继电

器损坏，乙技师说，可能是控制开关损坏，你认为（　　）。

A．甲对　　　B．乙对　　　C．甲乙都对　　　D．甲乙都不对

5．在讨论雨刮系统故障时，雨刮器不能复位，甲技师说，可能是间歇继电器损坏，乙技师说，可能是控制开关损坏，你认为（　　）。

A．甲对　　　B．乙对　　　C．甲乙都对　　　D．甲乙都不对

知识拓展

案例1　别克凯越轿车雨刮器在任何挡位都不工作

（1）故障现象

一辆别克凯越轿车，雨刮控制开关打到任何一个挡位时，雨刮器都不能工作。

（2）故障诊断与排除

别克凯越雨刮系统控制电路如图7—2—1所示，故障诊断思路见表7—2—5。

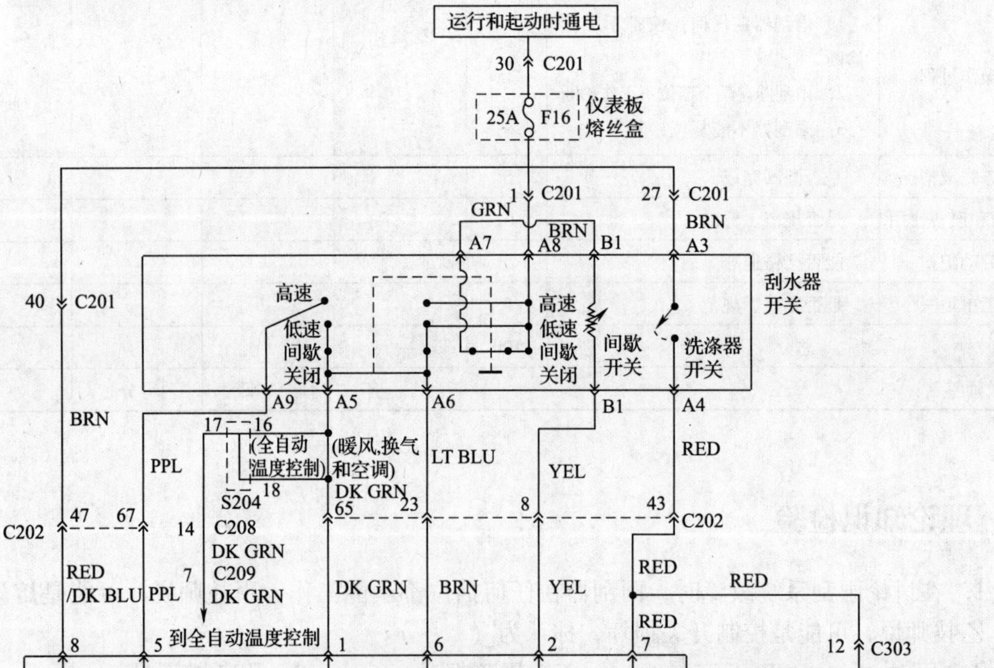

图7—2—1　别克凯越雨刮系统控制电路

表 7—2—5 别克凯越轿车雨刮器在任何挡位都不工作诊断表

步骤	操作	数值	是	否
1	检查熔丝 F16 熔丝 F16 是否烧断	—	至步骤 2	至步骤 3
2	1. 检查是否短路并完成必要的修理 2. 更换熔丝 修理是否完成	—	系统正常	—
3	检查熔丝 F16 上的电压 电压是否等于规定值	11～14 V	至步骤 5	至步骤 4
4	修理熔丝 F16 电源开路故障 修理是否完成	—	系统正常	—
5	1. 断开刮水器电动机连接器 2. 接通点火开关 3. 将刮水器开关拧到 HI（高速） 4. 检查刮水器电动机连接器端子 5 上的电压 电压是否等于规定值	11～14 V	至步骤 6	至步骤 7
6	更换刮水器电动机 修理是否完成	—	系统正常	—
7	1. 保持刮水器开关断开 2. 接通点火开关 3. 检查刮水器开关连接器端子 A8 上的蓄电池电压 电压是否等于规定值	11～14 V	至步骤 9	至步骤 8
8	修理刮水器开关连接器端子 A8 和熔丝 F9 之间的开路故障 修理是否完成	—	系统正常	—
9	1. 保持刮水器开关断开 2. 将刮水器开关拧到 HI（高速） 3. 用电阻计检查刮水器开关端子 A8 和 A9 之间是否接通 电阻计显示的电阻值是否符合规定	约 0 Ω	至步骤 11	至步骤 10
10	更换刮水器开关 修理是否完成	—	系统正常	—
11	修理刮水器开关与刮水器电动机之间的开路故障 修理是否完成	—	系统正常	—

案例2　别克凯越轿车雨刮器在高速挡位不工作

（1）故障现象

一辆别克凯越轿车，雨刮控制开关打到高速挡位时，雨刮器不能工作。

（2）故障诊断与排除

故障诊断思路见表7—2—6。

表7—2—6　别克凯越轿车雨刮器在高速挡位不工作诊断表

步骤	操作	数值	是	否
1	1. 接通点火开关 2. 将刮水器开关拧到HI（高速） 3. 检查刮水器电动机连接器端子5上的电压 电压是否等于规定值	11～14 V	至步骤2	至步骤3
2	更换刮水器电动机 修理是否完成	—	系统正常	—
3	1. 断开刮水器开关 2. 将刮水器开关拧到HI（高速） 3. 用电阻计检查刮水器开关端子A8和A9之间是否接通 电阻计显示的电阻值是否符合规定	约0 Ω	至步骤5	至步骤4
4	更换刮水器开关 修理是否完成	—	系统正常	—
5	修理刮水器开关连接器端子A9和刮水器电动机连接器端子5之间的开路故障 修理是否完成	—	系统正常	—

案例3　别克凯越轿车雨刮器在低速挡位不工作

（1）故障现象

一辆别克凯越轿车，雨刮控制开关打到低速挡位时，雨刮器不能工作。

（2）故障诊断与排除

故障诊断思路见表7—2—7。

表7—2—7　别克凯越轿车雨刮器在低速挡位不工作诊断表

步骤	操作	数值	是	否
1	1. 接通点火开关 2. 将刮水器开关拧到LO（低速） 3. 检查刮水器电动机连接器端子6上的电压 电压是否等于规定值	11～14 V	至步骤2	至步骤3
2	更换刮水器起动机 修理是否完成	—	系统正常	—

续表

步骤	操作	数值	是	否
3	1. 断开刮水器电动机 2. 将刮水器开关拧到 LO（低速） 3. 用电阻计检查刮水器开关端子 A8 和 A5 之间是否接通 电阻计显示的电阻值是否符合规定	约 0 Ω	至步骤 5	至步骤 4
4	更换刮水器开关 修理是否完成	—	系统正常	—
5	修理刮水器开关连接器端子 A5 和刮水器电动机连接器端子 5 之间的开路故障 修理是否完成	—	系统正常	—

案例 4　别克凯越轿车雨刮器在间歇挡位不工作

（1）故障现象

一辆别克凯越轿车，雨刮控制开关打到间歇挡位时，雨刮器不能工作。

（2）故障诊断与排除

故障诊断思路见表 7—2—8。

表 7—2—8　别克凯越轿车雨刮器在间歇挡位不工作诊断表

步骤	操作	数值	是	否
1	1. 接通点火开关 2. 将刮水器开关拧到 INT（间歇） 3. 检查刮水器电动机连接器端子 2 上的电压 电压表指示电压是否等于规定值	11 ~ 14 V	至步骤 5	至步骤 2
2	检查刮水器开关连接器端子 B2 和刮水器电动机连接器端子 2 之间是否开路 是否有开路故障	—	至步骤 4	至步骤 3
3	更换刮水器开关 修理是否完成	—	系统正常	—
4	修理刮水器开关连接器端子 B2 和刮水器电动机连接器端子 2 之间的开路故障 修理是否完成	—	系统正常	—
5	1. 接通点火开关 2. 将刮水器开关拧到 INT（间歇） 3. 检查刮水器电动机连接器端子 6 上的脉动电压 电压表指示脉动电压是否等于规定值	11 ~ 14 V	至步骤 7	至步骤 6

续表

步骤	操作	数值	是	否
6	更换刮水器电动机 修理是否完成	—	系统正常	—
7	1. 接通点火开关 2. 检查刮水器开关连接器端子 A6 上的电压 电压是否按规定值脉动	11 ~ 14 V	至步骤 8	至步骤 9
8	更换刮水器开关 修理是否完成	—	系统正常	—
9	修理刮水器开关与刮水器电动机之间的开路故障 修理是否完成	—	系统正常	—

项目八　整车电路检修

任务目标

1. 能根据任务需要进行信息的收集及加工整理。
2. 能阅读整车电路系统电路图。
3. 能描述各系统电路工作原理。
4. 能根据各系统电路分析故障原因。
5. 能正确地使用工量具和设备；根据“维修手册”指引，安全规范地对整车电路各个系统线路进行检测。

任务描述

一辆2003年款捷达王轿车，行驶里程140 000 km，由于使用时间较长，整车电气各系统经常会出现工作异常。要想快速排除类似故障，必须会借助维修手册或相关资料熟练地分析电气系统电路，这样才能很快地解决实际问题。

任务内容

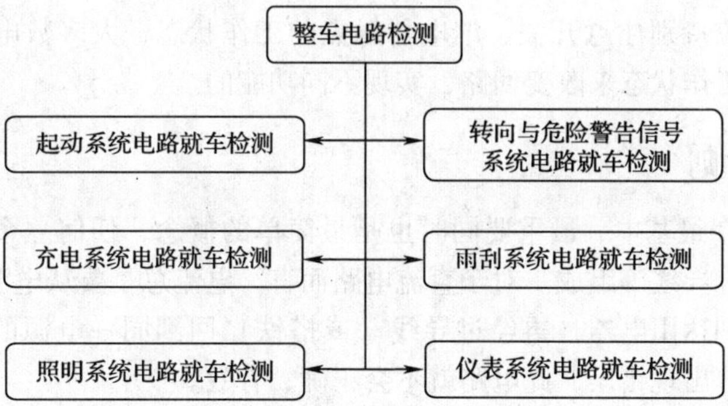

任务准备

一、汽车电路图一般规律

1. 电源部分到各电器熔断器或开关的导线是电气设备的公共火线。在电路原理图中一般画在电路图的上部。

2. 采用标准画法绘制的电路图，开关的触点位于零位或静态，即开关处于断开状态或继电器线圈处于不通电状态，晶体管、晶闸管等具有开关特性的元件的导通与截止视具体情况而定。

3. 汽车电路的特点是双电源、单线制，各电器相互并联，继电器和开关串联在电路中。

4. 大部分用电设备都经过熔丝，受熔丝的保护。

5. 整车电路按功能及工作原理划分成若干独立的电路系统。这样可解决整车电路庞大复杂，分析困难的问题。现在汽车整车电路一般都按各个电路系统来绘制，如电源系、起动系、点火系、照明系、信号系等，这些单元电路都有着自身的特点，抓住特点，把各个单元电路的结构、原理吃透，就能轻松理解整车电路。

二、识图的一般方法

1. 先看全图，把单独的系统框出来

一般来讲各电气系统的电源和电源总开关是公共的。任何一个系统都应该是一个完整的电路，都应遵循回路原则。

2. 分析各系统的工作过程、相互间的联系

在分析某个电器系统之前，要清楚该电气系统所包含各部件的功能、作用和技术参数等。在分析过程中应特别注意开关、继电器触点的工作状态，大多数电气系统都是通过开关、继电器不同的工作状态来改变回路，实现不同功能的。

3. 掌握回路原则

(1) 回路是一个最基本、最重要同时也是最简单的概念，任何一个完整的电路都由电源、用电器、开关、导线等组成。对于直流电路而言，电流总是要从电源的正极出发，通过导线、熔丝、开关到达用电器，再经过导线（或搭铁）回到同一电源的负极，在这一过程中，只要有一个环节出现错误，此电路就不会正确、有效。

例如：从电源正极出发，经某用电器（或再经其他用电器），最后又回到同一电源的正极，由于电源的电位差（电压）仅存在于电源的正负极之间，电源的同一电极是等电位的，没有电压。这种“从正到正”的途径是不会产生电流的。

(2) 在汽车电路中发电机和蓄电池都是电源，在寻找回路时，二者不能混淆，不能从一个电源的正极出发，经过若干用电设备后，回到另一个电源的负极。这种做法不会构成一个真正的通路，也不会产生电流。所以必须强调回路是指从一个电源的正极出发，经过用电器，回到同一电源的负极。

4. 通过对典型电路的分析，起到触类旁通的作用

不同类型汽车的电路原理图，很多部分都是类似或相近的，这样，通过一个具体的例子，举一反三，对照比较，触类旁通，可以掌握汽车的一些共同的规律，再以这些共性为指导，了解其他型号汽车的电路原理，又可以发现更多的共性以及各种车型之间的差异。

汽车电器的通用性和专业化生产使同一国家汽车的整车电路形式大致相同，如掌握了某种车型电路的特点，就可以大致了解相应车型或合资企业的汽车电路的特点。

因此，抓住几个典型电路，掌握各系统的接线特点和原则，对于了解其他车型的电路大有好处。

三、汽车电路的接线规律

汽车电路接线的特点和一般规律是：一般采用单线制、用电设备并联、负极搭铁、线路用颜色不同的线和编号加以区分，并以点火开关为中心分成几条主干线。

- 蓄电池正极线

从蓄电池引出直通熔丝盒，也有的从蓄电池正极线直接引到起动机正极接线柱上，再从那里引出较细的正极线到其他电路。

- 点火、仪表、指示灯线

必须经过汽车钥匙才能接通电路。

- 专用线

不管发动机工作与否都需要接入的电器，如收放机、点烟器等，由点火开关单独设置一挡予以供电。

- 起动控制线

起动机主电路的控制开关常用电磁开关来控制通断。其接线方式有三种形式：小功率起动机电磁开关的吸引线圈、保持线圈由点火开关的起动挡控制；大功率起动机的吸引线圈、保持线圈则由起动机继电器控制；装有自动变速器的轿车，为了保证空挡起动，常将起动控制线串接在空挡开关上。

- 搭铁线

搭铁点分布在汽车全身，与不同金属相接形成电极电位差，有些搭铁部位容易沾染泥水、油污或生锈，有些搭铁部位是很薄的钣金片，都可能引起搭铁不良，如灯不亮、仪表不起作用、喇叭不响等。所以有的汽车采用双搭铁线。

1. 电源系统接线规律

(1) 发电机与蓄电池并联，蓄电池负极必须搭铁。蓄电池正极经电流表（或直接）接发电机正极，蓄电池静止电动势常在 11.5 ~ 13.5 V，发电机输出电压常限定在 13.8 ~ 15 V (24 V 电源系统 28 ~ 30 V)。发电机工作时正常电压比蓄电池电压高 0.3 ~ 3.5 V，这主要是为了克服线路压降，使蓄电池充电时既能充足，又不至于过度充电。

(2) 国产硅整流发电机的接线柱旁均有标记或名称，"+"或"B+"为"电枢"接线柱，此接线柱应与电流表或蓄电池"+"极相连；"F"为"磁场"接线柱，它与调节器"磁场"接线柱相连；"E"为"搭铁"接线柱，应与调节器的"搭铁"接线柱相接。

(3) 采用外装调节器的交流发电机的磁场线圈搭铁方式有两种：一种是磁场线圈直接在发电机内部搭铁，如国产东风 EQ1092、BJ2020 汽车的发电机；另一种是磁场线圈不在发电机内部搭铁，而是通过调节器搭铁，如解放 CA1092 汽车的交流发电机。

2. 起动系统接线规律

点火开关直接控制起动机的电路：点火开关在起动挡直接控制起动机的吸引线圈、保持线圈，多用于 1.2 kW 以下起动机的轿车电路；1.5 kW 以上起动机的电磁开关线圈的电流在 40 A 以上，用起动继电器触点作为开关。

3. 点火系统接线规律

汽车点火系统可以分为普通（有触点）点火系统、无触点点火系统、微机控制点火系统等形式，其工作过程基本上都是按以下顺序循环：初级电流接通→初级电流切断（此时恰是某缸活塞处于压缩上止点前某一角度）→初级线圈产生自感电动势（300 V 左右）→次级线圈互感产生脉冲高压（6 000 ~ 30 000 V 左右）→火花塞出现电火花。

4. 照明系统的接线规律

汽车照明系统一般由前照灯、示宽灯（位置灯）、尾灯（后示宽灯）、牌照灯、仪表灯、室内灯等组成，其中前照灯又分为远光灯与近光灯，用变光开关控制。照明灯由灯光开关控制：灯光开关在 0 挡关断、1 挡为小灯亮（包括示宽灯、尾灯、仪表灯、牌照灯)、2 挡为前照灯、小灯同时亮。灯光系统的电流一般来自蓄电池正极，不受点火开关控制（由于前照灯远光功率较大，常用灯光继电器来控制通断，开关的 2 挡用于控制继电器线圈)。超车灯信号常用远光灯亮灭来表示，发出此信号时不通过灯光开关，属于短时接通按钮式。现代汽车的照明系统常用组合开关集中控制，组合开关多装在转向柱上，位于转向盘下侧，操作时驾驶员的手可以不离开转向盘。

5. 仪表报警系统接线规律

(1) 所有电气仪表都受点火开关控制。

(2) 各仪表的表头与其传感器串联，燃油表、水温表一般还接有仪表稳压器。

(3) 电流表串联在发电机正极与蓄电池正极之间。发电机充电电流从电流表正极进去，指针偏向正端，而在蓄电池往外放电时，指针偏向负端。

现代汽车多用充电指示灯代替电流表，其缺点是不知充放电流大小，过度充电不易发现。

(4) 电压表并接在点火开关之后，只在点火开关接通时显示系统电压。12 V 电源系统常使用 10 ~ 18 V 的电压表，24 V 电源系统常使用 20 ~ 36 V 的电压表。

(5) 指示灯、警告灯常与仪表装配在一个总成内或在附近布置，它们与仪表一同受点火开关的工作挡（ON）和起动挡（ST）控制。在 ON 挡应能检验大多数仪表、指示灯、警告灯是否良好。指示灯和警告灯按照电路接法可分为两种：

一种是灯泡接点火开关 IG 线，外接传感开关，开关接通则与搭铁构成通路，灯亮，如充电指示灯、手制动指示灯、制动液面警告灯、门未关警告灯、机油压力警告灯、水位过低警告灯等。

另一种接法是指示灯泡接地，控制信号来自其他开关的火线端，如远光指示灯、转向指示灯、座椅安全带未系指示灯、防抱死制动指示灯（ABS）、巡航控制指示灯等。

(6) 汽车仪表常用双金属片电热丝式结构，表头一般只有 2 根线。例如，燃油指示表的两个接线柱是上下排列的，一般情况下应将上接线柱与电源线相连，下接线柱与传感器相连，否则将不会正常工作。此外，还有双线圈十字交叉、中间有一个磁性指针的仪表，多为 3 线引出，其中一条接点火开关，另一条线搭铁，还有一条线接传感器。

机械式仪表不与电路相接，如软轴传动的车速里程表、直接作用的弯管弹簧式制动气压表、油压表。

6. 信号系统接线规律

信号系统主要由转向信号、危险警告信号、制动信号、倒车信号、喇叭等，这些信号都是由驾驶员根据道路交通情况向别的车辆和行人发出的，带有较强的随机性，如制动信号多由制动踏板联动控制：倒车灯多由变速杆倒挡轴联动控制，不用驾驶员特意操作即可接通，喇叭按钮多在转向盘上，驾驶员手不离转向盘即可发出信号。

7. 电子控制系统接线规律

(1) 了解电子控制系统的功用、控制对象是哪些元件、控制哪些物理量。例如，有些是控制点火的，有些是控制喷油的，还有些是控制自动变速器的等。

(2) 掌握各传感器的名称、安装部位、功用、结构原理及主要技术参数。例如，断电状态下的阻值、通电状态下的电位、电流，弄清楚各种传感器的信号电压是模拟量、脉冲量还是开关量。

(3) 掌握各种执行器的名称、安装部位、功用、结构原理及主要参数。

(4) 了解计算机内部各主要功能块的作用，掌握各传感器、执行器之间的接线端子序号、字母代号、各端子之间的正常电压或阻值。

(5) 了解计算机、各传感器、各执行器在车上的安装位置，区别各接插器及其端子的序列号、代号，区别各元件的形状特征。

(6) 了解故障诊断插座或检测仪通信接口，按国别、厂家与车型查找各车辆的故障代码表，用仪表或故障检查灯的闪光情况读出故障代码，确定故障部位，排除故障。

电子控制系统电路的接线规律可归纳为：计算机控制电路必须接受点火开关控制，必须有各种传感器随时输入工况信号，例如，磁脉冲式或霍尔式传感器能产生脉冲电压信号：有些传感器是由热敏电阻制成，阻值发生变化，输出电压也随之发生变化，属于模拟量电压信号，如水温、进气温度传感器等：电子控制系统执行机构受计算机控制，具有自诊断功能。计算机工作一般有两种模式，开环和闭环控制，如燃油喷射的开环控制：发动机计算机接受到输入信号以后，仅根据预先设置的程序予以应对，对氧传感器的信号不予监控。开环工况有暖机工况、减速工况、节气门全开工况等。闭环控制：发动机计算机检测氧传感器信号，使计算机控制的喷油脉冲宽度得到理想空燃比，达到最佳燃油经济性，低排放。闭环工况有怠速工况、巡航工况等。

四、大众车系电路图分析

1. 大众汽车电路图的特点

（1）电路采用纵向排列，垂直布置。电源线为上为“+”下为“-”，从左到右同一系统的电路归纳到一起，按电源电路、起动电路、点火电路、进气预热电路、仪表电路、灯光照明电路、信号与警告装置电路、刮水与清洗装置电路、电动后视镜电路、电动车窗电路、中控门锁电路、空调电路、喇叭电路的顺序排列。

（2）采用断线代号法解决交叉问题。一些比较复杂的电气设备（如前照灯）工作时要涉及点火开关、灯光开关和变光开关等配电设备，而这 3 个开关不在同一条直线上，如按传统画法，要画一些横线把它们连接起来，使图面上出现较多的横线，增加读图的难度，所以在电路图中，采用“断线代号法”解决这个问题，即用导线连接端方框内的数字表明电路中与其连接导线的电路编号，如 15 表示与电路编号 15 处的导线连接。

（3）全车电路图分为 3 部分。最上面部分表示中央继电器盒电路，其中标明了用电器的位置、容量和继电器位置编号及插脚号等，中间部分是车上的电气元件及连接导线，最下面的横线是搭铁线。

（4）全车电气系统电源正极分为 3 路（30、15、X）。整车电气系统正极电源分为 3 路，30 号线与蓄电池正极直接相连，称为常火线。在发动机停转时，需要工作的用电设备与 30 号线连接。15 号线在点火开关位于“ON”和“ST”位置时与蓄电池正极连接，称为点火开关控制火线，主要为点火开关控制的小功率用电设备供电。“X”线为卸荷线，在点火开关位于“ON”位置时，通过中间继电器控制，点火开关位于“ST”位置时，中间继电器不工作，大功率用电设备（如雾灯、雨刮等）与 X 线连接，起动发动机时如果忘记关掉这些大功率的用电设备，它会自动断电，以保证发动机顺利起动。

（5）整个电路以继电器盒为中心。汽车电气线路以中央线路板为中心进行控制，大部分熔断器和继电器安装在中央线路板的正面，插接器和插座安装在线路板的背面，英文字母为插座的位置代号，阿拉伯数字为线束插头的端子代号。根据电路图上导线与中央线路板下框线交点处的代号就能找到该导线在哪个线束中，接在第几个插孔上。

2. 大众车系电路阅读

大众车系电路图阅读方法如图 8—1—1 所示。

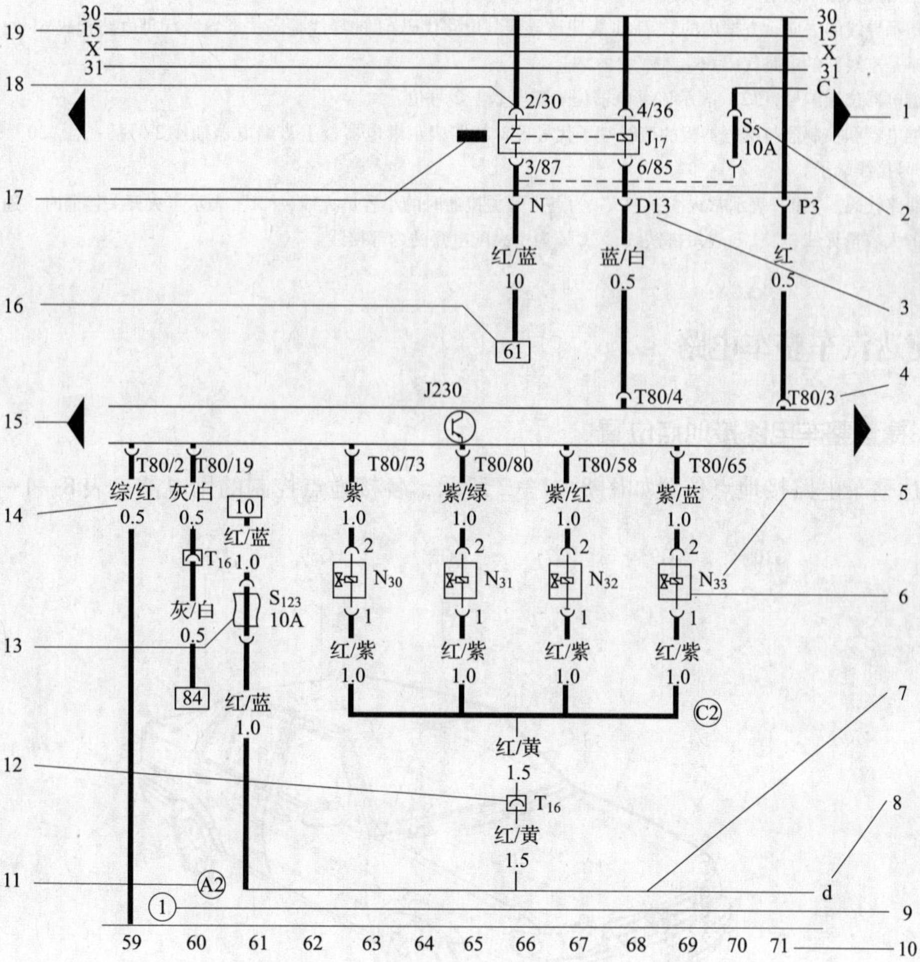

图 8—1—1　大众车系电路图阅读方法

1—三角箭头，表示接下一页电路图。

2—熔丝代号，S5 表示该熔丝位于熔盒座第 5 号位，10 A。

3—导线在中央线路板上插头连接代号，表示多针或单针插头连接和导线位置，“D13” 表示该导线在中央线路板上 D 插座，13 号位置的接线端子上。

4—接线端子代号，“80/3” 表示电气元件上插接器的接线端子数位 80，3 为接线端子的位置代号。

5—电气元件代号，在电路图下方可查到元件名称。

6—电气元件符号，参见电路图符号说明。

7—内部连接（细实线），该连接不是导线，而是表示元件的内部电路或线束的铰接点。

8—指示内部接线的去向，字母表示内部接线在下一页电路图中与标有相同字母的内部接线连接。

9—搭铁点代号，在电路图下方可查到该代号接地点在汽车上的位置。

10—电路接续号，用此标志对电路图中的线路进行定位。

11—线束内的铰接点代号，在电路图下方可查到该铰接点位于哪个线束内。

12—插接器，插接器 “T8a/6” 表示 8 针 a 插接器上的第 6 针接线端子。

13—附加熔丝代号 “S123” 表示中央配电盒上第 23 号熔丝，10 A。

14—导线的颜色和截面积，“棕/红” 表示导线主色是棕色，辅色是红色，“2. 5” 表示导线截面积为 2. 5 mm^2。

15—三角箭头指示该电气元件续接上一页电路图。

16—指示导线的去向，方框内的数字61表明该导线与电路代码61的导线是同一条导线（见电路代码61处导线的方框内的数字是本线路的电路代码66）。

17—继电器位置编号，“2”表示该继电器位于配电盒上2号位。

18—继电器和控制器与继电器板的接线端子代号“2/30”表示继电器板上该继电器插座2号插孔，“30”表示继电器上的30号接线端子。

19—线路代码。“30”表示常火线，“15”为点火开关接通时的小容量火线，“X”表示点火开关接通时，通过卸荷继电器供电的大容量火线，“31”表示搭铁线，“C”为中央配电盒的内部接线。

五、捷达汽车整车电路

1. 捷达整车电路接地点位置

捷达整车电路接地点位置如图8—1—2所示，各接地点控制的用电器见表8—1—1。

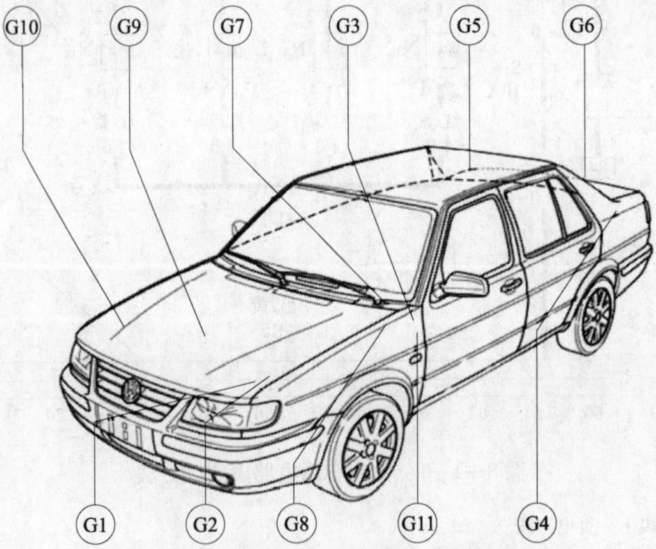

图8—1—2　捷达整车电路接地点位置图

表8—1—1　捷达整车电路接地点说明表

接地点	位置	用电器
G1	蓄电池—车身	左转向灯，洗涤电机，喇叭，鼓风机，左前照灯，左雾灯，左前转向灯，左侧转向灯
G2	变速器—车身	ABS（ECU8，ECU24）
G3	继电器支架旁车身处	雨刮开关/继电器，转向开关，前照灯开关/继电器，自诊断组合仪表，警报闪光继电器，A/C继电器，点烟器，里程表，ABS控制灯，雾灯开关/继电器
G4	行李舱左侧	燃油泵，牌照灯，行李箱灯

续表

接地点	位置	用电器
G5	行李箱右侧	后风窗加热
G6	行李箱锁下部	左尾灯，右尾灯，高位刹车灯
G7	前流水槽左侧	ECM（1，2），TCM1
G8	左前翼子板（A 柱下）	风扇，ZKG（加热，曲轴箱通风），ECM120，空调离合器，空调控制器，防盗控制器（4，5），点火线圈，多功能开关，起动断开开关
G9	气缸盖上	温度传感器
G10	右前纵梁，前照灯线束	右前照灯，右雾灯，右前转向灯，右侧转向灯
G11	继电器支架旁车身处	电动后视镜开关，左前中央门锁，室内灯

2. 捷达整车继电器位置

捷达整车电路继电器位置如图 8—1—3 所示，各继电器用途见表 8—1—2。

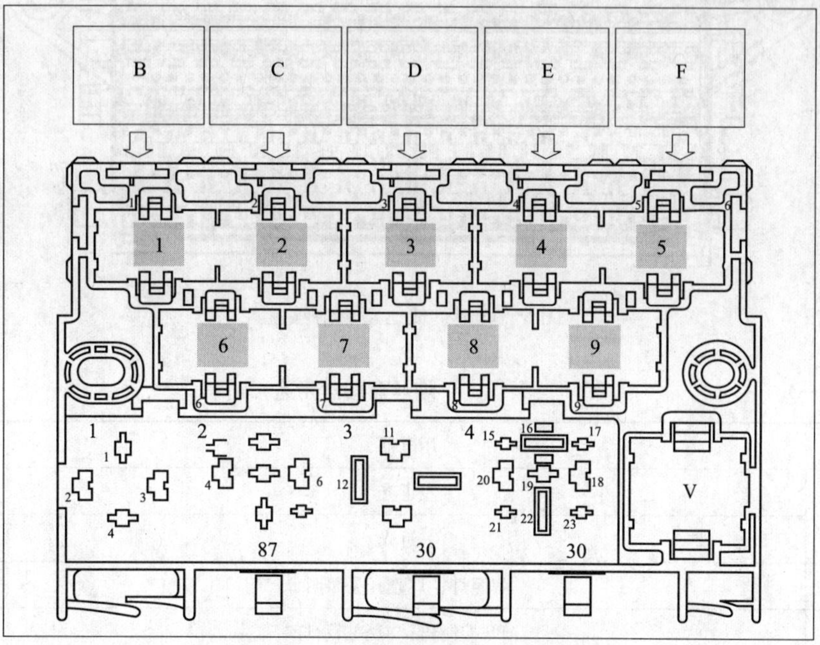

图 8—1—3　捷达整车电路继电器位置图

表 8—1—2　　**继电器用途**

位置	用途	代号	说明
1	闪光继电器	21	
2	间歇继电器	19	
3	卸荷继电器	18	

续表

位置	用途	代号	说明
4	燃油泵继电器	167	
V	喇叭继电器	53	
B	起动锁止及倒车灯继电器	175	仅适用于自动变速车
C	电动窗供电熔丝		
D	雾灯继电器	53	
E	前照灯继电器		
F	主供电及电器	458	

3. 捷达整车电路熔丝盒

捷达整车电路熔丝盒，见图 8—1—4 所示，各熔丝用途见表 8—1—3。

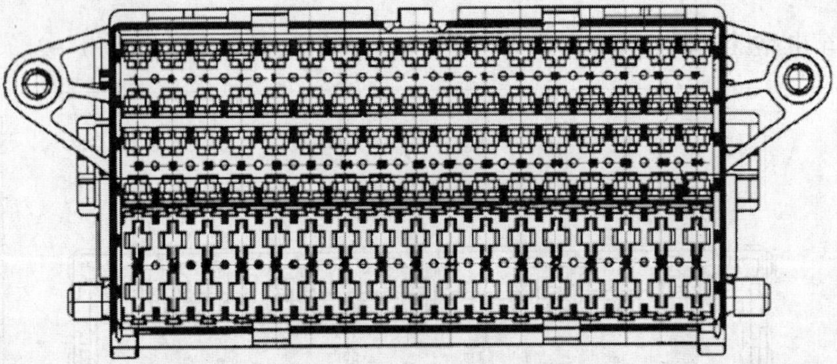

图 8—1—4 捷达整车熔丝盒

表 8—1—3 **熔丝盒熔丝用途**

编号	用电器	电流（A）
S1	左近光	10
S2	右近光	10
S3	牌照灯；灯光开关照明	10
S4	ABS 控制器；ABS 指示灯	10
S5	氧传感器；碳罐电磁阀；曲轴箱通风加热电阻	10
S6	防眩目后视镜	10
S7	右前驻车灯；右后驻车灯	10
S8	左前驻车灯；左后驻车灯	10
S9	压力开关	10
S10	电动后视镜；电动窗；中央锁控制器	5

续表

编号	用电器	电流（A）
S11	左远光灯；远光指示灯	10
S12	右远光灯	10
S13	喇叭及喇叭继电器	10
S14	倒车灯；倒车灯开关	15
S15	防盗控制器；发动机控制器；加热电阻；车速传感器	10
S16	仪表指示	10
S17	转向灯；遇险警报开关	10
S18	行李箱电子开关	10
S19	空调控制器	5
S20	行李箱灯及开关	10
S21	点烟器；组合仪表；室内灯	15
S22	收音机	10
S23	空调电磁离合器	10
S24	灯光开关	5
S26	收音机 SU 电源	10
S27	出租车（GPS）	10
S28	自动变速箱控制器；多功能开关	10
S29	警报灯；组合开关	15
S30	防盗控制器；发动机控制器；自动变速箱控制器	10
S31	诊断	10
S32	出租车	10
S33	出租车	10
S35	雨刮继电器及组合开关；循环风电磁阀	15
S36	鼓风机；风扇控制器	30
S37	燃油泵	20
S38	温度开关，空调继电器	30
S39	收音机（单碟 CD）	10
S40	喷油嘴	10
S41	制动踏板开关；离合器开关；主继电器	10
S42	空调控制器	30
S43	雾灯；雾灯开光；雾灯继电器	15
S46	制动开关及制动灯	10
S48	后风窗加热	20
S51	主供电继电器	20

4. 蓄电池、发电机、点火开关、X 卸荷继电器电路（见图 8—1—5）

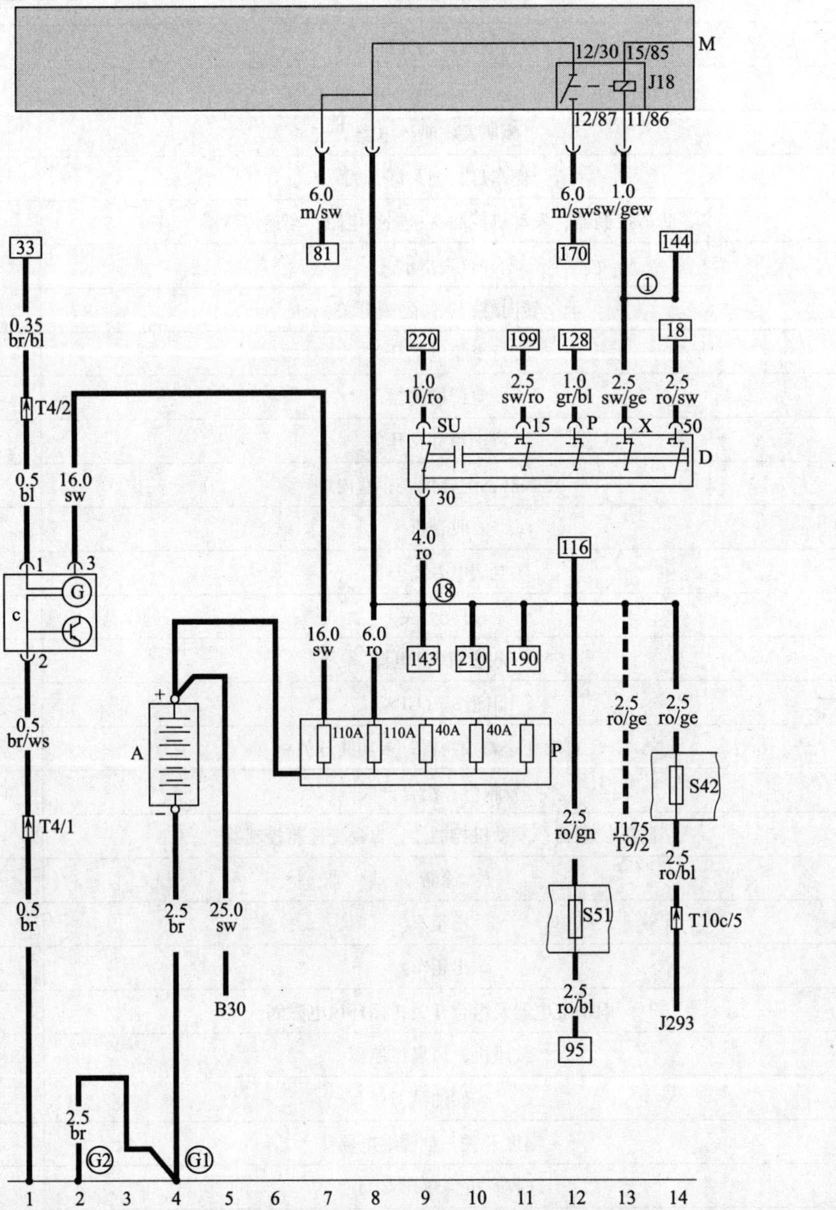

ws=白色
sw=黑色
ro =红色
br =棕色
gn =绿色
bl =蓝色
gr =灰色
li =紫色
ge =黄色

A—蓄电池
C—发电机
D—点火开关
J18—X触点卸荷继电器
P—主熔丝盒，位于蓄电池上方
J293—空调控制器

J175—起动锁止及倒车灯继电器
■ ■ ■ 仅用于自动变速车
⑱ —螺栓连接（30），在继电器支架上
① —连接，在车内线束内
(G1) —连接地点，蓄电池
(G2) —连接地点，变速器
T10c–10孔黑色插头，继电器支架上

图 8—1—5 蓄电池、发电机、点火开关、X 卸荷继电器电路图

5. 起动机、仪表连接、冷却液温度传感器、车速传感器电路（见图 8—1—6）

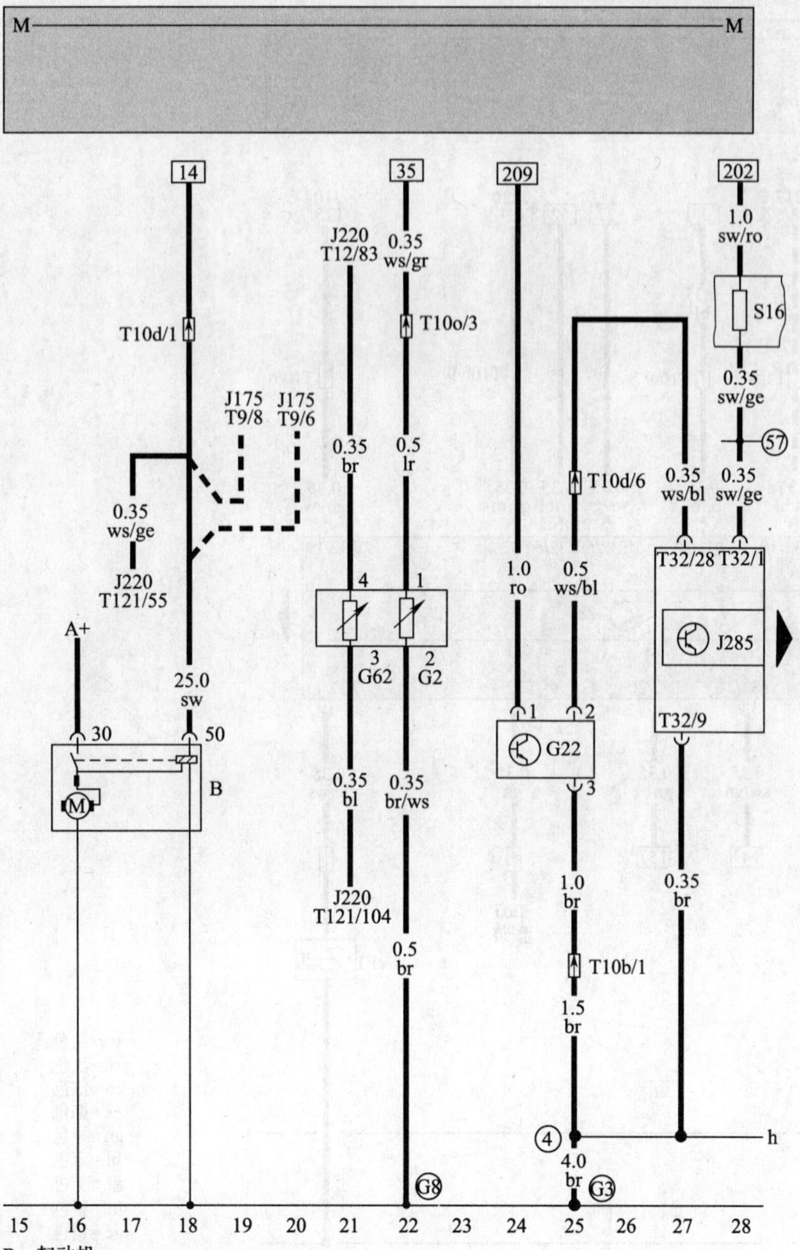

ws=白色
sw=黑色
ro =红色
br =棕色
gn =绿色
bl =蓝色
gr =灰色
li =紫色
ge =黄色

B—起动机
G62—冷却液温度传感器（发动机ECM）
G2—冷却液温度传感器（水温表）
J220—发动机控制单元
G22—车速传感器，位于变速箱上
T32—32孔插头，仪表板上
T10b—10棕色孔插头，继电器支架上
T10d—10孔红插头，继电器支架上
J175—起动机锁止及倒车灯继电器
J285—组合仪表

(57)—正极连接（15a）、在车内线束内
(4)—接地连接，在车内线束内
(G3)—接地点，继电器支架旁车身处
(G9)—接地点，气缸盖上
▬ ▬ ▬ 仅用于自动变速车
T10c—10孔黑色插头，继电器支架上

图 8—1—6　起动机、仪表连接、冷却液温度传感器、车速传感器电路图

6. 组合仪表电路（见图 8—1—7）

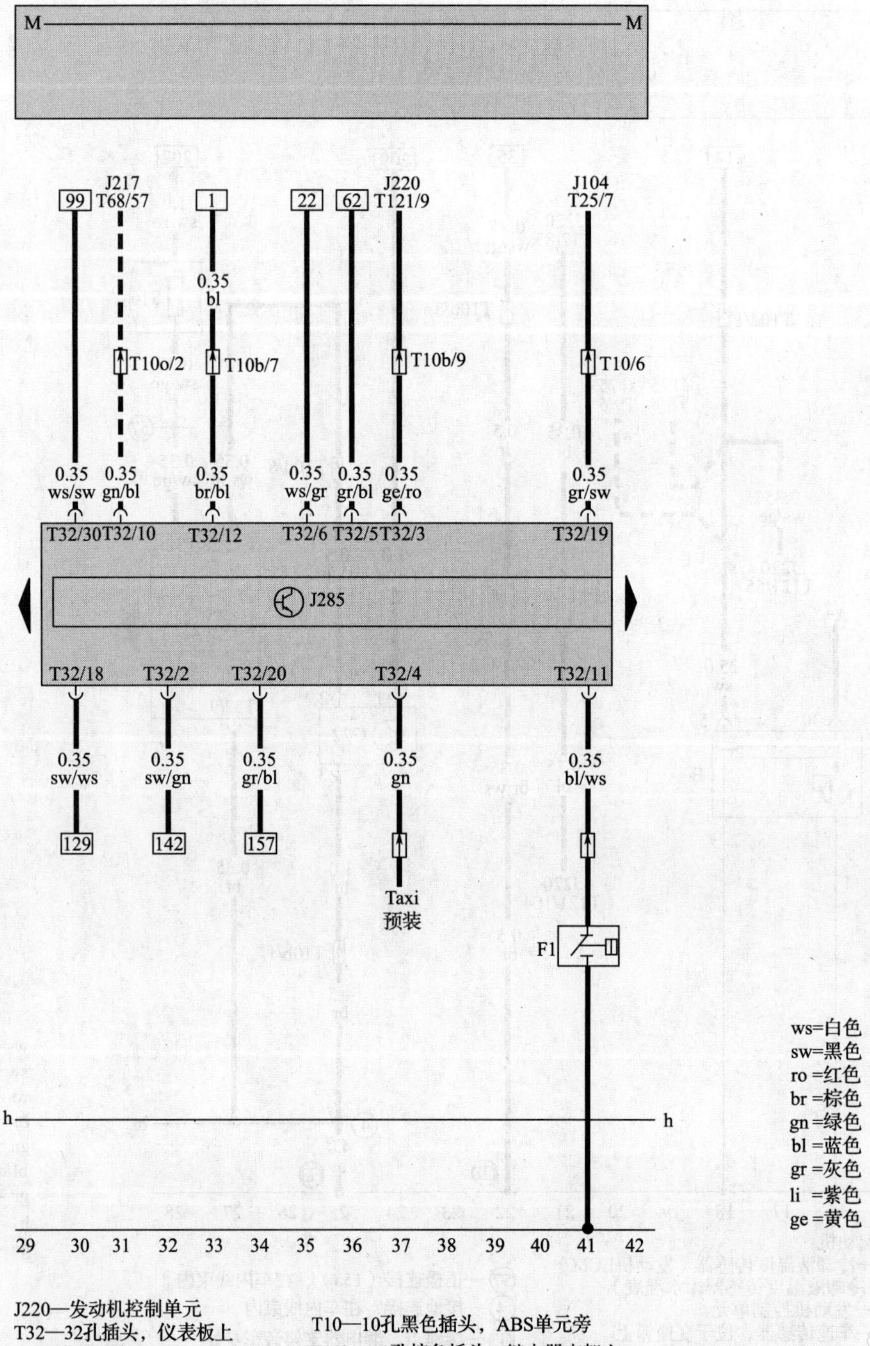

J220—发动机控制单元
T32—32孔插头，仪表板上
F1—油压开关
J217—自动变速箱控制单元
J104—制动防抱死ABS控制单元
J285—组合仪表
T10—10孔黑色插头，ABS单元旁
T10b—10孔棕色插头，继电器支架上
T10c—10孔黑色插头，继电器支架上
■ ■ ■ 仅用于自动变速车

图 8—1—7　组合仪表电路图

7. 组合仪表、手制动开关、制动液位传感器电路（见图 8—1—8）

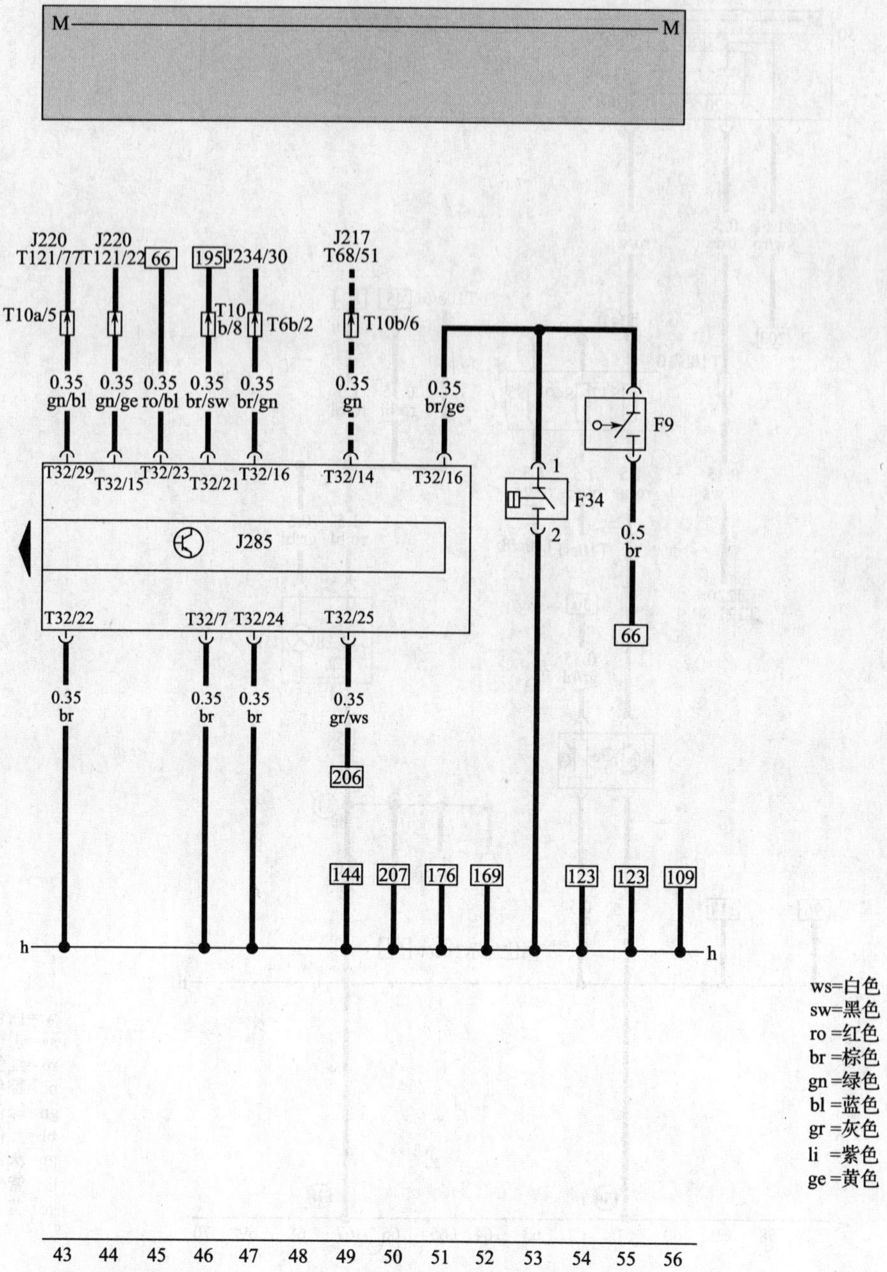

J301—防盗单元
J234—安全气囊单元
J220—发动机控制单元
J217—自动变速箱控制单元
F9—手制动灯开关
F34—制动液液位传感器
J285—组合仪表

T10a—10孔蓝色插头，继电器支架上
T10b—10孔棕色插头，继电器支架上
T6b—6孔粉色插头，继电器支架上
T32—32孔插头，仪表板上

图 8—1—8　组合仪表、手制动开关、制动液位传感器电路图

8. 燃油泵、燃油继电器、点烟器电路（见图 8—1—9）

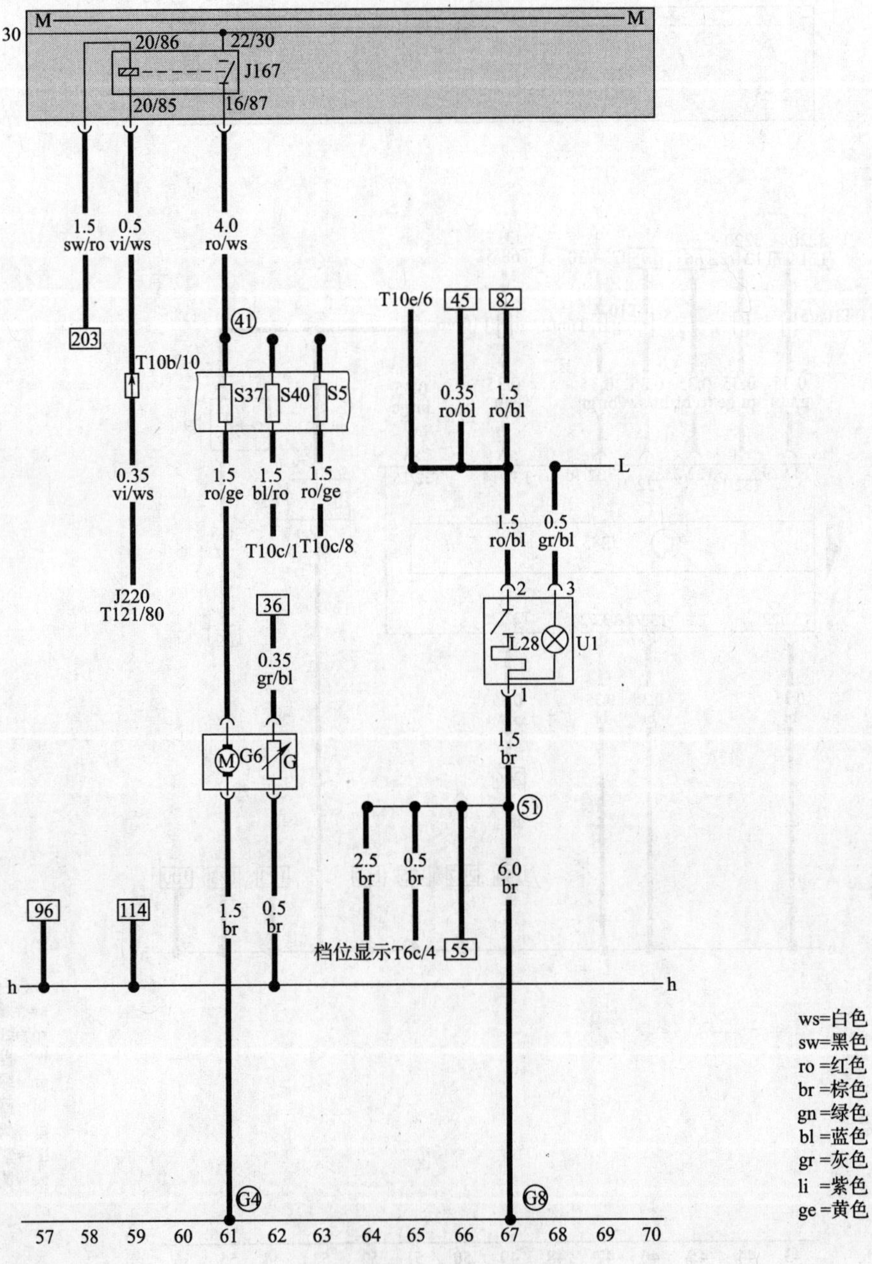

J167—燃油泵继电器
G6—燃油泵
J220—发动机控制单元
G—燃油油位传感器
U1—点烟器
L28—点烟器照明灯
T10b—10孔棕色插头，继电器支架上
T10c—10孔黑色插头，继电器支架上
T10e—10孔紫色插头，继电器支架上
T6c—6孔棕色插头，继电器支架上
(51)—接地连接点，仪表板线束内
(G4)—接地点，行李舱左侧
(G8)—接地点，左前翼子板（A柱下）
(41)—线束连接点（正），车身线束内

图 8—1—9　燃油泵、燃油继电器、点烟器电路图

9. 行李箱照明灯、牌照灯电路（见图 8—1—10）

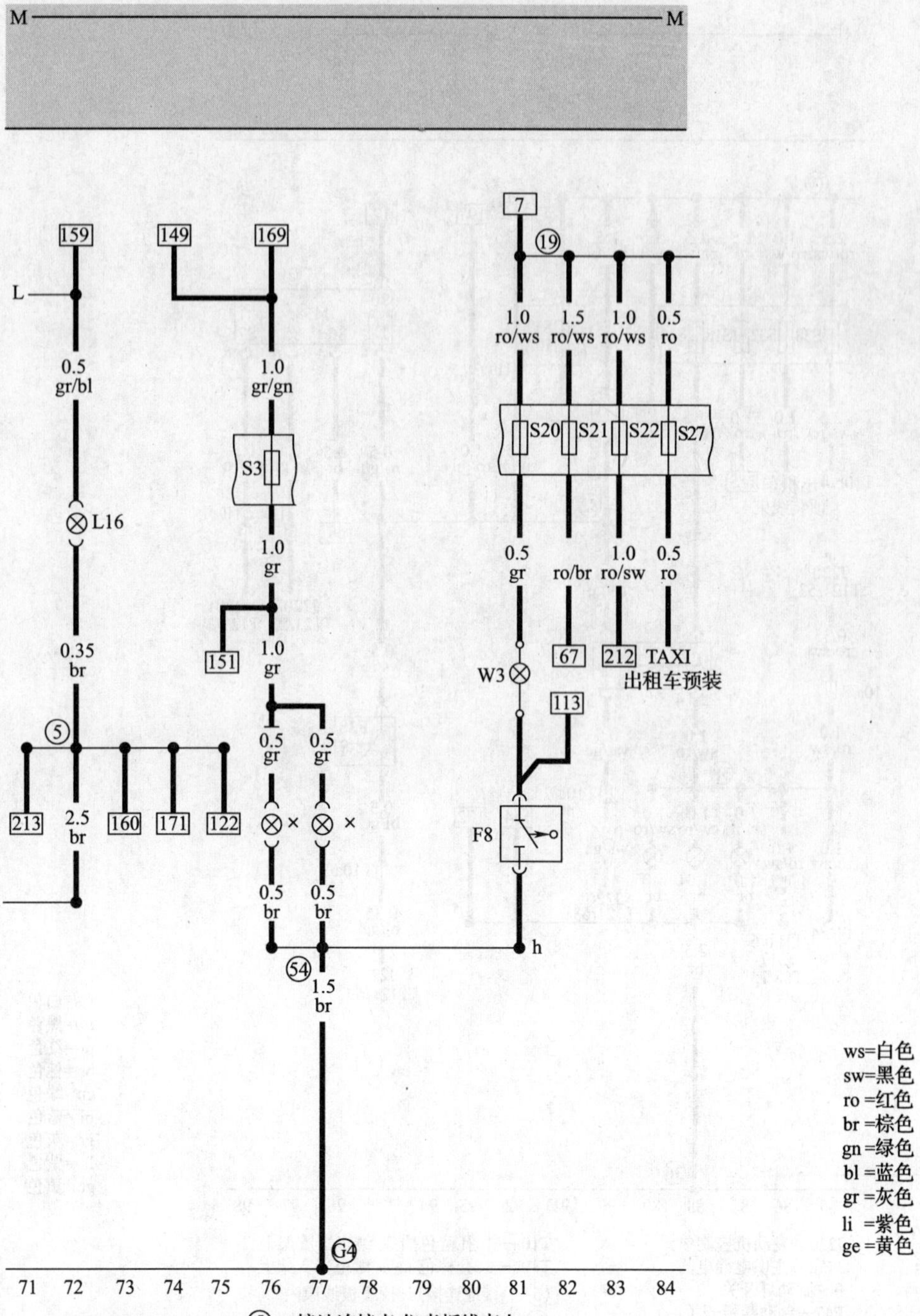

L16—空调面板照明灯
X—牌照板照明灯
W3—行李箱照明灯
F8—行李箱机械开关

⑤—接地连接点,仪表板线束内
⑲—正极连接点, 仪表板线束内
㊿④—接地连接点,车身线束内
㉞—接地点,行李箱左侧

图 8—1—10　行李箱照明灯、牌照灯电路图

10. 主供电继电器、制动踏板开关、制动灯开关、离合器踏板开关电路（见图8—1—11）

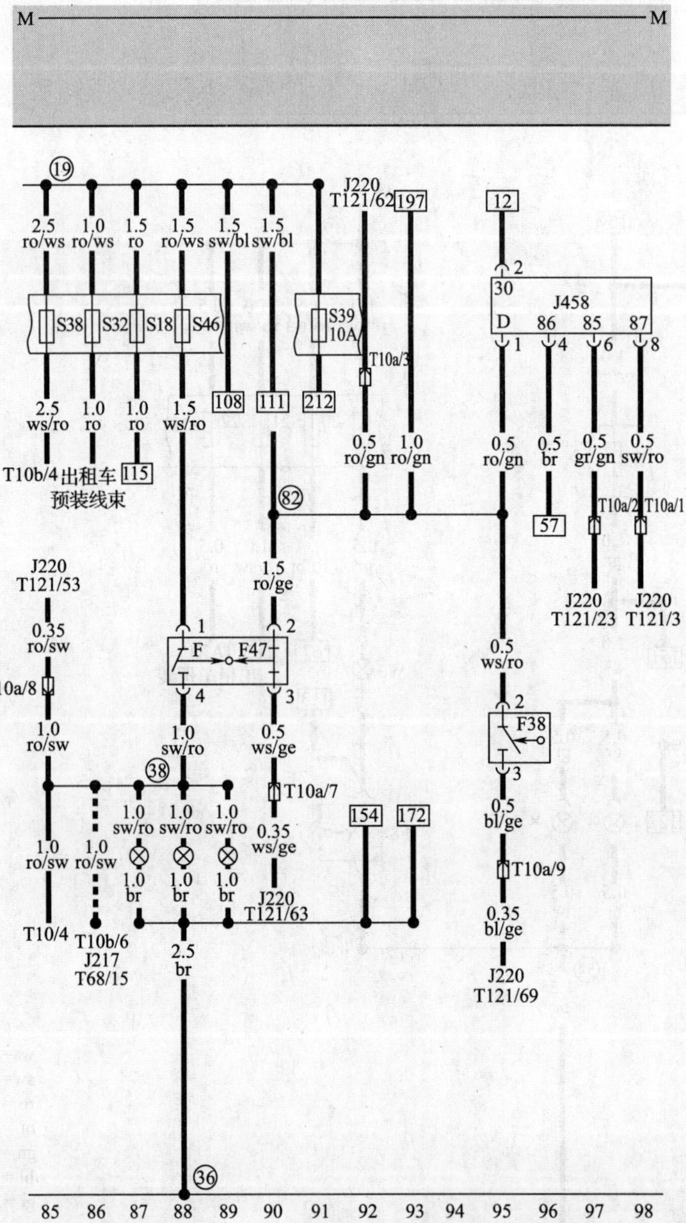

ws=白色
sw=黑色
ro=红色
br=棕色
gn=绿色
bl=蓝色
gr=灰色
li=紫色
ge=黄色

J220—发动机控制单元
J458—主供电继电器
F—制动灯开关
F47—制动踏板开关
F36—离合器踏板开关
T10—10孔黑色插头，ABS单元旁
T10a—10孔蓝色插头，继电器支架上
T10b—10孔棕色插头，继电器支架上
⑤—接地连接点，仪表板线束内
⑲—正极连接点，仪表板线束内
(54)—接地连接点，车身线束内
(G4)—接地点，行李箱左侧
(38)—线束连接，车身线束内

图8—1—11　主供电继电器、制动踏板开关、制动灯开关、离合器踏板开关电路图

11. 远光灯、近光灯、前照灯继电器电路（见图 8—1—12）

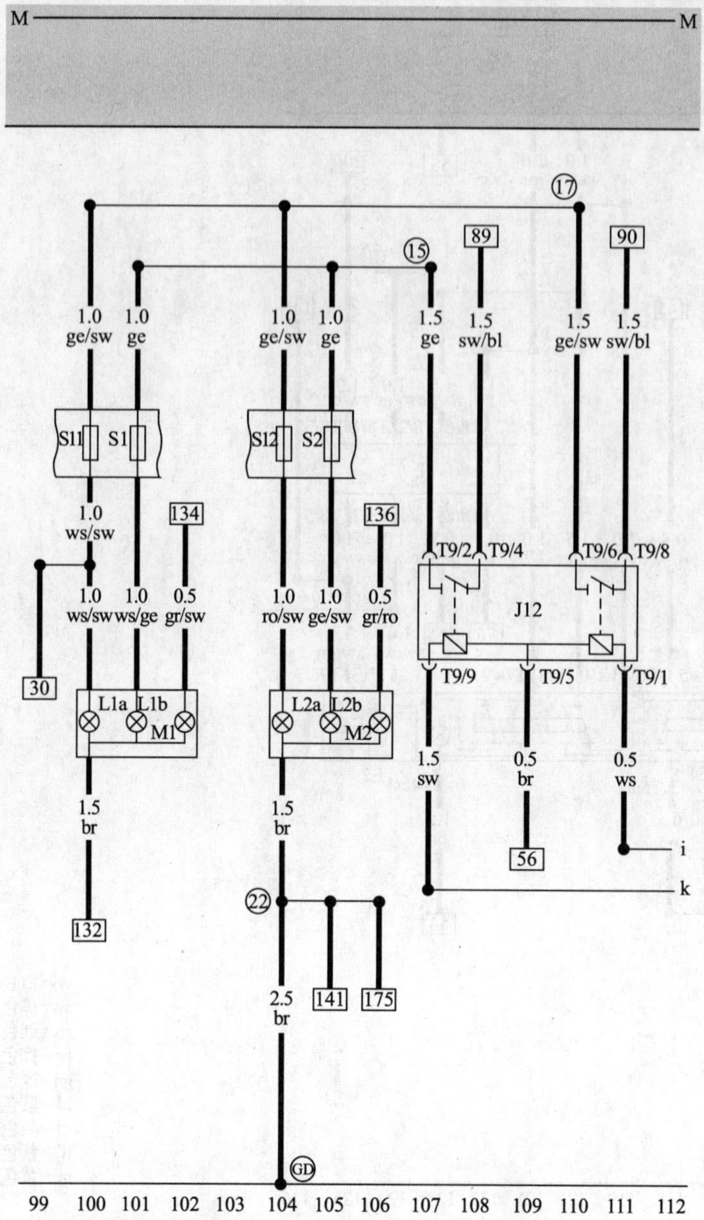

L1a—左前照灯，远光灯泡
L1b—左前照灯，近光灯泡
L2a—右前照灯，远光灯泡
L2b—右前照灯，近光灯泡
M1—左停车灯
M2—右停车灯
J12—大灯继电器

⑮—连接点，前照灯线束内
⑰—连接点，前照灯线束内
㉒—接地连接点，前照灯线束内
Ⓖ0—接地点，右前纵梁，前照灯线束内

ws=白色
sw=黑色
ro =红色
br =棕色
gn=绿色
bl =蓝色
gr =灰色
li =紫色
ge=黄色

图 8—1—12　远光灯、近光灯、前照灯继电器电路图

12. 行李箱电子开关、变光及转向开关、警告灯开关电路（见图 8—1—13）

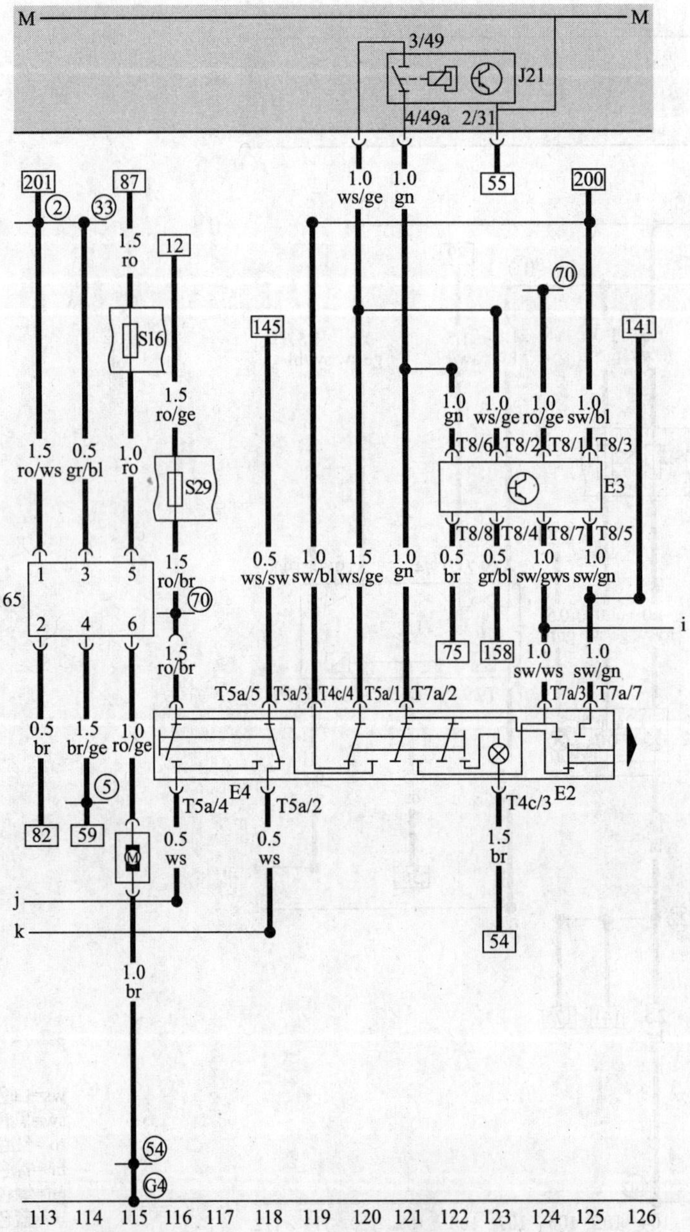

ws=白色
sw=黑色
ro =红色
br =棕色
gn=绿色
bl =蓝色
gr =灰色
li =紫色
ge=黄色

J21—警告闪光继电器
E3—遇险警告灯开关
E2—转向灯开关
E4—变光及转向灯开关
T5a—5孔插接件，转向柱开关后
T4c—4孔插接件，转向柱开关后
T7a—7孔插接件，转向柱开关后
E165—行李箱电子开关

② —正极连接点，点火开关线束内
⑤ —接地连接点，仪表线束内
㉝ —正极连接点，仪表线束内
㉞ —接地连接点，尾灯线束内
(G4) —接地点，行车箱左侧
(70) —正极连接(30)，车内线束内

图 8—1—13　行李箱电子开关、变光及转向开关、警告灯开关电路图

13. 驻车灯开关、转向灯、尾灯电路（见图 8—1—14）

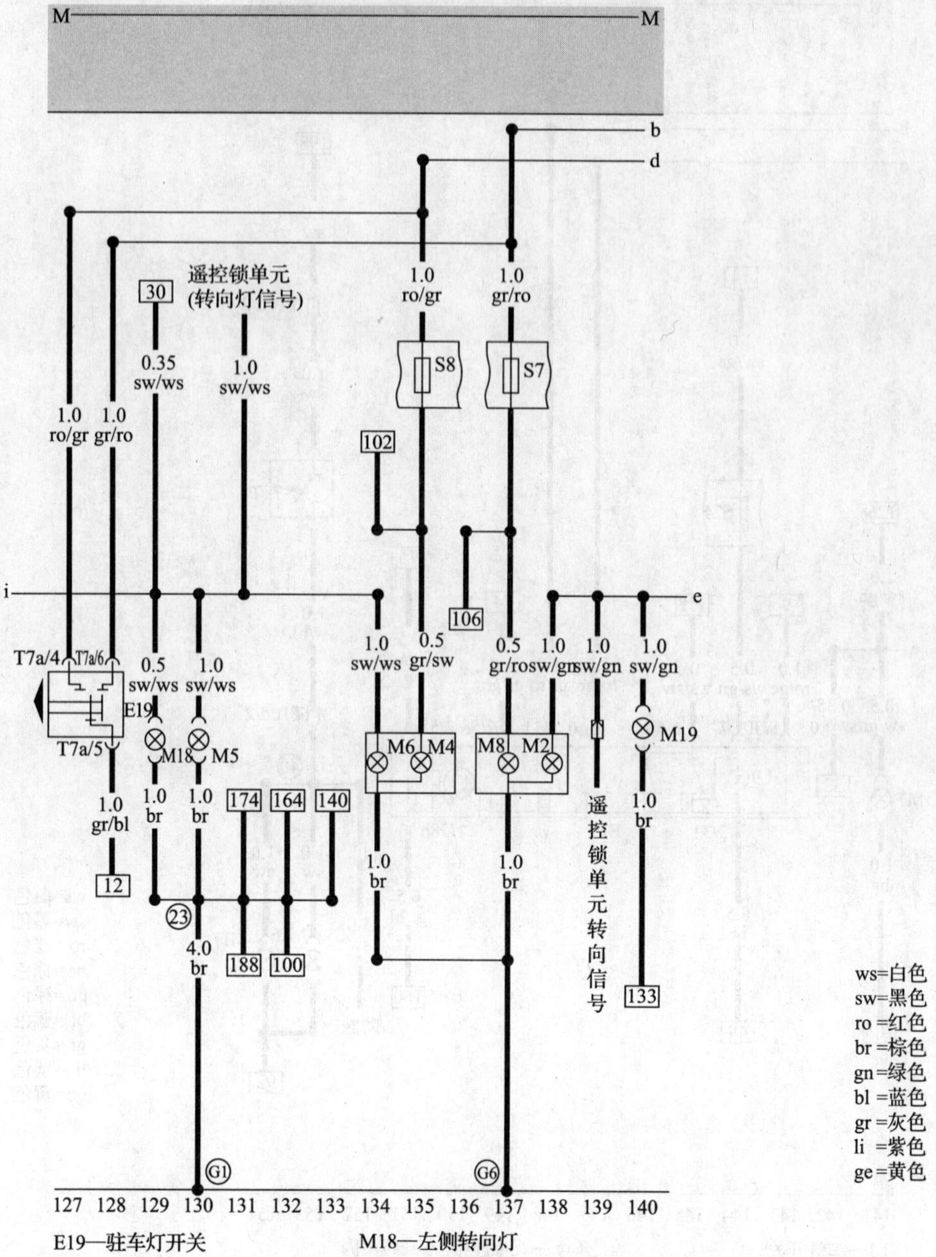

E19—驻车灯开关
M2—右尾灯
M4—左尾灯
M5—左前转向灯
M6—左后转向灯
M8—右后转向灯
T7a—7孔插接件，转向柱开关后
M18—左侧转向灯
M19—右侧转向灯
㉓ —接地连接点，车身线束内
G1 —接地点，蓄电池-车身
G6 —接地点，行李箱锁下部

图 8—1—14 驻车灯开关、转向灯、尾灯电路图

14. 车灯开关、转向灯、倒车灯电路（见图 8—1—15）

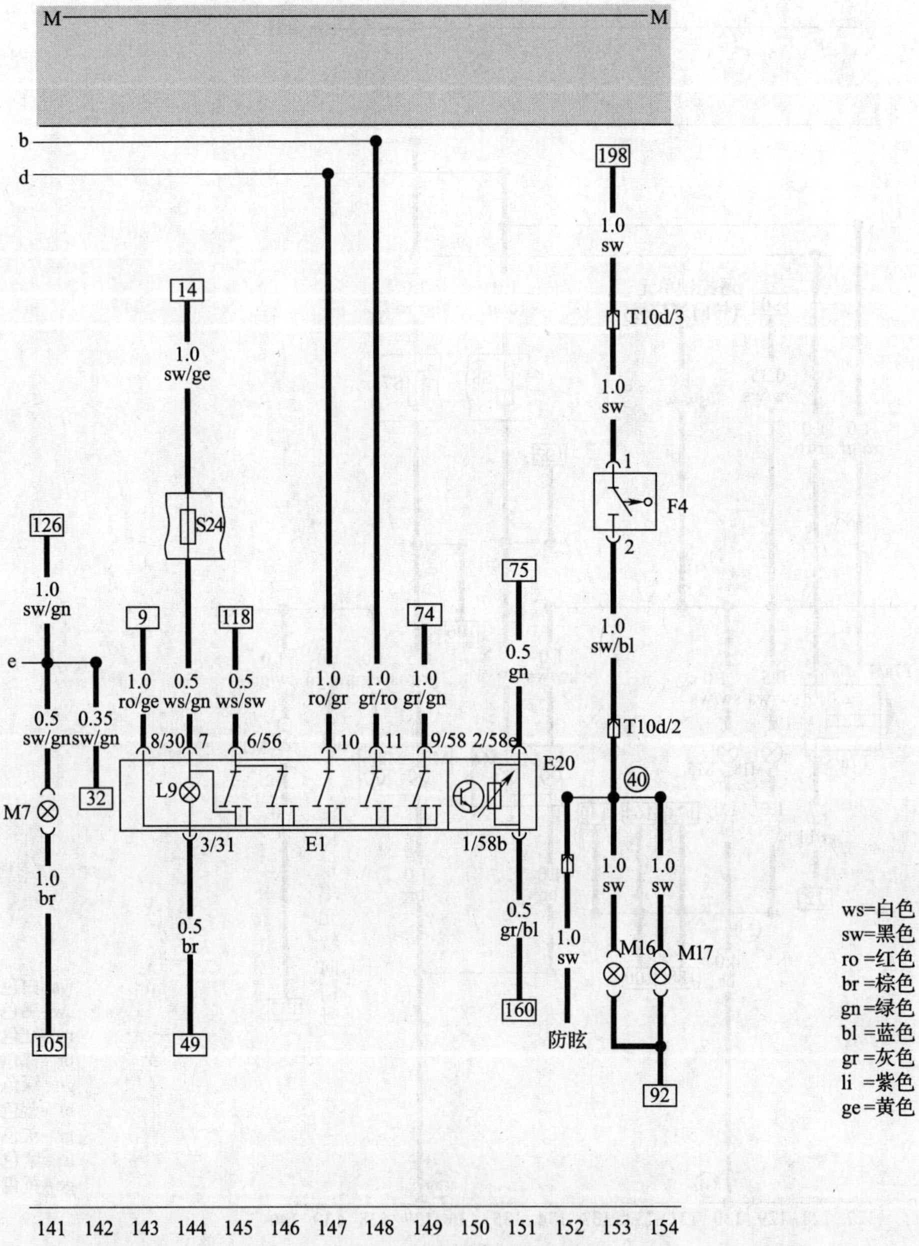

E1—车灯开关
E20—车灯控制开关
F4—倒车灯开关
M7—右前转向灯
M16—左倒车灯
M17—右倒车灯
L9—车灯开关住照明灯
T10d—10孔红色插头，继电器支架上

㊵—线束连接，车身线束内

图 8—1—15 车灯开关、转向灯、倒车灯电路图

15. 喇叭继电器、喇叭按钮、后风窗加热开关及电阻电路（见图 8—1—16）

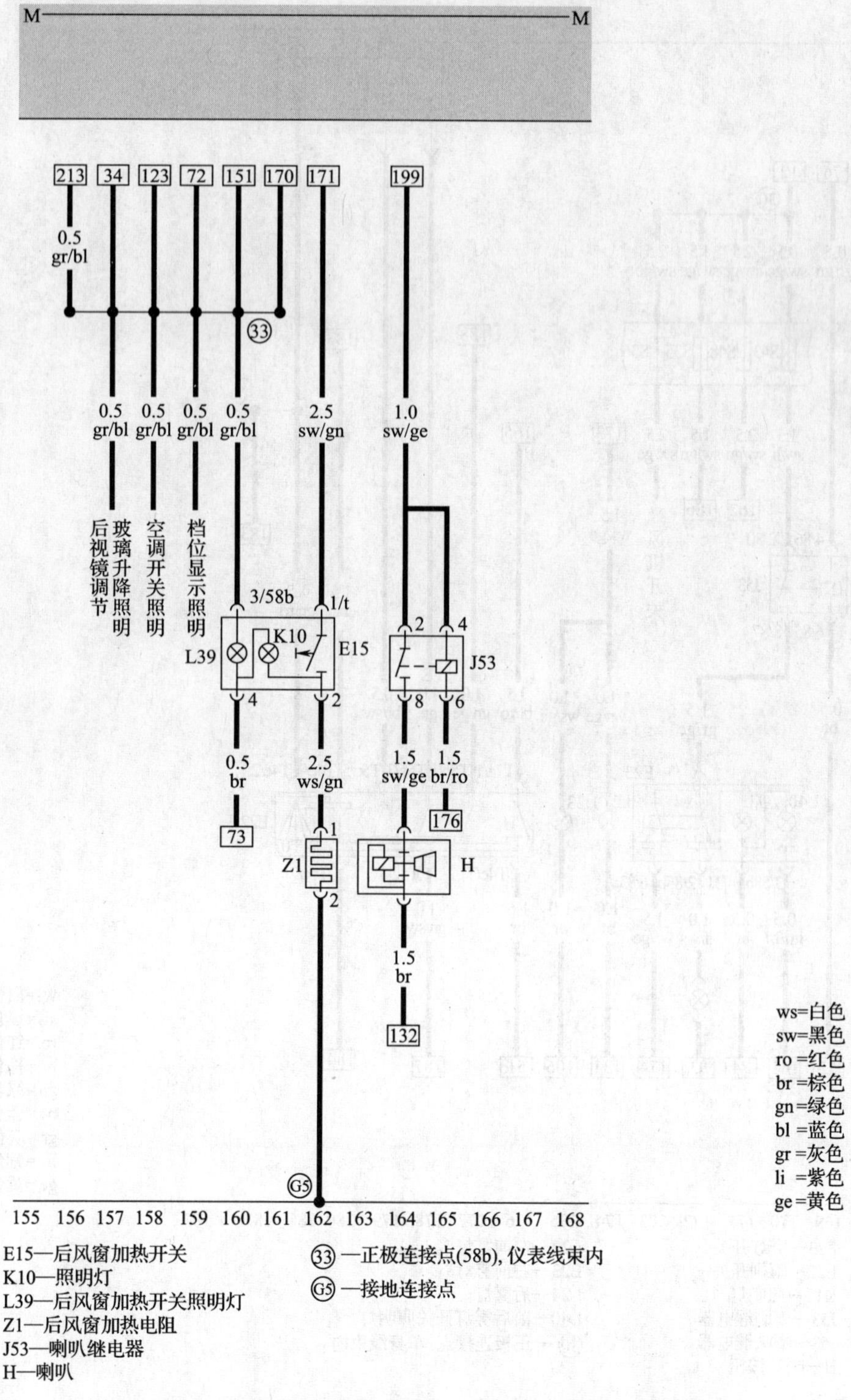

图 8—1—16　喇叭继电器、喇叭按钮、后风窗加热开关及电阻电路图

16. 雾灯继电器、雾灯开关、雨刮继电器、雨刮开关电路(图8—1—17)

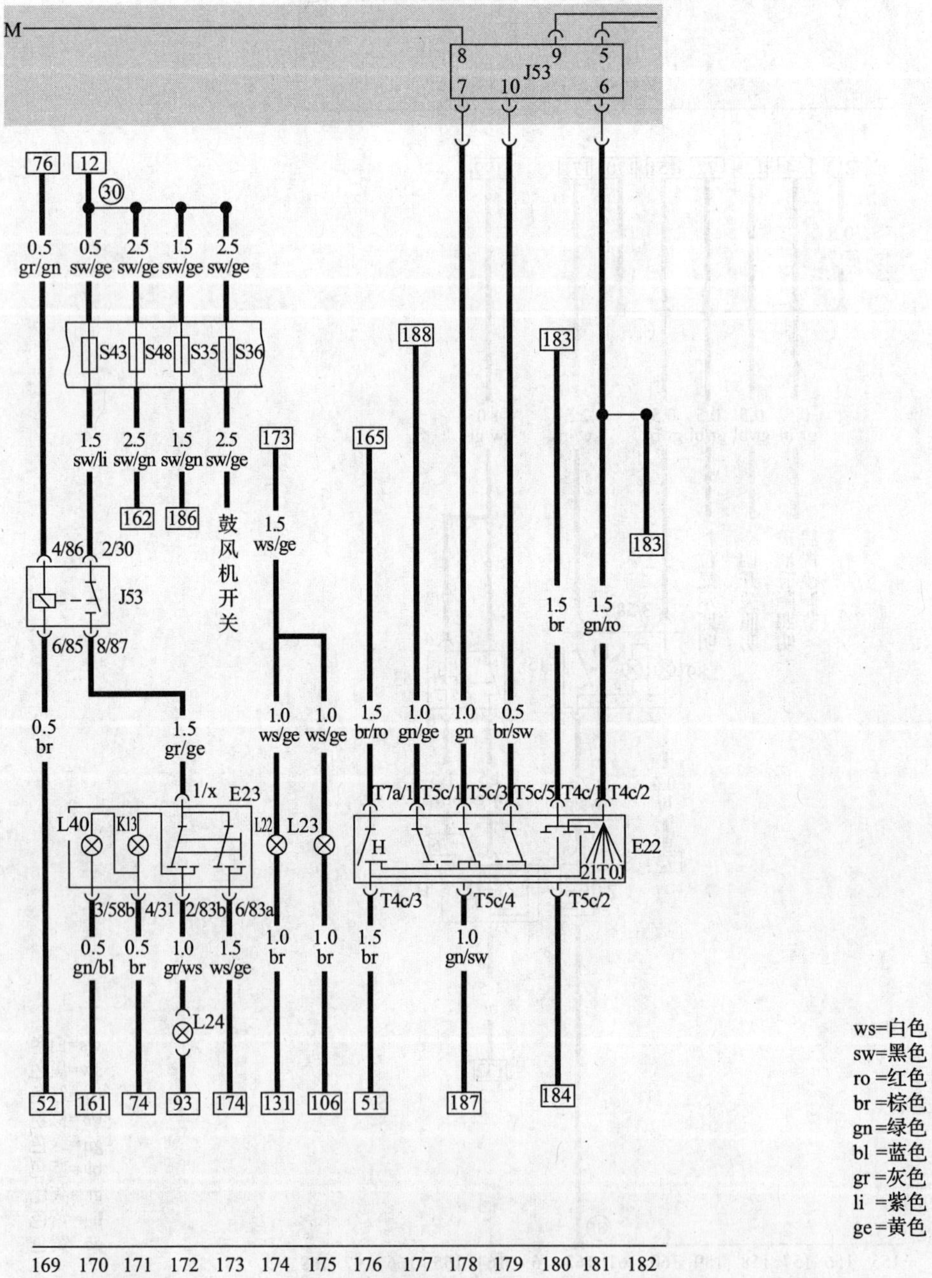

E23—雾灯开关
E22—雨刷开关
K13—照明灯
J53—雨刷继电器
J53—喇叭继电器
H—喇叭按钮
L22—左前雾灯
L23—右前雾灯
L24—后雾灯
L40—前后雾灯开关照明灯
(30)—正极连接点,车身线束内

图8—1—17 雾灯继电器、雾灯开关、雨刮继电器、雨刮开关电路图

17. 行李箱锁电动机、雨刮电动机、防盗单元电路（见图 8—1—18）

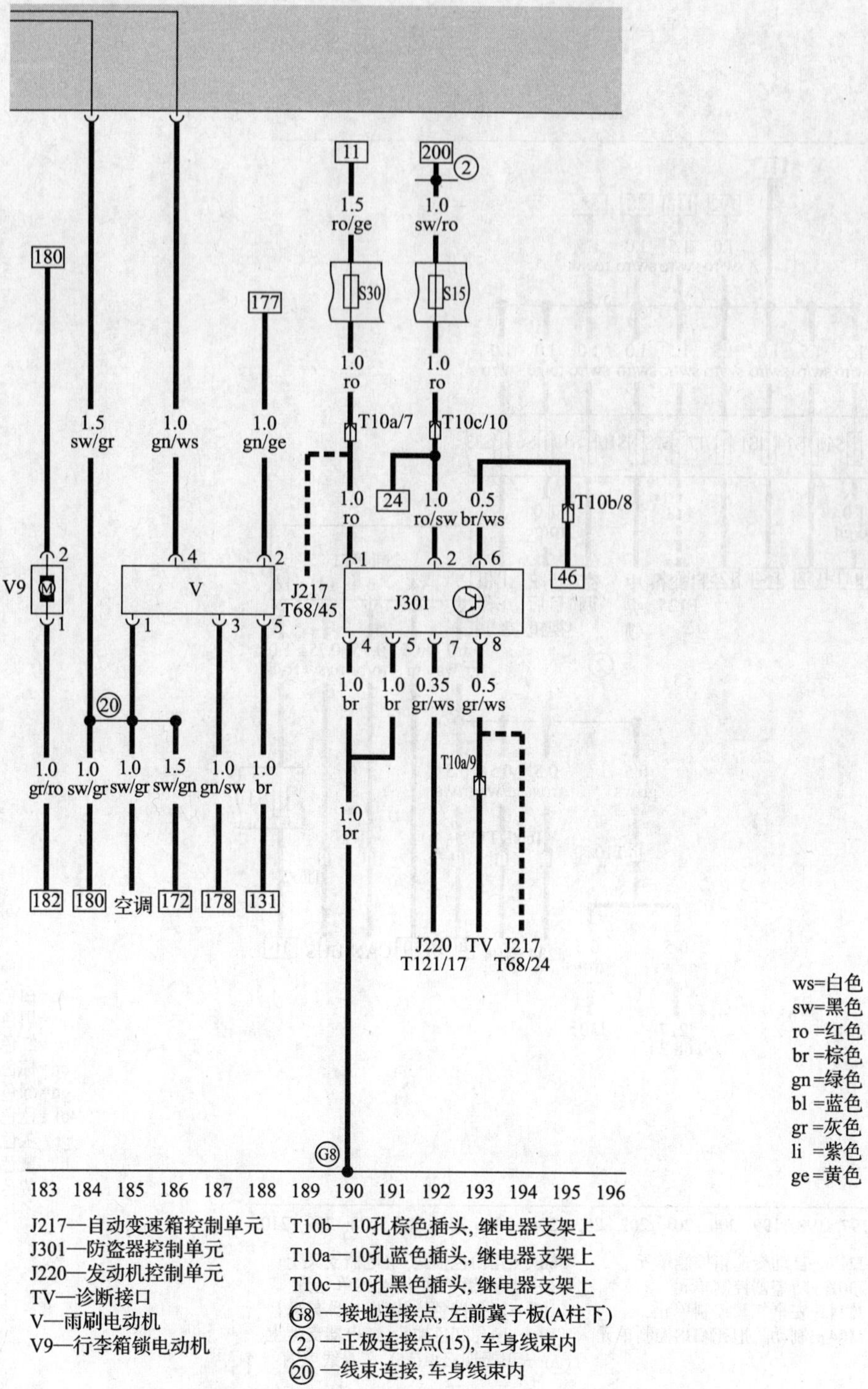

图 8—1—18　行李箱锁电动机、雨刮电动机、防盗单元电路图

18. 诊断接口电路（见图8—1—19）

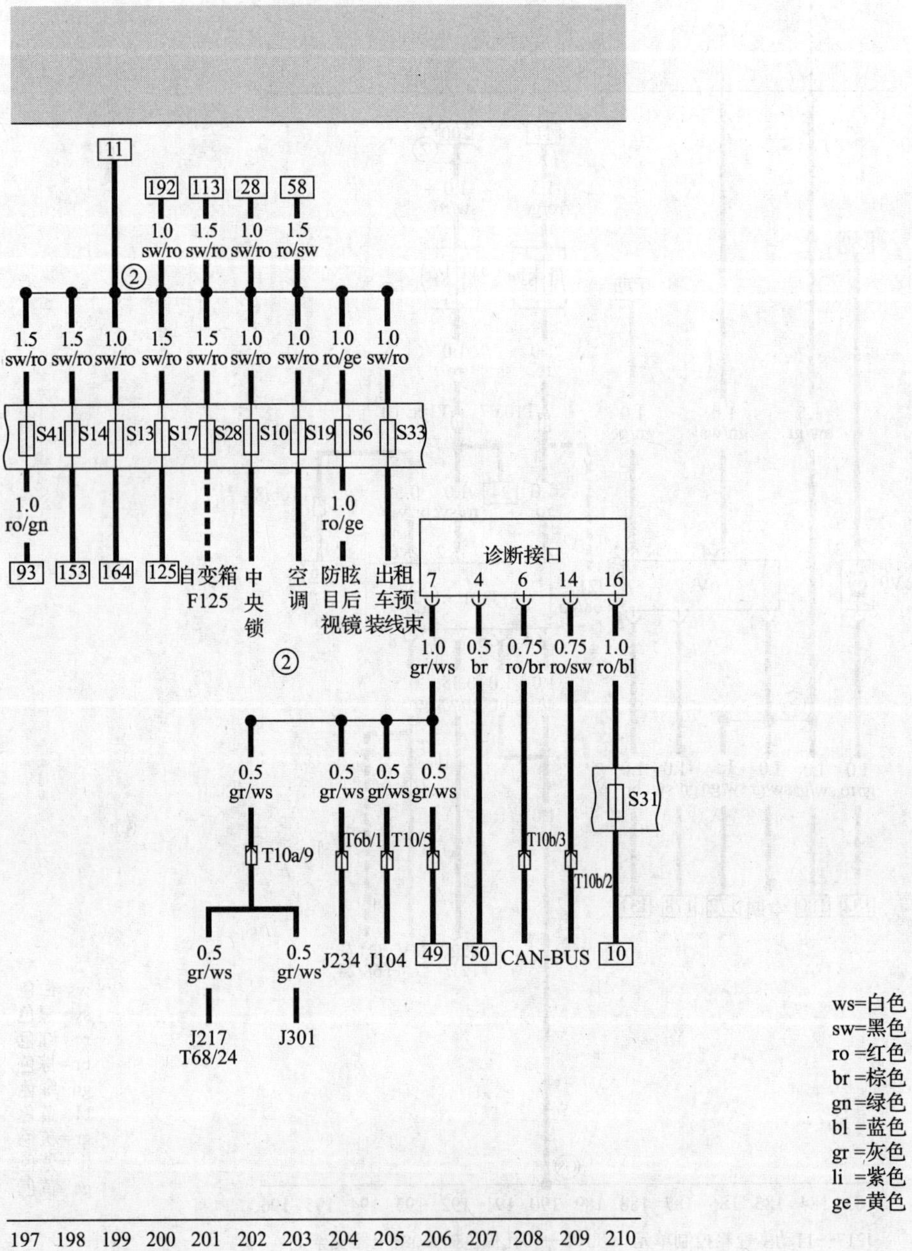

J217—自动变速箱控制单元
J301—防盗器控制单元
J234—安全气囊控制单元
J104—制动防抱死ABS控制单元
T6b—6孔粉色插头，继电器支架上
T10—10孔黑色插头，ABS单元旁
T10b—10孔棕色插头，继电器支架上
T10c—10孔红色插头，继电器支架上
②—正极连接点(15)，车身线束内

图 8—1—19　诊断接口电路图

19. 收音机、天线、扬声器电路（见图 8—1—20）

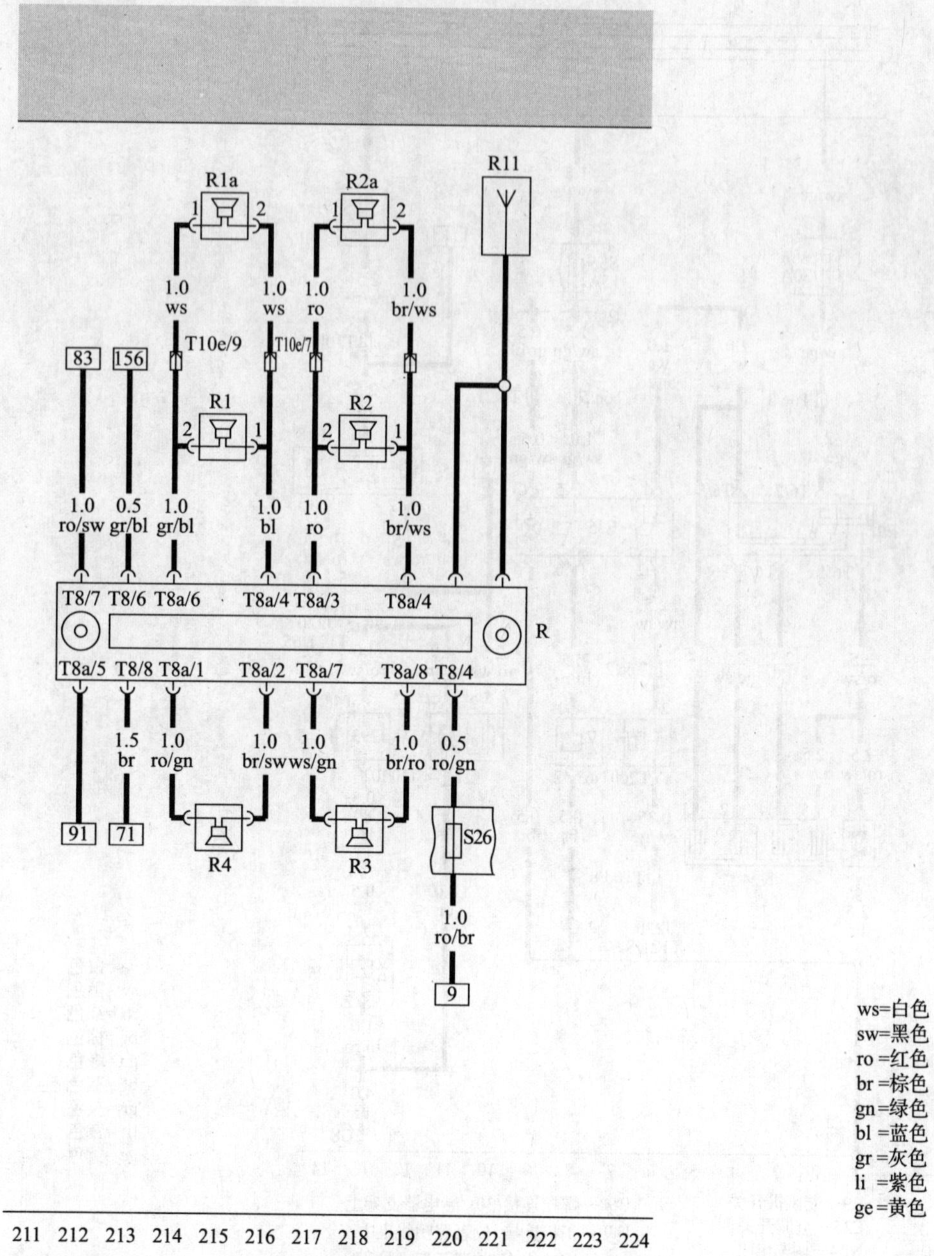

R—收音机
R11—天线
R1—左前扬声器
R2—右前扬声器
R3—左后扬声器
R4—右后扬声器
R1a—左前门扬声器
R2a—右前门扬声器
T8—8孔插接件, 收音机上
T8a—8孔插接件, 收音机上
T10e—10孔紫色插头, 继电器支架上

图 8—1—20　收音机、天线、扬声器电路图

20．鼓风机、调速电阻、双温开关、空调控制单元、电磁离合器电路（见图 8—1—21）

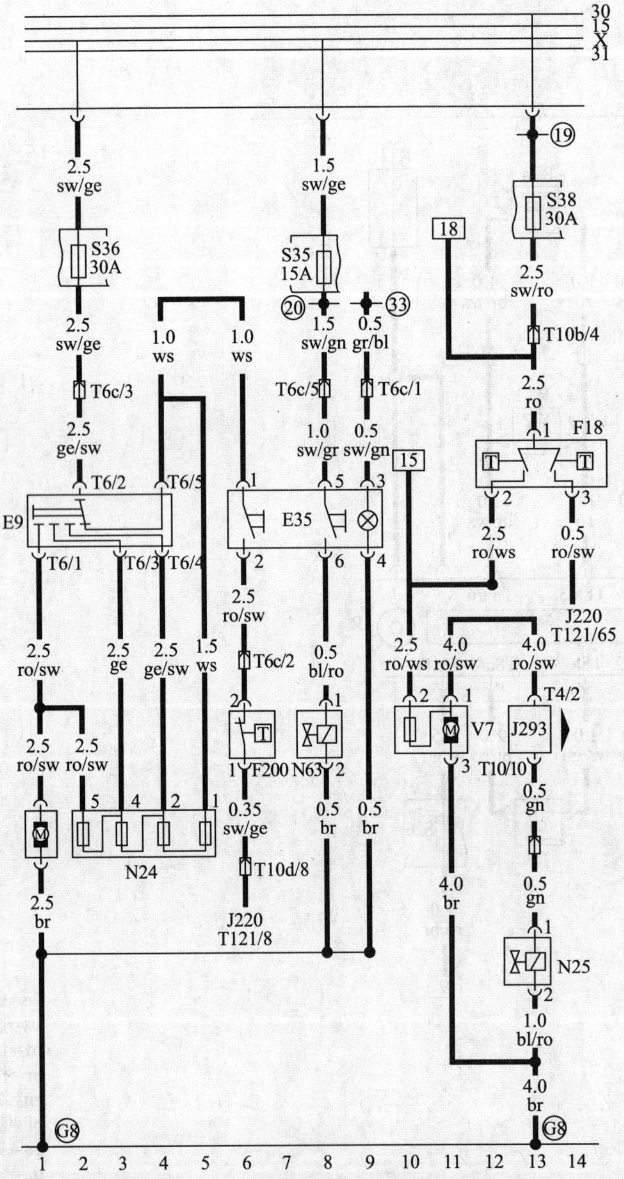

ws=白色
sw=黑色
ro =红色
br =棕色
gn=绿色
bl =蓝色
gr =灰色
li =紫色
ge=黄色

E9—鼓风机开关
E35—空调开关
N24—调速电阻
N25—电磁离合器
N63—空调内循环风扇
F18—双温开关
V7—散热器风扇
J293—空调控制单元
J220—发动机控制单元
F200—温度开关

⑲—螺栓连接(30), 继电器支架上
㉝—正极连接, 仪表照明线束中
Ⓖ8—接地线, 左前翼子板(A柱下)
⑳—线束连接, 车身线束内
T10b—10孔棕色插头, 继电器支架上
T10d—10孔红色插头, 继电器支架上
T6c—6孔棕色插头, 继电器支架上

图 8—1—21　鼓风机、调速电阻、双温开关、空调控制单元、电磁离合器电路图

21．外界温度开关、压力开关、空调控制开关、发动机控制单元、自动变速器控制单元电路（见图 8—1—22）

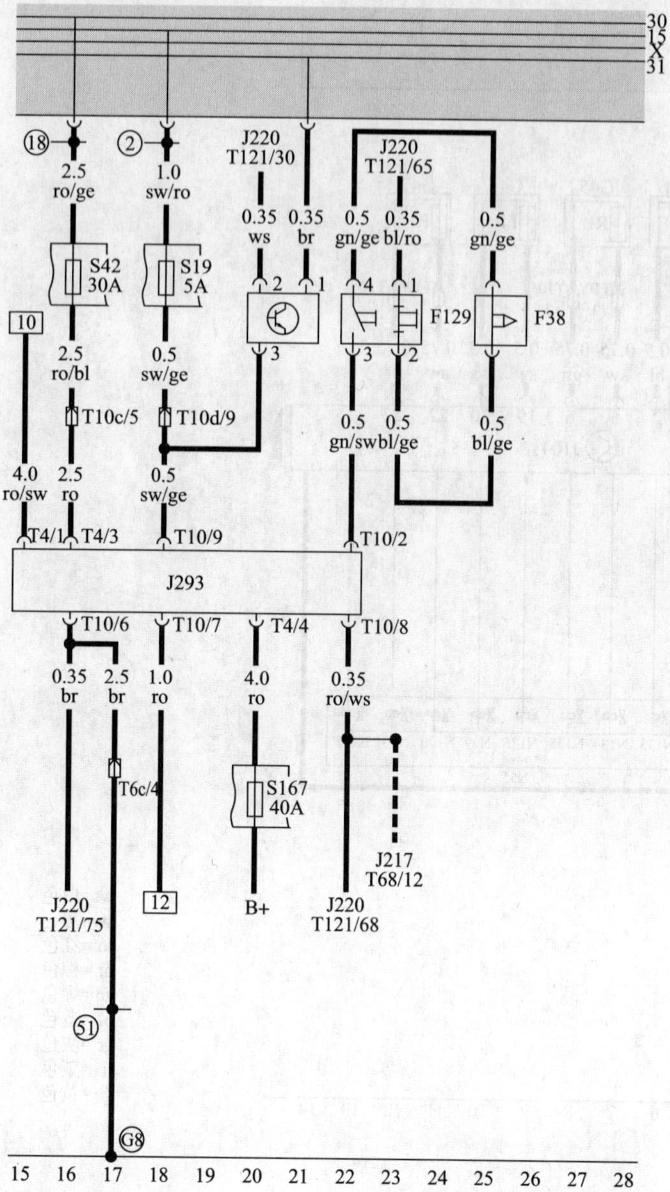

ws=白色
sw=黑色
ro =红色
br =棕色
gn=绿色
bl =蓝色
gr =灰色
li =紫色
ge=黄色

F38—外界温度开关
F129—高低压开关
J293—空调控制单元
J220—发动机控制单元
J217—自动变速箱控制单元
T6c—6孔棕色插头，继电器支架上
T10c—10孔黑色插头，继电器支架上
T10d—10孔红色插头，继电器支架上
②—正极连接(15)，车身线束内
⑱—正极连接，仪表照明线束中
(51)—接地连接，在车身线束中
(G8)—接地线，左前翼子板(A柱下)

图 8—1—22　外界温度开关、压力开关、空调控制开关、发动机控制单元、自动变速箱控制单元电路图

22. 防抱死制动系统、转速传感器电路（见图8—1—23）

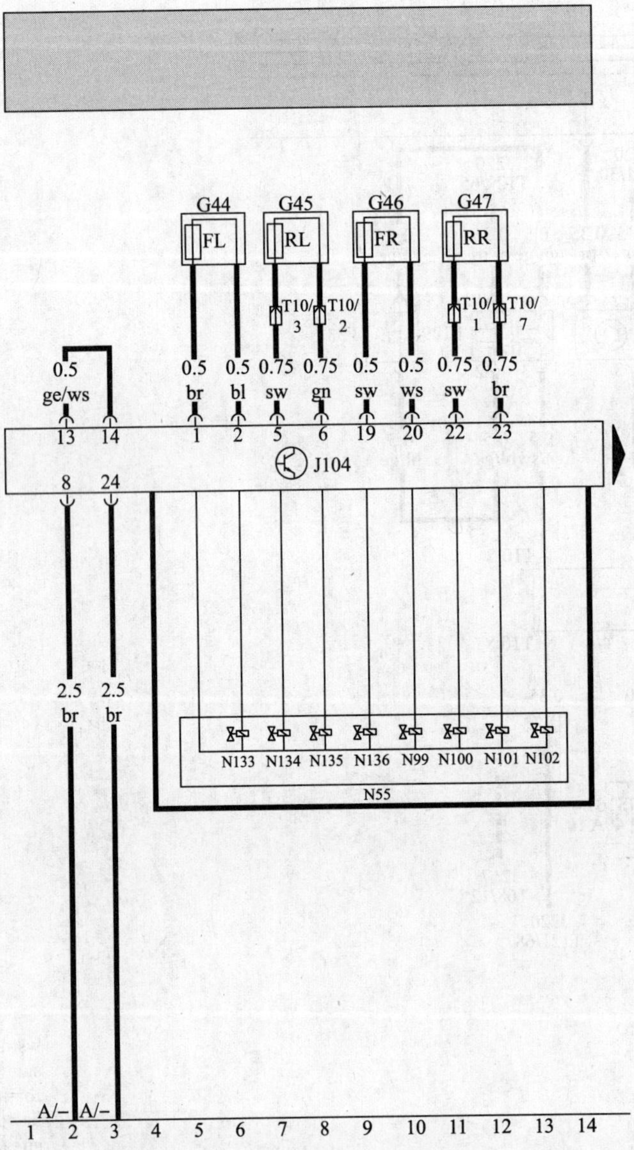

ws=白色
sw=黑色
ro =红色
br =棕色
gn=绿色
bl =蓝色
gr =灰色
li =紫色
ge=黄色

A—蓄电池
J104—ABS控制单元
G44—左前轮转速传感器
G45—左后轮转速传感器
G46—右前轮转速传感器
G47—右后轮转速传感器
N55—ABS油压控制单元
T10—10孔插头，ABS单元旁

图8—1—23　防抱死制动系统、转速传感器电路图

23. 防抱死制动系统、ABS 警告灯电路（见图 8—1—24）

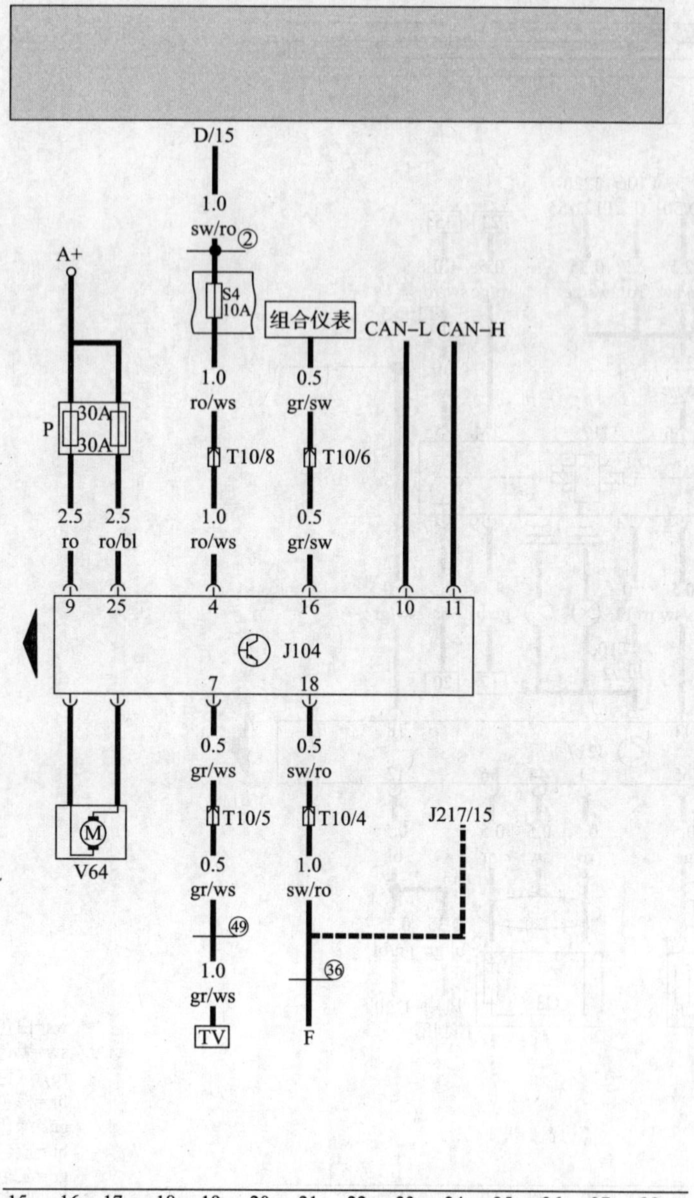

ws=白色
sw=黑色
ro =红色
br =棕色
gn=绿色
bl =蓝色
gr =灰色
li =紫色
ge=黄色

J104—ABS控制单元
J217—自动变速器控制单元
TV—自诊断接口
A—蓄电池
D—点火开关
P—主熔丝盒，蓄电池上方
V64—ABS液压泵电机
F—手制动开关
T10—10孔插头，ABS单元旁

② —正极连接，车内线束内
㊱ —线束连接，车内线束内
㊾ —连接，车内线束内
--- 仅适用于自动变速车

图 8—1—24　防抱死制动系统、ABS 警告灯电路图

24. 自动变速器、起动锁止和倒车灯继电器电路（见图 8—1—25）

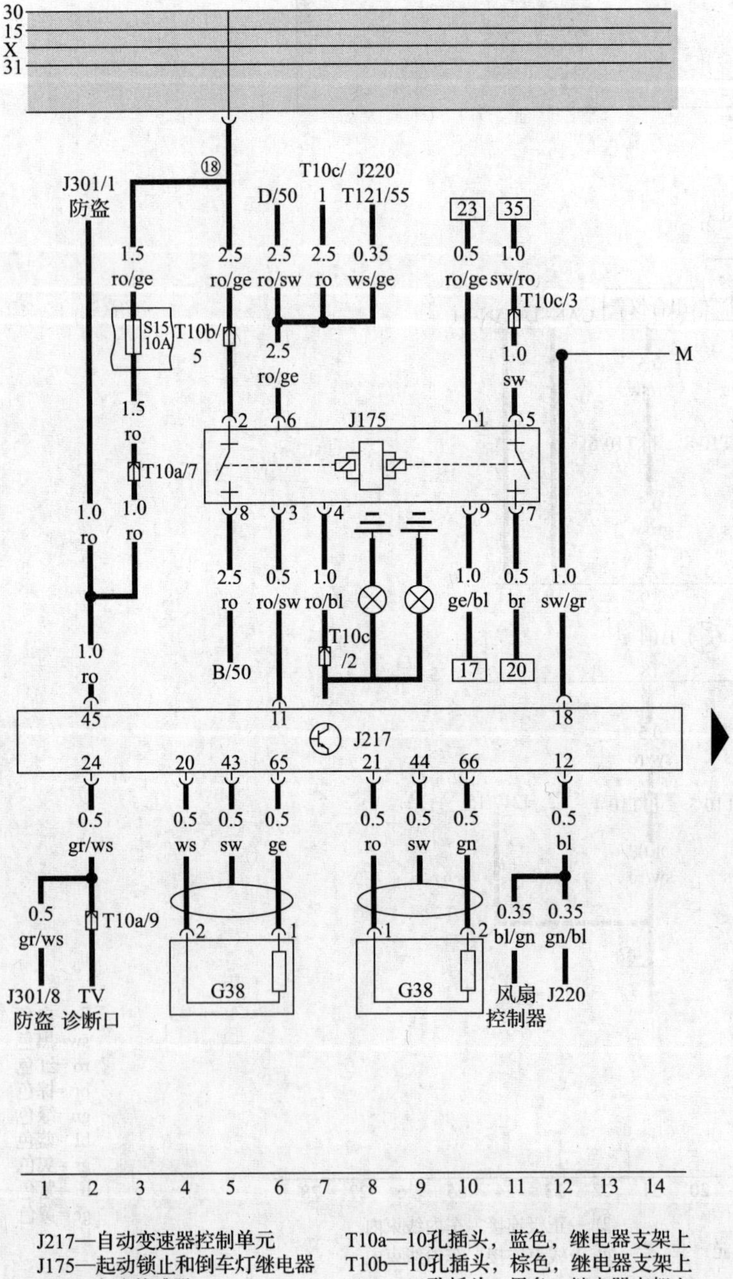

ws=白色
sw=黑色
ro=红色
br=棕色
gn=绿色
bl=蓝色
gr=灰色
li=紫色
ge=黄色

J217—自动变速器控制单元
J175—起动锁止和倒车灯继电器
G38—车速传感器
TV—诊断接口
J220—发动机控制单元
J301—防盗单元
B/50—起动机(接线柱50)
D/50—点火开关(接线柱50)
T10a—10孔插头，蓝色，继电器支架上
T10b—10孔插头，棕色，继电器支架上
T10c—10孔插头，黑色，继电器支架上

图 8—1—25　自动变速器、起动锁止和倒车灯继电器电路图

25. 自动变速器，多功能开关电路（见图 8—1—26）

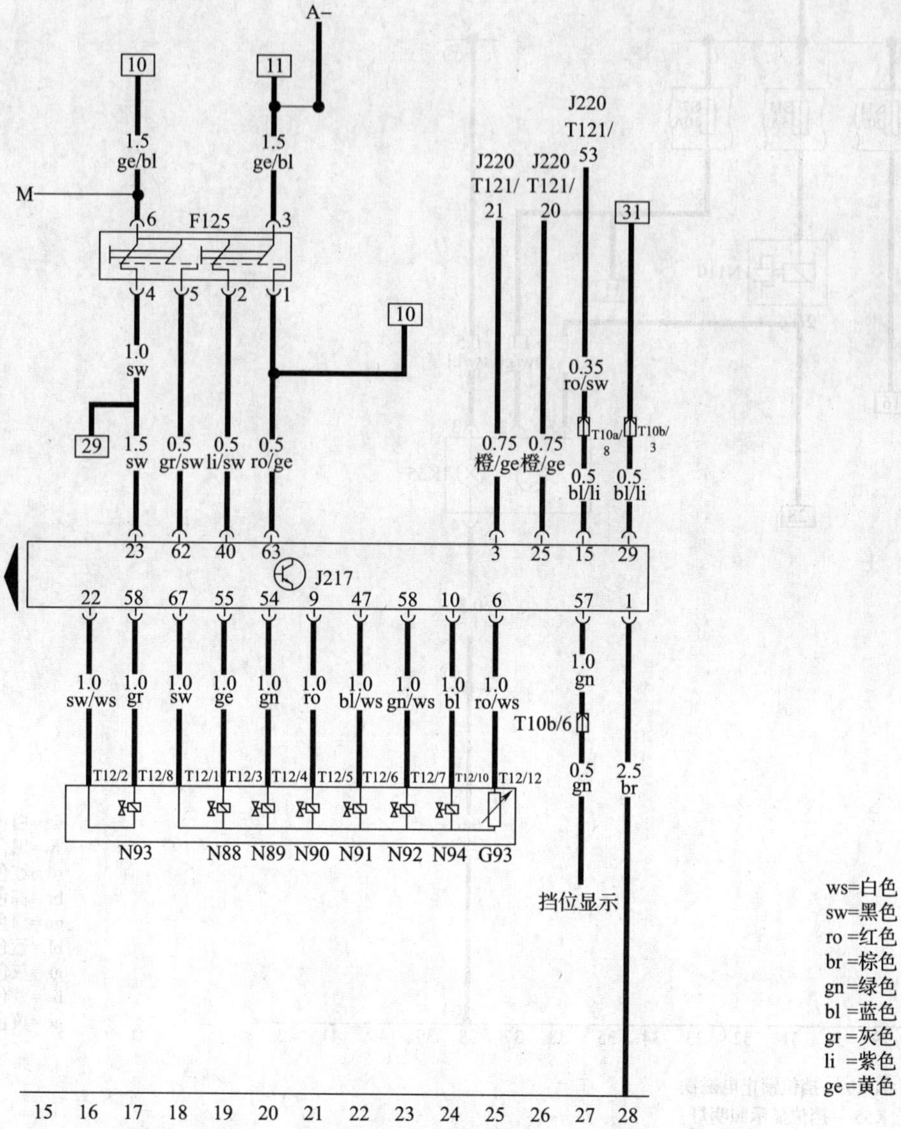

J217—自动变速器控制单元
F125—多功能开关
J220—发动机控制单元
A—蓄电池

T10a—10孔插头，蓝色，继电器支架上
T10b—10孔插头，棕色，继电器支架上
T10c—10孔插头，黑色，继电器支架上

图 8—1—26　自动变速器、多功能开关电路图

26. 挡位锁止电磁阀电路（见图8—1—27）

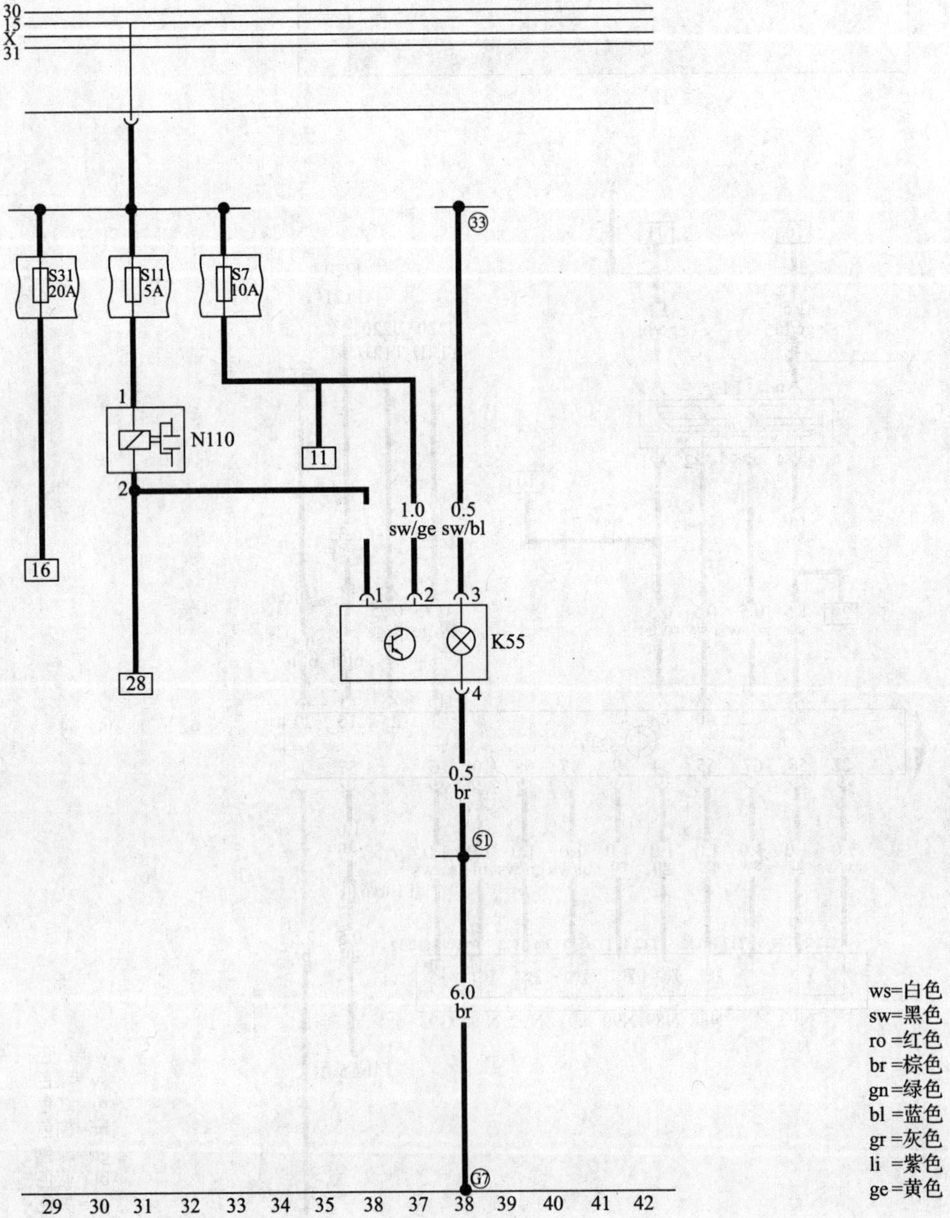

N110—挡位锁止电磁铁
K55—挡位显示照明灯
㉝ —线束连接(58b)，车内线束内
㊿ —接地连接：车内线束内
Ⓖ7 —接地点：前流水槽左侧

图8—1—27 挡位锁止电磁阀电路图

27．安全气囊电路（见图 8—1—28）

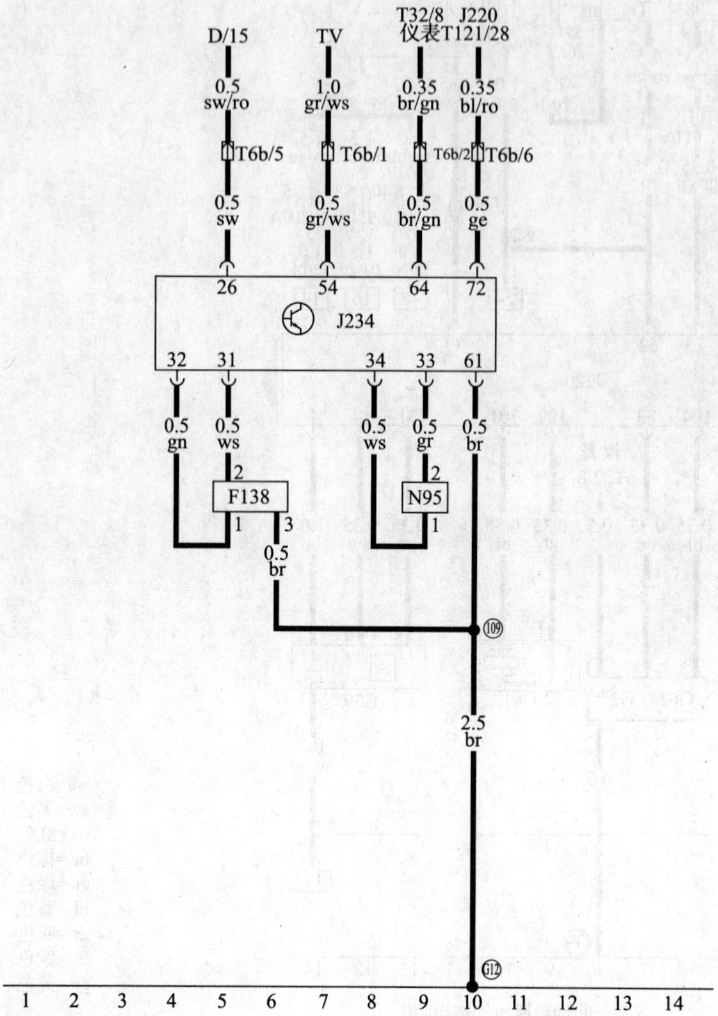

ws=白色
sw=黑色
ro =红色
br =棕色
gn=绿色
bl =蓝色
gr =灰色
li =紫色
ge=黄色

J234—安全气囊控制单元
F138—安全气囊弹簧
N95—安全气囊触发器
J220—发动机控制单元
D/15—点火开关
TV—自诊断接口

T6b—6孔插头
T32—32孔插头，接组合仪表
G12 —控制单元搭铁
⑩⑨ —接地连接

图 8—1—28　安全气囊电路图

28. 发动机控制单元、主供电继电器、油泵继电器电路（见图 8—1—29）

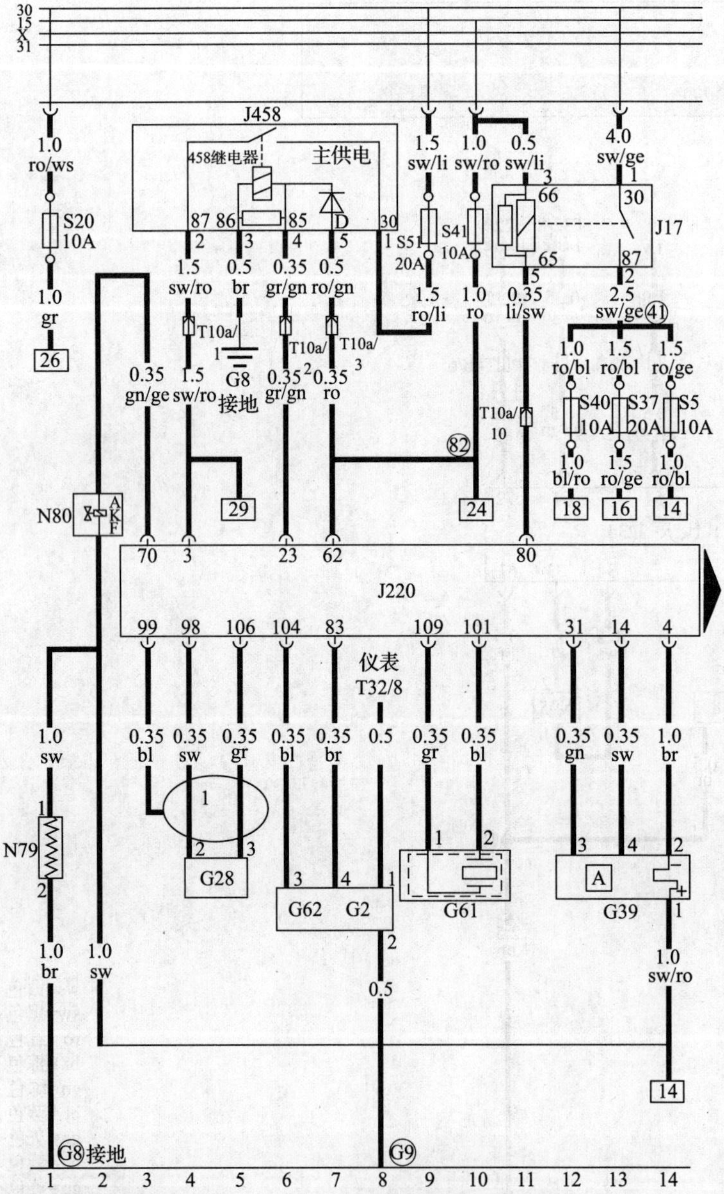

ws=白色
sw=黑色
ro =红色
br =棕色
gn=绿色
bl =蓝色
gr =灰色
li =紫色
ge=黄色

J220—发动机控制单元
J458—主供电继电器
J17—油泵继电器
G28—发动机转速传感器
G2—冷却液引度传感器(仪表)
G62—冷却液温度传感器(发动机)
G61—爆震传感器
G39—氧传感器
N79—曲轴箱通风加热电阻
N80—活性炭罐电磁阀
T10a—10孔插头，蓝色，继电器支架上
Ⓖ8—接地点，左前翼子板（A柱下）
Ⓖ9—气缸盖上

· 图 8—1—29　发动机控制单元、主供电继电器、油泵继电器电路图

29. 发动机控制单元、油泵、电子油门、喷油嘴电路（见图 8—1—30）

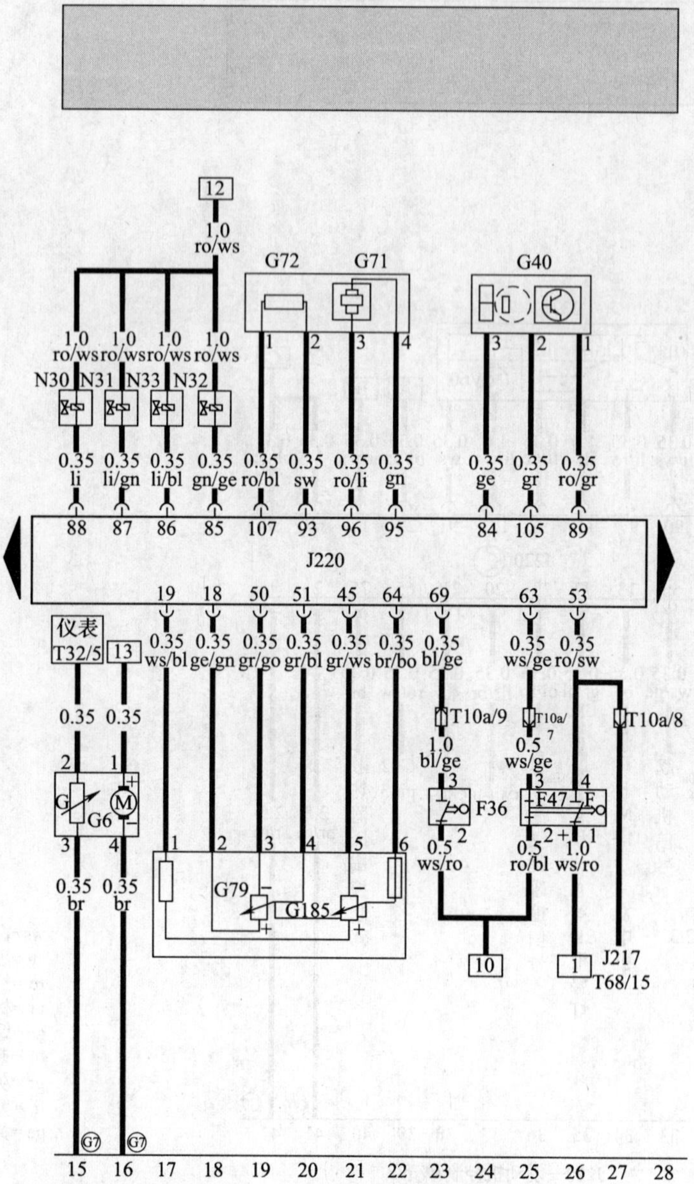

ws=白色
sw=黑色
ro =红色
br =棕色
gn=绿色
bl =蓝色
gr =灰色
li =紫色
ge=黄色

J220—发动机控制单元
G71—进气压力传感器
G72—进气温度传感器
G40—凸轮轴位置传感器
G6—油泵
G9—油位传感器
G79—油门踏板位置传感器1
G185—油门踏板位置传感器2
F36—离合器踏板开关
F47—制动踏板开关
F—制动灯开关
N30—1缸喷油器
N31—2缸喷油器
N32—3缸喷油器
N33—4缸喷油器
T10a—10孔插头，蓝色，继电器支架上
⑨—前流水槽左侧

图 8—1—30　发动机控制单元、油泵、电子油门、喷油嘴电路图

30．发动机控制单元、点火线圈、节流阀体电路（见图8—1—31）

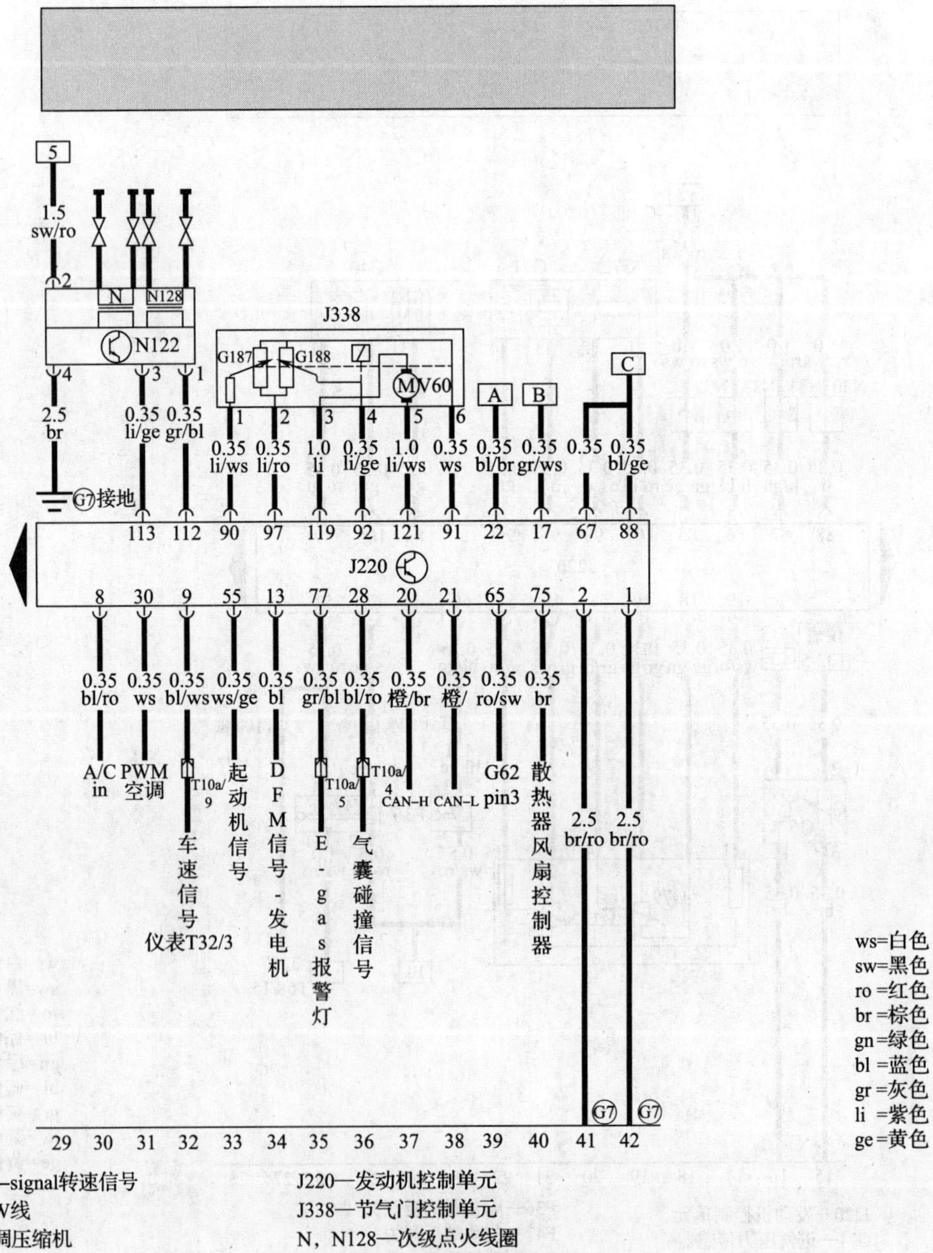

A—TD-signal转速信号
B—K/W线
C—空调压缩机
T10a—10孔蓝色插头，继电器支架上
J220—发动机控制单元
J338—节气门控制单元
N，N128—次级点火线圈
N122—末级功率放大器，与N，N128一体
Ⓖ7—接地点，前流水槽左侧

图8—1—31　发动机控制单元、点火线圈、节流阀体电路图

31. 电动后视镜、中央锁、电动车窗控制单元电路（见图 8—1—32）

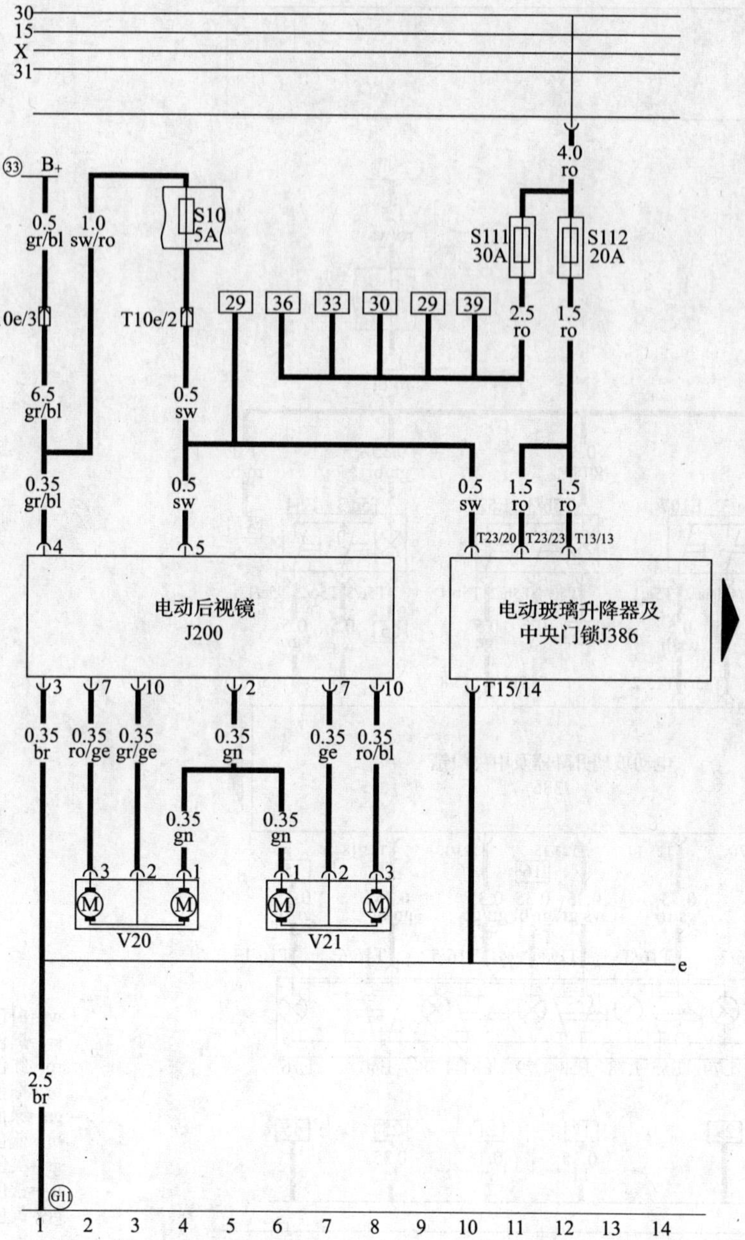

ws=白色
sw=黑色
ro =红色
br =棕色
gn=绿色
bl =蓝色
gr =灰色
li =紫色
ge=黄色

J386—中央锁/电动窗控制单元
J200—电动后视镜调整开关
V20—左电动后视镜电机
V21—右电动后视镜电机
S111—玻璃升降器供电保险
S112—中央锁/电动窗控制单元供电保险

㉝—线束连接（58b），车内线束内
G11—接地点，继电器支架旁车身处
T10e—10孔插头，紫色，继电器支架上

图 8—1—32 电动后视镜、中央锁、电动车窗控制单元电路图

32. 驾驶员车门中央锁、电动窗开关电路（见图 8—1—33）

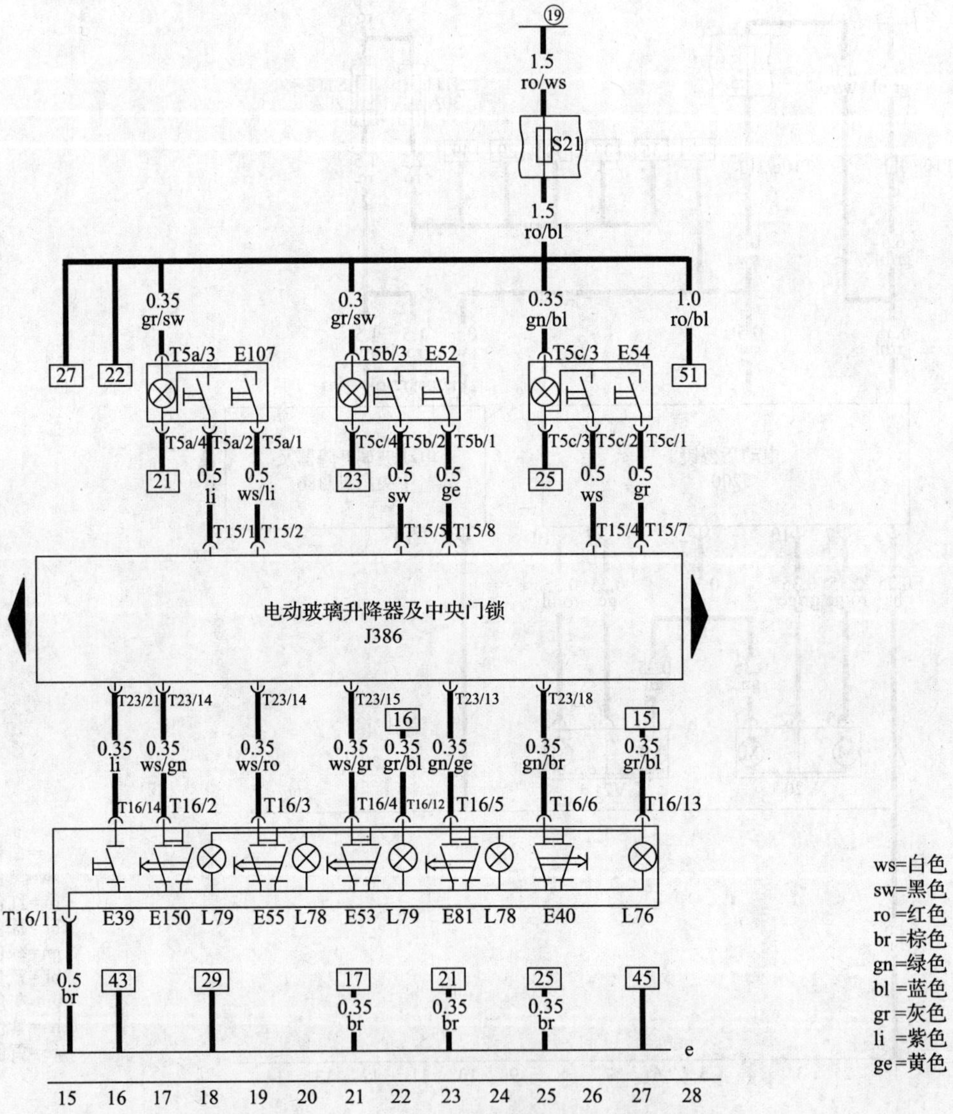

J386—中央锁/电动窗控制单元
E39—后车门玻璃升降连锁开关
E40—左前玻璃升降开关
E53—左后玻璃升降开关，驾驶员侧
E55—右后玻璃升降开关，驾驶员侧
E81—右前玻璃升降开关，驾驶员侧
E150—车内锁开关，驾驶员侧
E107—右前门电动窗开关
E52—左后门电动窗开关
E54—右后门电动窗开关

图 8—1—33 驾驶员车门中央锁、电动窗开关电路图

33. 电动车窗、中央锁控制单元电路（见图8—1—34）

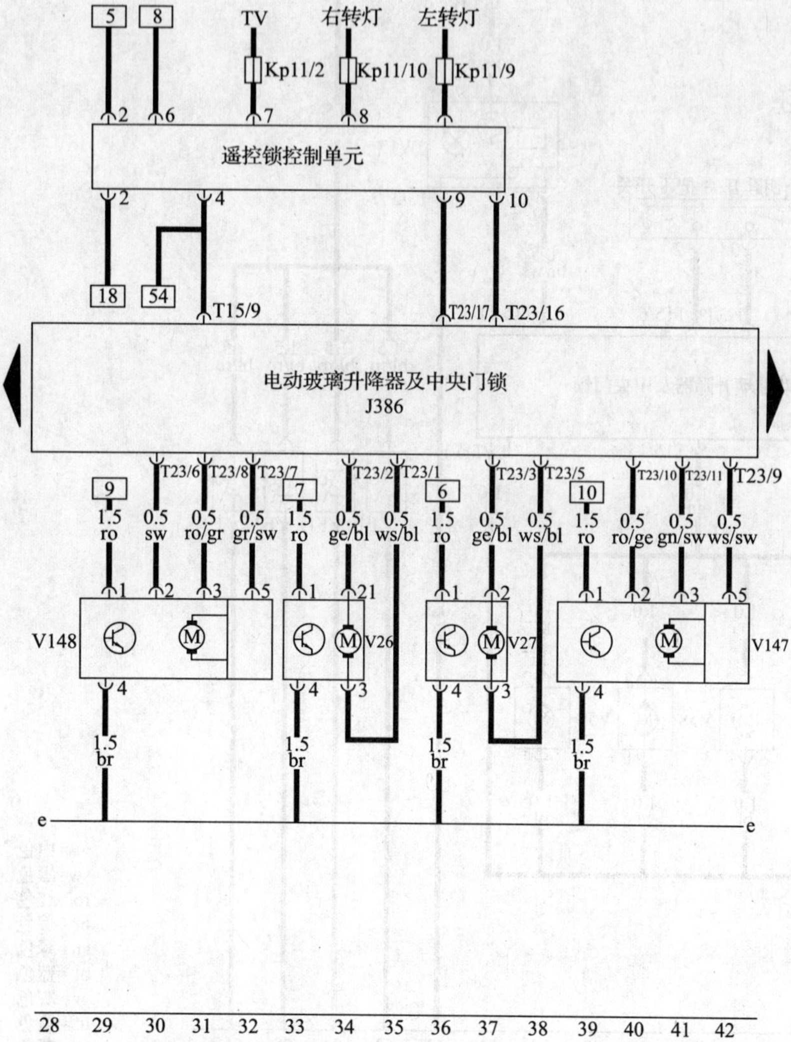

ws=白色
sw=黑色
ro =红色
br =棕色
gn=绿色
bl =蓝色
gr =灰色
li =紫色
ge=黄色

J386—中央锁/电动窗控制单元
V147—玻璃升降器电动机，驾驶员侧
V148—玻璃升降器电动机，前排乘员侧
V26—左后门玻璃升降电动机
V27—右后门玻璃升降电动机

图8—1—34　电动车窗、中央锁控制单元电路图

34. 室内灯、中央门锁电路(见图8—1—35)

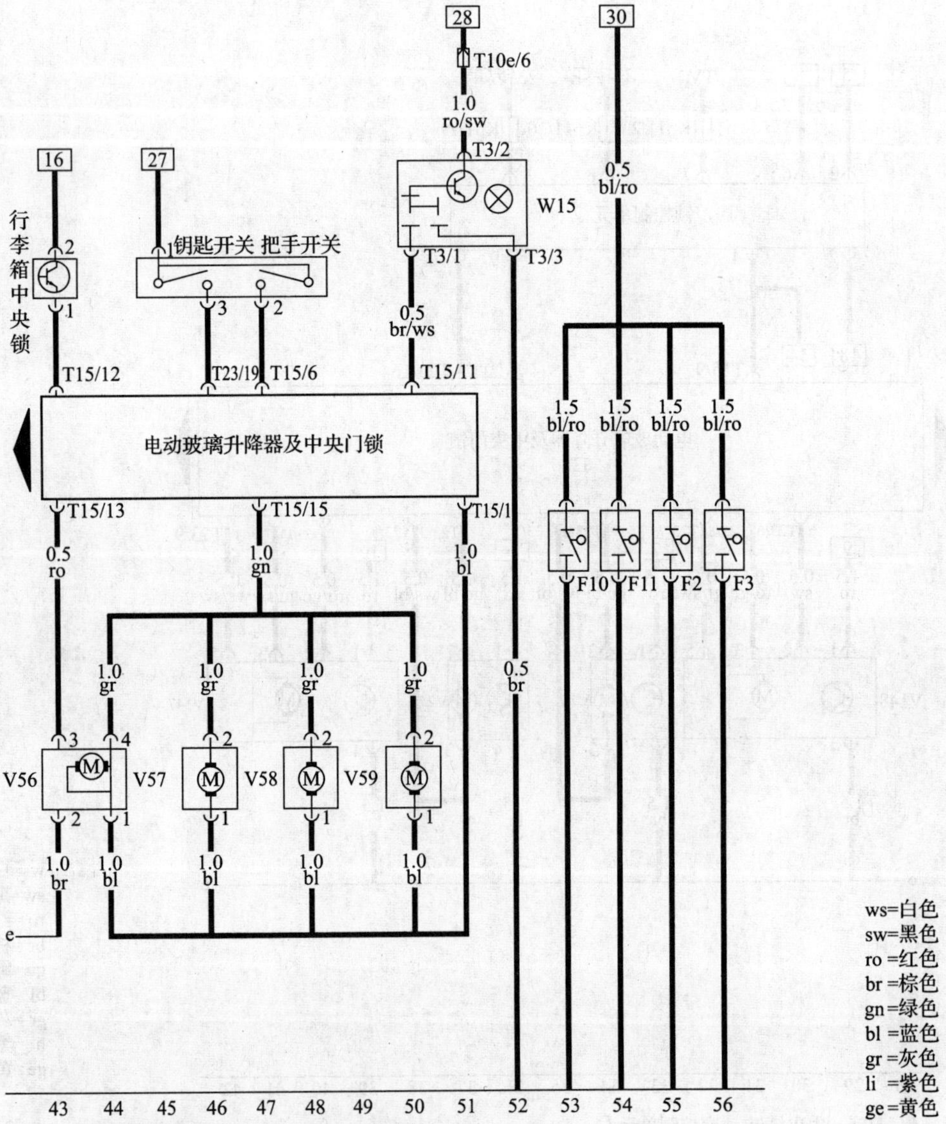

J386—中央锁/电动窗控制单元　W15—室内灯
V56—左前门中央锁　F2—左前门联锁开关
V57—右前门中控锁电机　F3—右前门联锁开关
V58—左后门中控锁电机　F10—左后门联锁开关
V59—右后门中控锁电机　F11—右后门联锁开关

图8—1—35　室内灯、中央门锁电路图

任务实施

1. 捷达整车起动系统电路就车检测。

通过就车对线路检测，构建出该车起动系统电路原理图，并标出开关和元器件接线的线颜色。

2. 捷达整车充电系统电路就车检测。

通过就车对线路检测，构建出该车充电系统电路原理图，并标出开关和元器件接线的线颜色。

3. 捷达整车照明系统电路就车检测。

通过就车对线路检测，构建出该车照明系统电路原理图，并标出开关和元器件接线的线颜色。

4. 捷达整车转向与危险警告系统电路就车检测。

通过就车对线路检测，构建出该车转向与危险警告系统电路原理图，并标出开关和元器件接线的线颜色。

5. 捷达整车雨刮系统电路就车检测。

通过就车对线路检测，构建出该车雨刮系统电路原理图，并标出开关和元器件接线的线颜色。

6. 捷达整车仪表系统电路就车检测。

通过就车对线路检测，构建出该车仪表系统电路原理图，并标出开关和元器件接线的线颜色。

任务总结

一、任务评价

对本学习任务进行评价，评分表见表8—1—4。

表8—1—4　　评　分　表

考核项目	评分标准	分数	学生自评	小组互评	教师评价	小计
团队合作	是否和谐	5				
活动参与	是否积极主动	5				
安全生产	有无安全隐患	10				
现场5S	是否做到	10				
任务方案	是否正确、合理	10				
操作过程	各系统电路就车检测	35				
任务完成情况	是否圆满完成	5				
工具和设备使用	是否规范、标准	10				
劳动纪律	能否严格遵守	5				
工单填写	是否完整、规范	5				
总分		100				
教师签名：				年　月　日	得分	

二、理论知识检验

1. 捷达轿车起动机50端子电压受（　　）控制。

A. 点火开关　　B. 起动继电器　　C. 蓄电池　　D. 挡位开关

2. 捷达轿车发电机D+端子表示（　　）端子。

A. 磁场　　B. 中性点　　C. 搭铁　　D. 电压输出

3. 捷达轿车照明系统电路控制方式属于灯光开关控制（　　）方式。

A. 电源　　B. 搭铁　　C. 电源和搭铁　　D. 不能确定

4. 捷达轿车转向灯电源受（　　）控制。

A. 闪光器　　B. 危险警告灯开关　　C. 点火开关　　D. 不能确定

5. 捷达轿车雨刮系统控制电路属于雨刮开关控制（　　）方式。

A. 电源　　B. 搭铁　　C. 电源和搭铁　　D. 不能确定

参考文献

1 王勇．汽车电气检修．北京：中国劳动社会保障出版社，2006
2 陈勇．车身电气设备维修典型案例分析与解读．南京：江苏科学技术出版社，2010
3 别克凯越汽车维修手册 电子版 2004
4 日产颐达汽车维修手册 电子版 2005
5 黄意强．新款汽车车身电器检修专辑．北京：机械工业出版社，2010
6 方斌，史懂深．汽车电气系统检修．北京：人民邮电出版社，2013
7 梁振华，陈新．汽车电气设备构造与维修．北京：人民邮电出版社，2013
8 捷达汽车维修手册 电子版 2004

理论知识检验参考答案

项目一

任务1　蓄电池技术状况检测

1. B　2. D　3. C　4. B　5. C

任务2　蓄电池使用与日常维护

1. A　2. C　3. A　4. C　5. D

项目二

任务1　发电机不发电故障检修

1. B　2. B　3. C　4. C　5. C

任务2　充电系统线路连接

1. C　2. B　3. A　4. C　5. B

任务3　充电系统常见故障检修

1. A　2. A　3. B　4. C　5. B

项目三

任务1　起动机不转故障检修

1. C　2. B　3. C　4. A　5. B

任务2　起动系统线路连接

1. A　2. A　3. C　4. C　5. D

任务3　起动系统常见故障检修

1. A　2. B　3. B　4. B　5. C

项目四

任务1　照明系统线路连接

1. C　2. A　3. A　4. B　5. A

任务2　照明系统常见故障检修

1. B　2. C　3. A　4. A　5. C

项目五

任务 1　转向与危险警告信号系统线路连接

1. B　2. A　3. A　4. A　5. A

任务 2　转向与危险警告信号灯工作异常故障检修

1. B　2. A　3. C　4. C　5. B

项目六

任务 1　仪表指示异常检修

1. B　2. C　3. B　4. B　5. A

任务 2　仪表警告灯故障检修

1. A　2. B　3. B　4. D　5. A

项目七

任务 1　雨刮系统线路连接

1. C　2. C　3. A　4. A　5. A

任务 2　雨刮系统工作异常故障检修

1. A　2. B　3. B　4. C　5. B

项目八

1. A　2. A　3. A　4. C　5. A